Κλεοπάτρα Θεοφίλου

*«Η από τον Θεό εγκατάλειψη των
υιών Ισραήλ ως έκφραση ονειδισμού
από τους εχθρούς αυτών»
(Ψαλμ. 42.4)*

Existen

Κεντρικό θέμα της παρούσας μελέτης αποτελεί το ερώτημα το οποίο τίθεται, ήδη, από την εποχή της Παλαιάς Διαθήκης και το οποίο ουσιαστικά αναφέρεται στη βαθύτατη σχέση μεταξύ του Θεού και του ανθρώπου. Μια σχέση, η οποία στο πέρασμα των αιώνων, έχει περάσει από πολλά εμπόδια. «...*ποῦ ἐστιν ὁ Θεός;*» ρωτά ο άνθρωπος της εποχής του Δευτερονομίου, των Ψαλμών, της εποχής των μεγάλων αλλά και των μικρών προφητών. «...*ποῦ ἐστιν ὁ Θεός;*» ρωτά, ακόμα και σήμερα, ο άνθρωπος, όταν ακούει, βλέπει και διαβάζει για πολέμους, θανάτους, αρρώστιες, βασανιστήρια, βιασμούς και τόσες άλλες ασχήμιες, οι οποίες κατακλύζουν την καθημερινότητά του, λαμβάνοντας χώρα σε όλα τα μήκη και τα πλάτη της γης και αφορώντας ανθρώπους ανεξαρτήτου χρώματος, φυλής, θρησκείας, εθνικότητας, πεποιθήσεων. «...*ποῦ ἐστιν ὁ Θεός;*» ρωτά ο κάθε ένας από εμάς, καθημερινά, όταν μαθαίνουμε για τον άδικο θάνατο ενός νέου ανθρώπου, ενός παιδιού από την επάρατη νόσο, ή από κάποιο τροχαίο ατύχημα. «...*ποῦ ἐστιν ὁ Θεός;*» ρωτά ο φτωχός οικογενειάρχης, ο οποίος δεν έχει τα απολύτως απαραίτητα για να ζήσει τα παιδιά του. Αυτός, ο οποίος κάποτε ζούσε αξιοπρεπώς πηγαίνοντας, καθημερινά, στην εργασία του, και, τώρα, η αξιοπρέπειά του τσαλακώνεται στους κάδους απορριμμάτων.

Όλοι αυτοί ρωτούν φωναχτά, αλλά και αναρωτιούνται με τη δύναμη της ψυχής τους και του νου τους «*...ποῦ ἐστιν ὁ Θεός;*». Αυτός που με τόση αγάπη δημιούργησε τον κόσμο «καλόν λίαν» και τοποθέτησε σε αυτόν τον άνθρωπο, δίνοντάς του νου και βούληση. «*...ποῦ ἐστιν ὁ Θεός;*» όταν ο άνθρωπος τον χρειάζεται; Μα, η αλήθεια είναι, ότι μόνο τότε, όταν ο άνθρωπος βρίσκεται σε ανάγκη, ανασηκώνει το βλέμμα του στον ουρανό και αναζητά τον Θεό, αναφωνώντας «*...ποῦ ἐστιν ὁ Θεός;*». Όμως, ο Ένας και Αληθινός Θεός, δεν είναι ο από μηχανής θεός των αρχαίων τραγωδιών, ο οποίος εμφανίζεται ξαφνικά, από το πουθενά, για να δώσει μια λύση – ώθηση – κάθαρση στο δράμα των ηθοποιών. Ο Ένας και Αληθινός Θεός υπάρχει μέσα στον κάθε άνθρωπο, τόσο στις καλές, όσο και στις άσχημες στιγμές. Αλλά ο πεπερασμένος νους του ανθρώπου, αντί να αποδώσει τις καλές στιγμές του στη Θεία Πρόνοια και να ευχαριστήσει γι΄αυτές τον Θεό, τις αποδίδει – ως σύγχρονος ειδωλολάτρης - στη θεά Τύχη. Και, όταν φτάσουν οι κακές στιγμές, τότε ο άνθρωπος – το πιο εγωιστικό πλάσμα του κόσμου – αδυνατώντας να ανταπεξέλθει σε αυτές, εσφαλμένα θεωρεί ότι ο Θεός τον εγκατέλειψε, αγνοώντας επιδεικτικά τη δική του άσχημη συμπεριφορά. Μια συμπεριφορά, η οποία τον απομακρύνει, συνεχώς, καθ' όλη τη διάρκεια της ανθρώπινης ιστορίας, από τον Θεό. Μια συμπεριφορά, όμως, την οποία ο άνθρωπος, αρνείται να αποδεχθεί ως δικό του σφάλμα και λόγω της πεπερασμένης φύσης του αδυνατεί να διαχειριστεί. Έτσι, μοναδική διέξοδο αποτελεί ο Ένας και Αληθινός Θεός, τον οποίο, όμως, ο άνθρωπος πρώτος, με τις πράξεις, τις σκέψεις του, όλο το είναι του, έχει εγκαταλείψει.

Η απάντηση στο ερώτημα «...*ποῦ ἐστιν ὁ Θεός;*», βρίσκεται μέσα σε κάθε άνθρωπο, όπως βρίσκεται άλλωστε και ο Ένας και Αληθινός Θεός. Η απάντηση στο αιώνιο αυτό ερώτημα βρίσκεται στο νου και την ψυχή κάθε ανθρώπου. Βρίσκεται στο «αγάπα τον πλησίον σου», για να μην μετατραπεί η κοινωνία των ανθρώπων σε μια κοινωνία υπ-ανθρώπων ή απ-ανθρώπων. Βρίσκεται στη «χείρα βοηθείας» που τείνουμε προς τον συν-άνθρωπο, ακόμα κι όταν εμείς οι ίδιοι δεν έχουμε ούτε τα απαραίτητα εφόδια για τη διαβίωσή μας. Η απάντηση στο αιώνιο ερώτημα του ψαλμωδού «...*ποῦ ἐστιν ὁ Θεός σου;*» βρίσκεται μέσα σε όλους τους ανθρώπους ανεξαιτέρως, αρκεί κάθε άνθρωπος να αποβάλει το μικρό ή το μεγάλο εγώ του.

Σκοπός, λοιπόν, της παρούσας μελέτης δεν είναι μια στείρα απάντηση, ότι ο Θεός βρίσκεται στο τάδε ή στο δείνα σημείο, ή βρίσκεται στην τάδε «καλή πράξη», την οποία καταγράφουν, μεταδίδουν και αναμεταδίδουν τα εγχώρια και διεθνή μέσα μαζικής ενημέρωσης, αναλόγως του ΄΄εκτοπίσματος της προσωπικότητας΄΄, που πράττει την «καλή πράξη». Αλλά σκοπός της συγγραφέως ήταν και είναι να καταδείξει πως ο άνθρωπος μπορεί να αφυπνιστεί και ανατρέχοντας στα βάθη της ψυχής του και του νου, να βρει το δικό του τρόπο αντιμετώπισης του κακού και της αδικίας που βιώνει, έχοντας στο νου του τα λόγια του δικού μας Νίκου Καζαντζάκη, όπως αυτά αναφέρονται στον Πρόλογο του μυθιστορήματός του *«Ο καπετάν Μιχάλης»*, από τον ίδιο τον συγγραφέα: *«Υπάρχει στον κόσμο τούτο ένας μυστικός νόμος – αν δεν υπήρχε, ο κόσμος θα 'ταν από χιλιάδες χρόνια χαμένος – σκληρός και απαραβίαστος:* **το κακό πάντα στην αρχή θριαμβεύει και πάντα στο τέλος νικάται»**. Αυτή τη φράση πρέπει να έχουμε όλοι εμείς μέσα στο μυαλό μας, προκειμένου να πάψουμε να απομακρυνόμαστε – άλλοτε για λίγο και άλλοτε για πολύ - από τον Έναν και Αληθινό Θεό, και βγαίνοντας από το εγώ μας να ασχοληθούμε με τον συν-άνθρωπό μας, όποιος κι αν είναι αυτός.

Το θέμα της διάρθρωσης απασχόλησε τη συγγραφέα για αρκετά μεγάλο χρονικό διάστημα, και επειδή σκοπός της ήταν η μελέτη αυτή να είναι εύληπτη και από κάποιον αναγνώστη εκτός του χώρου της θεολογίας, για το λόγο αυτό η διάρθρωση έχει ως εξής: τρία μεγάλα τμήματα αποτελούν τον κορμό της παρούσας εργασίας. Το πρώτο τμήμα αποτελεί η Εισαγωγή, η οποία διακρίνεται σε τέσσερα υπο-τμήματα, ήτοι τη φιλοσοφική θεώρηση, τη θεολογική θεώρηση, το ιστορικό πλαίσιο και τη μέθοδο. Κρίθηκε απαραίτητη η πρόταξη της φιλοσοφικής θεώρησης του ερωτήματος *«...ποῦ ἐστιν ὁ Θεός σου;»*, δεδομένου ότι το ερώτημα αυτό απασχόλησε εκτός από θεολόγους και πολλούς φιλοσόφους ερευνητές. Η πρόταξη του συγκεκριμένου τμήματος δεν υποβιβάζει τη θεολογική θεώρηση του βασικού ψαλμικού ερωτήματος, ούτε αλλάζει το ύφος της παρούσας θεολογικής μελέτης. Ακολουθεί το δεύτερο τμήμα της εργασίας, στο οποίο γίνεται η ερμηνευτική προσέγγιση όχι μόνο του βασικού ψαλμικού ερωτήματος «... *ποῦ ἐστιν ὁ Θεός σου;*», αλλά και των παραλλαγών αυτού, όπως αυτές προκύπτουν από όλα τα βιβλία της Παλαιάς Διαθήκης, όπου, βεβαίως, αυτό απαντάται. Στο τρίτο τμήμα γίνεται μια προσπάθεια συστηματικής προσέγγισης των ερμηνευμένων χωρίων. Ακολουθεί το τέταρτο μέρος της εργασίας, στο οποίο περιέχονται τα Συμπεράσματα, αποτελούμενα από μια συγκριτική ανάλυση της μονοθεΐας και της ειδωλολατρίας της εποχής της Παλαιάς Διαθήκης, καθώς και στην επαν-ανακάλυψη του Ενός και Αληθινού Θεού, στην επιστροφή του ανθρώπου στον Θεό και την απομάκρυνσή του από οποιοδήποτε ανθρώπινο και πεπερασμένο, με όποιον τρόπο κι αν εκφράζεται αυτό. Και σε αυτό το σημείο, η συγγραφέας αισθάνεται την ανάγκη, για άλλη μια φορά, να υπενθυμίσει, ότι τα συμπεράσματα δεν προσφέρουν στον αναγνώστη μια μοναδική απάντηση, καθώς τέτοια απάντηση δεν υπάρχει.

Προς διευκόλυνση των αναγνωστών, αμέσως μετά τα συμπεράσματα, ακολουθεί ένα τριμερές Παράρτημα, το οποίο αποτελείται από τα εξής τμήματα: το πρώτο τμήμα περιλαμβάνει τα κεφάλαια από τα οποία ελήφθησαν οι στίχοι, που ερμηνεύτηκαν στο δεύτερο τμήμα της μελέτης. Κάτι τέτοιο κρίθηκε σκόπιμο, ώστε ο αναγνώστης να έχει μια συνολική εικόνα του συγκεκριμένου κάθε φορά κεφαλαίου, καθώς ήταν ανεδαφικό να παρατεθεί ολόκληρο το εκάστοτε βιβλίο. Το δεύτερο τμήμα του Παραρτήματος περιλαμβάνει το Γλωσσάριο, στο οποίο παρατέθηκαν όλοι οι όροι, τα ονόματα αλλά και όλα εκείνα τα στοιχεία, τα οποία θα διευκολύνουν την ανάγνωση του συγκεκριμένου επιστημονικού πονήματος. Στο τρίτο και τελευταίο μέρος του Παραρτήματος παρατίθεται ένας πίνακας ονομάτων, όρων και πραγμάτων με υπόμνηση στην αντίστοιχη σελίδα, όπου αυτό απαντά για πρώτη φορά μόνο. Η παρούσα μελέτη ολοκληρώνεται με την παράθεση του τμήματος της Βιβλιογραφίας, η οποία είναι εκτενής και κατά το δυνατόν σύγχρονη, προς διευκόλυνση περαιτέρω έρευνας.

Κλείνοντας, έναυσμα για την παρούσα μελέτη αποτέλεσε ο αξιότιμος Καθηγητής του Τμήματος της Κοινωνικής Θεολογίας της Θεολογικής Σχολής του Εθνικού & Καποδιστριακού Πανεπιστημίου Αθηνών κ. Νικόλαος Π. Μπρατσιώτης, για την τιμή που μου έκανε να μου εμπιστευθεί ένα τόσο σημαντικό προς διαπραγμάτευση θέμα. Για την τιμή αυτή τον ευχαριστώ θερμότατα και ευελπιστώ ότι ανταποκρίθηκα, έστω και στο ελάχιστο, στις προσδοκίες του. Επίσης, στο σημείο αυτό επιθυμώ να ευχαριστήσω την τριμελή Επιτροπή με Επιβλέπουσα την Καθηγήτρια του ιδίου τμήματος κα Ελένη Χριστινάκη για τις κατευθύνσεις, τις οποίες μού έδωσε, όπως επίσης και τα άλλα δύο μέλη της Επιτροπής τους Λέκτορες κα Αλεξάνδρα Παλάντζα και κ. Χρήστο Καραγιάννη. Ακόμα, δεν θα ξεχάσω την πολύτιμη βοήθεια του αξιότιμου Καθηγητή κ. Σωτήριου Δεσπότη για τη σοβαρή καθοδήγησή του, κυρίως, σε βιβλιογραφικό επίπεδο. Εξίσου σημαντική ήταν και η βοήθεια της υποψήφιας Διδάκτορα στο ίδιο τμήμα, κας Κυριακής Μελέτση, η οποία για μεγάλο χρονικό διάστημα μού πρόσφερε πρόσβαση στη βιβλιοθήκη του Πανεπιστημίου της Βέρνης της Ελβετίας. Τις θερμότερες ευχαριστίες μου, όμως, επιθυμώ να αποδώσω στην οικογένειά μου, τον σύζυγό μου και τις δύο κόρες μου, για την αμέριστη βοήθειά τους και για την ανοχή τους.

Τέλος, επειδή εμείς οι θεολόγοι, οφείλουμε πρώτοι να δίνουμε το καλό παράδειγμα όχι μόνο με τα λόγια μας, αλλά και με τα έργα μας, αισθάνομαι ότι χρήζει των ευχαριστιών μου και όσο μου το επιτρέπει η πεπερασμένη ανθρώπινη φύση μου και ο Πανάγαθος και Πάνσοφος Δημιουργός μου, χωρίς τη φώτιση του Οποίου, η παρούσα μελέτη θα ήταν μια ανεκπλήρωτη ευχή.

ΣΥΝΤΜΗΣΕΙΣ
ΒΙΒΛΙΟΓΡΑΦΙΚΕΣ ΣΥΝΤΜΗΣΕΙΣ

Βλ.   : Βλέπε
εξ.   : και εξής
κ.ά.   : και άλλα, και άλλοι
κλπ.   : και τα λοιπά
κ.π.   : και παράλληλα, στην περίπτωση των Συνοπτικών Ευαγγελίων
ό.π.   : όπου παραπάνω
πρβλ.   : παράβαλε, σύγκρινε
στίχ.   : στίχος

ΣΥΝΤΜΗΣΕΙΣ ΒΙΒΛΙΩΝ ΠΑΛΑΙΑΣ & ΚΑΙΝΗΣ ΔΙΑΘΗΚΗΣ

ΠΑΛΑΙΑ ΔΙΑΘΗΚΗ

1. Γέν.	26. Ψαλμ.
2. Έξ.	27. Παροιμ.
3. Λευ.	28. Εκκλ.
4. Αριθ.	29. Ασμ. Ασμ.
5. Δευτ.	30. Σοφ. Σολ.
6. Ιησ. Ν.	31. Σοφ. Σειρ.
7. Κριτ.	32. Ωσ.
8. Ρουθ	33. Αμ.
9. Α΄ Βασ.	34. Μιχ.
10. Β΄ Βασ.	35. Ιωήλ
11. Γ΄ Βασ.	36. Οβδ.
12. Δ΄ Βασ.	37. Ιωνάς
13. Α΄ Παρ.	38. Ναούμ
14. Β΄ Παρ.	39. Αββ.
15. Α΄ Εσδρ.	40. Σοφ.

16. Β΄ Εσδρ.
17. Νεεμ.
18. Τωβίτ
19. Ιουδίθ
20. Εσθήρ
21. Α΄ Μακ.
22. Β΄ Μακ.
23. Γ΄ Μακ.
24. Δ΄ Μακ.
25. Ιώβ

41. Αγγ.
42. Ζαχ.
43. Μαλ.
44. Ησ.
45. Ιερ.
46. Βαρ.
47. Θρ. Ιερ.
48. Επιστ. Ιερ.
49. Ιεζ.
50. Δαν.

KAINH ΔIAΘHKH

1. Μτθ.
2. Μρκ.
3. Λκ.
4. Ιω.
5. Πράξ.
6. Ρωμ.
7. Α΄ Κορ.
8. Β΄ Κορ.
9. Γαλ.
10. Εφ.
11. Φιλ.
12. Κολ.
13. Α΄ Θεσ.

14. Β΄ Θεσ.
15. Α΄ Τιμ.
16. Β΄ Τιμ.
17. Τίτ.
18. Φιλήμ.
19. Εβρ.
20. Ιακ.
21. Α΄ Πέτρ.
22. Β΄ Πέτρ.
23. Α΄ Ιω.
24. Β΄ Ιω .
25. Γ΄ Ιω.
26. Ιούδα
27. Αποκ.

Α΄ ΤΜΗΜΑ

Ι. ΕΙΣΑΓΩΓΗ

Ι.1.Α. Η ΦΙΛΟΣΟΦΙΚΗ ΘΕΩΡΗΣΗ ΤΟΥ ΨΑΛΜΙΚΟΥ ΧΩΡΙΟΥ «...*ΠΟΥ ΕΣΤΙΝ Ὁ ΘΕΟΣ ΣΟΥ;*»,

Το ερώτημα «...*ποῦ ἐστιν ὁ Θεός σου;*», το οποίο απαντά στο μεν μασωριτικό κείμενο στον Ψαλμό 42,4, ενώ στη μετάφραση των Ο΄ στον Ψαλμό 41.4[1] θέτει πληθώρα φιλοσοφικών, ερμηνευτικών και θεολογικών προβλημάτων. Το βασικό θέμα, το οποίο πραγματεύεται ο ψαλμικός στίχος είναι η ύπαρξη ή μη του Θεού στον κόσμο. Το θέμα της ύπαρξης ή μη του Θεού είναι ένα θέμα, το οποίο απασχολεί τον άνθρωπο από την αρχή της ιστορικής πορείας του, γι' αυτό κρίθηκε σκόπιμη μια φιλοσοφική προσέγγιση.

Από **φιλοσοφικής πλευράς** το ψαλμικό χωρίο παραπέμπει στο θέμα του θεϊσμού και του αθεϊσμού. Με την ύπαρξη ή μη ενός υπέρτατου όντος ασχολήθηκαν, ήδη, οι σοφιστές, οι οποίοι προσπάθησαν να ερμηνεύσουν με ορθολογικό τρόπο τα φυσικά φαινόμενα του κόσμου. Η ορθολογιστική τάση των σοφιστών ανάγεται στην ύπαρξη των προσωκρατικών φιλοσόφων, καθώς και στη φιλοσοφία της Ιωνίας, σηματοδοτώντας με αυτόν τον τρόπο το πέρασμα από το μύθο

---

[1] Στην παρούσα μελέτη χρησιμοποιείται η αρίθμηση της μετάφρασης των Ο΄. Για λόγους ευκολίας, όμως, παρατίθεται και η εβραϊκή αρίθμηση.

στο λόγο. Η γνώση, πλέον, δεν βρίσκεται στα χέρια των θεών, αλλά εξαρτάται αποκλειστικά και μόνο από τις δυνατότητες του ανθρώπινου πνεύματος. Οι προσωκρατικοί φιλόσοφοι, διαφοροποιήθηκαν πρώτοι από τις λαϊκές δοξασίες, δημιουργώντας, ταυτόχρονα, και ένα κενό μεταξύ επιστήμης και θρησκείας. Το κενό αυτό, σύμφωνα με τον **Nilsson**[2], δημιούργησε δύο είδη θρησκείας: τη θρησκεία των ανώτερων πνευματικά τάξεων και τη θρησκεία του απλού λαού, διαχωρίζοντας τη δημόσια από την ιδιωτική θρησκεία. Ο Ξενοφάνης, με τα ποιήματά του, άσκησε οξεία κριτική στον λαϊκό ανθρωπομορφισμό της παραδοσιακής λατρείας, όμως, δύσκολα μπορεί να χαρακτηριστεί ως θρησκευτικός μεταρρυθμιστής[3], γιατί το ενδιαφέρον του για τη θρησκεία ήταν κοσμολογικό[4] και έτσι δεν δύναται να απεικονίζει το ενδιαφέρον των σοφιστών, το οποίο ήταν εξολοκλήρου ορθολογικό. Όπως και οι σοφιστές, έτσι και ο Ξενοφάνης αντλεί τις θεολογικές του γνώσεις από τον Όμηρο και τον Ησίοδο, στους οποίους οι θεοί εκπροσωπούν κοσμικά

---

[2] Μ. P. Nilsson, *Ιστορία της αρχαίας ελληνικής θρησκείας*, μτφρ. Αικατ. Παπαθεμοπούλου, εκδ. Παπαδήμα, Αθήνα, 1977, σελ. 277 κ. εξ.

[3] Θ. Βέικος, *Οι προσωκρατικοί*, εκδ. ΟΕΔΒ, Αθήνα, 1965, σελ. 65.

[4] Ο Ξενοφάνης ασχολείται με ένα είδος ''διάδρασης'' της θεολογίας στην κοσμολογία και αντίστροφα με το να βλέπει μέσα στο κοσμολογικό πρόβλημα την αντανάκλαση ενός κυρίαρχου θεολογικού προβλήματος και το αντίστροφο, βλ. Παναγ. Ν. Πανταζάκος, *Η φυσική θεολογία και το Φυσικό Δίκαιο στη Φιλοσοφία των Σοφιστών του 5^{ου} αιώνα*, εκδ. Ελληνικά Γράμματα, Αθήνα, 2006, σελ. 22.

σύνολα και ασκούν φυσικές λειτουργίες. Επίδραση, όμως, δέχεται και από τη μιλήσια κοσμολογία κάνοντας λόγο για έναν θεό[5].

Ο **Θωμάς Ακινάτης** αναφέρθηκε στο συγκεκριμένο επιχείρημα στις 5 Οδούς του. Η τελευταία οδός του είναι η τελεολογική. Για διευκρινιστικούς λόγους ο όρος κοσμολογικός περιορίζεται αποκλειστικά και μόνο σε ό,τι έχει να κάνει με τον κόσμο. Η πρώτη οδός του Θωμά Ακινάτη έχει να κάνει με την κίνηση, η οποία δεν περιλαμβάνει μόνο την κίνηση από το ένα μέρος στο άλλο, αλλά αναφέρεται και στην αλλαγή του μεγέθους[6]. Το επιχείρημα αυτό προέρχεται κατευθείαν από τον Αριστοτέλη. Τα βασικά χαρακτηριστικά του επιχειρήματος είναι:

- Οτιδήποτε αλλάζει, αλλάζει σε κάτι άλλο.

- Αυτό το κάτι άλλο δεν θα πρέπει να μετατρέπει το βασικό συστατικό κατά την πορεία της μεταβολής του.

- Δεν θα πρέπει να υπάρχει μια πεπερασμένη προγενέστερη αρνητική κατάσταση αυτού του κάτι άλλου και γι' αυτό θα πρέπει να υπάρχει μια υπέρατη πηγή αλλαγών, προκειμένου να λειτουργήσει κάτι, απαιτώντας να μετακινηθεί από κάτι άλλο.

Κάθε ένα από τα ανωτέρω βήματα αποτελούν θέματα συζήτησης. Όσον αφορά το πρώτο

---

[5] DK 21B 23 (Diels – Kranz, *Die Fragmente der Vorsokratiker,* 3 τόμοι, 10. Aufl., Berlin, 1960- 1961).

[6] Thomas Aquinas, Summa Theologiae, ia 2,3, transl. Timothy Mc Dermott, New Dominican translation of the Summa Theologiae (London: Eyre & Spottiswoode, and New York: McGraw – Hill, 1964), II 13-15.

βήμα ο **Kenny**[7] αναφέρει, ότι υπάρχει κάποιο κενό στον συλλογισμό. Ο Θωμάς Ακινάτης προκειμένου να αποκλείσει την πιθανότητα τα πράγματα να κινούνται από μόνα τους, ανέπτυξε μια σειρά αριστοτελικών επιχειρημάτων, για να δείξει ότι η κίνηση θα πρέπει να δημιουργείται από κάποια εξωτερική δύναμη. Όμως, δεν έλαβε υπόψη του ότι κάποια πράγματα βρίσκονται σε κίνηση, χωρίς να έχει δημιουργήσει αυτή την κίνηση κάποια εξωτερική δύναμη. Ο Kenny σημειώνει, ότι αυτού του είδους η κίνηση καλύπτει και τα δύο ενδεχόμενα, και αυτά που κινούνται από μόνα τους και αυτά που κινούνται εξαιτίας κάποιας εξωτερικής δύναμης. Αναφορικά με το δεύτερο βήμα ο Kenny αναφέρει, ότι το χ μπορεί να προκαλέσει κίνηση σε κάποιο άλλο. Σχετικά με το τρίτο βήμα – τον αποκλεισμό μιας πεπερασμένης προγενέστερης ανεπιθύμητης κατάστασης - θα πρέπει να γίνει διαχωρισμός για το αν πρόκειται για κάποια κατάσταση αιτιών, η οποία πάει αρκετά πίσω στο χρόνο ή για κάποια κατάσταση ταυτόχρονων αιτιολογικών συνθηκών. Το πρέπον θα ήταν να ερμηνευθεί το επιχείρημα με μη χρονικούς όρους, έτσι ώστε η πεπερασμένη προεγενέστερη ανεπιθύμητη κατάσταση, αποκλείεται να είναι η πεπερασμένη προγενέστερη ανεπιθύμητη κατάσταση των ταυτόχρονων αιτιολογικών συνθηκών[8].

---

[7] Anthony Kenny, *The Five Ways,* (London: Routledge & Kegan Paul, 1969) κεφ. 2.
[8] R. Garrigou Lagrange, *God, His Existence and His Natura*, transl. Dom Bede Rose (St Louis, Mo., and London: Herder, 1934-36) I σελ. 264 κ.εξ.

Η δεύτερη οδός του Θωμά Ακινάτη αναφέρεται στο επιχείρημα της πρώτης αιτίας, που δεν είναι τίποτα άλλο από το αιτιολογικό επιχείρημα. Σύμφωνα με τον Θωμά Ακινάτη η δεύτερη οδός βασίζεται στη φύση της αιτιολογίας. Στον αισθητό κόσμο οι αιτίες βρίσκονται σε μια τάξη. Είναι αρκετά δύσκολο να παρατηρηθεί κάτι το οποίο προκαλεί κάποια αιτία στον εαυτό του. Μια τέτοιου είδους σειρά αιτιών λογικά θα πρέπει να σταματά κάπου. Εάν κάποιος περιορίσει ή τερματίσει κάποια αιτία, τότε υπάρχει και τερματισμός των αποτελεσμάτων αυτής της αιτίας. Εάν, λοιπόν, δεν σταματά κάπου αυτή η αιτία, τότε δεν υπάρχει και τερματισμός των αποτελεσμάτων αυτής της αιτίας. Αν δοθεί σε αυτήν την πρώτη αιτία το όνομα του Θεού, τότε ο Θεός δεν έχει τέλος[9].

Η τρίτη οδός του Θωμά Ακινάτη στηρίζεται στην ίδια αρχή της λογικής, όπως και η δεύτερη οδός. Κάποια πράγματα, τα οποία ο άνθρωπος τα βρίσκει μπροστά του, δύναται τόσο να υπάρχουν, όσο και να μην υπάρχουν. Όταν ο Θωμάς Ακινάτης λέει να μην υπάρχουν εννοεί, ότι αυτά, απλώς, δεν έχουν κάποια αιτία, αλλά ξεπηδούν από το πουθενά, ή, τουλάχιστον, έτσι φαίνεται εκ πρώτης όψεως. Όμως, τώρα, δεν γίνεται όλα να είναι έτσι και, αν τελικά, όλα τα πράγματα δεν δύναται να υπάρχουν, τότε το συμπέρασμα είναι ότι κάποτε δεν υπήρχε τίποτα στον κόσμο. Αν κάτι τέτοιο είναι

---

[9] Thomas Aquinas, Summa Theologiae, ia q 46, transl. Timothy Mc Dermott, New Dominican translation of the Summa Theologiae (London: Eyre & Spottiswoode, and New York: McGraw – Hill, 1964), I 15.

αλήθεια, ότι δηλαδή κάποτε δεν υπήρχε τίποτα στον κόσμο, τότε δεν θα υπήρχε και τίποτα ούτε τότε, ούτε και τώρα. Όμως, επειδή κάτι υπάρχει στον κόσμο, αυτό το κάτι για να υπάρχει σημαίνει ότι προϋπήρχε κάτι άλλο, το οποίο δημιούργησε αυτό το κάτι, που υπάρχει στον κόσμο[10]. Και στο επιχείρημα αυτό του Θωμά Ακινάτη, το συμπέρασμα είναι ότι αν υπήρχε κάτι στον κόσμο, τότε αυτό το κάτι θα πρέπει να έχει μια αρχή. Όσον αφορά το επιχείρημα για τον κόσμο, τότε ο κόσμος, ίσως, να αποτελείται από μια άναρχη (δηλαδή χωρίς αρχή) σειρά γεγονότων ή πραγμάτων, από τα οποία το καθένα χωριστά έχει τη δική του αρχή και το δικό του τέλος, ενώ αν προϋπήρχε ένα διάστημα χρόνου, τότε αυτά δεν θα είχαν ούτε αρχή, αλλά ούτε τέλος. Στο σημείο αυτό, το κοσμολογικό επιχείρημα δείχνει ότι η ύπαρξη του σύμπαντος είναι ένα απόλυτα λογικό γεγονός, και η ύπαρξη αυτού του γεγονότος αποδεικνύει, κατά τον Θωμά Ακινάτη, την ύπαρξη του Θεού. Το κοσμολογικό επιχείρημα βασίζεται στην κατανόηση της συνέχειας του χρόνου. Η κατανόηση αυτή βασίζεται με τη σειρά της στην επάρκεια του λογικού επιχειρήματος[11]. Το επιχείρημα αυτό το προϋποθέτουν αρκετοί θεολόγοι, θεωρώντας αυτό, μάλιστα, ως θεμελιώδες επιχείρημα της ορθολογικής

---

[10] ό. π. I, 15.

[11] Η αρχή της επάρκειας του λογικού επιχειρήματος (*sufficient reason*) σημαίνει, ότι οτιδήποτε συμβαίνει, συμβαίνει για κάποιο συγκεκριμένο λόγο. Στο εργαστήριο, όπου τα γεγονότα δεν είναι πραγματικά και καμιά δήλωση δεν μπορεί να είναι πραγματική, εκτός κι αν υπάρχει *sufficient reason*.

θεώρησης των πραγμάτων. Ο Θεός και το φυσικό σύμπαν απολαμβάνουν μια ισότιμη θέση και πολλοί επικριτές του κοσμολογικού επιχειρήματος πρεσβεύουν, ότι αυτό παρουσιάζει πολλές ελλείψεις. Η πρώτη έλλειψη έχει να κάνει με την ύπαρξη του φυσικού σύμπαντος, με όλους τους νόμους που το διέπουν και η δεύτερη έλλειψη εντοπίζεται στην ιδέα του Θεού και στην ύπαρξη αυτού ως κάτι φυσικό και λογικό. Οι αθεϊστές πολύ εύκολα δέχονται το κοσμολογικό επιχείρημα, σύμφωνα με τον Hick[12], ο οποίος έρχεται σε αντίθεση με τον Flew[13], υπό την προϋπόθεση, ότι υπάρχει ένας αιώνιος, αυτό-υπάρχων δημιουργικός νους, υπεύθυνος για την ύπαρξη του φυσικού σύμπαντος. Στο σημείο αυτό υπήρξε αντιπαράθεση μεταξύ των **Bertrand Russell** και **F. C. Copleston**[14], όπου το κοσμολογικό επιχείρημα και η αθεϊστική απάντηση διαχωρίζονται ξεκάθαρα. Το επιχείρημα του Copleston αναφέρει, ότι αν δεν υπάρχει Θεός, τότε το σύμπαν δεν μπορεί να δικαιολογηθεί. Ο Russell αρνείται τη χρήση του όρου *«αδικαιολόγητος»*, που χρησιμοποιεί ο Copleston, λέγοντας ότι απλά το σύμπαν υπάρχει.

Ο πρώτος φιλόσοφος, ο οποίος διαμόρφωσε το ηθικό επιχείρημα ήταν ο

---

[12] J. H. Hick, *Arguments fort he Existence of God,* McMillan and Co Ltd, 1970, σελ. 47-50.

[13] Antony Flew, *Hume's Philosophy of Belief,* (London: Routledge& Kegan Paul, and New York: Humanities Press, 1961), κεφ. 9.

[14] Bertrand Russell & F. C. Copleston, The Existence of God – A Debate, in Russell, *Why I am not a Christian,* (London: Allen & Unwin, 1957, μόνο στην αγγλική έκδοση), σελ. 152.

Kant. Σύμφωνα με τον Kant η ιδέα του Θεού είναι φυσική για τον ανθρώπινο νου, υπό την έννοια ότι αυτή η ιδέα δημιουργείται από τους νόμους και τους κανόνες του ανθρώπινου μυαλού σε συνδυασμό με την πραγματικότητα των φυσικών πραγμάτων. Όμως, αυτή η ιδέα της θεωρητικής αιτίας δεν δύναται να ακολουθήσει οποιαδήποτε λογική διαδικασία και να ανταποκριθεί σε οτιδήποτε βρίσκεται εκτός του ανθρώπινου νου. Για τον Kant ο Θεός δεν μπορεί να είναι ούτε κάποιο αντικείμενο, ούτε αποτέλεσμα κάποιας λογικής διαδικασίας, αλλά μια ''πρακτική αναγκαιότητα'', η οποία προέρχεται από την πραγματικότητα του ηθικού νόμου. Η θεότητα αποτελεί ένα γεγονός της συνείδησης. Η προσπάθεια να αποδειχθεί, ότι ο Θεός είναι γνωστός μέσω της ανθρώπινης εμπειρίας, έχει τις ρίζες της στον Καντ, σύμφωνα με τον οποίο η ύπαρξη του Θεού είναι αυταπόδεικτη στην πρακτική και ηθική λογική του ανθρώπου[15]. Ο Καντ εξέτασε τα παραδοσιακά θεϊστικά επιχειρήματα και κατέληξε, ότι το κοσμολογικό και τελεολογικό επιχείρημα προϋποθέτουν την οντολογική απόδειξη και δεν μπορούν να σταθούν από μόνα τους. Για τον Καντ η ύπαρξη του Θεού δεν είναι κάτι που μπορεί ο άνθρωπος να γνωρίζει, με την αυστηρή έννοια του όρου. Αυτό, βέβαια, δεν αποτρέπει τον άνθρωπο να πιστεύει στον Θεό. Όταν, σύμφωνα με την πρακτική λογική, υπάρχει κάτι στο οποίο ο άνθρωπος πιστεύει, αυτό ο

---

[15] N. Kemp Smith, *A Commentary to Kant's Critique of Pure Reason,* 2nd ed. (London: Macmillan, 1923), σελ. 29.

Καντ δεν το ονομάζει γνώση, αλλά πίστη. Αυτή η πίστη παίρνει μορφή από το αυταπόδεικτο μερικών μεταφυσικών γεγονότων, τα οποία προϋποτίθενται, όπως είναι η ανθρώπινη ελευθερία, η ανθρώπινη αθανασία και η ύπαρξη του Θεού. Πώς, λοιπόν, ο Καντ έφτασε σε αυτό το συμπέρασμα; Η βασική αρχή της σκέψης του είναι ότι «είναι αδύνατο να κατανοήσει κάποιος την έννοια του κόσμου, και ό,τι υπάρχει έξω από αυτόν και το οποίο δύναται να εκληφθεί ως κάτι καλό πέρα από την καλή θέληση. Αλλά καθώς η καλή θέληση, είναι το μοναδικό πράγμα που είναι εσωτερικά καλό και είναι καλό σε κάθε περίσταση, έτσι αυτό αποτελεί το υπέρτατο καλό»[16]. Αυτό το υπέρτατο καλό ταυτίζεται με τη βασιλεία του Θεού[17]. Ο Καντ δεν αντιδιαστέλλεται απευθείας με το θέμα της ύπαρξης του Θεού, αλλά πιστεύει ότι η θεία ύπαρξη είναι αυταπόδεικτη, ή προϋποτίθεται. Ο συλλογισμός του έχει ως εξής: το απόλυτο αντικείμενο, που δεν είναι άλλο από την καλή θέληση αποτελεί το *summum bonum* (*γενικό καλό*). Το απόλυτα καλό είναι το απόλυτο τέλος μιας ηθικής θέλησης[18]. Από τη στιγμή που το πρέπον δύναται να είναι, αυτό μπορεί να σημαίνει, ότι το γεγονός της καλής θέλησης επιφέρει το απόλυτο καλό. Και

---

[16] Immanuel Kant, *Fundamental Principles of the Metaphysics of Morals*, (κεφ. 1) transl. H. J. Paton, The Moral Law, (London: Hutchinson, 1947), σελ. 61.

[17] Immanuel Kant, Critique of Practical Reason, (1788) ii, ch. 2, transl. L. W. Beck (New York: Liberal Arts Press, 1956), σελ. 133.

[18] ό. π. σελ. 119.

θεωρείται αναγκαίο να συνδεθεί το καθήκον με την απαίτηση, προκειμένου να θεωρείται αυταπόδεικτη η πιθανότητα του απόλυτου καλού[19]. Εν συνεχεία, παρά τη ρεαλιστικότητα του απόλυτα καλού θα πρέπει να θεωρείται πιθανό ο άνθρωπος με τις πεπερασμένες δυνάμεις του να είναι σε θέση να προξενήσει το καλό. Όταν υπάρχει ένα λογικό και ηθικό ων, όπως είναι ο δημιουργός και κυβερνήτης του κόσμου, έχει τη δύναμη να συγκεράσει την ηθική έρημο με την ηθική ευτυχία. Έτσι, η ύπαρξη θεωρείται αυταπόδεικτη αιτία του συνόλου της φύσης[20]. Το μοίρασμα της ευτυχίας δεν λαμβάνει χώρα σε αυτή τη ζωή, αλλά στην αιωνιότητα[21], και έτσι το αξίωμα της αθανασίας συνδέεται στενά με το αξίωμα της θείας ύπαρξης. Ο συλλογισμός του Καντ, αναφορικά με το αξίωμα της θείας ύπαρξης, είναι ανοικτός στην κριτική. Είναι το σημείο καμπή, στο οποίο το επιχείρημά του μετατρέπεται πιθανώς σε *summum bonum* και σύμφωνα με αυτό ο Θεός πρέπει να υπάρχει ως ηθικό και παντοδύναμο Ων.

Από την εποχή της θεολογίας του Καντ το επιχείρημα για την ύπαρξη του Θεού αναπτύσσεται με ποικίλους τρόπους. Ο **Rashdall**[22] αναφέρει, ότι ο άνθρωπος μπορεί να έχει ως κίνητρο μια ηθική ιδέα και να μένει ζωντανός στις ηθικές επιταγές του. Όμως, το πρόβλημα για τον Rashdall ξεκινάει από την

---

[19] ό. π. σελ. 130.
[20] ό. π. σελ. 129.
[21] ό. π. σελ. 133.
[22] Hastings Rashdall, *The Theory of Good and Evil*, (Oxford: Clarendon Press, 1907), II, σελ. 208.

απολυτότητα της ηθικής επιταγής. Το πρόβλημα είναι πως μπορεί κάποιος να συλάβει την έννοια της φύσης του σύμπαντος με την πραγματικότητα των αντικειμενικών ηθικών αξιών και νόμων[23]. Μέχρι στιγμής, δεν έχει βρεθεί απόδειξη της ύπαρξης του Θεού, με τη μορφή της ύπαρξης ενός ανώτατου όντος, ξεκινώντας από την ηθική εμπειρία του ανθρώπου. Ο **Bertrand Russell** κάνει λόγο για την ανθρωπιστική ηθική[24]. Η αντίληψη του καλού και του κακού ξεκινά από το γεγονός, ότι τα ανθρώπινα όντα έχουν συνείδηση των επιθυμιών και των αντιπαθειών τους. Οι ιδέες του σωστού και του λάθους εξαρτώνται από την ιδέα του καλού και του κακού[25]. Όταν το καλό ορίζεται ως ικανοποίηση της επιθυμίας, τότε, γενικότερα, η καλή θέληση αποτελεί την απόλυτη ικανοποίηση οποιασδήποτε επιθυμίας[26]. Ο Russell καταλήγει στο συμπέρασμα ότι η ηθική αρχή, το καλό, το οποίο κάθε άνθρωπος αναζητά, είναι το γενικό καλό[27]. Σύμφωνα με τον Russell κάθε άνθρωπος αναζητά το καλό από μόνος του, καθώς αυτό αποτελεί την ικανοποίηση των επιθυμιών του.

Το οντολογικό επιχείρημα αποτελεί, από φιλοσοφικής πλευράς, το πιο ενδιαφέρον επιχείρημα των θεϊστικών αποδείξεων. Ως a priori επιχείρημα είναι ορθολογικά δομημένο.

---

[23] ό. π. σελ. 211-212.
[24] Bertrand Russell, Human Society in Ethics and Politics, London: Allen &Unwin, 1954.
[25] ό. π. σελ. 50.
[26] ό. π. σελ. 60.
[27] ό. π. σελ. 125.

Το οντολογικό επιχείρημα, το οποίο καταλήγει στην ιδέα ενός υπέρτατου όντος, αναγκαστικά οδηγεί τη σκέψη στην ύπαρξη ενός τέτοιος όντος. Αν το συμπέρασμα αυτό είναι σωστό, τότε, μόνο το κοσμολογικό επιχείρημα για την απόδειξη της ύπαρξης του Θεού δεν έχει καμια χρησιμότητα, σύμφωνα με τον Καντ[28]. Η έννοια του αναγκαστικού στη φιλοσοφία έχει την έννοια του «λογικά αναγκαίου». Αρχικά, το θέμα της λογικής αναγκαιότητας δεν αποτελεί κληρονομιά των όντων ή των πραγμάτων, αλλά προϋπόθεση. Άρα, το ερώτημα που προκύπτει είναι αν η ύπαρξη του Θεού αποτελεί λογική και αναγκαία αλήθεια. Πολλοί φιλόσοφοι όπως οι Hume, Kant, Russell θεωρούν, ότι η υπαρξιακή προϋπόθεση του Θεού είναι συνθετική, και ότι δεν θα μπορούσε ως υπαρξιακή προϋπόθεση να υφίσταται λογικά και αναγκαία. Έτσι, η ύπαρξη ενός όντος, το οποίο υπάρχει είναι και λογική αναγκαιότητα, αποτελεί λανθασμένη εντύπωση. Ένας αριθμός φιλοσόφων κατέληξε στο συμπέρασμα, ότι η ιδέα των θεολόγων για την αναγκαιότητα του Θεού αποτελεί λανθασμένη υπόθεση του Θεού ως λογική αναγκαιότητα και για το λόγο αυτό

---

28 Η άποψη του Καντ σχετικά με την εξάρτηση του κοσμολογικού επιχειρήματος από το οντολογικό έχει απασχολήσει αρκετούς φιλοσόφους, όπως είναι οι: J. J. C. Smart, The Existence of God, in *New Essays in Philosophical Theology,* ed. Flew and MacIntyre (London: S. C. M. Press, and New York: Macmillan, 1955), T. Jonston, A Note on Kant's Criticism of the Arguments for the Existenceof God, in *Australian Journal of Philosophy,* (1943).

απέρριψαν αυτή την ιδέα[29]. Η αιωνιότητα του Θεού *πηγάζει από την αυθυπαρξία Αυτού*, διότι ένα αυθύπαρκτο Ων πρέπει να είναι αιώνιο, αδιάφθορο, παντοδύναμο και, γενικότερα, να διαθέτει όλα εκείνα τα χαρακτηριστικά που διαθέτει ο Θεός. Μέχρι στιγμής ένα συμπέρασμα δύναται να είναι ότι τα σοβαρότερα θεϊστικά επιχειρήματα είναι ανοικτά στον φιλοσοφικό διάλογο. Επίσης, είναι απίθανο να αναγνωρισθεί η a priori αλήθεια του Θεού, δεδομένου ότι ένας τέτοιος συλλογισμός ανταποκρίνεται στο ιδεατό βασίλειο, όπως επίσης, είναι απίθανο να βασισθεί κάποιος στην a posteriori ύπαρξη του Θεού. Το ερώτημα που τίθεται τελικά είναι ότι μπορεί να υπάρχει ορθολογική θεϊστική πίστη στην ύπαρξη του Θεού, χωρίς όμως την ύπαρξη αποδείξεων οποιασδήποτε μορφής. Για να δοθεί ρεαλιστική απάντηση, αρχικά θα πρέπει να δοθεί ο ορισμός της ορθολογικής πίστης. Ίσως, λοιπόν, να μην δύναται να γίνει λόγος για πίστη, αλλά μόνο για μια έκφανση αυτής της πίστης, μιας και μόνο η έκφανση της πίστης μπορεί να προϋποθέτει κάποιας μορφής ορθολογισμό.

Ο **Richard Swinburne**[30] σχετικά με το θέμα του χριστιανικού Θεού διαρθρώνει το βιβλίο του *(The Christian God)* σε δύο τμήματα: το μεταφυσικό και το θεολογικό. Στο πρώτο τμήμα αναλύει τα στοιχεία από τα οποία αποτελείται ο κόσμος, την αιτία, το

---

[29] J. J. C. Smart, The Existence of God, repr. in *New Essays in Philosophical Theology*, (SCM Press, 1955), ed. Flew and MacIntyre, σελ. 28-46 και ιδιαίτερα τις σελ. 38-39.
[30] Richard Swinburne, *The Christian God,* Clarendon Press, Oxford, 1994.

χρόνο και την αναγκαιότητα. Στο τμήμα της θεολογίας αναφέρεται στη θεία κυριότητα, τη θεία φύση, την Τριάδα, την πιθανότητα της μετενσάρκωσης και τις αποδείξεις της μετενσάρκωσης. Ο Richard Swinburne αναφέρει, ότι τα συστατικά του κόσμου έχουν την ιδιότητα της κυριότητας. Η κυριότητα περιλαμβάνει τη μοναδική κυριότητα, σύμφωνα με την οποία τα αντικείμενα κατέχουν μοναδικά τη σχέση τους προς άλλα αντικείμενα. Ένα άλλο χαρακτηριστικό των συστατικών είναι η μεταξύ τους σχέση (σχετική ή πολυδιάστατη κυριότητα) και η οποία δύναται να σχετίζει δύο ή περισσότερα συστατικά μεταξύ τους. Τα γεγονότα εκλαμβάνονται ως στιγμιαίες κυριότητες. Τα συστατικά είναι μοναδικά και συγκεκριμένα. Από την άλλη, οι κυριότητες είναι παγκόσμιες και μπορεί να είναι στιγμιαίες σε πάρα πολλά διαφορετικά συστατικά. Οι αφηρημένες οντότητες, όπως είναι τα νούμερα, είναι φανταστικές οντότητες και δεν υπάρχουν στην πραγματικότητα. Η κυριότητα είναι φανερή μόνο σε συνδυασμό με την ύπαρξη του συστατικού, έστω κι αν αυτή η ύπαρξη είναι στιγμιαία. Από την άλλη, τα συστατικά υπάρχουν στο σύνολό τους μια κι έξω, ενώ τα γεγονότα δεν υπάρχουν στο σύνολό τους μια κι έξω. Τα γεγονότα διαθέτουν χρονικά σημεία, ενώ τα συστατικά όχι, διότι υπάρχουν ολοκληρωτικά και συνολικά ταυτόχρονα. Τα συστατικά αντιστέκονται στο χρόνο, αλλά υπάρχουν στο χώρο, καθώς καταλαμβάνουν αυτόν. Επίσης, δύναται να έχουν κι άλλα μέρη, από τα οποία αποτελούνται, εκτός από χρονικά μέρη. Κι αυτά τα επιμέρους τμήματα των συστατικών αποτελούν από μόνα τους συστατικά. Κάθε συστατικό, το οποίο καταλαμβάνει κάποιο χώρο, αποτελείται από άλλα μέρη - τμήματα. Αυτά τα συστατικά, τα οποία αποτελούνται από άλλα συστατικά, τα οποία κι αυτά με τη σειρά τους αποτελούνται από άλλα συστατικά, χαρακτηρίζονται ως ακάθαρτα συστατικά. Τα καθαρά συστατικά δεν καταλαμβάνουν κάποιο χώρο και δεν αποτελούνται από άλλα συστατικά.

Η γνώση του ανθρώπου για τον κόσμο προέρχεται από την παρατήρηση των κυριοτήτων. Από την παρατήρηση επιλέγουμε τα συστατικά εκείνα, τα οποία αποτελούν μοναδικό συνδυασμό των κυριοτήτων που φανερώνονται. Τα υλικά αντικείμενα αποτελούνται από ύλη και μορφή. Είναι, όμως, αυθαίρετο να τεμαχίζεται ο κόσμος σε τμήματα, τα οποία όλα μαζί δύναται να αποτελέσουν κάποιο συστατικό. Μερικοί φιλόσοφοι συμφωνούν, ότι υπάρχει ένας σωστός τρόπος να περιγραφεί ο κόσμος, παρατηρώντας τα συστατικά του. Όσον αφορά την αντίληψη περί του Θεού, αυτό μπορεί να γίνει μόνο προσωρινά, δηλαδή, ο άνθρωπος να γνωρίζει για την ύπαρξη ενός αναγκαίου και αιώνιου ''ατόμου'', το οποίο είναι ασώματο, παντοδύναμο, δημιουργός και υποστηρικτής του σύμπαντος. Οι προαναφερθείσες ιδιότητες υποτίθεται ότι είναι αδιαίρετες από την έννοια του Θεού. Πρόκειται για ένα ''άτομο'', το οποίο θα εκλαμβάνεται ως θείο άτομο, ή ως Θεός[31].

---

[31] Richard Swinburne, *The Christian God,* Clarendon Press, Oxford, 1994.

Στο σημείο αυτό αξίζει να σημειωθεί ότι ο Richard Swinburne διαχωρίζει την έννοια του Θεού από του υπέρτατου θείου όντος. Στην προσωρινή υπόθεση ότι υπάρχει ένα και μόνο άτομο, τότε αναφέρεται σε αυτό ως Θεό, δημιουργώντας σύγχυση με αυτό τον τρόπο, καθώς δεν διαχωρίζει την έννοια του υπέρτατου όντος από την έννοια του Θεού. Ο Θεός είναι προσωπικός υπό την έννοια, ότι διαθέτει πιστεύω και έχει την ικανότητα να πράττει σκόπιμες πράξεις. Οι θεολόγοι, συχνά αντιστέκονται στην υπόθεση ότι ο Θεός είναι πρόσωπο. Οι ενστάσεις αυτές είναι διπλής φύσεως: η πρώτη ένσταση σχετίζεται με τη χριστιανική τριαδικότητα του Θεού. Δηλαδή, ο Θεός είναι τρία πρόσωπα σε μια ουσία. Η δεύτερη ένσταση αναφέρεται στο ότι ο Θεός είναι τόσο απόλυτος και διαφορετικός από τον άνθρωπο, με αποτέλεσμα να μην δύναται να θεωρηθεί πρόσωπο, όπως είναι όλοι οι άνθρωποι. Ο Θεός είναι στην ουσία ασώματος και πανταχού παρών. Ο Θεός δύναται να παρουσιάζεται με σώμα, όπως στην περίπτωση του Ιησού Χριστού, όμως, δεν εξαρτάται από το σώμα του. Οι άνθρωποι, από την άλλη πλευρά, για να δηλώσουν την ύπαρξή τους έχουν ανάγκη το σώμα τους, διαφορετικά δεν υφίστανται ως ανθρώπινα όντα. Επίσης, ο άνθρωπος χρειάζεται το σώμα του όχι μόνο για να υπάρξει, αλλά και προς τη σχέση του με τον κόσμο και το πώς διαφοροποιείται ή όχι από αυτόν. Ο Θεός, σύμφωνα με τη δυτική θεολογία, δεν χρειάζεται κάποιο σώμα, είτε για να υπάρξει, είτε για να δηλώσει τη σχέση του προς τον κόσμο και τους ανθρώπους[32]. Ο Θεός είναι ψυχή[33] με αποτέλεσμα να μην έχει την ανάγκη σώματος. Είναι πανταχού παρών υπό την έννοια, ότι έχει τη δυνατότητα να δρα σκόπιμα οπουδήποτε, χωρίς μεσολαβητές και μεσάζοντες. Επίσης, γνωρίζει ό,τι γίνεται οπουδήποτε και πάλι χωρίς τη μεσολάβηση μεσαζόντων, αλλά έχοντας ίδια γνώση. Ο Θεός είναι Δημιουργός και Υποστηρικτής όλου του σύμπαντος. Αυτό σημαίνει, ότι κάθε ελάχιστο συστατικό του σύμπαντος υπάρχει εξαιτίας του Θεού και για όσο ο Θεός επιτρέπει αυτό να υπάρχει. Εάν το σύμπαν έχει αρχή, αυτό συμβαίνει, γιατί το θέλησε ο Θεός, αφού Αυτός αποτελεί την αιτία της αρχής του σύμπαντος. Ο Θεός είναι απολύτως ελεύθερος, που σημαίνει ότι δύναται να δρα, χωρίς να δεσμεύεται από κάποιον άλλον, ή κάτι άλλο. Ακόμα, ο Θεός είναι παντοδύναμος, που σημαίνει ότι δύναται να καταφέρει το οτιδήποτε επιτυχώς. Αυτό μερικές φορές παρερμηνεύεται υπό την έννοια ότι ο Θεός δύναται να παρεμβαίνει και

---

[32] Η αγγλική γλώσσα παρουσιάζει μια αδυναμία στο να βρεθεί η κατάλληλη αντωνυμία, η οποία αναφέρεται στο ''άτομο'' του Θεού. Η προσωπική αντωνυμία «αυτός» χρησιμοποιήθηκε στο παρελθόν για να δηλώσει το πρόσωπο εκείνο στο οποίο εγείρονται ερωτήσεις σχετικά με το φύλο. Για παράδειγμα η θηλυκή αντωνυμία «αυτή» δεν έχει χρησιμοποιηθεί ποτέ για να δηλώσει την έννοια του Θεού. Ο συγγραφέας χρησιμοποιεί την προσωπική αντωνυμία «αυτός» προκειμένου να δηλώσει το θείο ον, με το συμπέρασμα ότι το ον αυτό είναι άτομο, χωρίς όμως διάκριση φύλου. βλ. Richard Swinburne, *The Christian God*, Clarendon Press, Oxford, 1994.

[33] βλ. Richard Swinburne, *The Christian God*, Clarendon Press, Oxford, 1994. Νικ. Π. Μπρατσιώτη, *Η υπό των Ο´ απόδοσις του nephes δια του ψυχή*, Αθήναι, 1968, σελ. 5.

να μετατρέπει το λογικό και δυνατό σε αδύνατο. Ο Θεός δύναται να φέρει σε πέρας κάθε πράξη και δραστηριότητα, χωρίς τη συμβολή ή τη μεσολάβηση κανενός προσώπου.

Η παντογνωσία του Θεού γίνεται αντιληπτή ως γνώση όλων των αληθινών προτάσεων (με τη φιλοσοφική έννοια του όρου ''πρόταση''). Υπό την έννοια αυτή ο Θεός είχε και έχει τη δυνατότητα να γνωρίζει όλα τα γεγονότα, πριν ακόμα αυτά συμβούν. Επί παραδείγματι, είναι πολύ πιθανό να γνώριζε την πτώση της Ιερουσαλήμ το 587 π.Χ., όπως επίσης και τον Β΄ Παγκόσμιο Πόλεμο, ή μελλοντικά γεγονότα, τα οποία, ίσως, και να μην έχουν συμβεί ακόμα. Σύμφωνα με τον **Widerker** ένας περιορισμός της θείας παντοδυναμίας εκλαμβάνεται σε σχέση με την ανθρώπινη ελευθερία. Οι άνθρωποι είναι ελεύθεροι να επιλέξουν αυτό που θέλουν, ανεξάρτητα από την παντοδυναμία και παγγνωσία του Θεού. Το πιο συνηθισμένο είναι να θεωρηθεί, ότι ο Θεός δεν υπήρχε πριν από την ελεύθερη βούληση, επειδή ο Θεός δεν υφίσταται στο χρόνο[34]. Ένας τρόπος είναι η άρνηση της πνευματικής και ηθικής ελευθερίας των ανθρώπων. Όμως, κάτι τέτοιο θεωρείται ατυχές αναφορικά με τις ανθρώπινες πράξεις και σύμφωνα με το δόγμα των χριστιανών, καθώς οι άνθρωποι είναι υπεύθυνοι για τις

---

[34] David Widerker, A Problem for the Eternity Solution, *International Journal for Philosophy Religion*, 29, (1991), σελ. 87-95.

πράξεις τους[35]. Ένας άλλος ισχυρισμός είναι ότι υπάρχει μια προηγούμενη αιτία (*backward causation*), σύμφωνα με την οποία ο Θεός βλέπει τις πράξεις μας, αλλά δεν κάνει τις πράξεις μας λιγότερο ελεύθερες, καθώς ο άνθρωπος δρα ελεύθερα και τα πιστεύω του Θεού μένουν ως έχουν, εξαιτίας των ανθρώπινων πράξεων. Με άλλα λόγια, οι ανθρώπινες πράξεις δεν έχουν καμιά επίδραση στα θεία πιστεύω. Το ''πιστεύω'' του Θεού σήμερα για το τι πρόκειται να κάνει ο άνθρωπος αύριο δεν αποτελεί τετελεσμένο γεγονός του σήμερα[36]. Ο Θεός έχει μια πίστη σήμερα για το τι πρόκειται να συμβεί αύριο.

Σχετικά με το θέμα της ύπαρξης του Θεού σημαντικές είναι και οι αναφορές του **J.H. Hick**, στο ομώνυμο βιβλίο του[37], στο οποίο γίνεται λόγος για τα φιλοσοφικά επιχειρήματα περί της ύπαρξης του Θεού, σε συνδυασμό με τα θεϊστικά επιχειρήματα, όπως αυτά διαμορφώθηκαν στη δυτική φιλοσοφία. Τέτοια είναι ο *κοσμολογικός τύπος της αιτιολογίας*, ο οποίος έχει τις ρίζες του στον Πλάτωνα, το *τελεολογικό επιχείρημα*, το οποίο έχει τις ρίζες του στους Στωικούς, η *οντολογική απόδειξη*, η οποία χρονολογείται από την εποχή του Ανσέλμου, και, τέλος, η *οικογένεια των ηθικών επιχειρημάτων του Κάντ*. Η θεολογική αντίρρηση, αναφορικά με

---

[35] Richard Swinburne, *Responsibility and Atonement* (Clarendon Press, 1989), *passim*.

[36] Για περισσότερες πληροφορίες σχετικά με αυτό το επιχείρημα βλ. A. Plantiga, On Ockham's Way of Out, *Faith and Philosophy*, 3, (1986), σελ. 235 – 69.

[37] J. H. Hick, *Arguments for the Existence of God*, MacMillan, London, 1970.

την ύπαρξη του Θεού, διαφοροποιείται από την αντίστοιχη φιλοσοφική[38]. Ο J.H. Hick κάνει λόγο για το *τελεολογικό επιχείρημα ή επιχείρημα του σχεδίου*, το οποίο χρονολογείται πολύ παλιά. Ίσως, ξεκινά από τον Πλάτωνα, σύμφωνα με τον οποίο το φυσικό σύμπαν είναι ακατανόητο[39]. Αυτή η ιδέα εξελίχθηκε στην κοσμολογική και τελεολογική απόδειξη. Μετά την εμφάνισή του στην αρχαία Ελλάδα, το επιχείρημα αυτό εμφανίσθηκε την εποχή του Μεσαίωνα στην Ευρώπη. Μάλιστα, για το επιχείρημα αυτό κάνει λόγο ο Θωμάς Ακινάτης στις «Πέντε Οδούς» του, το οποίο έγινε αποδεκτό από άλλους θεολόγους της ίδιας εποχής. Όμως, τη μεγαλύτερη άνθηση τη γνώρισε τον 17° και 18° αιώνα, εποχή κατά την οποία γνώριζε άνθηση η περιγραφική επιστήμη και ειδικότερα οι επιστήμες της ζωολογίας, της βοτανολογίας, της αστρονομίας και της ανατομίας. Το επιχείρημα του σχεδίου ως δημιούργημα του κόσμου του πνεύματος του 18ου αιώνα του οπτιμισμού, προωθήθηκε από τους χριστιανούς απολογητές και τους φιλοσόφους στην Αγγλία.

---

[38] Τα κλασικά θεϊστικά επιχειρήματα διακρίνονται σε εκ των προτέρων (a priori) και σε εκ των υστέρων (a posteriori). Τα a priori επιχειρήματα προέρχονται από μια λογική βάση, η οποία σχετίζεται με την ανεξαρτητοποίηση της εμπειρίας. Τα a posteriori επιχειρήματα βασίζονται σε μια υπόσχεση, η οποία έχει ως αφετηρία την εμπειρία. Στα επιχειρήματα αυτά οι αποδείξεις για την ύπαρξη του Θεού είναι σε συνδυασμό με την ανθρώπινη εμπειρία. Στα a priori επιχειρήματα αξιοσημείωτο είναι το οντολογιό επιχείρημα του Ανσέλμου και του ΝτεΚαρτ., βλ. J. H. Hick, *Arguments for the Existence of God*, MacMillan, London, 1970.

[39] βλ. John E. Smith, *Experience and God,* (New York and London: Oxford University Press, 1968), σελ. 118-120.

Ο μεγαλύτερος εκπρόσωπος του επιχειρήματος αυτού υπήρξε ο **David Hume**, παρ' όλο που φαίνεται ότι πήρε την τελική του μορφή από τον William Paley[40]. Το έργο αυτό αποτελούσε βασικό σύγγραμμα των χριστιανών απολογητών στον αγγλόφωνο κόσμο καθ' όλη τη διάρκεια του 19ου αιώνα. Τα επιχειρήματα του Paley τώρα είναι ανενεργά, όμως, αυτό καθ' εαυτό το επιχείρημα του σχεδίου εξακολουθεί να υφίσταται, εξαιτίας της ανάστασής του από δύο Άγγλους φιλοσόφους τους **F. R. Tennant**[41] και **A. E. Taylor**[42]. Αναφορικά με την πορεία εξέλιξης του επιχειρήματος του σχεδίου κατά τον 19ο αιώνα, αξίζει να γίνει αναφορά στη διάσημη έκδοση του **Paley**, σχετικά με την αναλογία του ρολογιού. Όταν οι απολογητές του 18ου αιώνα ασχολήθηκαν με τη σύγκριση του ηλιακού συστήματος και της φύσης με τη μηχανή, το παράδειγμα ενός μηχανικού σχεδίου ήταν το πιο εύκολο να έρθει στο μυαλό ενός ανθρώπου. Ο Paley ανέπτυξε συγκεκριμένες μορφές αυτής της αναλογίας[43]. Με το σκεπτικό αυτό ο Paley μπορούσε να προσαρμόσει αυτήν την αναλογία στον κόσμο, ισχυριζόμενος ότι «...*κάθε ένδειξη της συσκευής, κάθε φανέρωση του σχεδίου, που υπάρχει στο ρολόι υφίσταται και στη φύση...με τη διαφορά ότι*

---

[40] William Paley, *Natural Theology or Evidences of the Existence and Attributes of the Deity*, 1802.

[41] F. R. Tennant, *Philosophical Theology*, II, (Cambridge University Press, 1930).

[42] A. E. Taylor, *Does God exist?*, (London: Macmillan, 1945).

[43] Για περισσότερες πληροφορίες βλ. William Paley, Natural Theology, ch. 1.

όσον αφορά τη φύση, προκειμένου να γίνει μεγαλύτερο και καλύτερο στο βαθμό εκείνο που υπερβαίνει όλους τους υπολογισμούς...αυτό σημαίνει ότι η συσκευή της φύσης υπερβαίνει τη συσκευή της τέχνης όσον αφορά την πολυπλοκότητα, την πολυπραγμοσύνη του μηχανισμού... και ακόμα περισσότερο αν αυτό είναι δυνατό, να πηγαίνει πίσω από τα νούμερα και την ποικιλία που αυτά προσφέρουν... »[44].

Όταν ο David Hume έγραψε μια κριτική για τη *φυσική θεολογία* ήταν αναπόφευκτη η επίθεσή του στο επιχείρημα του θείου σχεδίου. Το επιχείρημα του θείου σχεδίου ήταν πλήρως εδραιωμένο στη συνείδηση των ανθρώπων της εποχής εκείνης και ήταν δύσκολος ο συμβιβασμός με μια πλήρη άρνησή. Η επιχειρηματολογία του Hume αναπτύχθηκε στους *Διαλόγους*[45] του. Το βιβλίο αυτό αποτελεί το προπύργιο για την πίστη στο Θεό, το επιχείρημα του θείου σχεδίου, παρ' όλο που μεταξύ του $4^{ου}$ και $12^{ου}$ διαλόγου προτείνεται η ιδέα του Θεού να ειδωθεί και από φιλοσοφική σκοπιά, αναφερόμενος στην ιδέα του θεϊσμού και του αθεϊσμού. Στα αντεπιχειρήματά του ο Hume κάνει λόγο για την αδυναμία της αναλογίας μεταξύ του κόσμου και του ανθρώπου. Το επιχείρημα του θείου σχεδίου επεξηγεί την τάξη, η οποία απαντά στη φύση και

---

[44] William Paley, Natural Theology, ch. 3.

[45] βλ. N. Kemp Smith, *Introduction to Hume's Dialogues concerning Natural Religion* (Oxford: Clarendon Press, 1935). Ο Hume δεν εξέδωσε ο ίδιος τουw Διαλόγους του, αλλά άφησε το χειρόγραφό του να το εκδώσει ο ανηψιός του. Το χειρόγραφο αυτό ο Hume το είχε ολοκληρώσει 15 χρόνια πριν αυτό εκδοθεί, παρά τις διορθώσεις που έκανε λίγους μήνες πριν το θάνατό του.

προσπαθεί να βρεί την αιτία αυτής της τάξης σε μια προϋπάρχουσα τάξη, η οποία υπάρχει στο μυαλό του δημιουργού. Αυτή η συλλογιστική οδηγεί στο συμπέρασμα, ότι η πνευματική τάξη, δηλαδή, η τάξη που έχει ο δημιουργός στο μυαλό του, σχετικά με τη φύση δεν χρήζει επεξήγησης, όπως θα πρέπει να γίνει με την αντίστοιχη του ανθρώπου. Επίσης, για τον υπέρμαχο του επιχειρήματος του θείου σχεδίου δεν αρκεί, απλώς, να καταδείξει την τάξη του σύμπαντος, όπως ήταν απαραίτητο τον 18ο αιώνα. Το συμπέρασμα ότι υπάρχει Θεός, το οποίο προκύπτει από την εμφάνισή του στη φύση, δεν οδηγεί στο συμπέρασμα για την ύπαρξη ενός τέλειου δημιουργού στη χριστιανική θεολογία. Σε έναν πεπερασμένο και ατελή κόσμο δεν έχει θέση ένας μη πεπερασμένος και τέλειος δημιουργός, ως αιτία της δημιουργίας. Έτσι, ο Θεός, σύμφωνα με το επιχείρημα του θείου σχεδίου, δεν θα πρέπει να είναι ατελής στην καλοσύνη, τη δύναμη, τη σοφία και τις ικανότητες. Ένα άλλο ερώτημα, το οποίο θέτει ο Hume, είναι η αντίληψη της ύπαρξης του Θεού σε συνδυασμό με τη μοναδικότητα του σύμπαντος. Το γεγονός ότι το σύμπαν είναι μοναδικό δεν αποκλείει την πιθανότητα κάποιων ομοιοτήτων μεταξύ του σύμπαντος και κάποιων τμημάτων αυτού. Ο **Alvin Plantiga** σημειώνει ότι όταν κάτι είναι μοναδικό δεν σημαίνει ότι αυτό δεν μεταβιβάζεται ή δεν κληρονομείται[46].

---

[46] Alvin Plantiga, *God and other Minds,* (Ithaca, N.Y.: Cornell University Press, 1967), σελ. 101.

Ο **F. R. Tennant** στη Φιλοσοφία[47] του παρουσιάζει με μεγάλη λεπτομέρεια την έννοια της Φυσικής Θεολογίας, στην οποία βασίζεται ο δυτικός πολιτισμός. Η προσέγγιση του Tennant θεωρεί λανθασμένη την προσέγγιση του Θεού, μέσω της θρησκευτικής εμπειρίας και ολοκληρώνει το έργο των Δεϊστών του 17ου και 18ου αιώνα. Οι Δεϊστές πίστευαν, ότι ο Θεός μπορεί να αποδειχθεί μέσω των φιλοσοφικών συλλογισμών, οι οποίοι προκύπτουν από τις αποδείξεις που υπάρχουν στη φύση. Ο F. R. Tennant απαρνείται την ορθολογική σκέψη και πιστεύει ότι στην πραγματική ζωή και θρησκεία μπορεί να ζήσει ο άνθρωπος νικώντας τις πιθανότητες. Το επιχείρημα του Tennant απαρτίζεται από πέντε στοιχεία: Πρώτον, η αμοιβαία αφομοίωση σκέψης και πραγμάτων, της Φύσης και της Γνώσης[48]. Αυτό το στοιχείο έχει διττή εξήγηση. Η αρχική επιστημολογική συνεισφορά στον τελεολογικό συλλογισμό αποτελείται από το γεγονός, ότι ο κόσμος, λίγο πολύ, είναι κατανοητός. Δεύτερον, η πιο συνήθης μορφή αφομοίωσης των οργανισμών στο περιβάλλον τους δεν είναι ο μηχανισμός, ο οποίος βοηθά στην αφομοίωση, αλλά η διαδικασία αυτής της εξελικτικής πορείας στο σύνολό της[49]. Τρίτον, υπάρχει η ικανότητα του φυσικού κόσμου να διατηρεί τη ζωή[50]. Τέταρτον, εκτός από την κατοχή της δομής, η οποία συμβαίνει

---

[47] F. R. Tennant, *Philosophical Theology,* vol I-II, (Cambridge University Press, 1928 και 1930, επανεκδ. 1968).
[48] ό. π. vol II, σελ. 81.
[49] ό. π. σελ. 84.
[50] ό. π. σελ. 86-87 .

ως ανταπόδοση της δυνατότητας της κατοίκησης από ζωντανούς οργανισμούς, ο κόσμος έχει επίσης τη δυνατότητα να γίνεται κατανοητός σε κάποιους από τους ζωντανούς οργανισμούς[51]. Και, τέλος, πέμπτον, η σπουδαιότητα, την οποία παρουσιάζει η ηθική φύση του ανθρώπου, ως τμήμα του σύμπαντος. Ο φυσικός κόσμος είναι τόσο δομημένος και, εξαιτίας της αυστηρής αυτής δομής, παράγει τη ζωή με ορθολογικό και ηθικό τρόπο[52]. Ο Tennant κάνει λόγο και για ένα έκτο στοιχείο πέραν των ανωτέρω πέντε, σύμφωνα με το οποίο κάθε άποψη του κόσμου, δύναται να εκληφθεί και μεμονωμένα, προκειμένου να εξηγηθεί χωρίς υπερφυσικές αναφορές. Το σύμπαν δύναται να είναι ένα άμορφο χάος, το οποίο, όμως, έχει μορφή και τάξη, όχι μόνο συνολικά, αλλά και σε κάθε ένα τμήμα του ξεχωριστά.

Ο **Richard Taylor** θεωρεί, ότι το επιχείρημα του Tennant στο σύνολό του βασίζεται πάνω στην εξέταση των ανθρωπίνων ικανοτήτων της αίσθησης και επίγνωσης, τα οποία δεν είναι μόνο αξιοσημείωτα από μόνα τους, αλλά βασιζόμενα πάνω στις ανθρώπινες δυνάμεις αφήνονται στην αλήθεια[53]. Μέχρι στιγμής, ο συλλογισμός του Taylor είναι ξεκάθαρος, αν θεωρηθεί ότι τα σημάδια δύνανται να

---

[51] ό. π. σελ. 89 και 93. Ο Tennant κάνει λόγο για αισθητικές αξίες. Η Φύση υπάρχει παντού και παράγει ομορφιά, την οποία κάποιοι ζωντανοί οργανισμοί είναι σε θέση να τη γευτούν.

[52] ό. π. σελ. 103.

[53] Richard Taylor, *Metaphysics,* (Englewood Cliffs, N. J., and London: Prentice – Hall, 1963), σελ. 96.

διαβασθούν όπως ακριβώς διαβάζονται οι λέξεις, οι οποίες στο τέλος δίνουν ένα νόημα. Στη συνέχεια, αυτή την αρχή την εφαρμόζει πάνω σε αισθητικά όργανα, με τα οποία οι ζωντανοί οργανισμοί είναι σε θέση να αντιλαμβάνονται τον κόσμο γύρω τους. Αυτή η αισθητηριακή και γνωστική ικανότητα έχει μια φυσική, μη σκόπιμη προέλευση, αποκαλύπτοντας, ταυτόχρονα, κάποια αλήθεια. Κάτι τέτοιο, όμως, είναι εσφαλμένο. Μερικές φορές, λέγεται ότι η δυνατότητα να αντιληφθεί κανείς την αλήθεια αποφασίζει και την αξία της επιβίωσης των οργανισμών και έτσι οι γνωστικές ικανότητες των ανθρώπων αναπτύσσονται εντελώς φυσιολογικά[54].

Όσον αφορά το θέμα της απώθησης του τελεολογικού θεϊστικού συλλογισμού, όπως αυτός διατυπώθηκε από τον F. R. Tennant, γίνεται λόγος για ένα επιχείρημα ευρείας δυνατότητας σχετικά με τον χαρακτήρα και το είδος του κόσμου. Στο επιχείρημα αυτό συμπεριλαμβάνεται η ανάδειξη του ανθρωπίνου πνεύματος σε ένα θείο σκοπό. Η θέση του Tennant είναι, ότι ο θεϊσμός αποτελείται από πολλές επεξηγήσεις αναφορικά με το σύμπαν στο σύνολό του. Επιθυμεί να δείξει, ότι υπάρχει μια θεϊστική άποψη του κόσμου, επαινώντας τον εαυτό του, ως περισσότερο λογικό, όσον αφορά τους ερμηνευτές. Ο **W. R. Matthews** διασαφηνίζει κάποιους όρους με το να θεωρήσει το σύμπαν

---

[54] F. R. Tennant, *Philosophical Theology,* vol II, (Cambridge University Press, 1928 και 1930, επανεκδ. 1968), σελ. 100-101.

ως φανέρωση της ανθρώπινης εμπειρίας και να προσπαθήσει να βρεί κάποια λογική αιτία για αυτό[55].

Ο **H. H. Farmer** πιστεύει, ότι η ιδέα του Θεού θα πρέπει να είναι τέτοια, ώστε να φέρουμε τα γεγονότα στον κόσμο, προκειμένου να τον κατανοήσει και να τον αισθανθεί ο άνθρωπος καλύτερα. Μία τέτοια υπεράσπιση του θεϊσμού έχει ως αποτέλεσμα μια πιο λογική ερμηνεία του σύμπαντος, βασισμένη πάνω στο επιχείρημα του θείου σχεδίου[56]. Λαμβάνοντας, λοιπόν, υπόψη όλα αυτά τα στοιχεία, καταλήγει κάποιος στο λογικό συμπέρασμα, ότι τελικά υπάρχει Θεός, και όχι ότι δεν υπάρχει. Ο Tennant συζητά αυτή την αναλογική πιθανότητα, η οποία συνδέεται με τη θεϊστική κρίση και χαρακτηρίζεται ως μη λογική[57]. Εκ πρώτης όψεως, η θρησκευτική εμπειρία του ανθρώπου δύναται να αποτελέσει τόσο επιχείρημα του θεϊσμού, όσο και του αθεϊσμού. Σχετικά με τη θρησκευτική εμπειρία του ανθρώπου, ως επιχείρημα του θεϊσμού, ο άνθρωπος αισθάνεται ότι πρέπει να εξηγήσει την ευδιάκριτη θρησκευτική εμπειρία του αναφερόμενος σε κάποια θαύματα, τα οποία ποτέ δεν θα χρησιμοποιούνταν ως επιχειρήματα του αθεϊσμού. Η θρησκευτική εμπειρία, ως επιχείρημα του αθεϊσμού, εδράζεται στην

---

[55] W. R. Matthews, Theism, *Encyclopaedia Britanicca, (1962),* XXII 50.

[56] H. H. Farmer, *Towards Belief in God,* (London S. C. M. Press, 1942), σελ. 112.

[57] F. R. Tennant, *Philosophical Theology,* vol I, (Cambridge University Press, 1928 και 1930, επανεκδ. 1968), σελ.283.

αδυναμία και τη δοκιμασία του ανθρώπου. Το επιχείρημα του θείου σχεδίου τίθεται περισσότερο ως ερώτημα, παρά ως απάντηση στο θέμα της ύπαρξης του Θεού. Κατά τον Tennant το επιχείρημα του θείου σχεδίου δεν αποτελεί επιχείρημα της ύπαρξης του Θεού, είτε πρόκειται για τους θεϊστές, είτε για τους αθεϊστές. Αυτό συμβαίνει, γιατί το συγκεκριμένο επιχείρημα επικεντρώνεται στις εκφάνσεις του κόσμου, προκαλώντας ένα αίσθημα θαυμασμού. Η κοσμική εξέλιξη αποτελείται από ένα υπερβατικό μυστήριο, το οποίο μόνο η θρησκεία μπορεί να απαντήσει. Η θρησκευτική υπόθεση ότι το σύμπαν είναι ένα σχεδιασμένο σύστημα, το οποίο παράγει έλλογη ζωή, φαίνεται ευλογοφανής. Με την ευρεία έννοια του όρου κάθε θεϊστικό επιχείρημα με κατεύθυνση από τον κόσμο προς τον Θεό δύναται να χαρακτηρισθεί ως κοσμολογικό. Έτσι όλα τα a posteriori επιχειρήματα είναι κοσμολογικά, συμπεριλαμβανομένου και του επιχειρήματος του θείου σχεδίου.

Για τον **P. O. Owen**[58] υπάρχουν πολλά επιχειρήματα σχετικά με την ύπαρξη του Θεού. Τα πιο γνωστά εξ αυτών είναι το οντολογικό, το κοσμολογικό, το τελεολογικό και το ηθικό. Πολλοί ήταν αυτοί, οι οποίοι ασχολήθηκαν με το συγκεκριμένο επιχείρημα, όπως οι **John Henry Newman**[59],

---

⁵⁸ P. O. Owen, *The Moral Argument for Christian Theism,* George Allen & Unwin, Ltd, London, 1965.
⁵⁹ John Henry Newman, *An Essay in aid of a Grammar of Assent,* Longmans, Green and Co., London, 1903.

Hastings Rashdall[60], **Clement Webb**[61] και **A. E. Taylor**[62]. Η λέξη *ήθος* έχει ελληνικές ρίζες και τόσο η ελληνική όσο και η λατινική λέξη σημαίνουν τα *ήθη* και τα *έθιμα*, τη *συνήθεια* και τη *συμπεριφορά*. Ετυμολογικά οι θεωρίες της ηθικής έχουν ως αντικείμενο τον τρόπο με τον οποίο συμπεριφέρονται οι άνθρωποι και περιγράφουν τη *συμπεριφορά* των ανθρώπων. Όμως, η έννοια του *ήθους* δεν περιγράφει μόνο το *πώς* συμπεριφέρονται οι άνθρωποι, αλλά και *πως θα πρέπει* να συμπεριφέρονται. Ο ηθικός άνθρωπος έχει να κάνει με το λεγόμενο καλό ή κακό, το δίκαιο ή το άδικο. Η ηθικότητα είναι κάτι μοναδικό[63]. Δεν μπορεί να αναφερθεί κάποιος στην ηθικότητα χρησιμοποιώντας μη ηθικούς όρους[64]. Ο Owen δεν αρέσκεται στη χρήση του όρου *naturalistic* αλλά προτιμάει τον όρο *reductionism*. Παρ' όλ' αυτά, θεωρεί ότι και ο reductionism απέτυχε, τόσο στη διαφοροποίηση μεταξύ της «*περιγραφής*» και της «*εκτίμησης*», όσο και στη διαφοροποίηση μεταξύ του «*πρέπει*» και του «*είναι*». Η έννοια της απλοποίησης, η οποία χρησιμοποιείται,

---

[60] βλ. Hastings Rashdall, *The Theory of Good and Evil*, 1907 και *Atonement in Christian Theology* (London: Macmillan, 1919).

[61] βλ. Clement Webb, *Divine Personality and Human Life*, (London: George Allen & Unwin LTD, 1919) και του ιδίου *God and Personality*, (London: George Allen & Unwin LTD, 1919).

[62] βλ. A. E. Taylor, *Does God exist?*, (London: Macmillan, 1945).

[63] P. O. Owen, *The Moral Argument for Christian Theism*, George Allen and Unwin Ltd, London, 1965, σελ. 12.

[64] Όλα τα είδη απλοποίησης της έννοιας της ηθικότητας συγκεντρώθηκαν από τον G. E. Moore, The Naturalistic Fallacy, in *Principia Ethica*, 1903.

εστιάζει την παρατήρησή της σχετικά με την διαφοροποίηση που παρουσιάζουν οι όροι «καλό» και «καλοσύνη ή ευχάριστο».

Ο **J. S. Mill** αναγκάστηκε να αποδεχθεί, ότι κάποια ευχάριστα πράγματα είναι ανώτερα από κάποια άλλα. Ο **Moore** θεωρεί, ότι δεν υπάρχει λόγος να αναφερθεί στο ότι το ευχάριστο είναι καλό, εκτός κι αν το καλό είναι διαφορετικό από το ευχάριστο[65]. Με άλλα λόγια, είναι πολύ δύσκολο να απλοποιηθούν τέτοιου είδους ιδέες σε όρους περισσότερο ευχάριστους και πιο κατανοητούς στους ανθρώπους. Ο Owen κάνει λόγο για την εξελικτική ηθική (*evolutionary ethics*)[66], θεωρώντας αυτή ως το αποτέλεσμα του νοήματος και της εγκυρότητας της ηθικής ιδέας κατά τη διάρκεια της εξέλιξης. Η αντίστοιχη φράση που χρησιμοποιούσε ο Moore ήταν «*εξελικτικός νατουραλισμός*» (*evolutionistic naturalism*) εννοώντας το δόγμα εκείνο, σύμφωνα με το οποίο κατά τη διάρκεια της εξέλιξης, γίνεται κατανοητός και ο τρόπος εξέλιξης[67]. Σύμφωνα με τον Owen τέσσερις είναι οι αρχές, τις οποίες θα πρέπει να έχει κάποιος στο νου, όταν αναφέρεται στο επιχείρημα της ηθικής του Θεού. Έτσι, ο θεϊστής θα πρέπει να αποδεχθεί τους ηθικούς όρους, έξω από οποιοδήποτε θρησκευτικό

---

[65] P. O. Owen, *The Moral Argument for Christian Theism*, George Allen and Unwin Ltd, London, 1965, σελ. 13.
[66] ό. π. σελ. 15.
[67] P. O. Owen, *The Moral Argument for Christian Theism*, George Allen and Unwin Ltd, London, 1965, σελ. 15.

κείμενο[68]. Ο άπιστος συναινεί στην ηθική αντικειμενικότητα, αναγνωρίζει την ύπαρξη ηθικών νόμων, ακόμα και αν δεν μπορεί να τους τηρήσει. Επίσης, μπορεί να δει στους ηθικούς ισχυρισμούς μια πνευματική τάξη, η οποία υπερβαίνει την εμπειρία του και τις όποιες συνθήκες. Ο χριστιανός θεϊστής, εκτός από την πίστη, τις αξίες και τους ισχυρισμούς του, έχει τη δυνατότητα να χρησιμοποιήσει και το επιχείρημα της αντικειμενικότητας της αυτοαπόδειξης, ως αυτόπτη μάρτυρα ενός θείου γεγονότος. Σύμφωνα με το δεύτερο επιχείρημα, η ηθική δεν αποτελεί από μόνη της επαρκή απόδειξη. Τα ηθικά γεγονότα δεν μπορούν από μόνα τους να αποδείξουν την αυθεντικότητά τους. Οι ηθικές ιδέες δύναται να αποτελέσουν απόδειξη της πίστης στο Θεό[69], κάτι το οποίο διαφοροποιείται από την αναφορά στον Θεό, παρ' όλο που αυτή περιλαμβάνει τον ορισμό όλων των ηθικών όρων. Τέλος, το ηθικό επιχείρημα πρέπει να είναι σε θέση να κρίνει και το σωστό αλλά και το καλό[70]. Σύμφωνα με τον Owen οι έννοιες αυτές δεν μπορούν να απλοποιηθούν περισσότερο, δεδομένου ότι οι δύο αυτοί όροι χρειάζονται για διαφορετικό λόγο. Όμως, από την άλλη για τους θεϊστές οι όροι αυτοί δύνανται να ενοποιηθούν και να αποτελέσουν μια και μοναδική ιδέα.

---

[68] H. D. Lewis, *Morals and the New Theology,* (London, 1947), σελ. 24 και του ίδιου, *Morals and Revelation* (London, 1951), σελ. 14-17.

[69] A. G. Ewing, *Prospects for Metaphysics,* (London, 1961), σελ. 46.

[70] Την πιο ολοκληρωμένη σκέψη σχετικά με τις ιδέες του καλού και του σωστού την έκανε ο J. H. Muirhead, *Rule and End in Ethics,* (Oxford, 1932).

Το **συμπέρασμα του θεϊσμού** θα πρέπει να οδηγήσει σε έναν ηθικό ή μη ηθικό ή υπερ-ηθικό Θεό. Αν ο Θεός είναι εξ' ολοκλήρου καλός, όπως ο Θεός της Βίβλου, τότε αποτελεί το καλύτερο παράδειγμα σε θέματα ηθικής για τον άνθρωπο. Συμπερασματικά ο Owen θεωρεί, ότι η ηθική δεν μπορεί να είναι αντικειμενική, εκτός εαν στηρίζεται σε θρησκευτική βάση, και, επίσης, ότι η ηθική εξαρτάται από τη θρησκεία. Όσον αφορά τις φυσικές αποδείξεις περί Θεού σημειώνει δύο στοιχεία. Το πρώτο στοιχείο έχει να κάνει με το γεγονός, ότι οποιαδήποτε απόδειξη έρχεται απευθείας από τον Θεό. Ο θεϊστής πιστεύει, ότι η εμπειρία του πεπερασμένου ανθρώπου δεν δύναται να εξηγηθεί πλήρως αν ο Θεός δεν θεωρηθεί η πηγή αυτής της εμπειρίας. Η ιδέα του Θεού είναι ορθολογική, όπως, άλλωστε, και το επιχείρημα που χρησιμοποιείται. Το δεύτερο στοιχείο είναι η παρεκβατική αιτία, η οποία δεν μπορεί να συναινέσει με την αλήθεια. Πάντα θα υπάρχει κάποιο κενό ανάμεσα σε αυτά τα δύο. Εάν, τελικά, υπάρχει ο Θεός, τότε η χριστιανική ιδέα περί Αυτού δύναται να ικανοποιήσει, τόσο τη θρησκεία, όσο και την ηθική[71]. Επίσης, ο Θεός πρέπει να είναι εντελώς καλός, διότι εάν ο Θεός είναι απέραντος στην καλοσύνη, τότε είναι απέραντος και στην ύπαρξή Του. Ένας πεπερασμένος υπαρξιακά Θεός θα ήταν πεπερασμένος και στην καλοσύνη Του.

---

[71] P. O. Owen, *The Moral Argument for Christian Theism*, George Allen and Unwin Ltd, London, 1965, σελ. 45.

Όμως, ο Θεός αποτελεί τη συνισταμένη όλων των τελειοτήτων.

Όσον αφορά το καλό θα πρέπει να γίνει μια διαφοροποίηση μεταξύ του ηθικού και μη ηθικού καλού, όπως, επίσης, του εσωτερικού και του εξωτερικού καλού, δίνοντας βάση στην ηθική συνείδηση. Ο Owen προσπαθεί να δείξει, ότι το οντολογικό καλό προηγείται του σωστού. Το καλό συνδέεται παραδοσιακά με την αλήθεια και την ομορφιά, οι οποίες θεωρούνται εσωτερικά καλά. Ο Owen προσπαθώντας να εξηγήσει το ηθικό καλό ξεκινά από το σύστημα συνειδησιακών αξιών του ανθρώπου. Ένα βασικό ερώτημα, το οποίο θα πρέπει να απαντηθεί είναι κατά πόσο ο άνθρωπος είναι γνώστης των ηθικών νόμων. Η αποτυχία του νατουραλισμού σε όλες τις μορφές των ηθικών όρων δεν μπορεί να εξηγηθεί με τη χρήση μη ηθικών όρων. Έτσι, και η ηθική συνείδηση δεν δύναται να εξηγηθεί με τη χρήση μη ηθικών όρων. Αυτό το πρόβλημα, μάλιστα, γεννιέται από την ύπαρξη του καλού και του κακού. Για τους υπέρμαχους του υποκειμενισμού υπάρχουν αντικειμενικά κριτήρια για ηθικές κρίσεις.

Τη θεωρία της φύσης την αποδέχονται οι θεϊστές. Εάν η φύση μπορεί να παράγει την αίσθηση μιας ηθικής τάξης, τότε πως είναι δυνατό αυτή (δηλ. η φύση) να είναι λιγότερο ηθική; Άρα, θα πρέπει να υπάρχει μια δύναμη, η οποία θα σχεδιάσει τη φύση. Αλλά η φυσική δύναμη θεωρείται και υπερφυσική; Θα υπερβαίνει την ιδέα της φύσης; Η τελεολογική επιχειρηματολογία δεν έχει τέλος. Η απαίτηση για μια επεξήγηση, οδηγεί στην απαίτηση για άλλη επεξήγηση. Το συμπέρασμα είναι ότι η ηθική προϋποθέτει την αιτία, και, κάτι τέτοιο απαιτεί μια εξήγηση, σύμφωνα με τους όρους του δημιουργού. Σχετικά με την κατάσταση του καλού ο Owen πιστεύει, ότι αυτή είναι ιδανική. Οι θεϊστές προσπαθούν να αποδείξουν, ότι η ύπαρξη μιας ηθικής τελειότητας στηρίζεται στη βάση της θρησκευτικής εμπειρίας. Το καλό υποχρεώνει, αλλά, ταυτόχρονα, προσελκύει. Η υποχρέωση έχει να κάνει με το ίδιο το καλό[72]. Το κακό, εκ πρώτης όψεως, αποτελεί απόδειξη ενάντια στην ύπαρξη ενός καλού και αγαθού Θεού.

Η τελεολογική άποψη της ηθικής διακρίνει τρεις ιδέες: το τέλος, το καλό και την ευτυχία. Και οι τρεις αυτές ιδέες είναι αλληλένδετες μεταξύ τους. Κάθε ζωντανός οργανισμός οδηγείται προς ένα τέλος. Το καλό συνδέεται με το τέλος, αν σκεφθεί κανείς ότι αυτό μπορεί να θεωρηθεί ως ολοκλήρωση του τέλους. Αν, τελικά, υπάρχει ένα καλό τέλος, τότε ο άνθρωπος έχει κατακτήσει την ευτυχία. Υπάρχουν αρκετοί τρόποι να οδηγηθεί κάποιος από την ευτυχία στον Θεό. Η αξίωση για αθανασία αποτελεί αντανάκλαση της κοινωνικής φύσης στην ηθική ζωή. Η άρνηση του Θεού και της αθανασίας κάνει τον άνθρωπο να αποτελεί την εξαίρεση στον κοσμικό κανόνα. Οι κατώτερες μορφές ζωής φτάνουν στο δικό τους χρονικό τέλος. Τα ανώτερα όντα φτάνουν στη δική τους ματαίωση.

---

[72] ό. π. σελ. 78.

Ο **John Stuart Mill** *στο έργο του* *Theism*[73], αποτελεί ένα από τα πιο σημαντικά συγγράμματα, τα οποία παραδόθηκαν ολοκληρωμένα και θεωρούνται, ακόμα και σήμερα, ό,τι καλύτερο έχει να επιδείξει η Θεολογία. Με τον όρο *φυσική θρησκεία* νοείται η επεξεργασία συγκεκριμένων δογμάτων, τα οποία, συνήθως, συνδέονται με τη θρησκεία, αλλά στηρίζονται ολοκληρωτικά σε αποδείξεις προερχόμενες από την ανθρώπινη εμπειρία και υπό το φως της ανθρώπινης λογικής. Ο Mill θεωρεί τη θρησκεία ως κάτι αποκλειστικά επιστημονικό, και για το λόγο αυτό την επεξεργάζεται με καθαρά επιστημονικούς όρους[74]. Το βασικό ερώτημα της φυσικής θρησκείας αναφέρεται στην ύπαρξη του Θεού και σε αυτό το σημείο ο Mill διακρίνει δύο υποερωτήματα: α) ποια ιδέα για τον Θεό ή τους θεούς είναι σταθερά συνδεδεμένη με αυτό που στην επιστήμη καλείται «ύπαρξη του Θεού» και β) ο Θεός ή κάποιος από τους θεούς έχει ποτέ εμφανισθεί ή πρόκειται να εμφανισθεί; Αναφορικά με τον πρώτο ισχυρισμό ο Mill θεωρεί άσχετη από την ανθρώπινη εμπειρία τη γνώση περί Θεού. Ο Mill πιστεύει στις αποδείξεις της επιστήμης για την ύπαρξη του Θεού, υποστηρίζει τη μονοθεΐα, θεωρεί, όμως, ότι η πολυθεΐα είναι πιο φυσική για τον άνθρωπο.

Ο **David Hume** στο έργο του *Dialogues Concerning Natural Religion*

---

[73] John Stuart Mill, *Theism*, The Library of Liberal Arts N. 64, The Bobbs – Merill Company Inc., Indianapolis – New York, 1957 σελ. vii.
[74] ό. π. σελ. vii.

αναφέρει, ότι ο κόσμος παρουσιάζει θεία στοιχεία, όπως πιστεύει και ο Mill, και μετά στη βάση της αυστηρής αναλογίας του ανθρώπινου τεχνητού ''κόσμου'', τότε ο κόσμος θα πρέπει να είναι αποτέλεσμα της σύμπραξης πολλών θεών, οι οποίοι, όμως, δεν είναι τόσο σημαντικοί για να έχουν δική τους λατρεία. Ο Hume συμφωνεί σε ένα ποσοστό, στο ότι θα ήταν καλύτερα να μην υπήρχε θρησκεία, από το να υπάρχει ένα είδος μη συστηματικής θεολογίας. Από την άλλη πιστεύει, ότι αν ο κόσμος δείχνει όντως στοιχεία ενός θείου έργου, τότε αποτελεί και θείο έργο[75]. Το μοναδικό επιχείρημα σχετικά με το Θεό, στο οποίο ο Mill δίνει μεγάλη βαρύτητα, είναι το επιχείρημα του θείου σχεδιασμού, κάτι που αρνούνται ο Hume και ο Kant[76]. Παραδοσιακά, όμως, αυτό το επιχείρημα αποτελεί επιχείρημα της αναλογίας, η οποία υφίσταται μεταξύ των φυσικών παραγόντων και των ανθρώπινων δεδομένων, καταλήγοντας στην έννοια της αιτίας.

Η εκδοχή του **Paley**[77], με την οποία συμφωνούν οι περισσότεροι θεολόγοι, είναι ότι στη φύση υπάρχουν πάρα πολλά πράγματα, τα οποία παρουσιάζουν ομοιότητες μεταξύ τους, σε σχέση με τα δημιουργήματα του ανθρώπου. Αυτό, όμως, που υποσημειώνει ο Mill είναι, ότι ακόμα κι

---

[75] John Stuart Mill, *Theism*, The Library of Liberal Arts N. 64, The Bobbs – Merill Company Inc., Indianapolis – New York, 1957,σελ. ix.

[76] ό.π. σελ. x.

[77] W. Paley , *Natural Theology*, ch. 1.

αν υπάρχει κάποια ομοιότητα[78] μεταξύ των φυσικών πραγμάτων, έστω και κατά λάθος, κάθε οργανισμός έχει τα δικά του ιδιαίτερα χαρακτηριστικά, τα οποία τον κάνουν να ξεχωρίζει από τους ομοίους του. Με άλλα λόγια, όλοι οι άνθρωποι διαθέτουν δύο πόδια, δύο χέρια, δύο αυτιά, και ένα κεφάλι, αλλά τα χαρακτηριστικά του προσώπου τους, και, κυρίως, ο χαρακτήρας τους, είναι μοναδικός για κάθε άνθρωπο. Αν, λοιπόν, το σχέδιο του Θεού για τον κόσμο αποτελεί μια πραγματικότητα για τον Mill, τότε και η δύναμη, με την οποία ο Θεός κυβερνά τον κόσμο, αποδίδεται στον Θεό. Οι απόψεις του Mill για τη μεταθάνατο ζωή στηρίζονται στον «φαινομεναλισμό», τον οποίο πρεσβεύει. Ο φαινομεναλισμός είναι η άποψη εκείνη, κατά την οποία όλη η γνώση των γεγονότων, ακόμα και η γνώση των φυσικών αντικειμένων, προέρχεται από την απευθείας γνώση κάποιου με τα αισθήματα και τις αισθήσεις. Αυτές οι αισθήσεις εκλαμβάνονται ως πρώιμες πραγματικότητες[79]. Έτσι, όλα τα στοιχεία για τη ζωή μετά τον θάνατο στηρίζονται, σύμφωνα με τον Mill, στην αλλοίωση των υλικών αντικειμένων, και, κυρίως, στην αλλοίωση του ανθρώπινου σώματος. Όμως, αν τα υλικά αντικείμενα αποτελούν μια μόνιμη πιθανότητα των αισθήσεων, όπως

---

[78] Οι ομοιότητες στις οποίες αναφέρεται ο Mill έχουν να κάνουν με τον οργανισμό και τη λειτουργία αυτού στα ζώα, ή τα επιτεύγματα του ανθρώπου., πρβλ. John Stuart Mill, *Theism*, The Library of Liberal Arts N. 64, The Bobbs – Merill Company Inc., Indianapolis – New York, 1957 σελ. x.
[79] John Stuart Mill, *An Examination of Sir William Hamilton's Philosophy* (3rd Ed, London, 1867), ch. 1.

αναφέρει ο Mill, τότε η αλλοίωση των υλικών αντικειμένων δύναται να μετατεθεί και στις αισθήσεις και στα συναισθήματα. Η συζήτηση για την αποκάλυψη στηρίζεται στο διάσημο επιχείρημα του Hume ενάντια στην αξιοπιστία των θαυμάτων και, όπως ο Hume, έτσι και ο Mill δεν θεωρεί τον εαυτό του ως προσχηματικό αποδεικτικό στοιχείο της θείας παρέμβασης στη φύση. Η κριτική που γίνεται στο επιχείρημα του Hume γίνεται στη βάση μιας αρνητικής προϋπόθεσης σχετικά με τη θεία αποκάλυψη. Αντιθέτως, ο Mill επιθυμεί να δείξει ότι η προϋπόθεση αυτή, έστω και αρνητική, είναι αρκετά ισχυρή.

Η γενικότερη τάση των επιχειρημάτων του Mill για τη θρησκεία είναι σκεπτική. Όμως, αυτός ο σκεπτικισμός τον οδηγεί στην ιδέα, την οποία ανέπτυξε ο **William James** στο έργο του *The Will to Believe*, ίσως το πιο εκτενές έργο που έχει γραφτεί στην αγγλική γλώσσα. Ο James θεωρεί, ότι κάποιος μπορεί με τη λογική να βεβαιώσει συγκεκριμένες θρησκευτικές πεποιθήσεις, κάτω από συγκεκριμένες προϋποθέσεις, ακόμα και όταν τα στοιχεία για κάτι τέτοιο δεν είναι αρκετά. Ο Mill δεν αναπτύσσει τη δική του σκέψη τόσο πολύ θεωρώντας, ότι η πίστη έχει λογική μέχρι να αποδειχθεί. Μόνο όταν αποδεικνύεται κάτι έχει λογική. Αν δεν υπάρχει κάποια απόδειξη τότε, σύμφωνα με τον Mill, η πίστη δεν έχει λογική. Σε αυτό το σημείο μπαίνει η έννοια της ελπίδας. Αυτός ο ορθολογισμός του Mill[80]

---

[80] John Stuart Mill, *An Examination of Sir William Hamilton's Philosophy* (3rd Ed, London, 1867), ch. 1.

σε θεολογικά θέματα έρχεται σε πλήρη αντίθεση με τις παλιές θεολογικές παραδόσεις, σύμφωνα με τις οποίες η πίστη βρίσκεται πάνω από τη λογική. Αυτήν την άποψη την εξέθεσε σε όλη την έκτασή της ο Mill στην κριτική του για τον Henry Mansel. Η βασική θέση του **Mansel**, όπως αυτή εκφράστηκε στο έργο του *Limits of Religious Thought* (1858) ήταν ότι ο Θεός, ο οποίος είναι απρόσιτος στην ανθρώπινη λογική, πρέπει να μπορεί να αποδειχθεί με την πίστη. Ο Mansel βασίζει τη συγκεκριμένη θεολογική θέση του, όχι μόνο στη λογική αλλά και σε μεταφυσικές αρχές. Μάλιστα, δανείζεται πολλά στοιχεία από τη φιλοσοφία του **Sir William Hamilton**, ο οποίος - σε αντίθεση με τον σκεπτικισμό του Hume – πίστευε, ότι η πίστη ή η εμπιστοσύνη έρχεται πριν τη γνώση. Με τον όρο ''γνώση'' ο Hamilton εννοεί τη λογική πεποίθηση. Όμως, από τη στιγμή που τα δεδομένα δεν βασίζονται στη λογική, θα πρέπει – καταλήγει ο Hamilton – να μην υπάγονται στη σφαίρα της γνώσης, αλλά στη σφαίρα της πίστης και, μάλιστα, χωρίς αποδείξεις.

Το θέμα, το οποίο ανακύπτει μεταξύ αυτών που πιστεύουν στο Θεό και αυτών που δεν πιστεύουν, (θεϊστές - αθεϊστές), τόσο στις φυσικές, όσο και στις αποκαλυπτικές θρησκείες, ποικίλει στα χαρακτηριστικά του, τα οποία εξαρτώνται από την ηλικία, τις κοινωνικές, οικονομικές και άλλες συνθήκες. Ο πόλεμος εναντίον των θρησκευτικών πεποιθήσεων τον 20ο αιώνα βασίσθηκε στην κοινή λογική ή απλά στη λογική. Η πρόοδος των φυσικών επιστημών θεωρεί, ότι οι θεολογικές παραδόσεις της ανθρωπότητας δεν συμβιβάζονται με την ανθρώπινη πρόοδο.

Το πρόβλημα της φυσικής θεολογίας είναι όχι μόνο αν υπάρχει Θεός, αλλά αν υπάρχει ένας ή πολλοί θεοί. Η πίστη σε πολλούς θεούς είναι απείρως πιο κοντά στη φύση του ανθρώπινου νου. Για πολύ καιρό αυτή η σκέψη ήταν αφύσικη καθώς ό,τι βλέπουμε στη φύση μπορεί να αποτελεί έργο μιας και μόνο θέλησης. Στο ανθρώπινο μυαλό τα φυσικά φαινόμενα φαίνεται ότι είναι αποτέλεσμα κάποιων ετερογενών δυνάμεων. Δεν υπάρχει τάση του πολυθεϊσμού προς τον μονοθεϊσμό. Είναι αλήθεια ότι στα πολυθεϊστικά συστήματα η θεότητα εμπνέει ιδιαίτερα χαρακτηριστικά, τα οποία προκαλούν δέος. Αυτό το δέος θεωρείται ότι έχει τη δύναμη να ελέγχει όλες τις υπόλοιπες θεότητες. Κάθε θεός, συνήθως, ελέγχει ένα συγκεκριμένο τομέα, χωρίς αυτό να σημαίνει ότι δεν υπήρχαν και κάποιοι πιο ισχυροί θεοί. Έτσι, ίσως, δεν υπήρχε αληθινή πίστη σε έναν και μοναδικό θεό και κυβερνήτη του κόσμου. Αυτή η έννοια του κόσμου υιοθετήθηκε από κάποιους μεμονωμένους ανθρώπους, αλλά μπορεί να θεωρείται και αποτέλεσμα της κοινής λογικής[81].

Το ερώτημα που τίθεται είναι, γιατί ο μονοθεϊσμός να θεωρείται αντιπροσωπευτικό είδος του θεϊσμού. Ως απάντηση στο ερώτημα είναι ότι ο θεϊσμός δύναται να βασισθεί σε επιστημονικά επιχειρήματα. Οποιαδήποτε

---

[81] ό.π.

άλλη θεωρία για τη διακυβέρνηση του κόσμου από κάποιο υπερφυσικό ων στερείται λογικής συνέπειας. Αρχικά, θα πρέπει να γίνει κατανοητό, ότι υπάρχουν δύο είδη θεϊσμού. Ο πρώτος είναι ο θεϊσμός, ο οποίος βασίζεται στη λογική συνέπεια, ενώ ο δεύτερος είναι ο ριζικά ασυνεπής με τη λογική. Στο δεύτερο είδος του θεϊσμού απαντούν οι περισσότερες γενικές αλήθειες, οι οποίες γνωστοποιήθηκαν και στο ανθρώπινο γένος, μέσω της επιστημονικής έρευνας. Στον μη συνεπή θεϊσμό ο Θεός κυβερνά τον κόσμο με πράξεις ποικίλης θέλησης. Στον λογικά συνεπή θεϊσμό ο Θεός κυβερνά τον κόσμο με τη χρήση αναλλοίωτων κανόνων και νόμων. Η αρχική και κοινή ιδέα είναι, ότι ο ένας Θεός κυβερνά τον κόσμο με διατάγματα. Τα φυσικά φαινόμενα λαμβάνουν χώρα σύμφωνα με τους αναλλοίωτους νόμους της φύσης. Αυτοί οι νόμοι προέρχονται από προηγούμενους αυθεντικούς νόμους. Αν, τώρα, αυτές οι απόλυτες αυθεντίες –φυσικοί νόμοι – προέρχονται από κάποια θέληση, αυτή η θέληση έχει εγκαθιδρύσει τους γενικούς φυσικούς νόμους. Αν, λοιπόν, υπάρχει κάποιος Θεός, τότε οι πράξεις του θα πρέπει να βασίζονται σε προγενέστερους νόμους και να παράγονται σύμφωνα με συγκεκριμένους και κατοχυρωμένους νόμους. Αν, όμως, κάτι τέτοιο αποδειχθεί αληθινό, τότε τίποτα δεν είναι ασυνεπές στην επιστημονική εμπειρία, σχετικά με την πίστη, ότι εκείνοι οι νόμοι προέρχονται από κάποια θεία βούληση[82].

Οι αποδείξεις για τον Δημιουργό δεν είναι μόνο ενός συγκεκριμένου είδους, αλλά και διαφορετικών χαρακτηριστικών. Το επιστημονικό επιχείρημα που προκύπτει είναι για τους λόγους, από τους οποίους προέρχονται τα γεγονότα και οι αναλογίες της ανθρώπινης εμπειρίας. Αυτή είναι μια *a posteriori* μέθοδος, όπου ο θεϊσμός αποτελεί το επιχείρημα της δημιουργίας. Αυτό το είδος συλλογιστικής, τον οποίο ο Mill θεωρεί ως μη επιστημονικό, αποτελεί, ταυτόχρονα, και το νόμιμο είδος της επιστημονικής διαδικασίας. Με άλλα λόγια, η μέθοδος αυτή είναι η γνωστή μέθοδος των εξωτερικών αντικειμενικών γεγονότων, τα οποία προέρχονται από ιδέες ή πεποιθήσεις του ανθρώπινου μυαλού. Το αντίστοιχο *a priori* επιχείρημα είναι η υπόθεση ότι μια ιδέα, ή θέληση ή ανάγκη, ακόμα και αν υπάρχει, ήδη, στο ανθρώπινο μυαλό, αποδεικνύει ότι η πραγματικότητα ενός ισοδύναμου αντικειμένου προέρχεται από αληθοφανείς ιδέες, οι οποίες υπάρχουν στο ανθρώπινο μυαλό μετατρέποντας τον άνθρωπο σε καλοκάγαθο ων, το οποίο δεν διαθέτει μια αβάσιμη πίστη. Θα πρέπει, λοιπόν, να παραδεχθούμε ότι όλα τα *a priori* συστήματα, τα οποία είτε αναφέρονται στη φιλοσοφία, είτε στη θρησκεία, βασίζονται στην εμπειρία.

---

[82] John Stuart Mill, *An Examination of Sir William Hamilton's Philosophy* (3rd Ed, London, 1867), ch. 1.

Το επιχείρημα της *πρωταρχικής αιτίας*, δηλαδή, *το επιχείρημα της εμπειρίας*, εκλαμβάνεται ως αποτέλεσμα, το οποίο προκύπτει από τη συνολική ανθρώπινη εμπειρία. Το επιχείρημα της εμπειρίας, όταν αυτό εκφράζεται σωστά, δεν προέρχεται από την ανθρώπινη γνώση συνολικά, αλλά από κάθε μεμονωμένο γεγονός. Στη φύση υπάρχει ένα μόνιμο στοιχείο, το οποίο, όμως, παρουσιάζει αλλαγές. Οι αλλαγές αυτές αποτελούν συνέχεια κάποιων προγενέστερων αλλαγών. Οι μόνιμες υπάρξεις δεν επιδρούν πάνω σε κάτι. Η έναρξη της ύπαρξης δεν αποτελεί και συνώνυμο της ύπαρξης του αντικειμένου, παρά μόνο ένα γεγονός. Σε κάθε αντικείμενο ενυπάρχει ένα άλλο μόνιμο στοιχείο, το ειδικό βασικό συστατικό από το οποίο αποτελείται και κληρονομείται στα επόμενα αντικείμενα. Η ύπαρξη, ως γεγονός, δεν νομιμοποιεί την αιτιότητα της επέκτασης του υλικού κόσμου, αλλά επιδρά μόνο στη μεταβολή των φαινομένων, χωρίς εξαίρεση. Αλλά τι αλλάζει; Η αιτία κάθε αλλαγής αποτελεί *την πρωταρχική αλλαγή*, και ως τέτοια δεν είναι δυνατόν να υφίσταται. Όσον αφορά τα γεγονότα, τα οποία κάνουν πραγματικότητα τα φαινόμενα, υφίστανται πάντα ή διακατέχονται από κάποια απροσδιόριστη διάρκεια. Το αποτέλεσμα θα είναι κι αυτό υπαρκτό ή θα παραχθεί σε κάποιο προγενέστερο απροσδιόριστο χρονικό σημείο. Με αυτόν τον τρόπο, η ανθρώπινη εμπειρία, σε αντίθεση με την παράθεση του επιχειρήματος της πρωταρχικής αιτίας, θεωρείται αποτροπιαστική.

Παρ' όλ' αυτά, αξίζει να ασχοληθεί κάποιος περισσότερο με τη φύση των αιτιών της ύπαρξης της ανθρώπινης εμπειρίας. Ξεκινώντας από το γεγονός ότι όλες οι αιτίες έχουν μια αρχή, τότε σε όλες αυτές υπάρχει ένα μόνιμο συστατικό, το οποίο δεν έχει αρχή. Αυτό το συστατικό το ονομάζουμε *πρωταρχική ή παγκόσμια αιτία.* Το πρώτο θέμα που ανακύπτει είναι, ότι όλες οι αιτίες έχουν κάποια αρχή. Σε όλες ενυπάρχει ένα συστατικό, το οποίο δεν έχει κάποια αρχή, αλλά ενυπάρχει αφ' εαυτού του. Αυτό το μόνιμο συστατικό δύναται να είναι κάποια παγκόσμια αιτία. Κάθε φορά που κάποιο φυσικό γεγονός λαμβάνει χώρα, ο άνθρωπος προσπαθεί να βρει την αιτία της ύπαρξής του. Ποια ήταν η δύναμη εκείνη, η οποία δημιούργησε το φυσικό φαινόμενο. Αυτή η δύναμη είναι πάντα μία και μοναδική και ίδια για όλα τα φαινόμενα. Ίσως, λοιπόν, αυτή η δύναμη αποτελεί και το λόγο ύπαρξης της **πρωταρχικής αιτίας** αναφορικά με τον υλικό κόσμο. Όσον αφορά, όμως, τα φαινόμενα του πνευματικού κόσμου, τότε η δύναμη για την οποία γίνεται λόγος δεν είναι τίποτα άλλο παρά κάποια προϋπάρχουσα δύναμη, όχι αυθεντική, αλλά μεταφερόμενη από κάπου αλλού. Αυτό το επιχείρημα είναι πάρα πολύ παλιό. Για πρώτη φορά απαντά στους Νόμους του Πλάτωνα και θεωρείται, ακόμα και σήμερα, από τα πιο πολυσυζητημένα επιχειρήματα μεταφυσικής φύσεως, κυρίως, από τους υποστηρικτές της φυσικής θεολογίας[83]. Αν τώρα υφίσταται στα αλήθεια το επιχείρημα της συνύπαρξης διαφόρων δυνάμεων, τότε το επιχείρημα αυτό δεν αλλάζει, αλλά βρίσκει πεδίο δράσης σε άλλο επιστημονικό επίπεδο. Είναι γνωστό, ότι η δύναμη από την οποία πηγάζει κάποιο φαινόμενο, προϋπάρχει σε άλλες μορφές. Η δύναμη της θέλησης δεν απαντά στο θέμα της πρωταρχικής αιτίας, δεδομένου ότι η δύναμη είναι το σημείο αναφοράς για οτιδήποτε λαμβάνει χώρα στον υλικό ή τον πνευματικό κόσμο. Και, πάλι, όμως, κάτι τέτοιο δεν οδηγεί σε ολοκλήρωση του επιστημονικού διαλόγου. Η θέληση δύναται να αποτελεί το δημιουργικό κίνητρο άλλων δυνάμεων, ή να εμπλέκεται σε άλλες δυνάμεις του υλικού κόσμου, αλλά δεν αποτελεί και τη μοναδική κινητήρια δύναμη στη σφαίρα του πνευματικού κόσμου, καθώς δύναται να προκαλείται από άλλες δυνάμεις[84]. Το

---

[83] Με τον όρο *φυσική θεολογία* εννοούμε τον κλάδο της θεολογίας, ο οποίος βασίζεται στην λογική και την εμπειρία. Η φυσική θεολογία διακρίνεται στην *αποκαλυπτική θεολογία*, η οποία βασίζεται στα κείμενα και σε ποικίλες θρησκευτικές εμπειρίες, και στην λεγόμενη *transcendental theology*, η οποία στηρίζεται στην a priori συλλογιστική. Την θεολογία αυτή εισήγαγε ο Εμμάνουελ Καντ, προκειμένου να περιγράψει τη μέθοδο των διορατικών θεολογικών ιδεών. Ο Καντ διέκρινε δύο κλάδους αυτής της θεολογίας, την οντοθεολογία και την κοσμοθεολογία. Το πρόβλημα της θεολογίας αυτής που ανέπτυξε ο Καντ είναι ότι η ανθρώπινη συλλογιστική δεν αρκεί για να αποδείξει την ύπαρξη του Θεού. Ο Καντ έλυσε το πρόβλημα αυτό με ένα σύστημα ηθικού συμβολισμού, σύμφωνα με τον οποίο ο Θεός διακρίνεται στην εξής τριάδα: ο άγιος νομοδότης, ο καλός κυβερνήτης και ο κριτής, πρβλ. Stephen Palmquist, *Kant's Perspectival Foundation for Critical Theology,* Part II of Kant's Critical Religion, Aldershot: Ashgate, 2000.
[84] Το επιχείρημα της θέλησης αφορά μόνο στον υλικό κόσμο., βλ. John Stuart Mill, *Theism*, The Library of Liberal

επιχείρημα της θέλησης δεν πρέπει να συγχέεται με την ελεύθερη βούληση του ανθρώπου ως πνευματικό φαινόμενο. Επίσης, το επιχείρημα της πρωταρχικής αιτίας δεν θα πρέπει να συγχέεται με το προαίσθημα. Άρα, αναφορικά με το επιχείρημα της πρωταρχικής αιτίας ο επιστημονικός διάλογος κατέληξε στο συμπέρασμα ότι κάτι τέτοιο δεν δύναται να υφίσταται στη συζήτηση περί θεϊσμού, καθώς καμιά αιτία δεν είναι απαραίτητη για την ύπαρξη, αφού η ίδια ως αιτία είναι άναρχη. Αυτό το οποίο υφίσταται και είναι πραγματικότητα είναι ότι τα φαινόμενα και οι υφιστάμενες αλλαγές στον κόσμο έχουν κάποια αρχή, ακόμα κι αν αυτή η αρχή αποτελεί διαφορετική μορφή της μιας και αυτής δύναμης.

Ο Mill αναφέρει το επιχείρημα, το οποίο προέρχεται από τη συγκατάθεση του ανθρώπινου γένους. Ο οποιοσδήποτε κάνει αναφορά στη φιλοσοφία δεν υπάρχει περίπτωση να μην ασχοληθεί με το θέμα της ύπαρξης κάποιας μορφής θεότητας, είτε γενικά, είτε πιο εξειδικευμένα, είτε με αναφορές σε πολυθεϊστικά συστήματα. Ακόμα και λαοί με μηδαμινό επίπεδο πολιτισμού ασχολήθηκαν με κάποια μορφή ανώτερη από τους ίδιους. Η θρησκευτική πίστη των βάρβαρων λαών δεν έχει να κάνει με την πίστη σε κάποιο θεό της φυσικής θεολογίας, αλλά με ένα είδος τροποποίησης της ακατέργαστης γενικότητας, η οποία αναφέρεται στη ζωή, τη συνείδηση και την

___

Arts N. 64, The Bobbs – Merill Company Inc., Indianapolis – New York, 1957.

πίστη σε όλες τις φυσικές δυνάμεις, τις οποίες ο ανθρώπινος νους αδυνατεί να κατανοήσει, ειδικότερα στα πρώτα βήματα της ανθρώπινης ιστορίας. Η θρησκεία των βάρβαρων λαών ήταν καθαρά φετιχιστική, αποδίδοντας ψυχή και θέληση σε μεμονωμένα αντικείμενα, με σκοπό να τα προκαλέσουν θετικά υπέρ τους με διάφορες θυσίες και τελετές. Αυτό το είδος θρησκείας επιβίωσε μέχρι τη στιγμή που κάποιοι πιο πολιτισμένοι λαοί έδωσαν μια άλλη ώθηση σε αυτό το υπάρχον θρησκευτικό περιβάλλον. Ο θεϊσμός των πολιτισμένων λαών προκύπτει, είτε από κάποιο ορθολογισμό του περιβάλλοντος, είτε από κάποιες φυσικές εμφανίσεις, τις οποίες ο άνθρωπος αδυνατούσε να επεξηγήσει.

Υπάρχει, επίσης, πληθώρα επιχειρημάτων, όταν πρόκειται να αποδειχθεί η ύπαρξη και οι ιδιότητες του Θεού. Ο **Descartes**, ο οποίος αποτελεί και τον ιδρυτή της ***μεταφυσικής προαίσθησης***, περιγράφει το συμπέρασμα, το οποίο προέρχεται απευθείας από την πρώτη υπόθεση της φιλοσοφίας του, σύμφωνα με την οποία οτιδήποτε μπορεί να παρουσιασθεί με ξεκάθαρο τρόπο, τότε αυτό είναι και αληθινό. Η ιδέα του Θεού, ο οποίος είναι τέλειος στη δύναμη και τη σοφία, αποτελεί μια ξεκάθαρη ιδέα, με αποτέλεσμα να είναι και αληθινός. Αυτή τη ''γενικοποίηση'' ο Descartes την περιορίζει εισάγοντας την έννοια της ύπαρξης. Η ιδέα του Θεού εμπερικλείει τη συγκέντρωση όλων των τελειοτήτων και, καθώς η ύπαρξη είναι από μόνη της τέλεια, η ιδέα του Θεού αποδεικνύει, ταυτόχρονα, και την ύπαρξή του. Αυτό το απλοϊκό επιχείρημα αρνείται από τον άνθρωπο τον ιδεαλισμό του, και δεν ικανοποιεί αρκετούς σήμερα. Πολλοί από τους υποστηρικτές του Descartes προσπάθησαν να φτάσουν στη γνώση του θείου, ψάχνοντας κάποιο εσωτερικό φως, βασιζόμενοι σε εσωτερικά γνωρίσματα και επιχειρήματα, αγνοώντας οτιδήποτε έξω από τον Θεό.

Τέλος, σύμφωνα με τον Mill, υπάρχει και το επιχείρημα, το οποίο βασίζεται στα σημάδια του Θεού στον κόσμο. Το επιχείρημα αυτό άπτεται ενός πραγματικού επιστημονικού χαρακτήρα, παρ' όλο που στηρίζεται εξ' ολοκλήρου στην εμπειρία του ανθρώπου. Αποδείξεις για το σχέδιο στη δημιουργία δεν δύναται να βασισθούν σε απευθείας συμπεράσματα. Οι αποδείξεις αυτές έχουν αναλογικό χαρακτήρα[85]. Υπάρχουν ομοιότητες ανάμεσα σε φυσικά πράγματα και σε άλλα, τα οποία δημιούργησε ο άνθρωπος. Όμως, αυτές οι ομοιότητες δεν μπορούν να στοιχειοθετήσουν το επιχείρημα του σχεδιασμού του κόσμου. Το πρόβλημα του συγκεκριμένου επιχειρήματος είναι ποια μέθοδο θα ακολουθηθεί, προκειμένου να ολοκληρωθεί ως σκέψη το ανωτέρω επιχείρημα. Θα πρέπει να δοθεί έμφαση στο ότι με τη σημερινή κατάσταση της ανθρώπινης γνώσης οτιδήποτε υπάρχει στη φύση ενέχει έναν μεγάλο αριθμό πιθανοτήτων υπέρ της δημιουργίας εκ της ανθρώπινης νοημοσύνης. Βέβαια, αυτό αποτελεί μια

---

[85] John Stuart Mill, *Theism*, The Library of Liberal Arts N. 64, The Bobbs – Merill Company Inc., Indianapolis – New York, 1957 σελ. 28-29.

πιθανότητα, όπως εξίσου πιθανό ήταν και το επιχείρημα της φυσικής θεολογίας.

Το ερώτημα της ύπαρξης κάποιας θεότητας από καθαρά επιστημονικής πλευράς ακολουθείται από το ερώτημα για το είδος της θεότητας. Οι αποδείξεις της φυσικής θεολογίας υποστηρίζουν, ότι ο δημιουργός του κόσμου λειτουργεί υπό κάποιους περιορισμούς. Αυτή η υπόθεση συμφωνεί με το θέμα της εμφάνισης στη φύση, όσον αφορά την αυθεντικότητα του κόσμου ή τη φυσική τάξη, καταλήγοντας στο συμπέρασμα της αυθεντικότητας του σχεδιασμού του κόσμου. Στο θέμα του σχεδιασμού εμπεριέχεται και το θέμα του κακού. Η ιδέα του κακού υπονοεί, ότι το κακό προέρχεται απευθείας από τον άνθρωπο. Και αν δεν θέλουμε να κάνουμε λόγο για κακό, τότε σίγουρα θα κάνουμε λόγο για κάτι αρνητικό. Ο παντοδύναμος Θεός αφήνει ίχνη, προκειμένου να τον αναγνωρίσει ο άνθρωπος. Ο άνθρωπος γνωρίζει, ότι τόσο ο ίδιος, όσο και ο κόσμος αποτελούν δημιουργήματα δικά του, και, κατά αυτόν τον τρόπο, είναι παντοδύναμος. Το μόνο για το οποίο πρέπει να επιθυμεί είναι, ότι θα πρέπει να είναι προσεκτικός. Αν ο Δημιουργός, όπως ο άνθρωπος, υιοθετήσει κάποιες προϋποθέσεις, τις οποίες δεν έχει θέσει ο ίδιος, τότε δεν θα πρέπει να πέφτει το βάρος της ευθύνης στον Δημιουργό για τυχόν σφάλματα στη δημιουργία. Όμως, ο Δημιουργός θα πρέπει να γνωρίζει περισσότερα από τον άνθρωπο, και έτσι ο άνθρωπος δεν μπορεί να είναι σε θέση να κρίνει κάποιον, ο οποίος είναι ανώτερός του. Έτσι, η παντοδυναμία δεν μπορεί να θεωρείται χαρακτηριστικό γνώρισμα του Θεού, σύμφωνα με τη φυσική θεολογία[86]. Αν υποτεθεί κάποιος περιορισμός της δύναμης του Θεού, τότε δεν δύναται να στοιχειοθετηθεί το επιχείρημα της τέλειας γνώσης και της απόλυτης σοφίας του Θεού. Όσον αφορά τα ηθικά χαρακτηριστικά της θεότητας, το δόγμα της φυσικής θεολογίας τα συνδέει με τη παντοδυναμία του Θεού, την καλοσύνη και τη δικαιοσύνη αυτού.

Αναφορικά με το θέμα της αθανασίας υπάρχουν οι εξής δύο αναφορές: υπάρχει η άποψη, σύμφωνα με την οποία αυτή η θεωρία είναι ανεξάρτητη από οποιαδήποτε άλλη, και η άποψη, κατά την οποία αυτή η θεωρία βασίζεται σε μια προγενέστερη πίστη πάνω σε αυτό το θέμα. Γενικότερα, όσον αφορά το συγκεκριμένο θέμα, αυτές οι θεωρίες βασίζονται στη σκέψη του ανθρώπου, την οποία θεωρούν ως κάτι τελείως διαφορετικό από το υπόλοιπο ανθρώπινο σώμα. Η σκέψη ξεκινά από το γεγονός ότι κάθε οργανισμός έχει τη δυνατότητα να παράγει αισθήματα ή σκέψεις. Βέβαια, κάτι τέτοιο ισχύει μόνο για τους ανθρώπινους οργανισμούς, καθώς συναισθήματα ή σκέψεις δεν παράγουν ούτε τα ζώα (ακόμα και τα εξημερωμένα), αλλά ούτε και τα φυτά.

Πολύς λόγος, επίσης, γίνεται για το θέμα της αθανασίας της ψυχής, όμως, στην επιστήμη δεν υπάρχει δυνατότητα απόδειξης αυτής. Αυτό που υφίσταται ως αντεπιχείρημα

---

[86] John Stuart Mill, *Theism*, The Library of Liberal Arts N. 64, The Bobbs – Merill Company Inc., Indianapolis – New York, 1957 σελ. 36.

είναι η ανυπαρξία του θανάτου της ψυχής, χωρίς, όμως, να ισχυροποιείται το θέμα της αθανασίας της ψυχής. Η πίστη στην ανθρώπινη αθανασία, η οποία ενυπάρχει στον ανθρώπινο νου, δεν στηρίζεται σε επιστημονικά επιχειρήματα, ούτε σε φυσικά, ούτε σε μεταφυσικά. Βασίζεται περισσότερο στη δυσάρεστη ιδιότητα της εγκατάλειψης της ύπαρξης, καθώς και στις γενικές παραδόσεις της ανθρωπότητας. Η φυσική τάση της πίστης ακολουθεί αυτά τα δύο ανωτέρω χαρακτηριστικά. Το επιχείρημα από την παράδοση ή τη γενική πίστη στο ανθρώπινο είδος, αν εκληφθεί ως οδηγός, τότε θα πρέπει η ψυχή του ανθρώπου να υφίσταται μετά το θάνατο. Συμπερασματικά, ο Mill καταλήγει στο ότι οι αποδείξεις περί θεϊσμού είναι εφικτές μόνο μέσω του σκεπτικισμού, οι οποίες διακρίνονται στην πίστη από τη μια πλευρά και στον αθεϊσμό από την άλλη. Με τον όρο αθεϊσμό νοείται όχι μόνο η δογματική άρνηση της ύπαρξης του Θεού, αλλά και η άρνηση κάθε είδους απόδειξης, από όπου κι αν αυτή προέρχεται. Αυτό που γνωρίζουμε για τον Δημιουργό είναι ότι Αυτός δεν υπόκειται στο νόμο της φθοράς και του θανάτου, όπως οι άνθρωποι.

Ένα άλλο επιχείρημα που απασχολεί τον άνθρωπο είναι η καλοσύνη του Θεού. Εξαιτίας της καλοσύνης του Θεού, θεωρείται απίθανο ο ίδιος ο Θεός να διατάξει ή να προκαλέσει την εκμηδένιση του καλύτερου έργου του, που είναι ο κόσμος. Η καλοσύνη του θείου όντος μπορεί να είναι τέλεια, αλλά η δύναμή του αντιτίθεται σε άγνωστους περιορισμούς. Το επιχείρημα του **Butler**[87], όπως αυτό εκφράζεται στο έργο του *Αναλογία*, δεν είναι τίποτα άλλο από το ότι η χριστιανική πίστη δεν είναι ανοικτή σε ενστάσεις ηθικού ή πνευματικού περιεχομένου. Η ηθικότητα των Ευαγγελίων είναι πολύ ανώτερη από ότι φαίνεται. Το πιο σημαντικό, όμως, λάθος του Butler είναι, ότι περιόρισε την υπόθεση των χωρίς ορίων δυνάμεων και κατέληξε στο ότι η πίστη των χριστιανών μπορεί να είναι παράλογη ή ανήθικη από την πίστη των δεϊστών, οι οποίοι πιστεύουν σε έναν παντοδύναμο Θεό.

Σχετικά με το θέμα του θεϊσμού και του αθεϊσμού, σημαντικός είναι ο επιστημονικός διάλογος μεταξύ του **J. J. C. Smart** και του **J. J. Haldane**[88]. Ο J. J. C. Smart άναφέρεται στο αν υπάρχει ή όχι Θεός. Είναι ένας διάλογος, ο οποίος εξαπλώνεται σε όλα τα είδη φιλοσοφικών ερωτημάτων, καθώς γίνεται λόγος για τη θέση της επιστήμης, τη φύση του μυαλού, τον χαρακτήρα του καλού και του κακού, την επιστημολογία της εμπειρίας και την απόδειξη. Στο βιβλίο αυτό οι δύο φιλόσοφοι, Smart και Haldane, κάνουν διάλογο για τις βασικές ιδέες του αθεϊσμού και του θεϊσμού, εισάγοντας, ταυτόχρονα, τον αναγνώστη και στα θέματα που άπτονται στον τομέα της φιλοσοφίας της θρησκείας. Ο **Smart** ανοίγει τον επιστημονικό διάλογο με τον Haldane όσον αφορά το θέμα του θεϊσμού, θεωρώντας αυτόν φιλοσοφικά

---

[87] Βλ. ό.π. σελ. 58.
[88] J. J. C. Smart & J. J. Haldane, *Atheism and Theism*, Blackwell Publishers, U.S.A., 1996.

αστήρικτο και προσπαθώντας να εξηγήσει τη μεταφυσική αλήθεια βασισμένος ολοκληρωτικά σε επιστημονικά δεδομένα. Ο **Haldane** συνεχίζει τον επιστημονικό διάλογο με το να βεβαιώνει, ότι η ύπαρξη του κόσμου και η πιθανότητα να αποκτήσει ο άνθρωπος την ολοκληρωμένη γνώση περί αυτού, εξαρτάται από την ύπαρξη ενός δημιουργικού και προσωπικού Θεού.

Ο **Smart** ήταν θεϊστής και θα συνεχίσει να είναι αν καταφέρει να συμβιβάσει τους φιλοσοφικούς του στοχασμούς με την επιστήμη. Για αυτό και σε αυτόν τον διάλογο δεν έχει σημασία αν, τελικά, υπάρξει κάποιος νικητής. Ο Smart ξεκινά από την υπόθεση, ότι οι φιλόσοφοι έχουν το δικαίωμα να θέτουν τα πάντα σε αμφισβήτηση, με αποτέλεσμα και οι υποθέσεις, αλλά και η μεθοδολογία να είναι ανοικτές σε προκλήσεις[89]. Μια βασική μεθοδολογική αρχή του Smart είναι, ότι οδηγός για τη μεταφυσική αλήθεια είναι η ευλογοφάνεια, την οποία προσφέρει η επιστήμη[90]. Η προσέγγιση του Smart στηρίζεται στη σχέση επιστήμης και θρησκείας. Μια τέτοια προσέγγιση εμπεριέχει φιλοσοφικά στοιχεία[91]. Στη σκέψη του εμπλέκονται και θεολογικές υποθέσεις, οι οποίες προέρχονται από τη φυσική και την

---

[89] J. J. C. Smart, ''Why Philosophers Disagree'', in Jocylyne Couture and Kai Nielsen (eds), *Reconstructing Philosophy: New Essays in Metaphilosophy*, (Calgary, Alberta: University of Calgary Press, 1993), σελ. 67-82.
[90] T. S. Kuhn, *The Structure of Scientific Revolutions,* 2nd edn (Chicago and London: University of Chicago Press, 1970).
[91] J. L. Mackie, *The Miracle of Theism,* Oxford: Clarendon Press, 1982.

κοσμολογία[92]. Ο Smart[93] προβαίνει σε διάκριση του δεϊσμού ως τύπο του θεϊσμού. Ως θεϊσμός νοείται η ιδέα, ότι υπάρχει ένας και μόνο Θεός, ο Οποίος είναι αιώνιος, είναι ο Δημιουργός του κόσμου, είναι παντογνώστης και παντοκράτωρ. Επίσης, ο Θεός αυτός είναι προσωπικός και παρεμβαίνει στον κόσμο. Ο Smart θεωρεί τον θεϊσμό ως κάτι αντίστοιχο της οικογένειας[94]. Ο δεϊσμός κατά τον Smart είναι η ιδέα, ότι υπάρχει ένας Θεός, ο Οποίος δημιούργησε τον κόσμο, αλλά αποφεύγει να παρεμβαίνει σε αυτόν[95]. Ο αθεϊσμός αποτελεί την άρνηση τόσο του θεϊσμού, όσο και του δεϊσμού. Επίσης, ο αθεϊσμός αρνείται την ύπαρξη θεοτήτων, καθώς και ό,τι σχετίζεται με αυτά. Η ορθόδοξη ιδέα του Θεού έχει να κάνει με το ότι Αυτός είναι ένα πνευματικό Ων. Η συνήθης χρήση του πνεύματος πλησιάζει την ιδέα του Καρτέσιου για την ψυχή: ότι δηλαδή αυτό είναι κάτι μη υλικό και μη φυσικό. Ο υλισμός αντιτίθεται στον θεϊσμό. Τελικά, υπάρχει κάποια σύγκρουση μεταξύ επιστήμης και θρησκείας; Είναι ένα ερώτημα για το οποίο ο Smart δεν δίνει καμιά απολύτως απάντηση. Σχετικά με τον πανθεϊσμό ο Smart θεωρεί, ότι η ιδέα αυτή συγχέει τον Θεό με

---

[92] Paul Davies, *The Mind of God,* London: Simon and Schuster, 1992 και John Leslie, Universes, London: Routledge, 1989, οι οποίοι υποστηρίζουν ευρέως τα συμπεράσματα του θεϊσμού.
[93] J. J. C. Smart & J. J. Haldane, *Atheism and Theism,* Blackwell Publishers, 1996, σελ. 8.
[94] ό. π. σελ. 8 και Ludwig Wittgenstein, *Philosophical Investigations,* Oxford: Blackwell, 1953, sections 66-7.
[95] J. J. C. Smart & J. J. Haldane, *Atheism and Theism,* Blackwell Publishers, 1996, σελ. 8.

τον κόσμο. Υπό αυτήν την έννοια, ο πανθεϊσμός δεν διαφέρει και πολύ από τον αθεϊσμό. Μια άλλη άποψη του πανθεϊσμού θεωρεί τον κόσμο ως μια πνευματική ιδέα. Δεν υπάρχει για τον Smart καμιά οντολογική διαφορά μεταξύ πανθεϊσμού και αθεϊσμού[96].

Η λεγόμενη ανθρωπολογική – κοσμολογική αρχή εισήχθη στις σύγχρονες επιστημονικές συζητήσεις από φιλοσόφους, οι οποίοι φαίνεται να τη συνδυάζουν a priori με τη φύση. Όσον αφορά την ανθρωπολογική πλευρά υπάρχουν μερικά λανθασμένα επιχειρήματα, όπως αυτά για τα οποία κάνει λόγο ο **G. J. Whitrow**[97] και για τα οποία θεωρεί ότι οι παρατηρητές της ζωής δεν θα είχαν εμφανισθεί σε αυτόν τον πλανήτη, του οποίου η τροχιά είναι αρκετά ασταθής. Οι σύγχρονοι κοσμολόγοι χρησιμοποιούν θεωρίες, σύμφωνα με τις οποίες ο χώρος έχει πάνω από δέκα διαστάσεις και αποτελεί μια αρκετά περιπλεγμένη τοπολογική κατάσταση. Ο **John Leslie**[98] αναφέρεται στη θεωρία του Καρτέσιου, σύμφωνα με την οποία η μέθοδος πρέπει να οδηγεί σε μια μοναδική αρχή, για την οποία είμαστε απόλυτα σίγουροι[99]. Σύμφωνα με τον Καρτέσιο με τη θεμελιακή αυτή αρχή υπάρχει η δυνατότητα επεξήγησης του κόσμου της εμπειρίας σε όλη την έκτασή του. Σε αυτή την άποψη θεμελιώνεται και η

---

[96] ό. π. σελ. 16.
[97] G. J. Whitrow, *The Structure and Evolution of the Universe,* 2nd edn, London: Hutchinson, 1959.
[98] John Leslie, Universes, London: Routledge, 1989, σελ. 13-14.
[99] W. Windelband – H. Heimsoeth, *Εγχειρίδιο Ιστορίας της Φιλοσοφίας,* τ. Β΄, (μτφρ. Ν. Μ. Σκουτερόπουλος), Μ.Ι.Ε.Τ., 1982, Αθήνα, σελ. 159.

ανατροπή του μεσαιωνικού σχολαστικού πνεύματος. Ο Καρτέσιος, σχετικά με την ύπαρξη του Θεού, παρέχει τρία επιχειρήματα: το ιδεολογικό, το κοσμολογικό και το οντολογικό. Το πρώτο επιχείρημα – το ιδεολογικό - βασίζεται στην ιδέα που έχουμε για τον Θεό ως το τέλειο Ων. Ο Καρτέσιος θεωρεί, ότι αυτή η ιδέα δεν είναι δυνατό να προέρχεται από τον άνθρωπο, καθ' ότι ο άνθρωπος είναι ένα ατελές και πεπερασμένο ον[100]. Άρα, η ιδέα αυτή προέρχεται από τον ίδιο τον Θεό και, συνεπώς, ο Θεός υπάρχει. Το δεύτερο επιχείρημα - το κοσμολογικό – βασίζεται στη σχέση αιτίας – αποτελέσματος αναφορικά με την ύπαρξη του Θεού. Η συλλογιστική του δεύτερου επιχειρήματος είναι η εξής: έχω αποδείξει την ύπαρξή μου, ωστόσο το αίτιο της ύπαρξής μου δεν θα μπορούσε να ήταν ο ίδιος μου ο εαυτός, διότι αν ήταν ο εαυτός μου τότε δεν θα αμφέβαλλα, δεν θα επιθυμούσα και δεν θα μου έλειπε τίποτα, διότι θα χορηγούσα στον εαυτό μου όλες τις τελειότητες, οι οποίες υπάρχουν μέσα μου ως ιδέες, και έτσι θα ήμουν εγώ ο ίδιος ο Θεός. Επομένως, σύμφωνα με το δεύτερο επιχείρημα, το αίτιο της ύπαρξής μου είναι ο Θεός, άρα ο Θεός υπάρχει. Το τρίτο επιχείρημα – το οντολογικό – δεν αντλείται εκ των αποτελεσμάτων του Θεού (a posteriori), όπως τα δύο προηγούμενα, αλλά από τη φύση του Θεού (a priori). Σύμφωνα, λοιπόν, με το τρίτο επιχείρημα, στον Θεό ενυπάρχουν όλες οι τελειότητες, όπως και αυτή της ύπαρξης, άρα ο Θεός υπάρχει. Με άλλα λόγια, η

---

[100] ό. π. σελ. 163.

ύπαρξη ανήκει στην ουσία του Θεού. Κατά τον Καρτέσιο, η ύπαρξη του Θεού έχει αποδειχθεί, «αποκαθίσταται η εμπιστοσύνη στο φυσικό φως», δηλαδή στην άμεση προφάνεια της έλλογης γνώσης, η οποία με αυτόν τον τρόπο θεμελιώνεται οριστικά[101].

Το επιχείρημα αυτό το υποστηρίζει ο **Norman Kemp Smith** ονομάζοντας αυτό ως «το επιχείρημα του σχεδίου»[102]. Ο **David Hume** στο έργο του *Dialogues Concerning Natural Religion*[103] υποστήριξε, ότι υπάρχουν εναλλακτικές εξηγήσεις, όσον αφορά το θέμα του θείου σχεδίου. Υιοθετεί περισσότερο μια σκεπτική θέση, παρά μια δογματικά αθεϊστική. Ο Φίλωνας, τον οποίο χρησιμοποιεί και ο Hume, υποστηρίζει, ότι το σύμπαν μπορεί να συγκριθεί με έναν οργανισμό και οι οργανισμοί, εκ πρώτης όψεως, δεν φαίνεται να έχουν δημιουργηθεί βάση κάποιου σχεδίου. Απλά υφίστανται και μεγαλώνουν. Ένα πρόβλημα, αναφορικά με το επιχείρημα του σχεδίου, είναι ότι αυτό μπορεί να αποτελεί ένα «κοσμικό λεπτομερειακό σχέδιο»[104] στο μυαλό του Θεού. Αυτό, βέβαια, έρχεται σε αντίθεση με την υπόθεση, ότι ο Θεός είναι το τέλειο Ων. Σύμφωνα με τον Hume ο δημιουργός του σύμπαντος πρέπει να είναι το ίδιο περίπλοκος,

---

[101] ό. π. σελ. 164.

[102] Norman Kemp Smith, Is Divine Existence Credible?, *Proceedings of the British Academy,* 17, (1931), σελ. 209-234.

[103] Norman Kemp Smith (ed.), *Dialogues Concerning Natural Religion*, (Edinburgh: Nelson, 1947).

[104] Η ονομασία αυτού του επιχειρήματος προέρχεται από το ομώνυμο βιβλίο του Paul Davies, *The Cosmic Blueprint,*(London: Heinemann, 1987.

όπως περίπλοκο είναι το σύμπαν, χωρίς αυτό να είναι υποχρεωτικό. Εάν το σύμπαν χρειάζεται κάποιον δημιουργό, ο οποίος δεν έχει κοινά χαρακτηριστικά με αυτό, τότε καταλήγουμε στο συμπέρασμα, ότι ο δημιουργός χρειάζεται δημιουργό. Ο δημιουργός υποτίθεται ότι ορίζει μόνο τους νόμους της φύσης. Κάθε εμπλοκή των νόμων δημιουργεί μια πιστή απομίμηση στο μυαλό του δημιουργού. Υπάρχει η εμφάνιση ενός κοσμικού σκοπού, ο οποίος δύναται να εμφανισθεί σε κάποιον, ο οποίος παραδέχεται ως αληθή ό,τι αναφέρθηκε στην αρχή αυτής της παραγράφου. Η άποψη ότι ο Θεός σχεδίασε το σύμπαν, επειδή ήθελε τα έλλογα όντα που υπάρχουν σε αυτό να αποτελούν αντικείμενο της αγάπης του, δεν μπορεί να θεωρηθεί αδύνατη. Το πρόβλημα που ανακύπτει δεν είναι εάν υπάρχει λογική σε κάτι που συμβαίνει, αλλά γιατί ο κόσμος υποφέρει[105]. Η δοκιμασία, λοιπόν, αποτελεί ένα θεραπευτικό μέσον για τη μείωση ενός πιθανού ψυχοκεντρισμού. Το επιχείρημα ότι ο Θεός δημιούργησε αυτό το τεράστιο υλικό σύμπαν, προκειμένου να δημιουργήσει συνείδηση, φαίνεται ότι ισχύει.

Η καινούργια τελεολογία, σύμφωνα με τον Smart, διαφέρει αρκετά από την αντίστοιχη του Paley. Ο **John Leslie** εκλαμβάνει τον Θεό ως ηθική αρχή, επηρεασμένος από τον νέο-πλατωνισμό και,

---

[105] Jeremy Bentham, *Introduction to the Principles of Morals and Legislation,* ch. 17, section 1, sub-section 2, και Wilfrid Harrison (ed.), *A Fragment on Government and an Introduction to the Principles of Morals and Legislation* (Oxford: Basil Blackwell, 1948).

κυρίως, από τις ιδέες του Πλάτωνα στην Πολιτεία[106]. Ο Leslie ονομάζει τη συγκεκριμένη θεωρία ως «ακραία αξιακή θεωρία» και θεωρεί, ότι ώφειλε στις συνήθεις συζητήσεις να εννοεί κάποιο είδος απαίτησης. Η αξιακή αρχή φαίνεται αρκετά αφηρημένη αναφορικά με το θέμα της ύπαρξης του Θεού. Η θεωρία αυτή ερευνά, επίσης και, το θέμα της εισδοχής του κακού στην ανθρώπινη ύπαρξη. Εκ πρώτης, κάποιος ίσως θεωρεί – σύμφωνα με την αξιακή αρχή – ότι στον κόσμο υπάρχει μόνο το αγαθό και το καλό. Όμως, κάτι τέτοιο φαίνεται εξωπραγματικό και έξω από τα ανθρώπινα δεδομένα. Η θεωρία της ακραίας αξιακής αρχής έχει κάποια κοινά χαρακτηριστικά με το επιχείρημα του σχεδίου. Η υπόθεση του Leslie για τον Θεό είναι μια ηθική αρχή, η οποία έχει πολλά κοινά στοιχεία με την παραδοσιακή χριστιανική θεολογία. Η θεωρία της ακραίας αξιακής αρχής είναι διττή: από τη μια, έχει να κάνει με το καλό και πόσο απλό είναι αυτό, και, από την άλλη, με το πρόβλημα του κακού. Τέλος, αξίζει να αναφερθεί κανείς και στο θέμα της φύσης της ηθικής. Η θεωρία της ακραίας αξιακής αρχής εξαρτάται από μια αντικειμενική θεωρία σχετικά με τη φύση της ηθικής κρίσης και των πράξεων[107]. Σύμφωνα, λοιπόν, με αυτές τις θεωρίες, το μυαλό έχει

---

[106] John Leslie, *Universes*, (London: Routlegde, 1989).

[107] Για περισσότερες πληροφορίες σχετικά με το θέμα βλ. J. J. C. Smart, *Ethics, Persuasion and Truth* (London: Routledge and Kegan Paul, 1984), καθώς επίσης και: G. E. Moore, *Principia Ethica,* (Cambridge: Cambridge University Press, 1903) και W. D. Ross, *Foundations of Ethics,* (Oxford: Clarendon Press, 1939).

την ικανότητα να διαισθάνεται πράγματα ή γεγονότα, τα οποία κατέχουν συγκεκριμένες φυσικές κληρονομιές ή σχέσεις. Τέτοιου είδους διαισθήσεις δύνανται να είναι, εκ των προτέρων, συνθέσεις αληθειών. Έτσι, οι ηθικές κρίσεις, εκ πρώτης όψεως, φαίνεται να αποτελούν αντικειμενικά γεγονότα. Από την άλλη πλευρά, η θεωρία των **Moore** και **Ross** αποτυγχάνει να εξηγήσει την κινητήρια δύναμη της ηθικής πίστης. Η πνευματική διαίσθηση των μη φυσικών αγαθών και των μεταξύ τους σχέσεων αποτελεί μυστήριο και είναι ασυμβίβαστο με τη νευροφυσιολογία του ανθρώπινου εγκεφάλου. Ο Leslie διαφοροποιείται από τους Moore και Ross, επειδή αρνείται ότι ο άνθρωπος διαισθάνεται ή γνωρίζει το καλό και το σωστό. Η αξιακή θεωρία του Leslie προϋποθέτει μια αντικειμενική θεωρία της ηθικής. Το επιχείρημα του ενδεχόμενου, όπως το χαρακτηρίζει ο Smart[108], έχει να κάνει με το ενδεχόμενο, ότι το σύμπαν στην πιο απλή του υπόθεση είναι μηδενικό. Ο **Wittgenstein**[109] αναφέρει, ότι το τίποτα δύναται, επίσης, να υπάρχει. Το πρόβλημα του συγκεκριμένου επιχειρήματος είναι, ότι, τελικά, το σύμπαν πρέπει να είναι κάτι παραπάνω από ένα κενό ή ένα τίποτα. Ο **Jonathan Barnes** κάνει διεξοδική αναφορά στο ομώνυμο βιβλίο του[110], όσον αφορά το οντολογικό

---

[108] J. J. C. Smart & J. J. Haldane, *Atheism and Theism,* Blackwell Publishers, 1996, σελ. 35.
[109] Ludwig Wittgenstein, *A Memoir,* (Oxford: Oxford University Press, 1958), σελ. 20.
[110] Jonathan Barnes, *The Ontological Argument* (London: Macmillan, 1972).

επιχείρημα. Ο Barnes προσπαθεί να αποδείξει ότι το «there is a» και το «exist» δεν ταυτίζονται. Στην ελληνική γλώσσα τέτοια διαφοροποίηση δεν υφίσταται μιας και τα δύο έχουν την έννοια του «υπάρχω». Το κοσμολογικό επιχείρημα προέρχεται από το επιχείρημα του ενδεχομένου του κόσμου. Μερικοί συγχέουν αυτά τα δύο επιχειρήματα. Ο **Copleston**[111] υπενθυμίζει, ότι στον κόσμο υπάρχουν ενδεχόμενα όντα. Ο **Russell** πιστεύει, ότι είναι νόμιμο να ρωτά κάποιος, γιατί θα πρέπει για το κάθε τι να υπάρχει και μια αιτία.

Το πρόβλημα του κακού έχει να κάνει με το πώς αυτό εισήχθη στον κόσμο. Για τους αθεϊστές, αυτό δεν είναι πρόβλημα, ενώ για τους θεϊστές το κακό αποτελεί πρόβλημα. Αν ο Θεός είναι παντογνώστης, τότε γνωρίζει πώς να αποτρέψει το κακό. Αν ο Θεός είναι παντοδύναμος, τότε γνωρίζει και, πάλι, πως θα αποτρέψει το κακό. Οι θεϊστές πιστεύουν, ότι ο Θεός είναι και παντογνώστης, αλλά και παντοδύναμος, αν, λοιπόν, οι πεποιθήσεις των θεϊστών είναι σωστές, τότε γιατί υπάρχει το κακό; Το επιχείρημα έχει ως εξής: εάν υπάρχει ο Θεός, τότε δεν υπάρχει το κακό. Εάν υπάρχει το κακό, τότε δεν υπάρχει ο Θεός. Η βάση του συλλογισμού φαίνεται ότι ξεκινάει από το ότι ο Θεός είναι παντοδύναμος, παντογνώστης και κάτι τέτοιο δεν μπορεί κανείς να το αρνηθεί. Από τη στιγμή που ο Θεός δημιούργησε το σύμπαν,

---

[111] Bertrand Russell & F. C. Copleston, A Debate on the Existence of God, originally broadcast by the British Broadcasting Corporation, 1948 and included in John Hick (ed.) *The Existence of God* (New York: Macmillan, 1964).

τότε δημιούργησε και τους νόμους, οι οποίοι διέπουν το σύμπαν και η μοναδική αναγκαιότητα, η οποία συνδέει τον Θεό με το σύμπαν είναι η λογική αναγκαιότητα. Από τη στιγμή που ο Θεός δεν υφίσταται στη φυσική αναγκαιότητα, τότε δεν υπάρχει ανάγκη για αυτόν να χρησιμοποιήσει οδυνηρά μέτρα, προκειμένου να πετύχει κάτι καλό. Το επιχείρημα της ελεύθερης βούλησης συνδέεται άμεσα με το θέμα της ύπαρξης του κακού στον κόσμο. Το φυσικό κακό δεν έχει να κάνει με την ελεύθερη βούληση, καθώς αυτή δεν ευθύνεται για το ηθικό κακό, για το κακό, δηλαδή, το οποίο προέρχεται από την κακή χρήση της.

Ο Smart κάνει λόγο για τον «ιστορικό θεϊσμό» και για τον «μεταφυσικό θεϊσμό». Ως ιστορικό θεϊσμό νοείται ο θεϊσμός ως ολοκληρωμένη μονοθεϊστική θρησκεία. Ως μεταφυσικός θεϊσμός νοείται ο θεϊσμός, ο οποίος είναι ανεξάρτητος από το χρόνο και τον τόπο. Ο Smart θεωρεί, ότι ο θεϊσμός αποτελεί ένα συναισθηματικό δόγμα, το οποίο μπορεί να είναι και αληθινό. Αν, όμως, κάτι τέτοιο υφίσταται στην αλήθεια, τότε ο θεϊσμός δύναται να κατανοηθεί ως ελάχιστα διαφοροποιημένος από αυτό που σήμερα θεωρείται αθεϊσμός.

Η απάντηση του **Haldane** στον Smart έρχεται με τη μορφή απάντησης αναφορικά με το αν η θρησκεία είναι πνευματική ή μεταφυσική. Ο Haldane καταλήγει, ότι η θρησκεία είναι και τα δύο. Για τους θεϊστές θα πρέπει να πάμε πολύ πίσω στην εποχή της φιλοσοφικής θεολογίας του Μεσαίωνα και, πιο συγκεκριμένα, στα κείμενα του Θωμά

Ακινάτη *Suma Theologiae*[112], προκειμένου να υπάρξει μια φιλοσοφική – θεολογική προσέγγιση στο όλο θέμα. Ένα σημαντικό στοιχείο στη δυτική φιλοσοφία είναι η σχέση του θεϊσμού με την επιστήμη. Ο Smart πιστεύει, ότι η επιστήμη περιλαμβάνει κάποιο είδος ρεαλισμού. Η σταθερότητα, η κανονικότητα και ο νους αποτελούν χαρακτηριστικά του επιστημονικού ρεαλισμού. Ο Smart πιστεύει, επίσης, σε μια γενικευμένη υπεραπλούστευση (*reductionism*), χωρίς να λαμβάνει υπόψη του το επιχείρημα του σχεδίου σχετικά με την εμφανή τελεολογία των ζωντανών συστημάτων. Ο Haldane προχωρά σε έναν διαχωρισμό οντολογικών και εννοιολογικών – επεξηγηματικών περιστολών. Μια οντολογική περιστολή διατηρεί μια σημασιολογική κατηγορία ή τάξη οντοτήτων σε μια δομή, των οποίων τα πράγματα ανήκουν και προέρχονται από μια άλλη βασικότερη κατηγορία. Προκειμένου να εκτιμηθεί η διαφορά μεταξύ οντολογικής και επεξηγηματικής υπεραπλούστευσης, είναι σκόπιμο να υπάρξει διαφοροποίηση μεταξύ των πραγμάτων και της φύσης και μεταξύ των ιδεών και των όρων. Ο Smart θεωρεί, ότι η επιστημονική άποψη δεν βρίσκει χώρο σε οποιαδήποτε μορφή τελεολογίας. Ο Haldane αναφέρεται στους παλαιούς τελεολογιστές, οι οποίοι πιστεύουν, ότι οι οργανισμοί

---

[112] Θωμά Ακινάτη, *Summa Theologiae,* Benziger Bros edition, 1947, transl. by Fathers of the English Dominican Province, πρβλ. Timothy McDermott (ed.), *Summa Theologiae: A concise Translation* (London: Methuen, 1989).

παρουσιάζουν μια ευεργετική τάξη[113]. Η πίστη στην αυθεντική τελεολογία και η ανάγκη ύπαρξης του σκοπού, όσον αφορά τη δημιουργία, έγκειται στη βάση της θεωρίας της φυσικής επιλογής. Ο Haldane ξεκινά αυτή τη διαμάχη με το να αντιδιαστέλλει τις δύο πλευρές. Ο νατουραλισμός έρχεται σε αντίθεση με τον υλισμό. Το επόμενο στάδιο, σχετικά με το επιχείρημα της τελεολογίας, έχει να κάνει με την εξέλιξη της ιστορίας ή την εξελικτική ιστορία, όπως, χαρακτηριστικά, αναφέρει ο Haldane[114]. Η επιλογή δεν έχει να κάνει με την ανάπτυξη των ειδών. Η αρχική εξέλιξη των ειδών ορίζεται επί τη βάση της αθροιστικής επιλογής. Με άλλα λόγια, η αυθεντικότητα ενός είδους δεν είναι ένα απλό στάδιο, αλλά αποτέλεσμα μιας εξελικτικής διαδικασίας, η οποία εξακολουθεί να υφίσταται κατά τη διάρκεια των ετών.

Ένα άλλο μεγάλο θέμα, το οποίο απασχολεί τον Haldane, είναι η σχέση του πνεύματος και της ύλης. Στο πέρασμα των αιώνων υπήρξε πληθώρα πιθανοτήτων και δυνατοτήτων σχετικά με το τον υλισμό και τον μη - υλισμό. Ο Haldane θεωρεί ότι ο Smart είναι υλιστής, δεν προχωρά, όμως, μέχρι του σημείου εκείνου, προκειμένου να ορίσει ψυχολογικούς όρους και, φυσικά, έρχεται σε αντιδιαστολή με τον **Paul**

---

[113] Θωμά Ακινάτη, *Summa Theologiae*, Benziger Bros edition, 1947, transl. by Fathers of the English Dominican Province, Ια, q.2,a.3.
[114] J. J. C. Smart & J. J. Haldane, *Atheism and Theism,* Blackwell Publishers, 1996, σελ. 101.

Churchland[115], σύμφωνα με τον οποίο οι ψυχολογικοί όροι δύναται να περιορισθούν στο ελάχιστο. Συζητώντας το θέμα του κακού ο Smart πρεσβεύει τις ιδέες του ντετερμινισμού.

Ο Haldane θεωρεί, ότι οι ιδέες διαφοροποιούν τα αντικείμενα, σύμφωνα με τις ιδιότητές τους, δεδομένου ότι οι ιδιότητες είναι έτσι σχεδιασμένες, ώστε να διαφοροποιούνται από μόνες τους. Ο Haldane θεωρεί ότι αρκετοί μελετητές υποστηρίζουν τον παλιό τύπο του επιχειρήματος του σχεδίου. Η εξελικτική θεωρία και, γενικότερα, ο νατουραλισμός δεν είναι σε θέση να εξηγήσουν τρεις σημαντικές διαφορές, ήτοι μεταξύ άψυχου – έμψυχου, μεταξύ αναπαραγωγικού και μη αναπαραγωγικού και, τέλος, μεταξύ πνευματικού και μη πνευματικού. Έχοντας στο νου την ιστορία της ανάπτυξης, αυτές οι διαφοροποιήσεις είναι σημαντικές μεταξύ των γενεών.

Η νέα τελεολογία του Haldane αποτελεί απάντηση στο επιχείρημα του απόλυτου συντονισμού του Smart[116]. Ο Smart, δικαίως, κάνει αναφορά στους εξωφρενισμούς μερικών επιχειρημάτων της ανθρωπολογικής κοσμολογικής αρχής. Εάν οι αναγκαίες προϋποθέσεις της ύπαρξής μας δεν επιτυγχάνονται, τότε δεν θα υφιστάμεθα. Και εάν οι αναγκαίες προϋποθέσεις των

---

[115] Paul Churchland & J. Haldane, Folk Psychology and the Explanation of Human Behaviour, I &II IN *Proceedings of the Aristotelian Society,* supplementary volume 62 (1988).
[116] J. J. C. Smart & J. J. Haldane, *Atheism and Theism,* Blackwell Publishers, 1996, σελ. 16-23 και 121-129.

αναγκαίων προϋποθέσεων της ύπαρξής μας δεν επιτυγχάνονται, τότε τίποτα από το σύμπαν, στην παρούσα μορφή του, δεν θα υπήρχε. Έτσι, κάθε επιστημονική θεωρία, σχετικά με την ύπαρξη του σύμπαντος, ανατρέπεται. Αυτό το οποίο γνωρίζουμε για το σύμπαν, είναι αυτό το οποίο βλέπουμε, δηλαδή, είναι αυτό, στο οποίο, μέχρις ενός βαθμού, μπορούμε να εισέλθουμε. Οι φυσικές επεξηγήσεις έφτασαν στα δικά τους λογικά όρια και, έτσι, δεν είμαστε αναγκασμένοι να εξηγήσουμε την τάξη του σύμπαντος, καθώς αυτά εκλαμβάνονται ως υπερ-φυσικά. Όσον αφορά τη σχέση του Θεού με τον κόσμο, μερικοί φιλόσοφοι απορρίπτουν τις αποδείξεις περί Θεού και άλλοι στηρίζονται σε κοσμολογικά και τελεολογικά επιχειρήματα για την απόδειξη του Θεού. Πολύ συχνά, ο Θεός ταυτίζεται με τις ιδιότητές Του. Η ταυτότητα των θείων ιδιοτήτων προέρχεται από την αντανάκλαση που έχουν αυτές στον Θεό.

Η ιδέα του Θεού σχετίζεται με ένα Ων παντοδύναμο, παντογνώστη και παντοκράτωρα. Αν, λοιπόν, δεχθούμε ότι υπάρχει ένα τέτοιο Ων, τότε η έννοια του κακού δεν μπορεί να υφίσταται. Όμως, παρ' όλ' αυτά, το κακό υπάρχει, με αποτέλεσμα να μην υπάρχει, τελικά, αυτό το παντοδύναμο Ων. Αρχικά, θα πρέπει να γίνει ένας διαχωρισμός μεταξύ ηθικού και υλικού κακού. Δηλαδή, θα πρέπει να διαχωρισθεί το ηθικό κακό από το φυσικό κακό, που δεν είναι άλλο από τις φυσικές καταστροφές. Το φυσικό κακό ο άνθρωπος το έχει συνδέσει με φυσικές καταστροφές, όπως είναι οι σεισμοί, οι πλημμύρες, οι αρρώστιες, οι λιμοί, καθώς και κάθε άλλου είδους καταστροφή, η οποία, όμως, προέρχεται από φυσικά αίτια[117]. Υπάρχουν και κάποιοι θρήσκοι άνθρωποι, οι οποίοι πιστεύουν, ότι το κακό αποτελεί μια αυταπάτη, μια ψευδαίσθηση. Όμως, αν, τελικά, το κακό είναι, όντως, μια αυταπάτη, τότε ο άνθρωπος, ο οποίος θεωρεί το κακό ως πραγματικό, βρίσκεται σε άγνοια. Όμως, κάτι τέτοιο δεν υφίσταται. Όσον αφορά το ηθικό κακό αυτό συνδέεται με την ελευθερία του ανθρώπου και, κυρίως, με την ελεύθερη βούληση αυτού.

Στα μέχρι τώρα αναφερθέντα εκ μέρους του Haldane ο Smart ανταπαντά, λέγοντας ότι ο θεϊσμός του Haldane βασίζεται σε μια σοφιστική μεταφυσική. Μέχρι αυτού του σημείου ο Smart θεωρεί ότι ο Haldane έχει δίκιο, δεδομένου ότι ο θεϊσμός, μόνο μέσω της μεταφυσικής μπορεί να προσεγγισθεί και, μάλιστα, χωρίς να κινδυνεύει το μεταφυσικό του σύστημα. Η μεταφυσική του Smart[118] είναι περισσότερο φυσική σε σχέση με αυτή του Haldane, ο οποίος χρησιμοποιεί το νατουραλισμό μακριά από τα φυσικά γεγονότα. Ο Smart θεωρεί ότι ο νατουραλισμός του Haldane δεν είναι σε

---

[117] Άραγε το λιώσιμο των πάγων θεωρείται φυσική καταστροφή, η οποία προκαλείται από φυσικά αίτια, όπως είναι η υπερβολική αύξηση της θερμοκρασίας ή καταστροφή, την οποία έχει προκαλέσει ο άνθρωπος, καθώς αυτός είναι υπεύθυνος για την καταστροφή του όζοντος, με επακόλουθο την αύξηση της θερμοκρασίας, η οποία έχει ως αποτέλεσμα το λιώσιμο των πάγων;

[118] J. J. C. Smart, Space – Time and Individuals, in *Essays Metaphysical and Moral: Selected Philosophical Papers*, Oxford, *Basil Blackwell*, 1987, σελ. 312.

θέση να συνενώσει τις διαφορές μεταξύ του άψυχου και του έμψυχου, του αναπαραγωγικού και μη – αναπαραγωγικού, και του πνευματικού και υλικού. Επίσης, οι ιδέες του Haldane παρουσιάζουν προβλήματα σχετικά με την ατομικότητα των ειδών αναφορικά με την ανάδειξη της συνείδησης[119]. Ο Haldane στην επιστημονική συζήτηση σχετικά με την ύπαρξη του Θεού, αντιλαμβάνεται τον κίνδυνο, αναφορικά με τα κενά που υπάρχουν στην επιστημονική εξήγηση του θεϊσμού. Ο Haldane διαθέτει φιλοσοφικά επιχειρήματα για κάποια κενά στη θεωρία του, και δεδομένου ότι αυτά τα επιχειρήματα είναι a priori και εκτός του δεϊσμού δεν πρόκειται να ανατραπούν από επιστήμες, όπως είναι η βιολογία. Ο Smart θεωρεί, το επιχείρημα του Haldane σχετικά με την αναπαραγωγή και μη αναπαραγωγή αρκετά ασαφές. Ένας άλλος κίνδυνος που ενυπάρχει στον επιστημονικό διάλογο μεταξύ του Smart και του Haldane, είναι ο κίνδυνος της υπεραπλούστευσης (*reductionism*). Ο Smart αποφεύγει, αρκετά, αυτόν τον κίνδυνο, κάτι που ο Haldane δεν το κάνει. Ο Smart διακρίνει άλλο ένα κενό στην επιχειρηματολογία του Haldane, το οποίο έχει να κάνει με την αντιπροσώπευση και τη σκοπιμότητα στο νατουραλισμό. Η συνείδηση, ίσως, δημιουργεί ένα μεγαλύτερο

---

[119] Για το θέμα αυτό έχει γίνει εκτενής συζήτηση στο: D. M. Armstrong & Norman Malcolm, *Consciousness and Causality: A Debate on the Nature of Mind*, (Oxford: Basil Blackwell, 1984). Ο Smart συμφωνεί περισσότερο με τον Armstrong, ενώ ο Haldane ταυτίζεται περισσότερο με τον Malcolm.

πρόβλημα. Ο Smart πιστεύει στην ουδετερότητα των ιδιοτήτων[120]. Όσον αφορά το κοσμολογικό επιχείρημα, αυτό εδράζεται στην αιωνιότητα του αιώνιου. Ο θεϊστής, κατά τον Smart, βρίσκεται σε καλή οδό, αν πιστεύει ότι η θεότητα είναι αιώνια και άχρονη, δημιουργεί την ύπαρξη του χρόνου και του τόπου στο σύμπαν. Έχοντας, όμως, αυτές τις σκέψεις κατά νου, τότε ο Θεός δεν μπορεί να αποτελεί την πρώτη και μοναδική αιτία ύπαρξης του σύμπαντος. Το επιχείρημα του Haldane αναφορικά με την πρώτη χρονική αιτία δεν έχει λόγο ύπαρξης, καθώς όπως πιστεύει ο Smart, το σύμπαν μπορεί να δημιουργήθηκε και χωρίς την ύπαρξη κάποιας πρώτης αιτίας, όπως είναι η μεγάλη έκρηξη, ή όπως ειρωνικά αναφέρει ο ίδιος «... *big bang, big crunch, big bang, big crunch ...*»[121].

Ο Smart πιστεύει ότι για έναν θεϊστή το σύμπαν δεν χρειάζεται να αποδείξει την ύπαρξή του. Για έναν αθεϊστή δεν υπάρχει κάτι πέρα από το σύμπαν, με αποτέλεσμα να μην εξαρτιέται από κάτι άλλο για την ύπαρξή του. Αν, λοιπόν, ο Θεός υπάρχει, τότε υπάρχει με την παραπάνω λογική. Όμως, κάτι τέτοιο δεν ήταν αρκετό για τον Θωμά Ακινάτη και τον Haldane, δεδομένου ότι και οι δύο συνδέουν άρρηκτα την ύπαρξη του σύμπαντος με την ύπαρξη του Θεού. Σχετικά με το θέμα του θεϊσμού και του προβλήματος του κακού ο Smart πιστεύει, ότι ορθά ο Haldane επιμένει στη θεοδικία,

---

[120] J. J. C. Smart & J. J. Haldane, *Atheism and Theism,* Blackwell Publishers, 1996, σελ. 175.
[121] ό. π. σελ. 178.

απορρίπτοντας την ιδέα ότι το κακό είναι αυταπάτη. Αλλά ακόμα και το κακό, ως αυταπάτη, είναι εξίσου τρομακτικό. Η διαφορά μεταξύ του Smart και του Haldane, από την πλευρά του Smart, είναι ότι ο Haldane αναγνωρίζει το κακό σε ηθικό και φυσικό, ενώ ο Smart κάνει λόγο για την ελεύθερη βούληση. Επίσης, ο Smart πιστεύει ότι ο ίδιος ο Θεός εμφύσησε μέσα στον άνθρωπο τα κίνητρα, τα οποία στόχο έχουν το σωστό, το οποίο, όμως, δεν αντιτίθεται στην ελεύθερη βούληση.

Ο Haldane ανταπαντά στον Smart, θεωρώντας ότι ο θεϊσμός του είναι ευθύς και συστηματικός, όταν αναφέρεται στη φύση και τη δραστηριότητα του Θεού, ξεφεύγει από τα επιστημονικά δεδομένα και πάει σε περισσότερα φιλοσοφικά. Ο Smart προσπαθεί να δώσει λύση στο θέμα της σκοπιμότητας χρησιμοποιώντας την πρόταση του **Quine**[122], σύμφωνα με την οποία οι πνευματικές πράξεις εκλαμβάνονται ως ιδιότητες αυτού που σκέπτεται. Σχετικά με την ύπαρξη του Θεού ο Haldane διακρίνει δυο κατηγορίες επιχειρημάτων: τα τελεολογικά και τα κοσμολογικά. Συμπερασματικά ο Haldane καταλήγει στον θεϊσμό ως επεξήγηση της κοσμολογικής υπόθεσης με λιγότερες φιλοσοφικές αιτίες. Οι τρεις μονοθεϊστικές θρησκείες αποτελούν όλες θρησκείες της βίβλου. Κάθε πίστη της Βίβλου προϋποθέτει κάποιο είδος αυθεντικότητας του κειμένου.

---

[122] W. V. Quine, *Word and Object*, (Cambridge, Mass.: MIT Press,1960), σελ. 212 κ. εξ.

Μερικοί θεϊστές έχουν υιοθετήσει τη θέση, γνωστή ως «**σκεπτικό θεϊσμό**», σύμφωνα με την οποία ο Θεός δικαιολογημένα επιτρέπει να υποφέρουν οι άνθρωποι, αλλά αυτή η δικαιοσύνη δεν γίνεται, πάντα, κατανοητή από τον ανθρώπινο νου. Ένα πρόβλημα του σκεπτικού θεϊσμού είναι, ότι αν, τελικά, υπάρχει κάποια άγνωστη δικαιολογία για την οποία είναι αποδεκτό να υποφέρουν οι άνθρωποι. Ο σκεπτικός θεϊσμός αποτελεί μια προσέγγιση του θεολογικού προβλήματος του κακού, το οποίο έχει υιοθετηθεί από πολλούς φιλοσόφους της θρησκείας. Η άποψη ότι δεν είναι δυνατόν για τον άνθρωπο να κατανοήσει τις πράξεις του Θεού και, κυρίως, δεν μπορεί να τις εξηγήσει, όσον αφορά το θέμα να υποφέρουν οι δίκαιοι άνθρωποι, έχει τις βάσεις του πάρα πολύ παλιά[123]. Πολύ απλά δεν μπορεί ο άνθρωπος να κατανοήσει τους σκοπούς του Θεού, ο Οποίος επιτρέπει την ύπαρξη του κακού στον κόσμο. Μερικοί φιλόσοφοι προβληματίστηκαν με τις δυσκολίες που παρουσιάζει αυτή η προσέγγιση. Αν ακολουθηθεί η τακτική της άγνοιας, όσον αφορά την ηθική δικαιολόγηση του Θεού

---

[123] Σημαντικά στοιχεία για τον *σκεπτικό θεϊσμό* προσφέρονται από τους: Stephen J. Wykstra, The Human obstacle to evidential arguments from suffering: on avoiding the evils of ''appearance'', *International Journal for Philosophy of Religion, 16*, (1984), William P. Allston, The inductive argument from evil and the human cognitive condition, *Philosophical Perspectives 5* (1991), Daniel Howard – Snyder, The argument from inscrutable evil, in: *idem* (ed.) *The Evidential Argument from Evil* (Bloomington IN: University of Indiana Press, (1996) και Jerome I. Gellman, *Experience of God and the Rationality of Theistic Belief* (Ithaca NY: Cornell University Press, 1997), ch. 7.

σχετικά με την ύπαρξη του κακού, τότε στερούμε από τον εαυτό μας την ηθική δικαιολογία κάθε πράξης, η οποία γίνεται ενάντια στο κακό. Για οποιοδήποτε λόγο κι αν επιτρέπει ο Θεός το κακό στη γη, για τον ίδιο λόγο θα πρέπει να το επιτρέψει και ο άνθρωπος[124]. Αυτή είναι και η βασική τοποθέτηση του σκεπτικού θεϊσμού, ο οποίος κάνει την εμφάνισή του ως ηθικό πρόβλημα, που ζητά τη λύση του σε συνδυασμό με την ελεύθερη βούληση του ανθρώπου[125]. Εάν περιοριστεί η επιχειρηματολογία στη *φυσική θεολογία*, σκεπτόμενοι τον Θεό, χρησιμοποιώντας μόνο τις πηγές της επιστήμης, ήτοι την εμπειρία και την ανθρώπινη λογική, και όχι τις πηγές της αποκάλυψης, τότε το ηθικό πρόβλημα του σκεπτικού θεϊσμού είναι, πράγματι, δυσεπίλυτο και μπορεί να επιλυθεί μόνο με την έγερση άλλων ακόμα μεγαλύτερων προβλημάτων και δυσκολιών. Αν, όμως, συζητηθεί μέσα στο πλαίσιο της πλούσιας θρησκευτικής παράδοσης, συμπεριλαμβανομένων και των κανονικών κειμένων, στα οποία γίνεται λόγος για την

---

[124] βλ. Bruce Russel, Defenseless, in *Howard – Snyder Evidential Argument from Evil*, 193 – 205, at 197 – 198. H. J. McCloskey, God and Evil, *The Philosophical Quarterly*, 39, (1960), repr. in Nelson Pike (ed.), God and Evil, (Englewood Cliffs NJ: Prentice – Hall, 1964), σελ. 61 – 85 και 71 – 72.

[125] βλ. Derek Pereboom, Free will, evil and divine providence, in Andrew Chignell and Andrew Dole (eds), God and Ethics of Belief: *New Essays in Philosophy of Religion* (Cambridge: Cambridge University Press, 2005), σελ. 77 – 98 και 89 – 90 και *idem* The problem of evil, in William E. Mann (ed.) The Blackwell Guide to the Philosophy of Religion (Oxford: Blackwell, 2005), σελ. 148 – 170, και ειδικότερα σελ. 164 – 165.

αποκαλυπτική θέληση του Θεού, τότε, ίσως, η παράδοση προσφέρει μια απλή, αλλά ικανοποιητική λύση του προβλήματος.

Το ηθικό πρόβλημα του σκεπτικού θεϊσμού εγείρεται σε συνδυασμό με τη συζήτηση περί του θεολογικού προβλήματος του κακού, το οποίο, μάλιστα, θεωρείται και ως επιχείρημα ενάντια στους θεϊστές. Σύμφωνα με τον θεϊσμό, ο Θεός δημιούργησε και ελέγχει τον κόσμο, ο οποίος είναι τέλειος. Έτσι, ο Θεός είναι παντοδύναμος και τέλεια καλός. Το πρόβλημα ξεκινάει από αυτό ακριβώς το σημείο. Αν ο Θεός είναι τέλεια καλός, προφανώς δεν θα επιθυμούσε την οποιαδήποτε ύπαρξη του κακού στον κόσμο. Αν είναι παντοδύναμος, τότε θα είχε τη δύναμη να εξαφανίσει την οποιαδήποτε ύπαρξη του κακού στον κόσμο. Έτσι, σύμφωνα με τον σκεπτικό θεϊσμό, αν ο Θεός δεν ήθελε το κακό στον κόσμο, τότε δεν θα υπήρχε το κακό στον κόσμο. Όμως, το κακό υπάρχει στον κόσμο, άρα ο θεϊσμός σφάλλει[126]. Ένα αντεπιχείρημα δύναται να είναι, ότι ο Θεός δεν μπορεί να θέλει το κακό στον κόσμο. Προτείνεται, δηλαδή, ότι αν ο καλός Θεός επέτρεπε ή δημιουργούσε το κακό, τότε αυτό θα γινόταν μόνο για κάποιο ηθικό λόγο. Εάν δημιουργούσε ένα αντικειμενικά καλύτερο κόσμο με περισσότερες αξίες, τότε λογικά ο κόσμος αυτός θα περιείχε και το κακό και ο Θεός θα συναινούσε στην ύπαρξη του κακού. Με άλλα

---

¹²⁶ πρβλ. Ira M. Schnall, Sceptical Theism and moral skepticism, *Religious Studies 43*, Cambridge University Press, 2007, σελ. 50 και Alvin Plantinga, *God, Freedom and Evil*, (New York NY: Harper & Row, 1974) σελ. 13,18.

λόγια, ένας κόσμος, ο οποίος περιέχει ανθρώπους με τη δυνατότητα να επιλέγουν μεταξύ καλού και κακού, είναι πολύ καλύτερος από έναν κόσμο, ο οποίος δεν εμπεριέχει αυτή τη δυνατότητα. Αυτές οι προτάσεις αποτελούν αμυντικές προτάσεις των θεϊστών, οι οποίες, όμως, δύναται να εξελιχθούν στη θεοδικία, με αποτέλεσμα να δικαιολογούν το γιατί ο Θεός επιτρέπει το κακό στον κόσμο. Μια τέτοιου είδους θεοδικία σημαίνει ότι ο κόσμος περιλαμβάνει το ηθικό καλό και φυσικά είναι πολύ καλύτερος από έναν κόσμο χωρίς ηθικό καλό. Όμως, προκειμένου να υπάρχει το ηθικό καλό, απαραίτητη προϋπόθεση είναι η ύπαρξη ανθρώπων με ελεύθερη βούληση, οι οποίοι είναι σε θέση να επιλέξουν ανάμεσα στο καλό και το κακό. Αυτή είναι, γενικά, η λεγόμενη «*ψυχική θεοδικία*» (*soul – making theodicy*). Εναλλακτικά, λέγεται ότι η ύπαρξη της ελεύθερης βούλησης είναι αυτή που κάνει τον κόσμο καλύτερο, ανεξάρτητα από την επιλογή των ανθρώπων. Το θέμα που τίθεται είναι, ότι από τη στιγμή που οι άνθρωποι έχουν ελεύθερη βούληση, είναι δικό τους θέμα αν θα επιλέξουν το καλό ή το κακό.

Ο **William Rowe**[127] θεωρεί, ότι υπάρχουν μερικά χαρακτηριστικά του κακού, τα οποία αψηφούν αυτού του είδους τη θεοδικία, επειδή θεωρούνται απολύτως αδικαιολόγητα, δηλαδή μη αναγκαία, προκειμένου να επιτευχθεί το καλό.

---

[127] William Rowe, The problem of evil and some varieties of atheism, *American Philosophical Quarterly 16,* (1979), repr. in Howard – Snyder *Evidential Argument from Evil*, σελ. 1-11.

Υπάρχουν περιπτώσεις, στις οποίες οι άνθρωποι υποφέρουν σφόδρα και παρατεταμένα, με αποτέλεσμα να είμαστε ανίκανοι να εξηγήσουμε, γιατί ο Θεός δεν εμποδίζει το κακό, καθώς δεν παίζει σημαντικό ρόλο στην καλυτέρευση του κόσμου. Ακόμα κι αν είναι πιθανό ο Θεός να έχει κάποια δικαιολογία, η οποία να επιτρέπει το κακό, παρ' όλ' αυτά, είναι αρκετά απίθανο να υφίσταται κάποιος τέτοιος λόγος. Αυτό σημαίνει, ότι η απόδειξη που φέρουν οι άνθρωποι κάνει μη λογική την πεποίθηση, ότι τελικά υπάρχει κάποιος τέτοιος λόγος και, γι' αυτό, όλα είναι ίσα μεταξύ τους, οπότε το επιχείρημα αυτό καταλήγει στο συμπέρασμα, ότι είναι παράλογο να υπάρχει θεϊστικός Θεός. Υπέρ αυτού του επιχειρήματος μερικοί θεϊστές υιοθέτησαν τη θέση του *σκεπτικού θεϊσμού* (*skeptical theism*). Αυτοί παραδέχονται, ότι απλά δεν ξέρει ο άνθρωπος ή ότι, ίσως, δεν είναι σε θέση να γνωρίζει, γιατί ο Θεός επιτρέπει το κακό. Οι σκεπτικοί θεϊστές καταλήγουν στο ότι, σύμφωνα με τον θεϊσμό, ο Θεός είναι παντογνώστης και γι' αυτό πολύ πέρα από τη γνώση και τη σοφία του αθρώπου. Αυτό συμβαίνει, γιατί ο θεϊστικός θεός έχει τρόπους, τους οποίους δεν είναι δυνατόν για τον άνθρωπο να τους γνωρίζει, προκειμένου να καταλήξει στο να αναγνωρίζει κάτι ως καλό. Επιπλέον, ο Θεός μπορεί να αναγνωρίζει και να εκτιμά πολύ καλύτερα από οποιοδήποτε άνθρωπο, έτσι, ώστε, πίσω από το κακό, το οποίο επιτρέπει, να πρέπει να βρεθεί, εκ μέρους του ανθρώπου, το απόλυτο καλό. Αυτή η σκέψη πρέπει να αποτελεί μια αναγκαιότητα για την ύπαρξη του καλού, το οποίο κερδίζει το κακό, κάνοντας τον κόσμο καλύτερο, ακριβώς επειδή υπάρχει και το καλό και το κακό. Η ανικανότητα του ανθρώπου να εξηγήσει ή να δικαιολογήσει το κακό θα πρέπει να είναι αναμενόμενη, αν, τελικά, κάνουμε αποδεκτό τον σκεπτικό θεϊσμό. Με αυτόν τον τρόπο, οτιδήποτε φαίνεται ως αδικαιολόγητα κακό δεν θα πρέπει να θεωρηθεί ως επιχείρημα εναντίον του θεϊσμού. Το ηθικό πρόβλημα του σκεπτικού θεϊσμού, σύμφωνα με τον **Bruce Russel**, είναι ότι για κάθε κακό για το οποίο ο άνθρωπος δεν είναι σε θέση να αντιληφθεί γιατί ο Θεός το επιτρέπει, το καλό, ίσως, είναι αναγκαίο για να εκριζώσει το κακό[128].

Μερικοί φιλόσοφοι προσπάθησαν να αποφύγουν το πρόβλημα, αντιδρώντας στο ότι ο σκεπτικός θεϊσμός καταλήγει στον ηθικό σκεπτικισμό. Ο **Daniel Howard – Snyder** αναφέρει, ότι από τη στιγμή που δεν γνωρίζουμε πώς να λυγίσουμε το καλό για το οποίο το κακό προϋποτίθεται δεν ήταν υπέρ του να γείρουμε υπέρ του καλού, το οποίο απέχει από το κακό και, έτσι, να δικαιολογήσουμε ή να εξηγήσουμε, ότι, τελικά, κάποιος έπραξε λάθος[129]. Ο **William Alston** αναφέρει κάτι παρόμοιο, λέγοντας ότι θα πρέπει να υπάρχει ένας καλός λόγος, για τον οποίο κάποιος δεν εγκρίνει το κακό και,

---

[128] Bruce Russel, Defenseless, in Howard – Snyder *Evidential Argument from Evil*, σελ. 197 – 198.

[129] Daniel Howard – Snyder, The argument from inscrutable evil, in: *idem* (ed.) *The Evidential Argument from Evil* (Bloomington IN: University of Indiana Press, (1996), σελ. 292 – 293.

καθώς αυτός ο λόγος δεν ήταν η δική του επιλογή, καταλήγει στο ότι κι αυτός έπραξε λάθος[130]. Όμως, όλες αυτές οι αναφορές παρουσιάζουν ένα μειονέκτημα: δεν αναφέρουν αν η πράξη ήταν καλή ή κακή. Τόσο ο Alston, όσο και ο Howard – Snyder παραβλέπουν αυτό το πρόβλημα, ενώ ο Russel το επισημαίνει, καθώς αναφέρεται στην ηθική εκτίμηση του υποκειμένου ή των κινήτρων του, αλλά και της ηθικής κρίσης για το αν η πράξη είναι καλή ή κακή. Αυτή η τελευταία κρίση βασίζεται στην εκτίμηση των συνεπειών της πράξης και, σύμφωνα με τον σκεπτικό θεϊσμό, δεν θα είμαστε ποτέ σε θέση να κρίνουμε κάθε αποτυχία εκρίζωσης του κακού, και ότι αυτό ήταν λάθος[131]. Ο **Michael Bergmann**, ο οποίος συμφωνεί με τους Alston και Howard – Snyder και αποδέχεται τον διαχωρισμό του Russel μεταξύ της κρίσης του υποκειμένου και της κρίσης της πράξης, υποστηρίζει, ότι τίποτα δεν είναι δυσμενές και για αυτό υπάρχει λόγος για τέτοιου είδους προβληματισμούς για τον σκεπτικό θεϊσμό, αναγνωρίζοντας ότι δεν είμαστε σε θέση να γνωρίζουμε αν, τελικά, η ζυγαριά γέρνει προς το καλό κάτι που, όμως, θα δικαιολογούσε το γιατί δεν μπορεί να εκριζωθεί το κακό[132]. Ο Bergmann δεν έχει κάποια ισχυρή βάση ανεξάρτητη από τον σκεπτικό θεϊσμό, καθώς

---

[130] William P. Allston, The inductive argument from evil and the human cognitive condition, *Philosophical Perspectives* 5 (1991) σελ. 321.

[131] Bruce Russel, Defenseless, in Howard – Snyder *Evidential Argument from Evil*, σελ. 198.

[132] Michael Bergmann, Sceptical theism and Rowe's new evidential argument from evil, *Nous*, 35, (2001) σελ. 292 – 293.

ο άνθρωπος δεν θα είναι ποτέ σε θέση να γνωρίζει όλες τις συνέπειες των *πράξεών* του, πολύ δε περισσότερο τις αιτίες για τις πράξεις του Θεού. Ο άνθρωπος είναι σε θέση να γνωρίζει μερικές μόνο *έμμεσες* συνέπειες. Έτσι, αναφορικά με το αν είναι μια *πράξη σωστή ή λάθος* εξαρτάται από την αξία όλων των συνεπειών. Γενικά, ο άνθρωπος δεν είναι σε θέση να γνωρίζει, αν, τελικά, μια πράξη είναι σωστή ή λάθος. Μερικοί μάλιστα υποστηρίζουν, ότι *αυτή η άγνοια αποτελεί ένα σοβαρό ηθικό πρόβλημα*[133] και άλλοι ότι δεν *είναι και τόσο σημαντική*[134]. Ο **Pereboom**[135] κρίνει ηθικά τις πράξεις περιορίζοντας αυτές στις καλές, όπου το πιθανό καλό, το οποίο προβάλλει ο σκεπτόμενος θεϊστής, είναι μέχρις ενός βαθμού ακατανόητο, λέγοντας ότι κάτι τέτοιο δεν φαίνεται να είναι σωστό.

Οι απόψεις των **Alston, Howard – Snyder** και **Bergmann** είναι κατανοητές. Υπάρχουν κάποιες αλληλοσχετιζόμενες σκέψεις για την επίλυση του ηθικού προβλήματος του σκεπτικού θεϊσμού. Μερικές έχουν να κάνουν με την αμφιβολία για το αν θα πρέπει να απαλύνεται ο πόνος

---

[133] James Lenman, Consequentialism and cluelessness, *Philosophy and Public Affairs* 29, (2000).

[134] J. J. C. Smart, An outline of a system of utilitarian ethics, in J. J. C. Smart and Bernard Williams Utilitarianism: *For and Against* (Cambridge: Cambridge University Press, 1973), σελ. 33.

[135]Derek Pereboom, Free will, evil and divine providence, in Andrew Chignell and Andrew Dole (eds), God and Ethics of Belief: *New Essays in Philosophy of Religion* (Cambridge: Cambridge University Press, 2005), σελ. 89 – 90 and *idem* The problem of evil, in William E. Mann (ed.) The Blackwell Guide to the Philosophy of Religion (Oxford: Blackwell, 2005), σελ. 164 – 165.

όσων υποφέρουν. Αρχικά, θα πρέπει να γίνει αναφορά στο ότι αν ο Θεός επιτρέπει να υπάρχει μέχρι τώρα ένα συγκεκριμένο είδος κακού (= το οποίο δύναται να έχει παιδευτικό – παιδαγωγικό ρόλο) και για αυτό υπάρχει η περίπτωση η ύπαρξη του κακού να υπηρετεί κάποιο σκοπό, χωρίς όμως αυτό να σημαίνει, ότι η συνεχής ύπαρξη του κακού και στο μέλλον δύναται να υπηρετεί κάποιο σκοπό. Έτσι, ο σκεπτικός θεϊσμός δεν έχει λόγο να πιστεύει ότι θα πρέπει να πράξει ο άνθρωπος κάτι, προκειμένου να μπει ένα τέλος στην ύπαρξη του κακού. Επιπλέον, σε αυτή τη γενική σκέψη η κρίση του κακού μπορεί να μην τοποθετείται σε μελλοντικές επιδράσεις, αλλά σε αιτίες του παρελθόντος. Με άλλα λόγια, το κακό μπορεί να είναι μια λογική αναγκαία συνέπεια ενός πρότερου καλού, παρά κάποια λογική αναγκαία προϋπόθεση κάποιου μελλοντικού καλού. Και σε αυτήν την περίπτωση το κακό, το οποίο θεωρείται απαραίτητο έχει, ήδη, κατανοηθεί, έτσι δεν πρόκειται να υπάρξει κάποια παρέμβαση, όσον αφορά τη δημιουργία ή παραγωγή κάποιου μεγαλύτερου κακού, εάν έχει τεθεί τέλος στο κακό. Αυτό το επιχείρημα αποτελεί μια επιτυχή αναίρεση της πεποίθησης, ότι ο σκεπτικός θεϊσμός κληροδοτεί το κακό και δεν το παραβλέπει, από τη στιγμή που ο Θεός βλέπει ότι ταιριάζει και, τελικά, το επιτρέπει. Παρ' όλ' αυτά, δεν αποτελεί επιτυχημένη αναίρεση του ισχυρισμού, ότι ο σκεπτικός θεϊστής έχει περισσότερους λόγους να αμφιβάλει για το αν θα πρέπει να εκριζώσει το κακό.

Από την άλλη μεριά, θα πρέπει να σκεφθούμε αν υπάρχει κάποιος βαθμός ηθικής σκεπτικής αμφιβολίας, η οποία κληροδοτήθηκε από τον σκεπτικό θεϊσμό. Αρχικά δεν γνωρίζουμε αν το κακό αποτελεί τη μοναδική αναγκαία συνέπεια κάποιου προηγούμενου καλού ή την αναγκαία προϋπόθεση για κάποιο μελλοντικό καλό. Δεν είναι γνωστό αν η διαρκής ύπαρξη του κακού είναι αναγκαία για την επίτευξη κάποιου μελλοντικού καλού, ή αν υπολείπεται κάποιος βαθμός αμφιβολίας, η οποία κληροδοτείται από τον σκεπτικό θεϊσμό, αναφορικά με την ορθότητα της εκρίζωσης του κακού. Ένας δεύτερος ισχυρισμός[136] αναφέρει, ότι ο Θεός είναι πολύ πιο έξυπνος από τον άνθρωπο και, καθώς γνωρίζει πολύ περισσότερα αναφορικά με το τι είναι καλό και τι κακό, γνωρίζει, επίσης, και την τακτική για να πλησιάσει και να κατορθώσει το καλό και να αποφύγει το κακό. Έτσι, προτείνεται το εξής: αν σκοπός του Θεού απαιτεί την ύπαρξη του κακού, τότε ο Θεός θα δει ότι το κακό υφίσταται, παρά τις όποιες καλές προσπάθειες του ανθρώπου να το καταπολεμήσει, όμως, αυτή η πρόταση θεωρεί ότι ο Θεός παρεμβαίνει στην ελεύθερη βούληση του ανθρώπου. Επίσης, αν ο Θεός δει ότι το κακό είναι απαραίτητο για τους θείους σκοπούς του, τότε ο άνθρωπος δεν μπορεί να θέσει τέλος στο κακό, όσο κι αν προσπαθεί. Αυτό, όμως, ο άνθρωπος το εκλαμβάνει ως παραβίαση της ελεύθερης βούλησής του. Έτσι, δεν θα πρέπει να υπάρχει

---

[136] Berel Dov Lerner, Interfering with divinely imposed suffering, *Religious Studies*, 36 (2000) σελ. 95 – 102.

ίχνος ανησυχίας για το αν ο άνθρωπος δύναται να καταστρέψει το κακό, μπορεί μερικές φορές να ματαιώνει τα καλά σχέδια του Θεού, καθώς κάτι τέτοιο δεν είναι μέσα στις ανθρώπινες δυνατότητες. Η λογική αυτή προσπαθεί να λύσει το πρόβλημα της πανσοφίας του Θεού με την ελεύθερη βούληση του ανθρώπου[137].

Ένας τρίτος ισχυρισμός, ο οποίος βασίζεται στους δύο προηγούμενους, κατά ένα μεγάλο ποσοστό, έχει να κάνει με την προσπάθεια του ανθρώπου να εκριζώσει το κακό, σε συνδυασμό με την πρόθεση του Θεού, όσον αφορά ένα υπέρτατο καλό, για το οποίο το κακό ήταν ένας λογικός και αναγκαίος όρος. Αυτόν τον ισχυρισμό τον αποδέχονται πολλοί οπαδοί της θεοδικίας, της ελεύθερης βούλησης και της ψυχής. Ο Θεός βεβαιώνει, ότι όλα θα γίνουν καλά σε κάθε περίπτωση. Αυτή η λογική φαίνεται να λύνει το ηθικό πρόβλημα για τον σκεπτικό θεϊσμό. Δυστυχώς, όμως, κάτι τέτοιο εκλαμβάνεται ως αδυναμία. Η άποψη ότι ο Θεός βεβαιώνει ότι όλα θα γίνουν καλά, έχει αγκαλιασθεί από ανθρώπους διαφορετικών θρησκειών. Ο τρόπος με τον οποίο αναπτύχθηκε ο σκεπτικός θεϊσμός ως απάντηση στο ηθικό πρόβλημα της ύπαρξης του κακού στη γη, φαίνεται ότι εγείρει ένα ακόμα πρόβλημα, καθώς οδηγεί στη μοιρολατρική παθητικότητα και απάθεια[138]. Η απάντηση

---

[137] Nelson Pike, Divine Omniscience and voluntary action, *Philosophical Review*, 74, (1965), σελ. 27 – 46.
[138] Ira M. Schnall, Sceptical Theism and moral skepticism, *Religious Studies*, 43, Cambridge University Press (2007), σελ. 49 – 69.

του Ιουδαϊσμού, είναι ότι ο σκεπτικισμός, ο οποίος έχει να κάνει με την ικανότητα του ανθρώπου να καταλάβει την αιτία των πράξεων του Θεού, αποτελούσε πάντα ένα θέμα προς συζήτηση. Σύμφωνα με τον Ιουδαϊσμό αποτελεί καθήκον του ανθρώπου να σώζει ζωές, όταν είμαστε σε θέση για κάτι τέτοιο, χωρίς να υπάρχει αμφιβολία ότι με την εκρίζωση ή τον περιορισμό του κακού δεν εμποδίζουμε κάτι καλύτερο να έρθει[139] έχοντας με αυτόν τον τρόπο βρει τη λύση στο ηθικό πρόβλημα του σκεπτικού θεϊσμού.

I.1.B Η ΘΕΟΛΟΓΙΚΗ ΘΕΩΡΗΣΗ ΤΟΥ ΨΑΛΜΙΚΟΥ ΧΩΡΙΟΥ «...ΠΟΥ ΕΣΤΙΝ Ο ΘΕΟΣ ΣΟΥ;»,

Από **θεολογικής πλευράς** τα ερωτήματα που προκύπτουν από το ψαλμικό χωρίο «*ποῦ ἐστιν ὁ Θεός σου;*» είναι πολλά. Ενδεικτικά γίνεται λόγος για την πνευματική δίψα, η οποία εξομοιώνεται με τη σωματική, προκειμένου αυτή να γίνει αντιληπτή από τον ανθρώπινο νου, την *παρουσία ή απουσία* του Θεού σε αρρώστια και απελπισία και για τον ψαλμωδό και για τους εχθρούς του, όπου η παρουσία του Θεού την εποχή του ψαλμωδού σχετίζεται με τη λατρεία του Θεού και τις λατρευτικές γιορτές και τελετές, ενώ η απουσία του Θεού σχετίζεται με τον χλευασμό των εχθρών του ψαλμωδού. Η δοκιμασία των δικαίων αποτελεί βασικό πρόβλημα, καθώς και το συνακόλουθο θέμα

---

[139] Berel Dov Lerner, Interfering with divinely imposed suffering, *Religious Studies*, 36 (2000) σελ. 98 – 101.

του βιβλικού πειρασμού, σε συνδυασμό με το θέμα της ανθρωποδικίας ή της θεοδικίας. Επιπλέον, τα θεολογικά προβλήματα, τα οποία εμπλέκονται με το συγκεκριμένο ψαλμικό ερώτημα είναι το θέμα του θρήνου, της προσευχής, της ευλογίας και της κατάρας, το θέμα του εχθρού, το θέμα της εισδοχής του κακού στον κόσμο, αλλά και το θέμα της ελπίδας του ανθρώπου μπροστά στα προβλήματα, τα οποία καλείται να αντιμετωπίσει. Επίσης, αξίζει να σημειωθεί, ότι η έννοια της αμαρτίας συνδέεται με τη δικαιοσύνη και τη σωτηρία[140].

Στους Ψαλμούς γίνεται λόγος για την παρουσία του Γιαχβέ[141]. Η θεολογία[142] των Ψαλμών αναφαίνεται από την ευσέβεια, τις αμφιβολίες και τις διαμαρτυρίες των ψαλμωδών και ανυψώνεται στο επίπεδο της αποκάλυψης. Το όνομα *Elohim* είναι το υποκείμενο και όχι το αντικείμενο της λέξης «γνώση». Όπως οι μεγάλοι προφήτες, έτσι και

---

[140] Η θεολογία του M. Burrows, An Outline of Biblical Theology (Philadelphia, Westminster 1946), σελ. 6, εξετάζει το πρόβλημα της αμαρτίας σε συνδυασμό με τη δικαιοσύνη και τη σωτηρία σε μια ενότητα.

[141] G. von Rad, Israel before Jahweh (Israel's Answer) in *Old Testament Theology*, I, σελ. 355, άποψη, την οποία ακολουθεί και ο H. - J. Kraus, Theology of the Psalms, Continental Commentaries Series, Auqsburg Fortress Publishers, 1992 σελ. 11.

[142] Η λέξη *θεολογία* είναι ελληνική και δεν ανταποκρίνεται επακριβώς στην εβραϊκή έκφραση «η γνώση του Θεού». Για τον Πλάτωνα και τον Αριστοτέλη η λέξη θεολογία αναφέρεται στην αντικειμενική επιστήμη των θείων πραγμάτων. Εντελώς διαφορετική, όμως, είναι η σημασία της στην εβραϊκή έκφραση, όπου υπονοείται μια διαδικασία αντικειμενικοποίησης και υποκειμενικοποίησης της ανθρωπότητας και του Θεού μαζί. πρβλ. R. C. Dentan, *The Knowledge of God in Ancient Israel*, (New York, 1968).

οι ψαλμωδοί πίστευαν, ότι ήταν αιχμάλωτοι της παρουσίας του Θεού. Απευθύνονται στον Θεό, όταν αισθάνονταν ότι τους εγκαταλείπει. Τα βιβλικά εβραϊκά κείμενα δεν παραδίδουν ένα αφηρημένο ουσιαστικό για το αντίστοιχο ελληνικό ουσιαστικό *«παρουσία»*, αλλά γίνεται λόγος για τον όρο *«πρόσωπο του Γιαχβέ»*, ο οποίος δεν ανταποκρίνεται στην έννοια της λατρευτικής παρουσίας του Θεού[143], αλλά στη βαθύτερη έννοια της θειότητας, την οποία η ανθρώπινη συνείδηση δεν δύναται να κατανοήσει. Το ιερό της Σιών από χαναανιτικό ιερό και πηγή της παγανιστικής διαφθοράς[144] μετατρέπεται σε τόπο κατοικίας του Γιαχβέ[145]. Ο προφήτης Ησαΐας (45:15) χρησιμοποιεί για τον Γιαχβέ τον όρο *«κρυμμένο πρόσωπο»*, ο οποίος αντιπροσωπεύει μια κλίμακα αντιδράσεων, ξεκινώντας από το συναίσθημα της προσωπικής εγκατάλειψης και φτάνοντας στην παρατήρηση του κόσμου που βρίσκεται σε κρίση. Το **θέμα της θείας παρουσίας** στη Σιών αποτελεί βασικό στοιχείο των περισσοτέρων ύμνων και προσευχών (βλ. Ψαλμ. 46:5, 10ος, 48:1-4, 78:68-69, 87:1-2).

Οι Ψαλμοί όταν αναφέρονται στο όνομα του Γιαχβέ[146] κάνουν λόγο για τον **Δημιουργό της Φύσης**, γενικότερα, και όχι

---

[143] J. Reindl, *Das Angesicht Gottes im Sprachgebrauch des Alten Testaments* (Leipzig, 1969).
[144] S. Terrien, The Omphalos Myth and Hebrew Religion, *VT*, XX (1970), σελ. 315-38.
[145] J. Jeremias, Lade und Zion: Zur Entstehung der Ziontradition, in *Probleme biblischer Theologie*, Festschrift G. Von Rad, ed. H. – W. Wolff (Munich, 1971), σελ. 183-98.
[146] S. Terrien, The Psalmody of Presence, in *The Elusive Presence*, σελ. 119-213.

μόνο για τον Δημιουργό του ουρανού και της γης, αλλά και για τον Δημιουργό της πρώτης (*primal*) θάλασσας και της μεγάλης αβύσσου[147]. Σύμφωνα με τον 95ο Ψαλμό (95:4-5), τα βάθη της γης και της θάλασσας ανήκουν στον Γιαχβέ, διότι αυτός είναι ο δημιουργός τους. Όπως οι προφήτες, έτσι και ο ψαλμωδός, δεν υπονοεί μια θεολογία του χρόνου αντί για μια θεολογία του χώρου, αλλά ακούν τον Θεό στην ιστορία, χωρίς να τον βλέπουν στη φύση[148]. Με την ψαλμική φράση *«Ο Κύριος είναι ένας»* δηλώνεται κατηγορηματικά ο μονοθεϊσμός στους Ψαλμούς. Οι θεοί και οι θεές της αρχαίας Εγγύς Ανατολής και της κλασικής αρχαιότητας αποτελούσαν προσωποποιήσεις των δυνάμεων της φύσης. Οι ψαλμωδοί επηρεάστηκαν από μυθικά πρόσωπα και χρησιμοποίησαν αυτού του είδους τη γλώσσα, καθώς γνώριζαν ότι θέμα σύγχυσης δεν υπήρχε, όταν έλεγαν ότι ο *Κύριος «αναδύεται από τον ουρανό των ουρανών»* (Ψαλμ. 68:34, 108:5, 148:4). Ο θαυμασμός των ψαλμωδών μπροστά στο θαύμα της φύσης δεν τους εμπόδισε να εκτιμήσουν την ηθική πλευρά της ανθρωπότητας. Οι υμνωδοί του Ισραήλ γνώριζαν καλά, ότι μια αδικαιολόγητη επιλογή συγκεκριμένων ανθρώπων έθετε τους όρους ενός υπέρτατου σκοπού: ευτυχία για όλες τις οικογένειες της γης (Γεν. 12:3), διότι

---

[147] H. H. Schmid, Schöpfung, Gerechtigkeit und Heil, in *Altorientalische Welt der alttestamentliche Theologie* (Zürich, 1974), σελ. 31-63.
[148] M. S. Smith, 'Seeing God' in the Psalms: The Background of the Beatific Vision in the Hebrew Bible, *CBQ*, L (1988), σελ. 171-183.

ο Κύριος δεν δημιούργησε τη γη μόνο για τον λαό του Ισραήλ, αλλά επέλεξε το λαό του Ισραήλ να γίνει – μέσω της υπακοής του στις θείες εντολές – ο άγιος λαός, ένα βασίλειο ιερέων. Η μοίρα του Ισραήλ δεν ήταν να γίνει ένα βασίλειο γεμάτο ιερείς, αλλά ένα ιερό βασίλειο, στο οποίο ο καθένας θα είχε τη δυνατότητα να συμπεριφέρεται ως ηθική προσωπικότητα. Με περισσή χαρά, ο ψαλμωδός αναφέρει τα γεγονότα, μέσω των οποίων δόθηκε στους προγόνους των Εβραίων αυτή η παγκόσμια ευθύνη.

Επίσης, υπάρχουν Ψαλμοί, οι οποίοι αναφέρονται ενάντια σε **αδιευκρίνιστους εχθρούς**. Σημαντικό στοιχείο για τη διαπραγμάτευση του θέματος είναι ο ορισμός των **εχθρών**, (εβραϊκά איביא.). Ως εχθρός θεωρείτο όποιος βρισκόταν εκτός του ισραηλιτικού έθνους. Σύμφωνα με τον **Mowinckel**[149] εχθρός είναι ο θάνατος και, μάλιστα, με τη μορφή ενός εθνικού εχθρού. Ο **H. Schmidt**[150] κάνει λόγο για τον προσωπικό εχθρό, ο οποίος είναι χωρίς αμφιβολία άνθρωπος. Η έννοια του εχθρού στους Ψαλμούς δύναται να έχει και την έννοια της απομάκρυνσης από τον Θεό[151]. Τέλος, εχθροί, οι οποίοι φέρονταν εκδικητικά στους υμνωδούς των Ψαλμών πολύ πιθανό να ήταν μάγοι (Ψαλμ. 5:6). Η αντιφωνική ανάγνωση

---

[149] S. Mowinckel, Psalmenstudien, II. *Das Thronbesteigungsfest Jahwes und der Ursprung der Eschatologie*, 1922.
[150] H. Schmidt, Das Gebet des Angeklagten im Alten Testament: *ZAW Beih* 49, 1928.
[151] C. Barth, Einfuehrung in die Psalmen, *BiblStud* 32, 1961, σελ. 54.

των Ψαλμών στη χριστιανική εκκλησία είχε ως αποτέλεσμα την αντικατάσταση των εκδικητικών φράσεων, οι οποίες προκαλούσαν τη σύγχρονη ηθική[152]. Ο Γιαχβέ είναι ο μόνος, ο οποίος απαιτεί ανταπόδοση (Ψαλμ. 21:9). Πιστευόταν ότι η θεία κρίση και δικαιοσύνη ήταν πολύ πιο αποτελεσματική από ότι η απόδοση της ανθρώπινης δικαιοσύνης. Οι ψαλμωδοί και όλοι οι γνωστοί τους ζούσαν περιστοιχισμένοι από εχθρούς και ψεύτες. Τα ψέματα αυτά εκφράζονταν με έναν στερεότυπο τρόπο[153].

Ποιοί είναι οι **φτωχοί και οι ταπεινοί**, για τους οποίους γίνεται λόγος στις προσευχές των παραπόνων και ποιούς, τελικά, παίρνει υπό την προστασία του ο Γιαχβέ;[154] Ο ψαλμωδός προσεύχεται στον βασιλιά των εθνών με την ελπίδα ότι οι δυστυχισμένοι άνθρωποι θα λάβουν δικαιοσύνη (Ψαλμ. 71:1-2). Στους δυστυχισμένους περιλαμβάνονται οι ασθενείς, είτε με παροδικά, είτε με χρόνια νοσήματα[155], καθώς και όσοι πάσχουν από σωματική ή ψυχική

---

[152] T. R. Hobbs & P. K. Jackson, The Enemy in the Psalms, *BTB* XXI (1991), σελ. 22-29.

[153] P. D. Miller Jr., Trouble and Woe: Interpreting the Biblical Laments, *Int* XXVII (1983), σελ. 32-45, και του ιδίου, Interpreting the Psalms (Philadelphia, 1986), σελ. 48-63.

[154] S. J. L. Croft, The Poor in the Psalms, in *The Identity of the Individual in the Psalms*, JSOTSup X;IV (Sheffield, 1987), σελ. 49-72, C. C. Broyles, The Conflict of Faith and Experience in the Psalms, *JSOTSup* LII (Sheffield, 1989), σελ. 111-131.

[155] S. Mowinckel, *Psalmenstudien I: Awan und die individuellen Klagepsalmen*, (Kristiania: *SNVAO*, 1921) σελ. 113 κ. εξ. & *Psalmenstudien II: Das Thronbesteigerungsfest Jahwes und der Ursprung der Eschatologie*, (Kristiania: SNVAO, 1922) σελ. 51.

ασθένεια (Ιώβ 4:7-8, 8:6, 11:14). Ένας ασθενής πρέπει να εξομολογηθεί τα λάθη του και να ζητήσει από τον Κύριο να θεραπευτεί (Ιώβ 33:14-30). Το να δει κάποιος το **πρόσωπο του Γιαχβέ**, δηλαδή, να βιώσει την παρουσία Αυτού, αποτελούσε βαθύτατη επιθυμία αυτού που περίμενε τη θεία θεραπεία και υποσχόταν να τραγουδήσει για να ευχαριστήσει το Θεό (Ψαλμ. 27:4, 42:4-5, 63:3).

Σε μερικούς Ψαλμούς αντανακλάται η ζωή, η οποία αποδίδεται στον Γιαχβέ, ως αποτέλεσμα σύνθεσης κάποιων μουσικών, οι οποίοι αρέσκονταν σε μύθους ή σε προφορικές παραδόσεις σοφών ανδρών. Ο Γιαχβέ δύναται να χαρακτηρισθεί «*Κύριος της σοφίας*»[156]. Παρ' όλ' αυτά, υπάρχουν και κάποιες αμφιβολίες σχετικά με τη **δικαιοσύνη του Γιαχβέ**. Όσοι αισθάνονται δυστυχισμένοι παρακαλούν τον Θεό να τους απαλλάξει από τη δυστυχία τους, αν, όμως, δεν συμβεί αυτό, τότε κατηγορούν τον Θεό, ότι έχει απομακρυνθεί από τους ανθρώπους. Η **δοκιμασία των δικαίων** ήταν κάτι που απασχόλησε τους ανθρώπους της αρχαίας Εγγύς Ανατολής[157]. Η αμφισβήτηση του ψαλμωδού πλησιάζει τη σκέψη των Ελλήνων φιλοσόφων του σκεπτικισμού, οι οποίοι

---

[156] A. R. Ceresco, The Sage in the Psalms, in *The Sage in Israel and the Ancient Near East*, ed. J. G. Gammie and L. G. Perdue (Winona Lake, Ind., 1990), σελ. 216-230, R. Davidson, *Wisdom and Worship* (California, 1990), S. Terrien, Wisdom in the Psalter, in *In Search of Wisdom: Essays in Memory of John G. Gammie*, ed. L. G. Perdue et al. (Louisville, 1993), σελ. 71-72.

[157] S. E. Balentine, Prayers for Justice in the Old Testament: Theodicy and Theology, *CBQ*, LI (1989), σελ. 597-616.

έθεταν το θέμα αυτό στη βάση της ανθρωποδικίας[158] (της κρίσης του ανθρώπου) και όχι της θεοδικίας (της ακεραιότητας του Θεού)[159]. Ο Κύριος της σοφίας διδάσκει την ανθρωπότητα και προσφέρει εσωτερική γαλήνη.

Πολλοί ήταν οι θεολόγοι, οι οποίοι ασχολήθηκαν με το θέμα της **λειτουργίας και του σκοπού του Ψαλτηρίου**[160]. Η έρευνα για τη λειτουργία του Ψαλτηρίου στηρίχθηκε σε δύο βασικούς άξονες: **την τυπολογία και το** *Sitz im Leben*. Ο **Brueggemann**[161] αποδεχόμενος την ιστορικο-κριτική μέθοδο ερευνά την πιθανότητα να κινηθεί πέρα από αυτήν, σε συνδυασμό με ερμηνευτικά θέματα. Τα μεγαλύτερα ερωτήματα και τα καλύτερα συμπεράσματα έχουν, ήδη, διατυπωθεί από

---

[158] J. Grenshaw, Introduction: The Shift form Theodicy to Anthropodicy, in *Theodicy in Old Testament*, ed. By J. Grenshaw (Philadelphia, 1983), σελ. 1-16.

[159] R. N. Whybray, The Intellectual Tradition in the Old Testament, *BZAW* CXXXV (Berlin and New York, 1974).

[160] Ο επιστημονικός διάλογος για το συγκεκριμένο θέμα έχει ξεκινήσει ήδη από τη δεκαετία του '60: Georg Fohrer, Remarks on the Modern Interpretation of the Prophets, *JBL* 80 (1961), σελ. 309-319, Georg Fohrer, Tradition und Interpretation im Alten Testament, *ZAW* 32 (1961), σελ. 1-30, Hans Werner Hoffmann, Form – Funktion – Intention, *ZAW* 82, (1970), σελ. 341-346, Rolf Knierim, Old Testament from Criticism Reconsidered, *Interpretation* 27 (1973), σελ. 449-468, Martin J. Buss, The Study of Forms, *Old Testament Form Criticism* ed. By John H. Hayes (Trinity University Monograph Series in Religion 2, San Antonio: Trinity University Press, 1974), σελ. 31-38, Kirsten Nielsen, Yahweh as Prosecutor and Judge, *JSOT Supσελ.* 9 (Sheffield: University of Sheffield, 1978), σελ. 1-4, Walter Bruegemann, Psalms and the Life of Faith: A suggested typology of Function, *JSOT* 17 (1980), σελ. 3-32.

[161] Walter Bruegemann, Psalms and the Life of Faith: A suggested typology of Function, *JSOT* 17 (1980), σελ. 3-32.

τον Gunkel. Το *Sitz im Leben (στάση ζωής)* των **Ψαλμών**[162] απασχόλησε τον **Η.**

---

[162] Αναφορικά με το ζήτημα της θεωρίας «Sitz im Leben» του Westermann ο Brueggemann αναφέρεται σε 4 σημεία: Η υπόθεση του Mowinckel για το ναό καθώς και ο τρόπος που ο Aubrey Johnson έθεσε την υπόθεση του Mowinckel καταδεικνύει ότι ένα τέτοιο είδος ερμηνείας αποσπά τους Ψαλμούς από τη βασική θέση τους μεταβιβάζοντάς τους σε ένα πιο θεατρικότερο κείμενο με αποτέλεσμα να μην θεωρούνται αυστηρώς λειτουργικά κείμενα (S. Mowinckel, *Psalmenstudien II, Das Thronbesteigugnsfest Jahwes und der Ursprung der Eschatologie,* 1922 και Aubrey Johnson, *Sacral Kingship in Ancient Israel,* Cardiff: University of Wales Press, 1967). Η υπόθεση των Schmidt, Delekat και Beyerlin είναι σημαντική, δεδομένου ότι η γλώσσα των Ψαλμών αντανακλά ένα νομικό ενδιαφέρον. (H. Schmidt, Das Gebet der Angeklagten im Alten Testament, *BZAW*,49,Giesen: A. Töpelman, 1928, L. Delekat, *Asylie und Schutzorakel am Zionheiligtum,* Leiden: Brill 1967, W: Beyerlin, Die Rettung der Bedrängten in den Feindpsalmen den Einzelnen auf institutionelle Zusammenhänge untersucht *FRLANT,* 99 Göttingen Vandehoeck and Rupprecht, 1970). Όμως στην ανωτέρω περίπτωση έρχεται να προστεθεί και ο 109ος Ψαλμός, ο οποίος δηλώνει ότι αυτό συμβαίνει στην πραγματικότητα. Η εμφάνιση του δικαστή είναι πραγματική. Η προσευχή δηλώνει ότι η δικαστική διαδικασία θα γίνει με συγκεκριμένο τρόπο (Walter Brueggemann, Psalm 109: Three times ''Steadfast Love'', *Word and Word* 5, 1985, σελ.28-46). Η τρίτη υπόθεση ανήκει πάλι στον Mowinckel, σύμφωνα με την οποία οι κακοποιοί συνεργάζονται με μάγους. Αυτήν την υπόθεση δεν την αποδέχεται ο Brueggemann (S. Movinckel, *The Psalms in Israel's Worship* II, Mashville: Abingdon, 1962, σελ.4-8). Η πιο λογική σκέψη θα ήταν, ότι όσοι είχαν τη δυνατότητα να εκφράσουν τόσο δυνατό λόγο, τότε είχαν και την εξουσία. Αυτή η υπόθεση, για άλλη μια φορά, προσπαθεί να απομακρύνει τους θρήνους από την κοινωνική ζωή, αντανακλώντας έναν ιδεαλιστικό τρόπο ανάγνωσης του κειμένου. Τέλος, οι εργασίες του Albertz και του Gerstenberger (Reiner Albertz, Persönliche Frömmigkeit und offizielle Religion, *Calwer Theologischen Monographien* 9, Stuttgart Calwer Verlag, 1978, Erhard Gerstenberger, *Der bittende Mensch,* Neukirchen Vluyn: Neukirchener Verlag, 1980) καταδεικνύουν, ότι οι θρήνοι αποτελούν συμπλήρωμα λειτουργικών ενεργειών. Ο Albertz βλέπει, ότι οι προσωπικοί θρήνοι αποτελούν ένα είδος μικρότερης λατρείας (kleinkult), υπό την έννοια ότι αυτή

Gunkel[163], ο οποίος βασίσθηκε στην κατηγοριοποίηση των Ψαλμών[164], η οποία γινόταν με βάση την ιστορικοκριτική μέθοδο. Αυτό, όμως, που προσπάθησε να κάνει ο Gunkel με την κατηγοριοποίηση των Ψαλμών, ήταν αφού κατηγοριοποίησει κάθε Ψαλμό μετά να έχει τη δυνατότητα να βρει ποια θέση κατείχε ο Ψαλμός στη ζωή των ισραηλιτών της εποχής εκείνης (*Sitz im Leben*). Σύμφωνα με τους **Clements**[165] και **Gerstenberger**[166] δεν έχει γίνει μεγάλη πρόοδος μετά τα συμπεράσματα του Gunkel. Ο **Westermann**[167] προσπάθησε να κάνει μερικές βελτιώσεις στην ταξινόμηση του

πρόκειται για μια λατρεία, διαφορετική από την αντίστοιχη του ναού. Η λατρεία αυτή, συνήθως, χρησιμοποιείται επειδή ο προσωπικός κύκλος της ζωής (γέννηση – θάνατος) έχει διαταραχθεί. Ο Gerstenberger αποδέχεται μια τέτοια άποψη με το να τοποθετεί τους Ψαλμούς αυτούς σε μια κατ' οίκον εκκλησία. Αυτή η υπόθεση έχει μεγαλύτερη βάση. Παρά τη μεγάλη συνεισφορά του Westermann οι ερευνητές ασχολήθηκαν μόνο επιφανειακά με τη θεολογία του θρηνητικού ψαλμού. Αυτό το οποίο πρέπει να λυθεί είναι να βρεθεί τι σημαίνει αυτός ο τύπος για την πραγματικότητα μιας κοινωνίας (Walter Brueggemann, The Formfulness of Grief, *Interpretation* 31, 1977, σελ. 273 – 275). Η απάντηση του Brueggemann σε αυτό το ερώτημα τίθεται ως εξής: "the redresses the redistribution of power between the two parties: the petitionary party (the psalm speaker) and the greater party (God).

[163] H. Gunkel – J. Begrich, *Einleitung in die Psalmen. Die Gattungen der religioesen Lyrik Israels*, Vandenhoeck and Ruprecht, Goettingen, 1933.

[164] A. Falkenstein & W. von Soden, *Sumerische und akkadische Hymnen und Gebete,* (1953).

[165] Ronald Clements, A Century of Old Testament Study (London: Lutterworth, 1976), σελ. 75-95.

[166] Erhard Gerstenberger, The Psalms, *Old Testament Form Criticism*, ed. By John H. Hayes (San Antonio: Trinity University, 1974), σελ. 198-221.

[167] Claus Westermann, The Praise of God in the Psalms, (Richmond: John Knox, 1965), σελ. 15-35.

Gunkel. Η έρευνα, όμως, σχετικά με το *Sitz im Leben* των Ψαλμών δεν έχει ακόμα ολοκληρωθεί. Ο **Knierim**[168]επέκτεινε τα όρια της συγκεκριμένης θέσης πέρα από το θέμα των θεσμών, προκειμένου να δείξει ότι το όλο θέμα αφορά σε μια ποικιλία θεμάτων, όπως είναι η γλώσσα, η διάθεση και το ύφος της εποχής[169]. Ο **Martin Buss**[170] καλοσώρισε τον καινούργιο διάλογο, ο οποίος εισήγαγε και το κοινωνιολογικό υπόβαθρο. Αναφορικά με τους Ύμνους υπάρχει μια δυσκολία με την υπόθεση του Mowinckel, καθώς κάποιοι Ψαλμοί χρησιμοποιούνταν στις εορτές. Το πρόβλημα με την υπόθεση αυτή ήταν η, κατά κάποιο τρόπο, λεπτομερής ανάλυση σε ένα κατά τα άλλα απλό θέμα[171]. Από την άλλη πλευρά, ο Westermann[172] ανέλυσε τόσο πολύ το θέμα του *Sitz im Leben,* θεωρώντας ότι αυτό αποτελούσε παρέμβαση του Θεού στην ιστορία[173], μια θεωρία, η οποία δεν έχει κοινωνιολογικό αντίκρισμα. Έτσι, παραμένει σε αναμονή το θέμα της υπόθεσης των εορτών, όπως την διατύπωσε ο Mowinckel. Έχοντας υπ' όψη το *Sitz im Leben* των Ψαλμών και, ιδιαίτερα, των ατομικών

---

[168] Rolf Knierim, Old Testament from Criticism Reconsidered, *Interpretation* 27 (1973), σελ. 449-468.

[169] βλ. επίσης Douglas Knight, The Understanding of Sitz im Leben in Form Criticism, *SBL* 1974 Seminar Papers I, σελ. 105-125.

[170] Martin J. Buss, The Idea of Sitz im Leben – History and Critique, *ZAW* 90 (1978), σελ. 157-170.

[171] Frank Grüsemann, Zur Formgeschichte von Hymnus und Danklied in Israel. *WMANT* 32, (Neukirchen: Neukirchener Verlag, 1969).

[172] Claus Westermann, The Praise of God in the Psalms, (Richmond: John Knox, 1965), σελ. 15-35.

[173] ό. π. σελ. 22.

Ψαλμών ο **Hans Schmidt**[174] διατύπωσε την άποψη, ότι η ερμηνεία, η οποία θέτει τον Ψαλμό στο Ναό, σε ένα νομικό κείμενο ενός αθώου κατηγορουμένου, ζητά δικαίωση και παρακαλά για απαλλαγή. Η γενική αυτή κατανόηση του Schmidt προωθήθηκε από τους **Beyerlin**[175] και **Delekat**[176], καθώς και από τον **Gerstenberger**[177], ο οποίος έσπασε τον σύνδεσμο με το Ναό και με το νομικό πλαίσιο, προτείνοντας ότι στον ατομικό Ψαλμό αντανακλάται το οικογενειακό τελετουργικό.

Το θέμα της λειτουργίας των Ψαλμών προσεγγίζεται και ερμηνευτικά. Η ερώτηση αφορά, τόσο στη χρήση των Ψαλμών στο αρχαίο Ισραήλ, όσο και τη θρησκευτική χρήση αυτών[178]. Ο Brueggemann δίνει μεγάλη βάση στο έργο του **Paul Ricoeur**[179], ο

---

[174] Hans Schmidt, Das Gebet des Angeklagten im Alten Testament, (Giesen: Alfred Töpelmann, 1928).

[175] Walter Beyerlin, *Die Rettung der Bedrängten in den Feindpsalmen der Einzelnen auf institutionelle Zusammenhänge untersucht*, (Göttingen: Vandenhoeck und Ruperecht, 1970).

[176] Lienhard Delekat, *Asylie und Schutzorakel am Zionheiligtum* (Leiden: E. J. Brill, 1967).

[177] Erhard Gerstenberger, *Der bittende Mensch: Bittritual und Klegelied des Einzelnen im Alten Testament* (Habilitationsschrift, Heidelberg, 1971) & Der Klagende Mensch, *Probleme biblischer Theologie*, ed. By Hans Walter Wolff (München: Chr. Kaiser Verlag, 1971), σελ. 64-72.

[178] Walter Bruegemann, The Formfulness of Grief, *Interpretation* 31, (1977), σελ. 263-275, Burke O. Long, Recent Field Studies in Oral Literature and the Question of Sitz im Leben, *Semeia* 5 (1976), σελ. 35-49.

[179] Ο Bruegemann για το συγκεκριμένο άρθρο στηρίχθηκε στα εξής έργα του Paul Ricoeur: *Freud and Philosophy* (New Heaven: Yale University, 1970), *Interpretation Theory* (Fort Worth: Texas Christian University, 1976), *Conflict of*

οποίος αντιλαμβάνεται τη δυναμική της ζωής ως κίνηση και διαλεκτική, αλλά όχι ως κανονικό αποπροσανατολισμό και επαναπροσανατολισμό[180]. Δύο είναι οι κινήσεις στην ανθρώπινη ζωή, η βαθιά απροθυμία προκειμένου να χάσει τον κόσμο, ο οποίος πέθανε και η δυνατότητα να αγκαλιάσει τον καινούργιο κόσμο, ο οποίος χαρίζεται. Η ανθρώπινη εμπειρία περιλαμβάνει περιόδους αποδιοργάνωσης και αποπροσανατολισμού. Οι περίοδοι αποπροσανατολισμού είναι περίοδοι, κατά τις οποίες οι άνθρωποι οδηγούνται σε ακραία συναισθήματα. Οι άνθρωποι δεν έχουν δημιουργηθεί για καταστάσεις αποπροσανατολισμού. Ο Ricoeur πιστεύει, ότι οι άνθρωποι σε καταστάσεις αποπροσανατολισμού κοιτούν πίσω, την περίοδο του προσανατολισμού τους, προκειμένου να ευχηθούν να επιστρέψει αυτή η περίοδος ή να αρνηθούν το ότι αυτή η περίοδος έφυγε ανεπιστρεπτί και σημειώνει, ότι σε τέτοιες περιόδους ακόμα και η γλώσσα γίνεται πιο σκληρή. Η αντεπιθετική κίνηση του επαναπροσανατολισμού έρχεται μέσω της παρουσίασης της πραγματικότητας, η οποία γενικά είναι καινούργια και έχει το σημάδι του δώρου[181]. Αυτός ο επαναπροσδιορισμός διαθέτει και συνέχεια από την προηγούμενη πραγματικότητα, αλλά και ασυνέχεια, μιας

Interpretation (Evaston: Northwestern University, 1974), Biblical Hermeneutics, *Semeia* 4 (1975), σελ. 29-148.
[180] Paul Ricoeur, Biblical Hermeneutics, *Semeia* 4 (1975), σελ. 114-124.
[181] Paul Ricoeur, *Conflict of Interpretation* (Evaston: Northwestern University, 1974), σελ. 369-370.

και πρόκειται για καινούργια πραγματικότητα, με μεγαλύτερη έμφαση στην καινούργια πραγματικότητα, φυσικά. Ο Ricoeur θεωρεί, ότι το τρίπτυχο *προσανατολισμός – αποπροσανατολισμός – επαναπροσανατολισμός* είναι ένας εύκολος τρόπος, για να αντιληφθεί κανείς τη χρήση και τη λειτουργία των Ψαλμών. Κάθε ένα τμήμα του ανωτέρω τρίπτυχου αντανακλά συγκεκριμένους Ψαλμούς[182]. Ο Ricoeur

---

[182] Α) **_Ψαλμοί προσανατολισμού_**: Αυτοί οι Ψαλμοί δεν είναι και οι πιο ενδιαφέροντες, καθώς δεν υπάρχει κάποια κίνηση. Αναφορές στη Δημιουργία και την ανταπόδοση σημαίνει ότι οι Ψαλμοί αυτοί συνδέονται με τη σοφιολογική παράδοση, όπως οι Gordis (Robert Gordis, *The Social Background of Wisdom Literature, Poets, Prophets and Sages* (Bloomington: Indiana University, 1971), σελ. 160-197.) και Kovacs (Brian W. Kovacs, Is there a Class- Ethic in Proverbs?, *Essays in Old Testament Ethics,* ed. by James L. Crenshaw & John Willis (New York: Ktav, 1974), σελ. 171-189) προτείνουν. Οι Ψαλμοί αυτής της κατηγορίας αντανακλούν τη Δημιουργία, τη σοφία, την ανταπόδοση και την ευλογία. Σχετικά με το θέμα της ανταπόδοσης των Ψαλμών βλ. S. Kreuzer, Vergeltung, *Bibletheologisches Woerterbuch*, Styria, Graz, 1994, σελ. 551-555. **_Β) Ψαλμοί του αποπροσανατολισμού_**: Οι θρηνητικοί Ψαλμοί (ατομικοί και κοινοτικοί) είναι ένας τρόπος γλωσσολογικής εισαγωγής σε μια στενόχωρη κατάσταση καθώς ο προηγούμενος προσανατολισμός έχει καταρρεύσει. Υπάρχουν διάφοροι τρόποι έκφρασης αυτής της στενάχωρης κατάστασης, κάτι που εξαρτάται από το πόσο το αντικείμενο δύναται να αποδεχθεί ή κατά πόσο αντιστέκεται ή αρνείται αυτήν την κατάσταση. Μερικοί Ψαλμοί θυμούνται κάποια καλύτερη παλαιότερη εποχή (Ψαλμ. 42:4), που δεν ήταν άλλη από την εποχή του προσανατολισμού. Σε αυτούς τους Ψαλμούς διακρίνουμε μια ευχή για επιστροφή σε αυτήν την κατάσταση. Επίσης, υπάρχουν Ψαλμοί, οι οποίοι είναι ιδιαιτέρως επιθετικοί προς τους ανθρώπους, οι οποίοι θεωρούνται υπεύθυνοι για την πρόκληση του αποπροσανατολισμού. Αυτή η διάθεση αφήνει την εντύπωση ότι ο ψαλμωδός πιστεύει ότι η απώλεια του προσανατολισμού είναι αντιστρέψιμη και ο παλιός προσανατολισμός δύναται να επανέλθει. Ο Westermann

πιστεύει ότι τα κίνητρα των Ψαλμών αυτών είναι η ικεσία και η παράκληση για δοξολογία (Claus Westermann, The Role of the Lament in the Theology of the Old Testament, *Interpretation* 28 (1974), σελ. 20-38. Ο Westermann εδώ σημειώνει ότι ο θρήνος αποτελεί ένα είδος διαμαρτυρίας, η οποία αντιπαραβάλλεται με την υποταγή και την παραίτηση της χριστιανικής ευσέβειας υπό την επίδραση του Στωικισμού). Ο Gerstenberger θεωρεί ότι ο τύπος του Ισραηλιτικού λόγου είναι παραπονετικός και όχι θρηνητικός. Μάλιστα θεωρεί ότι αυτός είναι ο λόγος, για τον οποίο ο Γιαχβέ συγκινείται και τελικά βοηθά τους Ισραηλίτες (Erhard Gerstenberger, Der Klagende Mensch, *Probleme biblischer Theologie* ed. by Hans Walter Wolff (München: Chr. Kaiser Verlag, 1971), σελ. 64-72.). Και όταν βοηθά ο Γιαχβέ τότε επαναφέρει τα πράγματα σε μια καινούργια ζωή και τάξη. Το χάσμα μεταξύ παράκλησης και δοξολογίας στους Ψαλμούς αντανακλά μια σημαντική κίνηση ρεαλισμού. Χαρακτηριστικό των Ψαλμών αυτών είναι η αναγνώριση ότι η παλιά καλή εποχή του προσανατολισμού έχει περάσει και δεν είναι αναστρέψιμη η κατάσταση, απλά ο ψαλμωδός αναμένει την καινούργια καλύτερη κατάσταση (αυτή του επαναπροσανατολισμού), αφήνοντας τον παλιό χαμένο κόσμο πίσω του. *Γ) Ψαλμοί του επαναπροσανατολισμού*: Σε αυτήν την κατηγορία ανήκουν οι Ύμνοι και τα άσματα των ευχαριστιών, σύμφωνα με την ταξινόμηση του Westermann. Από πλευράς τυπολογίας υπάρχουν οι διαφορές εκείνες, οι οποίες οριοθετούν τις δύο κατηγορίες. Από πλευράς λειτουργίας και οι Ύμνοι και τα ευχαριστιακά άσματα παρουσιάζουν κοινά σημεία, όπως είναι η αναγνώριση της αναμονής κάτι καινούργιου, το οποίο, όμως, ακόμα δεν έχει έρθει. Αυτοί οι Ψαλμοί αντανακλούν μια εντελώς καινούργια κατάσταση, η οποία κάνει λόγο για κάτι καινούργιο, χωρίς να γίνεται ανακύκλωση της παλιάς κατάστασης. Επίσης, η νέα αυτή κατάσταση εμπεριέχει την έκπληξη και το χάρισμα. Για το λόγο αυτό, η νέα αυτή κατάσταση χρήζει εορτασμού (Paul Ricoeur, *Conflict of Interpretation* (Evaston: Northwestern University, 1974), σελ. 96). Στο σημείο αυτό η υπόθεση του Mowinckel, η οποία αναφέρεται στην εορτή του ενθρονισμού, του Weiser, η οποία αναφέρεται στην εορτή για την ανανέωση της Διαθήκης καθώς και η υπόθεση του Kraus, η οποία αναφέρεται στην εορτή της βασιλικής Σιών φαίνονται αρκετά πειστικές. Παρ' όλ' αυτά η υπόθεση του Mowinckel δεν έχει βαβυλωνιακά παράλληλα, η υπόθεση του Weiser δεν ανταποκρίνεται στην ισραηλιτική παράδοση και τέλος η υπόθεση του Kraus δεν αναφέρεται στον θεσμός της Ιερουσαλήμ (Walter Bruegemann, Psalms and the Life of προσπάθησε να κατανοήσει την αντιπαράθεση των ερμηνευτικών προοπτικών[183]. Ο θρηνητικός Ψαλμός του αποπροσανατολισμού δύναται να κατανοηθεί ως συστατικό της *ερμηνευτικής της υποψίας*. Ο Ψαλμός αυτός γίνεται απροσδόκητος, καθώς τέτοιου είδους Ψαλμοί αποτελούσαν τις φωνές των ανθρώπων εκείνων, οι οποίοι έβρισκαν τις συγκεκριμένες συνθήκες επικίνδυνες. Αυτές είναι οι κραυγές των φυλακισμένων ανθρώπων, οι οποίοι προσπαθούν να προσαρμοστούν στο καινούργιο περιβάλλον τους. Οι φωνές αυτών των ανθρώπων είναι γεμάτες απογοήτευση, φόβο και μίσος. Οι Ψαλμοί εμπεριέχουν το αποτέλεσμα της αποσύνθεσης του παλιού συστήματος, το οποίο κρύβει με όμορφο τρόπο την ''επικίνδυνη'' θεολογική πραγματικότητα της ζωής. Αυτή η αποσύνθεση πρέπει να ολοκληρωθεί με κάθε τρόπο. Η νέα *πραγματικότητα* δύναται να συμβολιστεί με πολλούς τρόπους. Μπορεί να είναι η ενθρόνιση του βασιλιά (Mowinckel), ή καινούργια διαθήκη (Weiser), ή, τέλος, να συμβολίζεται στους ιερούς θεσμούς, σύμφωνα με την υπόθεση του Kraus. Όμως, η πραγματικότητα της νέας εμπειρίας είναι κάτι πέρα και πάνω από όλα αυτά. Είναι η εμπειρία, ότι ο κόσμος έχει συνάφεια, καθώς ο απελπισμένος θρήνος, δεν έχει θέση στον καινούργιο αυτό κόσμο.

Faith, *Journal of the Study of the Old Testament* 17 (1980), σελ. 10.).
[183] Paul Ricoeur, *Conflict of Interpretation* (Evaston: Northwestern University, 1974), σελ. 117, 174-176, 189, 323-330.

Σύμφωνα με την ανάλυση του Mowinckel η *παράκληση* έχει κατεύθυνση προς το παρελθόν και τον παλιό προσανατολισμό, ενώ η *δοξολογία* έχει κατεύθυνση προς τα εμπρός, προς το μέλλον, με αισθήματα ελπίδας. Ο θρήνος ως παράκληση και ικεσία οπισθοχωρεί μπροστά στους παλαιούς φόβους, τα βαθύτερα μίση, ενώ ο θρήνος ως δοξολογία είναι προβλεπτικός και ανοικτός σε δώρα. Ο **A. C. Triselton** πιστεύει, ότι η λειτουργία της γλώσσας εξαρτάται τόσο από τη γλώσσα, όσο και από το περιεχόμενο. Δεν υπάρχει η απόλυτη ή η παγκόσμια γλώσσα. Αλλά υπάρχουν συγκεκριμένες γλώσσες, οι οποίες σχετίζονται με συγκεκριμένες κοινωνικές ομάδες ενός συγκεκριμένου ιστορικού περιβάλλοντος. Η γλώσσα των Ψαλμών δύναται να έχει παράλληλα με άλλες κοινωνίες, όπως των Βαβυλωνίων, αλλά η λειτουργία της διαφοροποιείται, εξαιτίας της ισραηλιτικής πραγματικότητας[184].

Όλοι οι Ψαλμοί έχουν **θρησκευτικό χαρακτήρα και ποιητική μορφή**. Ο θρησκευτικός προσανατολισμός των Ψαλμών είναι η Ιερουσαλήμ και ο Ναός της, θεωρώντας σίγουρο ότι όλες οι θρησκευτικές τελετές λάμβαναν μέρος στο Ναό της Ιερουσαλήμ. Η ποιητική τέχνη πολλών Ψαλμών, οι οποίοι χρησιμοποιούν διαφορετικά είδη ρυθμών και στροφών, παρουσιάζει κοινά στοιχεία στη μορφή και το

---

[184] A. C. Triselton, The Supposed Power of Words in the Biblical Writings, *JTS* 25, (1974), σελ. 283-299.

ύφος της ποιητικής της Ουγγαρίτ[185]. Αρκετοί φιλόλογοι προτείνουν, σύμφωνα με την ουγγαριτική γραμματική, καινούργιες μεταφράσεις. Επίσης, αρκετοί Ψαλμοί έχουν ξεκάθαρα υιοθετηθεί από την Φοινικική και Χαναανιτική ποίηση, χωρίς να παραθεωρούνται κάποιες θεολογικές διαφορές[186]. Σύμφωνα με τον **Samuel Terrien**[187] αρχαιολογικά ευρήματα των τελευταίων δύο αιώνων έδειξαν ότι η **εβραϊκή ποίηση**[188] δεν γεννήθηκε μέσα σε

---

[185] H. Donner, Ugaritismen in Der Psalmenforschung, *ZAW*, LXXIX (1967), σελ. 322-50, A. Caquot, Israelite Perceptions of Wisdom and Strength in the Light of the Ras Sharma Texts, in *Israelite Wisdom,* Festschrift S. Terrien, ed. J. G. Gammie et al. (Missoula, Mont., 1978), σελ. 25-31.

[186] F. M. Cross, Notes on a Canaanite Psalms in the Old Testament, *BASOR,* CXVII (1950), σελ. 1921-22.

[187] Samuel Terrien, *The Psalms: Strophic Structure and theological Commentary*, William B. Eerdmans Publishing Company, Grand Rapids, Michigan / Cambridge, U.K., 2003.

[188] Στο σημείο αυτό κρίνεται σκόπιμη μια συνοπτική ιστορική αναδρομή αναφορικά με το θέμα της εβραϊκής ποίησης. Το βιβλίο των Ψαλμών αποτελεί το πιο εκτεταμένο σώμα ποιημάτων για τη γνώση της εβραϊκής ποίησης. Στα τέλη 1970 και αρχές 1980 έγιναν προσπάθειες να προσεγγισθεί η εβραϊκή ποίηση χρησιμοποιώντας γλωσσολογικές μεθόδους, κυρίως συντακτικές. Οι περισσότερες εργασίες αυτού του τύπου είναι θεωρητικές και αφορούν στους μηχανισμούς της εβραϊκής ποίησης, αγνοώντας και φιλολογική διάσταση ή τη διάσταση του ύφους της ποίησης. Ο **M. O. Conno**r, *Hebrew Verse Structure*, Standard Description, 1980, αναφέρει ότι η συντακτική δομή αποτελεί θεμέλιο της εβραϊκής ποίησης (σελ. 65). Αναφέρει, μάλιστα, τρία γραμματικά επίπεδα, ήτοι το φωνολογικό, το συντακτικό και το σημασιολογικό, αλλά η εργασία του περιορίζεται, μόνο, στο συντακτικό επίπεδο. Συνέβαλε επιστημονικά και στο ότι αναγνώρισε ότι η συντακτική δομή παίζει σημαντικό ρόλο στην εβραϊκή ποίηση καθώς και στον τρόπο δομής των στίχων της εβραϊκής ποίησης. Αναγνώρισε το φαινόμενο της έλλειψης ως μοναδικό, το οποίο απαντά μόνο στην ποίηση των Εβραίων και λιγότερο στον πεζό λόγο. Το σημαντικό στοιχείο, το

ένα πολιτιστικό κενό. Μεγάλος αριθμός κειμένων από την Αίγυπτο, τη Συρία, το Λίβανο, τη Μικρά Ασία και τη Μεσοποταμία περιλαμβάνουν ύμνους και θρήνους, τους οποίους οι Ισραηλίτες έμαθαν από τους Χαναναίους και, αργότερα, ήρθαν σε επαφή

οποίο έθεσε ο M. O. Connor είναι ότι μελέτησε την εβραϊκή ποίηση με βάση τα συντακτικά θεμέλια της γλώσσας. Ο **Terence Collins,** *Line – Forms in Hebrew Poetry,* 1978 χρησιμοποίησε την παραγωγική γραμματική του Noam Chomsky, ο οποίος προτείνει το σύστημα των βασικών προτάσεων και της γραμμής – τύπου, οι οποίες λειτουργούν στο επίπεδο των βαθιών δομών, ενώ οι δεύτερες στο επίπεδο δομών επιφάνειας. Οι βασικές προτάσεις αποτελούνται από: υποκείμενο, ρήμα, αντικείμενο. Οι γραμματικοί τύποι αποτελούνται από μια ή δυο βασικές προτάσεις με την ίδια ή διαφορετική μορφή. Ο **Stephen A. Guller,** *Parallelism in Early Hebrew Poetry,* 1979, παρουσιάζει ένα πιο περιεκτικό σύστημα (όπως οι Connor – Collins) γλωσσικής ανάλυσης, το οποίο εκτός από τη σημασιολογία και τη μετρική του στίχου ασχολείται και με τις βαθύτερες δομές της ποίησης. Η **Adele Berlin**, στο έργο της *The Dynamics of Biblical Parallelism,*1985, ασχολείται διαδοχικά με τον γραμματικό, λεξικολογικό, σημασιολογικό και φωνολογικό παραλληλισμό. Παρ' όλ' αυτά, η εργασία της αυτή αφήνει πολλά κενά στην εβραϊκή ποίηση. Η προηγούμενη έρευνα καταδεικνύει ότι για την μελέτη του παραλληλισμού για την εβραϊκή ποίηση ξεκινάει από τη σύνταξη. Στη σημειολογική του έρευνα ο **Charles W. Morris** θεωρεί τη σύνταξη ως το θεμέλιο πάνω στο οποίο στηρίζονται άλλες σχέσεις. Η σημασιολογία προϋποθέτει συντακτική ανάλυση, ενώ η πραγματολογική ανάλυση εξετάζει τη σχέση των σημείων με την ερμηνεία αυτών. Η σύνταξη είναι μια αφηρημένη έννοια με την πιο μεγάλη επεξηγηματική δύναμη. Με τον όρο ποιητική ανάλυση θα πρέπει να εννοείται και η σημασιολογία, η φωνολογία και η μορφολογία της εβραϊκής ποίησης. Αναφορικά με τη φιλολογική προσέγγιση σημαντικές είναι οι εργασίες του **James Kugel,** *The idea Of Biblical Poetry,* 1981, του **Robert Alter,** *The Art of Biblical Poetry,* 1985, του **Harold Fisch,** *Poetry with a Purpose.* 1988, και, τέλος, του **Luis Alonso Schoekel,** *A manual of Hebrew Poetics,* 1988. Όλα αυτά τα έργα έχουν έναν κοινό παρανομαστή, καθώς χρησιμοποιούν την λογοτεχνική – φιλολογική ευαισθησία στην επεξήγηση της ποίησης.

114

με τους μουσικούς και τους ποιητές των εθνών της Αρχαίας Εγγύς Ανατολής[189]. Πολλοί ύμνοι από την Αίγυπτο ανακαλύφθηκαν στους τοίχους των βασιλικών τάφων ή σε φύλα παπύρων. Πολλά από αυτά έχουν παράλληλα στους Ψαλμούς[190]. Οι σουμεριακοί ύμνοι μεταφράσθηκαν, υιοθετήθηκαν και αποτέλεσαν στοιχείο μίμησης για αιώνες από τους Ασσυρο-βαβυλωνίους και οι Ισραηλίτες υιοθέτησαν τις ακκαδικές μεταφράσεις[191]. Βέβαια, τα εβραϊκά δάνεια των θρήνων ήταν πολύ περισσότερα σε αριθμό από ότι τα αντίστοιχα των ύμνων, ίσως, επειδή, ήρθαν σε επαφή με την Ασσυρία και την Βαβυλωνία τον 18ο – 17ο αιώνα π.Χ.[192]. Μεγαλύτερη επίδραση στην εβραϊκή ποίηση, εκτός της Αιγυπτιακής και της Μεσοποταμιακής, είχε η Χαναανιτική, η οποία χρησιμοποιήθηκε ως τύπος για την προσωδιακή τεχνική στους Εβραίους μουσικούς. Οι Ισραηλίτες μουσικοί διδάχθηκαν από τους Χαναναίους μουσικούς, οι οποίοι είχαν θητεύσει στα ιερά της Δαν, της

[189] J. B. Pritchard ed., *Ancient Near Eastern Texts Relating to the Old Testament* (Princeton, 1969), σελ. 369-401, O. Kee-Leu, *Die Welt der altorientalischen Bildsymbolik und das Alte Testament: Das Beispiel der Psalmen* (Cologne, 1973), W. Beyerlin et al., eds., *Religionsgeschichtliches Textbuch zum Alten Testament* (Göttingen, 1975), σελ. 39-239.
[190] J. Assmann, *Hymnen und Gebete* (Zürich, 1975).
[191] S. N. Kramer, Sumerian Literature and the Bible, *AnOr*, XII (1959), σελ. 185 κ.εξ.
[192] A. Kuschke, Altbabylonische Texte zum Thema "Der leitende Gerechte", *TLZ*, LXXXI (1956), σελ. 69-76, K. Seybold, Das Gebet des Kranken im Alten Testament, *BWANT XCIX* (Stuttgart, 1973), R. Albertz, *Persönliche Frömmigkeit und offizielle Religion: Religionsinterner Pluralismus in Israel und Babylon*, Calver Theologische Monographien, IX (1978).

Μπέθελ, της Συχέμ, της Σιλό, όταν τελικά η Ιερουσαλήμ έγινε πρωτεύουσα του Ισραήλ υπό τη βασιλεία του Δαβίδ και του Σολομώντα.

Ο **Roger T. Beckwith**[193] αναφέρει, ότι οι Ψαλμοί είναι γεμάτοι αναφορές σε μουσική, Ιερουσαλήμ και ναό. Από τότε που οι ψαλμωδοί των Ιερών του πρώτου Ισραήλ έμαθαν τις προσωδιακές τεχνικές των προγόνων τους στην Χαναάν δεν θα ήταν παράτολμο να υποτεθεί, ότι ακολούθησαν τη μουσική παράδοση της αρχαίας Εγγύς Ανατολής[194]. Οι απόγονοι των μουσικών της Ουγγαρίτ, ίσως να μεταβίβασαν στους Εβραίους του $12^{ου}$ και $11^{ου}$ αιώνα τη μουσική τους παράδοση. Επίσης, είναι εξίσου πιθανόν, η ιερή μουσική παράδοση του Ισραήλ να αναπτύχθηκε με βάση ένα, τελείως, διαφορετικό μοτίβο, η συνέχεια του οποίου - παρά τις όποιες διαφοροποιήσεις από τους Ασσύριους, τους Βαβυλώνιους, τους Πέρσες και τις επιρροές της ελληνιστικής περιόδου – είναι διακριτή στα μοτίβα των μεσαιωνικών συναγωγών[195]. Πολλοί Ψαλμοί φαίνεται, ότι συντέθησαν από ποιητές – μουσικούς, οι οποίοι εμπνεύστηκαν, κατά κάποιο τρόπο,

---

[193] Roger T. Beckwith, The Early History of the Psalter, *Tyndale Bulletin* 46.1 (1955), σελ. 1-27.

[194] Μέσα από αρχαιολογικές ανακαλύψεις μαθαίνουμε για τους 14 ακκαδικούς τόνους της διατονικής σκάλας. Οι πρωτο-χαναανίτες της Ουγκαρίτ ήταν μαθημένοι της χουριανικές μεθόδους της μουσικής, πρβλ. H. G. Güterbock, Musical Notation in Ugarit, *Revue d' assyriologie et d' archeologie orientale,* LXIV (1970), σελ. 45-52.

[195] A. Sendrey, *Musik in Ancient Israel* (London, 1969), σελ. 93-158, U.S. Leufold, Worship Music in Ancient Israel: Its Meaning and Purpose, *CJT,* XV (1969), σελ. 176-85.

από τους μεγάλους προφήτες. Οι περισσότεροι από τους Ψαλμούς αντανακλούν προσωδιακές τεχνικές υψηλής τέχνης. Έχοντας εκπαιδευτεί από το προσωπικό των χαναανιτικών ιερών, όπως δείχνει η μελέτη της Ουγγαριτικής ποίησης[196], οι Εβραίοι ψαλμωδοί μπορούσαν να εκφράσουν τη θεολογία της θείας παρουσίας[197], δείχνοντας μεγάλη οικειότητα στο ρυθμό και στη δομή των στροφών[198]. Η πλειονότητα της Ψαλμών, όπως άλλωστε και η εβραϊκή ποίηση συνολικά, βασίζεται σε μια ομάδα 2-3 μικρών προτάσεων, οι οποίες δημιουργούν έναν παραλληλισμό στη σημασία, πολλές φορές, με τη βοήθεια της συνήχησης ή της παρήχησης[199].

Σύμφωνα με τον **Marvin E. Tate**[200] το ότι οι Ψαλμοί καταλαμβάνουν το μεγαλύτερο τμήμα της λατρείας και της καθημερινής ζωής, είναι πέρα από κάθε αμφισβήτηση. Οι Ψαλμοί χρησιμοποιούνται στη συναγωγή, αλλά και στη λατρεία της Εκκλησίας[201]. Όπως, επίσης, δεν είναι λίγες οι αναφορές της

---

[196] J. C. de Moore, Fundamentals of Ugaritic and Hebrew Poetry, *UF,* XVIII (Neukirchen – Vluyn, 1986).

[197] S. Terrien, The Psalmody of Presence, in *The Elusive Presence,* σελ. 278-349 και του ιδίου, The Elusive Presence, San Francisco, 1978, σελ. 113-122.

[198] M. Dahood, Hebrew Poetry, *IDB Suppl.Vol.* (1976), σελ. 669-972.

[199] Περισσότερα για την εβραϊκή ποίηση πρβλ. S. Terrien, *The Psalms: Strophic Structure and Theological Commentary,* William B. Eerdmans Publishing Company, (Grand Rapids, Michigan / Cambridge, U.K.), 2003, σελ. 36-37, υποσημ. 121.

[200] Marvin E. Tate, *The Interpretation of the Psalms, Review and Expositor,* 81, (Summer, 1984), σελ. 363-375

[201] Brevard S. Childs, *Introduction to the Old Testament as Scripture,* Philadelphia: Fortress Press, 1979, σελ. 508.

Καινής Διαθήκης στους Ψαλμούς. Ακόμα και το πιο απλό βιβλίο ύμνων περιέχει αποσπάσματα από το βιβλίο των Ψαλμών. Μάλιστα ο **J. J. S. Perowne** δεν διστάζει να δηλώσει, ότι η ιστορία των Ψαλμών είναι η ιστορία της Εκκλησίας[202]. Ο **Artur Weiser** στην εισαγωγή του έργου του γράφει: «*... the Psalter is that book of the Old Testament which the Christian community found the easiest one to approach on a direct and personal way ...*»[203]. Παρά, όμως, την ευρεία χρήση των Ψαλμών και τη μεγάλη εκτίμηση, την οποία χαίρει το βιβλίο, εν τούτοις η ερμηνεία αυτού είναι δυσχερής. Οι ερμηνευτικές απαιτήσεις των Ψαλμών είναι πολύ ανώτερες από οποιοδήποτε άλλο κείμενο της Παλαιάς Διαθήκης. Το ίδιο το βιβλικό κείμενο προσφέρει μια ερμηνευτική προσέγγιση, παρ' όλο, που οι επιγραφές των 116 από τους 150 Ψαλμούς του εβραϊκού ψαλτηρίου και 132 από τους 150 της μετάφρασης των Εβδομήκοντα, είναι απογοητευτικές, αποτελώντας, μάλιστα, ύστερες προσθέσεις, δίνοντας πολύ λίγες πληροφορίες για το αρχικό αυθεντικό νόημα και τη χρήση του Ψαλτηρίου.

Ο **Boadt**[204] κάνει λόγο για **προφητική ποίηση**. Δύο παράγοντες χαρακτηρίζουν την προφητική στιχουργία: η κλίμακα και οι εικόνες. Αναφορικά με την κλίμακα

---

[202] J. J. S. Perowne, *The Book of Psalms*, 1878, Rpt. Grand Rapids: Zondervan Publishing House, 1976, σελ. 40.
[203] Artur Weiser, *The Psalms*, trans. Herbert Hartwell, Philadelphia: Westminster Press, 1962, σελ. 19.
[204] Laurence Boadt, *Reflections on the Study of Hebrew Poetry today*, (χ.χ.), σελ. 156 – 163.

υπάρχουν οι χιαστοί στίχοι και οι ομοιογενείς στίχοι. Όσον αφορά τις κεντρικές εικόνες υπάρχει πρόβλημα κατανόησης στους τύπους της ποιητικής έκφρασης[205]. Ο **Walter**

---

[205] Ο **David Clines**, The Parallelism of Greater Precision: Notes from Isaiah 40 for a Theory of Hebrew Poetry in: *Directions in Biblical Hebrew Poetry*, σελ. 77 – 100: αναφέρει ότι η βιβλική ποίηση χρησιμοποιεί τη σχέση Α – Β . Ο **David Clark**, The Song of Vineyard: Love, Lyric and Comic Ode? A Study of Oral and Discourse Features of Isaiah 5.1 – 7 in *Discourse Perspectives on Hebrew Poetry in Scriptures,* σελ. 131 – 146: αναζητά τον τρόπο με τον οποίο τα ποιήματα ελέγχονται από παράγοντες, όπως η ανάγκη για μια καινούργια διαπραγμάτευση του θέματος. Ο **Harold Fisch**, *Poetry with a purpose* (Bloomington: Indiana University Press, 1988) σελ. 138 – 143: γράφει «... a true understanding of biblical poetics must do justice to this element of incoherence as a feature of what we have termed '' covenantal discourse'' ...». Με άλλα λόγια, προσπαθεί να δει την ιστορία της ερμηνείας χρησιμοποιώντας ως εργαλείο τον Ωσηέ, στο κείμενο του οποίου ψάχνει για ομοιογένεια των τμημάτων και των στίχων. Οι **Adersen Francis I. & David Noel Freedman**, *Hose* (Anchor Bible, vol.24, Garden City, Doubleday, 1980: αναφέρουν ότι υπάρχει η αναταραχή στη σκέψη του Ωσηέ, καθώς η ποιητική συνέχεια είναι δύσκολο να βρεθεί ως αποτέλεσμα μιας πιο σοφιστικέ υπόθεσης. Οι **Petersen & Richards**, *Interpreting Hebrew Poetry*, βλ. κεφ. 4, σελ. 49 – 64: αναφέρονται στο ύφος και τη μορφολογία εκτός από τη μετρική και τον παραλληλισμό, τα οποία δύναται να κρίνουν την ποιητική μορφή ενός κειμένου. Ο **James W. Watts**, Psalm and Story: Inset Hymns in Hebrew Narrative (*JSOTS* 139; Sheffield: *JSOT* Press, 1992, σελ.12 – 18 και σελ.192 – 198: αναφέρει ότι οι νικητήριοι ύμνοι (Εξόδου 15 και Κριταί 5) διαφοροποιούνται από την πρόζα. Δεν υπάρχουν ανεξάρτητοι ύμνοι παρά μόνο γενικοί. Ο **Patrick D. Miller Jr.**, The Theological Significance of Biblical Poetry, Language, *Theology and The Bible: Essays in Honour of James Barr*, ed. Samuel Balentine and John Barton(Oxford: Clarendon Press, 1994) σελ. 213 – 230: κάνει λόγο για την παράθεση κειμένων, η οποία γίνεται προκειμένου να δημιουργηθεί μια αμφισημία, η οποία οδηγεί στο μυστήριο του Θεού σε σχέση με τους ανθρώπους.

Cloete[206], συμφωνεί με τον **Michael Patrick O' Conor**[207], ο οποίος δείχνει ότι το μέτρο και ο *παραλληλισμός είναι χρήσιμα για κάποια περιγραφή, αλλά δεν αναλύει πως λειτουργεί κάθε στίχος του ποιήματος.* Οι **David Petersen & Kent Richards**[208] αποδέχονται τον ρυθμό για την ανάλυση της βιβλικής ποίησης. *Στο Ισραήλ, όπως και στη Μεσοποταμία, ο πιστός περιγράφει την ταλαιπωρία και τη μιζέριά του, μετακινούμενος, με αυτόν τον τρόπο, συναισθηματικά από την παράκληση και την ικεσία προς την δοξολογία. Η προσευχή του για θεραπεία και η επιστροφή του στην προηγούμενη καλή κατάστασή του φαίνεται να δικαιολογείται από την επιθυμία του να εγκωμιάσει τη δύναμη και τη συμπάθεια της θεότητας*[209]. Ο ***παραλληλισμός των μελών***[210]

---

206 Walter Cloete, Versification and Syntax in Jeremiah 2-25: *Syntactical Constraints in Hebrew Colometry* (SBLDS; Atlanta: Scholar's Press, 1989).

207 Michael Patrick O' Conor, *Hebrew Verse Structure* (Winona Lake in: Eisenbrauns, 1980).

208 David Petersen & Kent Richards, *Interpreting Hebrew Poetry* (Mineapolis: Forttress, 1992), σελ.46 – 47.

209 W. Beyerlin, Kontinuität beim berichteten Lobpreis in Eizelnen, in *Alter Orient und Altes Testament*, Festschrift K. Elliger (Kevelaer, 1973), σελ. 17-18.

210 Ο **James Kugel**, στο έργο του *The idea Of Biblical Poetry*, 1981 και ο **Robert Alter**, στο έργο του *The Art of Biblical Poetry*, 1985 εξετάζουν τη φύση του παραλληλισμού. Ο James Kugel δεν δέχεται κάποιο σύστημα ανάγνωσης της εβραϊκής ποίησης (σελ. 320), ενώ ο Robert Alter αναφέρεται στη δυναμική του παραλληλισμού του James Kugel. Ο Luis Alonso Schoekel προσεγγίζει την εβραϊκή ποίηση ως τέχνη. Τέλος, ο Harold Fisch διαβάζει τη Βίβλο με μια λογοτεχνική διάθεση. Η Βίβλος είναι για τον ίδιο μια αισθητική λογοτεχνία, όπως και η θρησκευτική λογοτεχνία. Οι εργασίες του **Wilfred G.E. Watson**, *Classical Hebrew Poetry* (1986) και *Traditional Techniques in Classical Hebrew Verse* (1994)

αποτελεί την πρωταρχική μορφή ποίησης, όχι μόνο για την ισραηλιτική ποίηση[211], αλλά για την αιγυπτιακή[212], τη σουμεριακή – ακκαδική[213], τη χαναανιτική – συριακή[214]. Άλλο ένα χαρακτηριστικό της ισραηλιτικής ποίησης είναι η ύπαρξη ενός κεντρικού ποιητικού μοτίβου, το οποίο διαφοροποιείται, τόσο από την πρόζα, όσο και από την ποίηση. Επίσης, άλλο ένα χαρακτηριστικό της ισραηλιτικής ποίησης είναι η ύπαρξη μικτών ποιητικών μέτρων και η χρήση ακροστιχίδας[215]. Η ισραηλιτική ποίηση παρουσιάζει πληθώρα προβλημάτων, εξαιτίας της εβραϊκής γλώσσας, του φωνηεντισμού των κειμένων, των λαθών, τα οποία προέκυψαν από τους αντιγραφείς, με αποτέλεσμα να είναι δύσκολη η αναβίωση των μετρικών νόμων της ισραηλιτικής

είναι φιλολογικές εργασίες, καθώς κατηγοριοποιούν τις πολυάριθμες λογοτεχνικές – ποιητικές τεχνικές των εβραϊκών, ουγγαριτικών και ακκαδικών κειμένων, όπως είναι οι διαφορετικοί τύποι του παραλληλισμού, οι στροφές, οι ήχοι, οι επαναλήψεις.

[211] Hans – Joachim Kraus, *Psalmen*, 1. Teilband, 6. Auflage, Neukirchener Verlag, 1989, σελ. 30, πρβλ. και **Adele Berlin**, *The Dynamics of Biblical Parallelism*, 1985, η οποία αναφέρει ότι ο παραλληλισμός είναι γλωσσικό φαινόμενο με πολλές και διαφορετικές μορφές και λειτουργίες (σελ. 26) σε διαφορετικά επίπεδα, όπου δύναται να συμπεριλάβει σημασιολογικά, γραμματικά, αλλά και γλωσσικά χαρακτηριστικά (σελ. 25).

[212] A. Erman & H. Ranke, *Aegypten*, 1923, σελ. 468-474.

[213] A. Falkenstein & W von Soden, *Sumerische und Akkadische Hymnen und Gebete*, 1953, σελ. 30 και σελ. 40.

[214] J. H. Patton, *Canaanite Parallels in the Book of Psalms*, 1944.

[215] S. Mowinckel, Marginalien zur Hebraeischen Metrik, *ZAW* 68, 1956, σελ. 101, πρβλ. P. Kahle, Die ueberlieferte Aussprache des Hebraeischen und die Punktation der Masoreten, *ZAW* 39, 1921, σελ. 230-239.

ποίησης. Σχετικά με την **μετρική της ισραηλιτικής ποίησης** χρησιμοποιήθηκε το σύστημα της εναλλαγής, το οποίο αναπτύχθηκε από τον **Hoelscher**[216] και, εν συνεχεία, από τους **S. Mowinckel**[217] και **F. Horst**[218] και το σύστημα του τονισμού, το οποίο αναπτύχθηκε, κυρίως, από τους **K. Budde**[219] και **E. Sievers**[220]. Τα συστήματα αυτά δύναται να απαντούν, ταυτόχρονα, σε έναν Ψαλμό, καθώς δύνανται να εναλλάσσονται. Ένα άλλο θέμα της εβραϊκής ποίησης είναι το θέμα των στροφών. Για το θέμα αυτό υπάρχει πληθώρα απόψεων[221]. Ο πιο εμπεριστατωμένος ορισμός, όσον αφορά τις στροφές, είναι αυτός που δίνει ο **O. Eissfeldt**: «η στροφή είναι ένα μετρικό μέγεθος, το οποίο είναι καθιερωμένο με τη μορφή: με τον ίδιο αριθμό και με τον ίδιο τρόπο δύο ή περισσότεροι στίχοι

---

216 G. Hoelscher, Elemente arabischer, syrischer und hebraeischer Metrik, *ZAWBeih* 34, 1920, σελ. 93-101.

217 S. Mowinckel, Zum Problem der hebraeischen Metrik: *Bertholet - Festschrift*, 1950, σελ. 379-394.

218 F. Horst, Die Kennzeichen den hebraeischen Poesie, *Thr* 21, 1954, σελ. 54-58.

219 K. Budde, Das hebraeische Klagelied, *ZAW* 2 (1882), σελ. 1-52.

220 E. Sievers, *Metrische Studien I* (1901), *II (*1904/05*), III* (1907).

221 Σχετικά με το θέμα των στροφών στην εβραϊκή ποίηση αξίζει να αναφερθούν τα εξής έργα: K. Fullerton, The Strophe in Hebrew Poetry and Psalm 29, *JBL* 48, (1929), σελ. 274-290, H. Moeller, Der Strophenbau der Psalmen, *ZAW* 50, (1932), σελ. 240-256, C. F. Kraft, *The Strophic Structure of Hebrew Poetry as illustrated in the first Book of Psalter*, 1938.

επαναλαμβάνονται δύο ή περισσότερες φορές»[222].

Μερικές από τις επιγραφές των Ψαλμών απαντούν στη **λογοτεχνική μορφή** του ψαλμού. Υπάρχουν οι γενικοί όροι, όπως είναι «ψαλμοί», «άσμα», «προσευχή», και «άσμα επαίνου». Αυτή η ορολογία αποτελεί μια πρώτη προσπάθεια κατηγοριοποίησης των Ψαλμών, σύμφωνα με τον λογοτεχνικό τύπο τους. Μερικές επιγραφές περιέχουν οδηγίες για τη χρήση των Ψαλμών, ή ονόματα ανθρώπων, οι οποίοι είναι γνωστοί κι από άλλα κείμενα της Παλαιάς Διαθήκης. Στην παραδοσιακή εξηγητική μέθοδο πολύ εύκολα κάποιοι υπέθεταν ότι αυτά τα ονόματα ανήκαν στους συνθέτες των Ψαλμών. Σήμερα έχει καθιερωθεί η άποψη ότι αυτά τα ονόματα έχουν πολύ λίγη σχέση με τον συνθέτη του κάθε Ψαλμού. Αυτό συνέβη εξαιτίας της μη ακριβής ερμηνείας της λέξης «του» στις επιγραφές των Ψαλμών. Η εβραϊκή σύνταξη είναι αρκετά ευέλικτη, όσον αφορά εκφράσεις, όπως «του», «για τη χρήση του», «σχετικά με» και «ανήκει σε», χρησιμοποιώντας το αγγλικό «to» και το «by» εναλλάξ, για να δηλώσει την προέλευση κάποιου πράγματος ή στην προκειμένη περίπτωση τον συνθέτη κάθε Ψαλμού. Σε μερικές περιπτώσεις οι δύο αυτές λέξεις χρησιμοποιούνται για να δηλώσουν τη συλλογή, στην οποία ανήκει κάθε ομάδα Ψαλμών. Επίσης, οι επιγραφές των Ψαλμών δύναται να αναφέρονται σε ιστορικά

---

[222] O. Eissfeldt, Einleitung in das Alte Testament, New York, Harper & Row, 1964, 3 Aufl., σελ. 85.

γεγονότα σημαντικών ανθρώπων, όπως ήταν ο Δαβίδ, όμως και σε αυτή την περίπτωση χρησιμοποιείται το αγγλικό «to». Επί παραδείγματι, οι Ψαλμοί 3, 7, 18, 34, 51, 52, 54, 56, 57, 59, 60 και 63, οι οποίοι αναφέρονται σε ιστορικά γεγονότα της ζωής του Δαβίδ.

Η προσπάθεια **κατηγοριοποίησης των Ψαλμών**, σύμφωνα με τα ιστορικά γεγονότα της ζωής του Δαβίδ, ίσως, να αποτελεί έναν τρόπο κατανόησης του περιεχομένου των Ψαλμών. Οι επιγραφές των Ψαλμών, σύμφωνα με τον **Patrick D. Miller Jr.**[223], δηλώνουν το περιεχόμενο των Ψαλμών[224]. Οι πιστοί του Ιησού πίστευαν στην «δαβιδοποίηση» των Ψαλμών[225], προσθέτοντας χριστιανικές ερμηνείες κάθε λογής[226]. Μερικοί Ψαλμοί διαβάζονται σαν να έχουν βρει την εκπλήρωσή τους στο πρόσωπο του Χριστού. Αυτοί οι Ψαλμοί χρησιμοποιούνται ως προφητείες για τον Χριστό και διαθέτουν μια γλώσσα, προκειμένου Αυτός να γίνει κατανοητός ως πρόσωπο. Επίσης, στην αρχαία Εκκλησία, υπήρχε και η τάση να διαβάζονται οι Ψαλμοί ως προσευχές με αποδέκτη τον Χριστό.

---

[223] Patrick D. Miller Jr., Trouble and Woe: Interpreting the Biblical Laments, *Interpretation*, 37, 1983, σελ.36-37.

[224] Αξιόλογο παράδειγμα αποτελεί ο 51ος Ψαλμός, ο οποίος έχει ως θέμα τον Δαβίδ και την αμαρτωλή συμπεριφορά του προς την Βηθεσδά, σύμφωνα με τον τίτλο του Ψαλμού. Στον Ψαλμό αυτό ο Δαβίδ ομολογεί την αμαρτία του και ζητά συγχώρεση και να αναγεννηθεί από τον Θεό.

[225] Μάρκ. 12:35-37 και παράλληλα Πρ. 1:16, 2:25-26, 4:25-26, 13:32-36, Ρωμ. 11:9-10, Εβρ. 2:12, 3:7, 4:7, 10:5.

[226] Carrol Stuhlmueller, Psalms 1, *Old Testament Message*, 21, Wilmington, Del: Michael Glazier, 1983, σελ.48-51.

Κυρίως, κάτι τέτοιο γινόταν υπό την επιρροή του Αυγουστίνου το 400 μ.Χ., όπου οι Ψαλμοί εμπεριείχαν την πίστη όλων των ανθρώπων. Μάλιστα, ο Αυγουστίνος για τον 31ο Ψαλμό, αναφέρει χαρακτηριστικά: « ... έτσι εδώ ο Χριστός μιλά στον προφήτη. Θα το πω με έμφαση: ο Χριστός είναι Αυτός που μιλάει. Πρόκειται να μιλήσει για πράγματα σε αυτόν τον Ψαλμό, τα οποία ίσως να μην ταιριάζουν στον Χριστό, όπως το δοξασμένο κεφάλι μας στους ουρανούς – χωρίς να παραθεωρήσουμε τον αιώνιο λόγο του Θεού – ή ακόμα και με την έννοια του υπηρέτη, τον τύπο της Παρθένου. Και όμως μιλάει ο Χριστός, γιατί ο Χριστός κατοικεί στους χριστιανούς ... έτσι μπορεί να μιλάει ο Χριστός, γιατί μέσω του Χριστού ομιλεί η Εκκλησία, και μέσα στην Εκκλησία ομιλεί ο Χριστός, το σώμα στηρίζει το κεφάλι και το κεφάλι βρίσκεται πάνω στο σώμα...»[227]. Ο **Craig Broyles**[228] προτείνει έναν άλλο **διαχωρισμό των ατομικών θρήνων σε παράπονα**. Αυτοί είναι οι Ψαλμοί, στους οποίους ο Γιαχβέ κατηγορείται, εξαιτίας της λανθασμένης στάσης του ψαλμωδού, καθώς αυτός μεταθέτει τις ευθύνες του στον Θεό. Από την εποχή του Gunkel το θέμα του ατόμου στους Ψαλμούς έχει τύχει μεγαλύτερης έρευνας, καθώς εξετάστηκε από την άποψη της μορφο-

---

[227] Η συγκεκριμένη μετάφραση έγινε από την αγγλική μετάφραση του κειμένου του Αυγουστίνου από τον Edmund Hill, *Nine Sermons of Saint Augustinus on the Psalms*, London, Longmans, Green and Co., 1985, σελ.111.
[228] Craig Broyles, Conflict of Faith and Experience in the Psalms: A Form – Critical Theological Study, Sheffield Academic Press, 1987.

ιστορικής μεθόδου, κυρίως από τους μαθητές του Gunkel, σύμφωνα με την οποία εστίαζε στο γενικό και όχι στο ειδικό. Αυτή η καινούργια οπτική ήρθε ως συνέπεια της εξέλιξης του ενδιαφέροντος για την εβραϊκή ποίηση, και εξαιτίας της μη ικανοποίησης που έδινε η συλλογή των Ψαλμών, οι οποίοι δεν ήταν δυνατό να κατηγοριοποιηθούν σε ένα και μόνο είδος. Αυτό το οποίο έγινε ήταν να χωρισθούν οι Ψαλμοί σε στίχους και στροφές.

Το ερώτημα που αναδύεται είναι για ποιο **σκοπό συγκεντρώθηκαν όλοι οι Ψαλμοί σε μια και μόνο συλλογή**[229]. Σύμφωνα με τον **Hans- Joachim Kraus**[230] δύο ήταν μέχρι τότε οι γνωστές συλλογές, η μια των Θρήνων, ενώ η άλλη ήταν η συλλογή της Hodajoth[231], οι οποίες πολύ πιθανόν να συγχωνεύτηκαν στη μια και γνωστή συλλογή των Ψαλμών, όπως αυτή διασώζεται μέχρι σήμερα. Αυτή η μορφή ήταν γνωστή και στους Ο΄, ήδη, από τα μέσα του 3ου αιώνα π.Χ. Η διάκριση των 150 Ψαλμών σε 5 βιβλία, ίσως, εισήχθη στα χειρόγραφα ακολουθώντας τα 5 βιβλία της Πεντατεύχου, προκειμένου να γίνει σεβαστό το λειτουργικό ημερολόγιο[232]. Επίσης, οι *δοξολογίες*, με τις οποίες

---

[229] Ένα ερώτημα για το οποίο πολλοί θεολόγοι ασχολήθηκαν, όπως οι: n. H. Snaith, The Triennial Cycle and the Psalter, *ZAW* 1933, σελ. 302-307, A. Guilding, Some Obscured Kubrics and Lectionary in the Psalter, *JTS Ns* 3, 1952, σελ. 41-55.

[230] Hans – Joachim Kraus, Psalmen, 1. Teilband, Psalmen 1-59, 6. Auflage, Neukirchener Verlag, 1989.

[231] C. Westermann, Zur Sammlung der Psalter: Forschung am Alten Testament, *ThB* 24 (1964), σελ. 336 κ. εξ.

[232] N. H. Snaith, The Triennial Cycle and the Psalter, *ZAW* LI (1933), σελ. 302-7.

καταλήγουν τα 4 πρώτα βιβλία προστέθηκαν για να μιμηθούν κάποιες συλλογές σουμεριακών Ψαλμών του 2^{ου} αιώνα π.Χ.[233]. Η λεγόμενη *ιαχβική συλλογή* (Ψαλμ. 3-41) σχετίζεται με τον βασιλιά Δαβίδ (όπως άλλωστε και πολλά τμήματα της ελοχιστικής συλλογής[234], όπως είναι οι Ψαλμ. 51-72). Αυτοί οι Ψαλμοί, ίσως, προέρχονται από την Ιερουσαλήμ, στην περιοχή του βόρειου Ισραήλ, καθώς κατάφεραν να επιβιώσουν οι παραδόσεις του Ιούδα, και όχι του Εφραίμ, από την Ασσυριακή καταστροφή της Σαμάρειας (722 π.Χ.). Ομοιότητες στο λεξιλόγιο, το ύφος και τα θέματα, ακόμα και στη σειρά των προσευχών[235], δηλώνουν ότι αυτοί οι μικροί Ψαλμοί συντέθησαν για να θυμούνται οι άνθρωποι τις κρίσεις που πέρασε ο βασιλιάς Δαβίδ στη ζωή του, τις νίκες του, τα εγκλήματά του, τα γηρατειά του, καθώς και την ενθρόνιση του υιού του Σολομώντα[236]. Η **χρονολόγηση** του ολοκληρωμένου Ψαλτηρίου τοποθετείται μεταξύ των Χρονικών (330-275 π.Χ.) και των χρόνων του Ιησού μπεν Σιρά (220-180 π.Χ.)[237]. Το βιβλίο των Χρονικών αναφέρεται

---

[233] G. H. Wilson, The Shape of the Book of the Psalms, *Int,* XLVI (1992), σελ. 130-31.

[234] Στην ελοχιστική συλλογή ανήκουν οι Ψαλμοί του δεύτερου βιβλίου του Ψαλτηρίου, δηλ. οι Ψαλμ. 42-72, βλ. S. Terrien, *The Psalms: Strophic Structure and Theological Commentary*, William B. Eerdmans Publishing Company, (Grand Rapids, Michigan / Cambridge, U.K.), 2003, σελ. 18.

[235] J. P. Brennan, Psalms 1-8: Some Hidden Harmonies, *BTB,* X (1980), σελ. 25-29.

[236] M. Goulder, *The Prayers of David (Psalms 51-72)*, JSOTSup CII (Sheffield, 1990), σελ. 24-30.

[237] J. De Vries, *1 and 2 Chronicles* (Grand Rapids, 1989), σελ. 16-17, 144-207.

στον Δαβίδ και τη δυναστεία του, δείχνοντας ενδιαφέρον, περισσότερο, για την εγκαθίδρυση της λατρείας του Γιαχβέ στην Ιερουσαλήμ και όχι για τον πολιτικό ρόλο αυτού του θρυλικού βασιλιά[238]. Το βιβλίο των Χρονικών περιγράφει μια εποχή, κατά την οποία οι Ψαλμοί απαγγέλλονταν με τη συνοδεία μουσικών οργάνων, όχι μόνο στις τελετές του Ναού, αλλά και στις συναγωγές της Διασποράς[239,240].

Και οι 150 Ψαλμοί δεν δημιουργούν ένα **θεολογικό σύνολο**. Οι ψαλμωδοί ήταν τραγουδιστές και ποιητές, ταυτόχρονα. Πολλοί από αυτούς εκπαιδεύτηκαν στις περίπλοκες τεχνικές της εβραϊκής προσωδίας, αλλά δεν εξέφρασαν την πίστη τους σε μια βερμπαλιστική γλώσσα. Κατά συνέπεια, οι ερμηνευτές των Ψαλμών προτιμούν να περιγράφουν τη θρησκεία των ψαλμωδών[241] και όχι τη θεολογία των Ψαλμών. Μάλιστα, πολλοί ερμηνευτές θεωρούν, ότι οι Ψαλμοί αποτελούν μια ανθολογία ύμνων και

---

[238] P. R. Ackroyd, *The Chronicler and His Age*, JSOTSup 101 (Sheffield, 1991), σελ. 136.

[239] Erhard Gerstenberger, Psalms, Part I, σελ. 27-30.

[240] Το βιβλίο «Η Σοφία του Ιησού μπεν Σιρά» μεταφράστηκε στα ελληνικά από τον εγγονό του συγγραφέα περί το 132 π.Χ., όπου σύμφωνα με τον πρόλογο ο παππούς του «ο Ιησούς μπεν Σιρά διάβασε τους Νόμους, τους Προφήτες καθώς και τα άλλα βιβλία των πατέρων μας», καταλήγοντας στο συμπέρασμα ότι το Ψαλτήριο υπήρχε σε γραπτή μορφή ήδη από τις αρχές του 2ου αιώνα π.Χ., βλ. Hartmut Gese, Die Entstehung der Büchereinteilung des Psalters, in *Wort und Gottesspruch,* Festschrift J. Ziegler, ed. J: Schreiner (Würzburg, 1972), σελ. 57-64.

[241] R. E. Murphy, The Faith of the Psalmist, *Int,* XXXIV, (1980), σελ. 229-39, S. E. Balentine, Prayers for Justice in the Old Testament Theodicy and Theology, *CBQ* LI (1989), σελ. 597-616.

προσευχών, η οποία καλύπτει μια περίοδο σχεδόν επτά αιώνων, και για αυτό, ίσως, θα έπρεπε να χαρακτηριστεί ως «ένας μικρός θησαυρός βιβλικής θεολογίας»[242]. Όταν το Ψαλτήριο έλαβε τη μορφή βιβλίου, η σύνθεση νέων ύμνων εξακολουθούσε να ανθεί στους ελληνιστές και ρωμαίους εβραϊκής καταγωγής[243]. Οι πρώτοι χριστιανοί, οι οποίοι ήταν αφοσιωμένοι Εβραίοι, τραγουδούσαν άσματα από το παραδοσιακό Ψαλτήριο και μετέφραζαν υπό το φως της νέας πίστης του Εσταυρωμένου και του Αναστημένου Χριστού. Η χριστολογία της Καινής Διαθήκης το επεξεργάστηκε με αργούς ρυθμούς. Οι Παραδόσεις για τα λόγια του Ιησού μορφοποιήθηκαν με βάση την ανάμνηση του Ψαλτηρίου[244]. Παρά το γεγονός, ότι όλοι οι Ψαλμοί συγκεντρώθηκαν σε ένα βιβλίο, αυτό δεν το μετατρέπει σε διδακτικό ή κατηχητικό κείμενο. Από την πρώτη στιγμή, οι Ψαλμοί χρησιμοποιήθηκαν ως ύμνοι για το Ναό και τη Συναγωγή, καθώς δημιουργήθηκαν από καλλιτέχνες, τόσο στη γλώσσα, όσο και τη μουσική. Το ύφος τους αποτελεί μοναδικό λατρευτικό ύφος, το οποίο αποδίδει, τόσο την αισθητική, όσο και την πνευματική

---

[242] S. Terrien, *The Psalms: Strophic Structure and Theological Commentary*, William B. Eerdmans Publishing Company, (Grand Rapids, Michigan / Cambridge, U.K.), 2003, σελ. 44.

[243] H. – J. Fabry, 11QPs und die Weisung des Herrn, Festschrift H. Gross, *Biblische Beiträge III*, (Stuttgart, 1986), σελ. 45 κ. εξ.

[244] H. Ringgren, The Use of the Psalms in the Gospels, in *The Living Text*, Festschrift E. W. Saunders, ed. D. E. Groh and R. Jewett, (London, 1985), σελ. 39-43, H. Kraus, *Theology of the Psalms*, σελ. 177-203.

αντανάκλαση του περιεχομένου τους. Η οργάνωση του Ψαλτηρίου ξεκινά από τη λατρεία που έτρεφαν οι άνθρωποι εκείνης της εποχής για τον Γιαχβέ. Η δοξολογία καθοδηγεί τη θεολογία, όσον αφορά την περίπτωση του Ψαλτηρίου[245]. Η δοξολογία γίνεται μέσω ένωσης του ατομικού με το κοινωνικό και του ανθρώπου με τον Θεό, όπως ακριβώς συμβαίνει με το μυστήριο της Θείας Ευχαριστίας[246]. Οι Ψαλμοί απορρέουν από τη λατρεία. Οι τελετές, στις οποίες χρησιμοποιούνται, εξωτερικεύουν τα βαθύτερα συναισθήματα των πιστών, ασχολούνται με την κοινωνική αδικία και μετριάζονται από την αυστηρότητα της ποιητικής μορφής. Η πειθαρχία των στροφών παρομοιάζεται με ένα δέντρο, το οποίο φυτρώνει στις όχθες ενός ποταμού (Ψαλμ. 1:3). Το βιβλίο των Ψαλμών είναι το μοναδικό βιβλίο, στου οποίου τα κείμενα συνυπάρχουν ιερείς, προφήτες, μουσικοί και σοφοί[247]. Οι ποιητές – μουσικοί του Ισραήλ καλλιέργησαν ένα είδος ποίησης, στο οποίο αντιδιαστέλλονται αχανή μεγέθη (Θεός - άνθρωπος) και εξέτασαν το μυστικό της ανθρώπινης ψυχικής διάθεσης. Οι ψαλμωδοί ατενίζουν με συναίσθημα και δέος τη ζωή

---

[245] S. Terrien, *The Psalms: Strophic Structure and Theological Commentary*, William B. Eerdmans Publishing Company, (Grand Rapids, Michigan / Cambridge, U.K.), 2003, σελ. 60.

[246] W. Brueggemann, Bounded by Obedience and Praise: The Psalms as Canon, *JSOT*, L (1991), σελ. 63-92.

[247] G. A. Anderson, The Praise of God as a Cultic Event, in G.A. Anderson & S. M. Olyan, eds., *Priesthood and Cult in Ancient Israel*, JSOTSup CXXV (Sheffield, 1991), σελ. 15-33.

πέρα από την ύπαρξη. Η δύναμη του συμβολισμού υπερέχει της ευσέβειας. Οι θεολόγοι του Ψαλτηρίου δεν απαιτούν να διερευνήσουν τη θεία αλήθεια, αλλά να μείνουν ικανοποιημένοι με τον λόγο του Θεού (*verbum Dei*).

Η **θεολογία των Ψαλμών** ξεκινάει και τελειώνει με το θέμα της Θείας Παρουσίας, τόσο μέσα στο ιερό, όσο και έξω. Η αντίληψη της Παρουσίας ή ο τρόμος της απουσίας ενυπάρχει στον ψαλμωδό. Η εγγύτητα του Θεού ή η απομάκρυνση του Θεού ασκεί επιρροή πάνω στη μετατροπή της ανθρώπινης ύπαρξης, οδηγώντας αυτή στην ελπίδα της αιώνιας ζωής[248]. Ο Γιαχβέ, ο Κύριος της ζωής, είναι ο δημιουργός και ο εκπληρωτής της πίστης[249]. Ο Κύριος της Ζωής είναι ο Θεός των ζωντανών και όχι των νεκρών. Αυτή η έκφραση έρχεται σε αντίθεση με τους μύθους της αρχαίας Εγγύς Ανατολής, οι οποίοι έκαναν λόγο για τον θεό Μότ, τον αποθεωτή των νεκρών (*deified dead*). Η απομάκρυνση από τον Γιαχβέ ισοδυναμούσε με τον θάνατο. Όσοι πέθαναν πήγαιναν κάτω στη Σεόλ[250], στο βασίλειο της σιωπής, όπου κανείς δεν γιορτάζει τον Κύριο (Ψαλμ. 115:17)[251].

---

[248] R. E. Murphy, The Faith of the Psalmist, *Int*, XXXIV (1980), σελ. 2290239, H. –J. Kraus, *Theology of the Psalms*, trans. by K. Crim, Augsburg, 1986, σελ. 162-74.

[249] S. Terrien, *The Psalms: Strophic Structure and Theological Commentary*, William B. Eerdmans Publishing Company, (Grand Rapids, Michigan / Cambridge, U.K.), 2003, σελ. 58.

[250] Η Σεόλ είναι το μέρος της συγχώρεσης (Ψαλμ. 88:13).

[251] H. – J. Kraus, Vom Leben und Tod in den Psalmen: Eine Studie zu Calvis Psalmen – Commentar, in *Festschrift H. Thielicke*, ed. B. Lohse (Tübingen, 1968), σελ. 27-46.

Πολλοί ψαλμωδοί προσεύχονταν στον Κύριο της Ζωής να τους επαναφέρει από τους νεκρούς (33:19, 56:13-14), ή να τους επιτρέψει να αποδράσουν από το βασίλειο των ασθενειών (Ψαλμ. 30:3), όμως αμφισβητούσαν τη σωτηρία, η οποία θα τους απελευθερώσει από τον αιώνιο ύπνο.

Στα τέλη του **20ου αιώνα** αρκετοί ερευνητές[252] πίστευαν, ότι το Ψαλτήριο δεν το χρησιμοποιούσαν μόνο στις συναγωγές και την εκκλησία, αλλά και ως γραπτό μνημείο μεγάλης διδακτικής αξίας. Μια τέτοια άποψη έφερε την αντίδραση του Mowinckel και όσων ακολουθούσαν την κριτική μέθοδο ανάλυσης των τύπων και των ειδών[253]. Η λεγόμενη «*κανονική προσέγγιση*» ζητά να διακρίνει μια σιωπηλή μέθοδο διδασκαλίας της οργάνωσης του βιβλίου των Ψαλμών[254]. Με τη μέθοδο[255] αυτή γίνεται αντιληπτό ότι την εποχή της έκδοσης του Ψαλτηρίου στην τελική του μορφή, ο 1ος Ψαλμός τοποθετήθηκε στην κορυφή της συλλογής, επέχοντας ρόλο προλόγου σε ένα βιβλίο με

---

[252] David M. Howard Jr., Recent Trends in Psalms Studies, *The Face of Old Testament Studies: A Survey of Contemporary Approaches* (Grand Rapids: Baker, 1999, σελ. 329-68).

[253] S. Terrien, *The Psalms: Strophic Structure and Theological Commentary*, William B. Eerdmans Publishing Company, (Grand Rapids, Michigan / Cambridge, U.K.), 2003, σελ. 21.

[254] B. S. Childs, *Biblical Theology of the Old and New Testaments*, (Minneapolis, 1992), σελ. 191-195.

[255] Η λεγόμενη «*κανονική μέθοδο*» συνδέεται με τη δομική μέθοδο. Αυτός ο συνδυασμός σημαίνει, ότι το βιβλίο των Ψαλμών εκλαμβάνεται ως όλο, και το χρησιμοποιούσαν στις συναγωγές της ελληνιστικής περιόδου ως εισαγωγή στην ιστορία της σωτηρίας (*Heilsgeschichte*)., βλ. J. L. Mays, The David of the Psalms, *Int*, XL (1986), σελ. 143-55.

οδηγίες, κάτι αντίστοιχο του βιβλίου του Μωυσή και χωρίστηκε σε 5 βιβλία, σύμφωνα με τα βιβλία της Πεντατεύχου. Ο 2ος Ψαλμός επέχει τη θέση εισαγωγής για τους Ψαλμούς που έπονται[256].

---

[256] Ο 2ος Ψαλμός, ως βασιλικός Ψαλμός, ήταν πολύ κοντά στο να μετατραπεί σε μεσσιανική προφητεία. Ο συγκεκριμένος Ψαλμός ήταν προορισμένος να προσφέρει μια εσχατολογική σημασία σε όλο το Ψαλτήριο καθώς και στην παρουσία του βασιλιά Δαβίδ. Το πιο αρχαίο κείμενο των Ψαλμών χρονολογείται τον 10ο αιώνα. Οι πάπυροι του Κουμράν ήταν γραμμένοι στην εβραϊκή γλώσσα, χωρίς κενά μεταξύ των λέξεων., βλ. S. Terrien, *The Psalms: Strophic Structure and Theological Commentary*, William B. Eerdmans Publishing Company, (Grand Rapids, Michigan / Cambridge, U.K.), 2003, σελ. 25. Καινούργιες εκδόσεις του Ψαλτηρίου στην πρωτότυπη γλώσσα βασίσθηκαν στο χειρόγραφο του St. Petersburg (B19), οι οποίες αντιγράφηκαν στον Κάιρο το 1008. Το *Liber Psalmorum*, το οποίο έκδοσε ο H. Bardtke (*Biblia Hebraica Stuttgartensia,* ed. K. Ellinger and W. Rudolph, Stuttgart, 1969,1990, ως επανέκδοση του κειμένου, το οποίο είχε εκδόσει το 1931 ο ΣΕΛ. Kahle, *Biblia Hebraica,* ed. by R. Kittel, Göttingen) περιλαμβάνει αρκετές παραλλαγές του κειμένου των Εβδομήκοντα καθώς και των αρχαίων κειμένων.

Από τους ερευνητές αυτοί, οι οποίοι ασχολήθηκαν με το βιβλίο των Ψαλμών[257] ήταν ο **J. J. Stamm**[258], ο οποίος ασχολήθηκε με τους Ψαλμούς την περίοδο 1930 – 1954 και ο **D. J. A. Clines**[259], ο οποίος καταπιάστηκε με την περίοδο 1955 – 1965[260]. Εξίσου σημαντική στην έρευνα είναι η συνεισφορά του **Kraus**[261], και του **Hermann Gunkel**[262] δίνοντας το βασικό πλαίσιο και έχοντας ως βάση το θέμα των θεολογικών προϋποθέσεων στους Ψαλμούς. Οι ερευνητές ασχολήθηκαν με το θέμα της χρήσης των Ψαλμών στη θρησκεία, ξεκινώντας, μάλιστα, από τον ορισμό της θρησκείας[263], καθώς, επίσης, και

---

[257] Βλ. James F. McCurdy, Recent Critical Treatment of the Psalter, *Bibliotheca Sacra*, 1875, σελ. 637-649. Επίσης, γενικά περί του βιβλίου των Ψαλμών βλ. Arthur Stanley Pease, Notes on St. Jerome's Tractates on the Psalms, *Journal of Biblical Literature*, vol. 26, No. 2, (1907), σελ. 107-131.

[258] J. J. Stamm, Ein Vierteljahrhundert Psalmenforschung, *Theologische Rundschau 23* (1955) σελ. 1-68.

[259] D. J. A. Clines, Psalm research since 1955: I. The Psalms and the cult, *Tyndale Bulltetin 18* (1967) σελ. 103-126.

[260] Στο σημείο αυτό αξίζει να αναφερθεί το έργο του S. Mowinckel. *The Psalms in Israel's Worship*, 2 vols., trans. by D. R. Ap-Thomas, Blackwell, Oxford (1962) και του A. Weiser, Die Psalmen, (*Das Alte Testament Deutsch*, 14/15) Vandenhoeck und Ruprecht, Göttingen (1959).

[261] H. – J. Kraus, *Psalmen*, (Biblischer Kommantar: Altes Testament 15/16) 2 vols., Verlag des Erziehungsvereins, Neukirchen (1961).

[262] H. Gunkel, *Die Psalmen* (Handkommentar zum Alten Testament, II, 2) Vandenhoeck und Ruprecht, Göttingen (1926) και πρβλ. H. Gunkel & J. Begrich, *Einleitung in die Psalmen*, Vanedhoeck und Ruprecht, Göttingen (1933).

[263] πρβλ. M. J. Buss, The Meaning of "Cult" and the Interpretation of the Old Testament, *Journal of Bible and Religion 21* (1964) σελ. 317-325. Σε αυτό το άρθρο ο Buss διαφωνεί με το θέμα της ισραηλιτικής θρησκείας ως σύνολο

με το θέμα του *Sitz im Leben*[264]. Το μεγαλύτερο ποσοστό των ερευνητών, ακολουθώντας τον **Mowinckel**[265], αναζητά τη θρησκευτική κατάσταση, στην οποία αναφέρεται κάθε ψαλμός, ενώ από την άλλη παραμένει το ερώτημα κατά πόσο κάποιοι ψαλμοί συντέθηκαν, χωρίς θρησκευτικό σκοπό. Ο **Stamm**[266] θεωρεί, ότι η μελλοντική έρευνα των Ψαλμών θα μπορούσε να επικεντρωθεί στο κατά πόσο κάποιοι ψαλμοί γράφθηκαν με σκοπό τη θρησκευτική χρήση τους και κάποιοι άλλοι όχι. Οι **Holm** –

δεδομένων, πράξεων, τελετουργικών, τα οποία ακριβώς επειδή αποτελούν ένα σύνολο είναι πολύ δύσκολο να ερευνηθούν απομονωμένα. Ο Buss προτείνει μια προσέγγιση, η οποία θεωρεί τη θρησκεία ως δομικό συστατικό της κοινωνίας, η οποία μάλιστα διαποτίζει τα πάντα. Κατ' αντιδιαστολή, ο S. Holm – Nielsen, The Importance of Late Jewish Psalmody for the Understanding of Old Testament Psalmodic Tradition, *ST 14* (1960) σελ. 1-53 θεωρεί τη φράση «*non – cultic psalm*» ως ασήμαντη σημασιολογικά. Ο Mowinckel το 1924 αναγνώριζε ως «*non – cultic psalm*» το πολύ τρεις ψαλμούς (1, 112 και 127 βλ. *Psalmenstudien* IV, Dybwad, Oslo (1924) σελ. 36), ενώ αργότερα κάνει λόγο για 10 «*non – cultic*» ψαλμούς (1,34,37,78,105,106,111,112 και 127 βλ. *The Psalms in Israel's Worship*, II, σελ. 104-125). Μάλιστα, αυτές οι εξαιρέσεις των «*non – cultic*» ψαλμών, κατά τα γραφόμενα του Mowinckel: «it is the non – cultic character of a psalm which has to be proved, the contrary being the more likely supposition» (βλ. *The Psalms in Israel's Worship*, I, σελ. 22), επιβεβαιώνουν τον κανόνα.

[264] M. J. Buss & A. Arens, *Die Psalmen im Gottesdienst des Alten Bundes. Eine Untersuchung zur Vorgeschichte des christlichen Psalmengesanges,* Paulinus – Verlag, Trier (1961) σελ. 111-140.

[265] S. Mowinckel, *Psalmenstudien I-IV*, Dybwad, Oslo (1922 - 1924).

[266] J. J. Stamm, Ein Vierteljahrhundert Psalmenforschung, *Theologische Rundschau 23* (1955) σελ. 45.

Nielsen[267] και **Hubbard**[268] θεωρούν άνευ σημασίας τη λέξη «ψαλμός», αν το άσμα δεν συνδέεται με κάποια θρησκευτική υπηρεσία. Μάλιστα, η προσπάθεια του Holm – Nielsen να συνδέσει τους ψαλμούς της σοφίας με τη θρησκευτική λατρεία ακολουθήθηκε από τον **Murphy**[269], ο οποίος αναφέρεται στον διαχωρισμό μεταξύ των ψαλμών της σοφίας και των ψαλμών για θρησκευτική χρήση ως εσφαλμένο, παρ' όλο που αναγνωρίζει το *Sitz im Leben* σε ψαλμούς της σοφίας. Ακόμα και αν κάποιοι ψαλμοί έχουν συντεθεί μακριά από το ναό (Ψαλμ. 42-43) εντούτοις συνδέονται στενά με θυσιαστικές και λατρευτικές παραδόσεις του Ισραήλ[270]. Στον αντίποδα βρίσκεται ο **Szörenyi**[271], ο οποίος θεωρεί ότι υπάρχει δυνατότητα να διασαφηνιστούν τα κριτήρια, σύμφωνα με τα οποία δύνανται οι Ψαλμοί να διαχωριστούν σε λατρευτικούς (*cultic*) και μη λατρευτικούς (*non- cultic*). Ο **A. Robert**[272] θεωρεί το Ψαλτήριο ως ανθολογία ψαλμών, ο **Bonnard**[273] πιστεύει

---

[267] S. Holm – Nielsen, The Importance of Late Jewish Psalmody for the Understanding of Old Testament Psalmodic Tradition, *ST 14* (1960) σελ. 10.

[268] D. A. Hubbard, The Wisdom Movement and Israel's Covenant Faith, *Tyndale Bulletin 17* (1966) σελ. 3-33.

[269] R. E. Murphy, A Consideration of the Classification ''Wisdom Psalms'', *VT Supplements*, IX (1962) σελ. 156-167.

[270] A. Weiser, Die Psalmen (*Das Alte Testament Deutsch*, 14/15) Vabdenhoeck und Ruprecht (1959) σελ. 81.

[271] A. Szörenyi, *Psalmen und Kult im Alten Testament. Zur Formgeschichte der Psalmen*, Sankt Stafen Gesellschaft, Budapest (1961).

[272] A. Robert, Le Psaume CXIX et les Sapientaux, *Revue Biblique 48* (1939), σελ. 5-20.

[273] P. Bonnard, *Le Psaltieur selon Jeremie*, Les Editions du Cerf, Paris (1 1960).

ότι μεγάλος αριθμός ψαλμών συντέθηκε υπό την επήρεια του Ιερεμία, ενώ ο **Copens**[274] διαφωνεί, έχοντας ως βάση της υπόθεσής του τους Ψαλμούς 6 και 41. Προκειμένου να δοθεί απάντηση στο θέμα της σχέσης των Ψαλμών με τη λατρεία, εγείρεται το ερώτημα με ποια είδους λατρεία και με ποιες λατρευτικές δραστηριότητες σχετίζονται οι Ψαλμοί. Ο Mowinckel θεωρεί, ότι οι ψαλμοί αυτοί χρησιμοποιήθηκαν σε εορτές σχετικές με την ενθρόνιση του βασιλιά[275]. Αυτή η άποψη έχει γίνει αποδεκτή ευρέως, καθώς ο Mowinckel βασιζόταν στο ότι αυτές οι εορτές δεν αποτελούσαν, απλώς, μια προσπάθεια εγκαθίδρυσης της ύπαρξης του Ισραήλ, αλλά έδιναν λατρευτικό και θρησκευτικό περιεχόμενο σε μια πολύ γνωστή εαρινή εορτή[276]. Ο **Weiser** θεωρεί, ότι οι ψαλμοί αυτοί χρησιμοποιούνταν σε μια άλλη εαρινή εορτή, την εορτή της Διαθήκης[277]. Ο Kraus δεν αποδέχεται τη θεωρία της ενθρόνισης, δεδομένου ότι αυτή η εορτή είχε ως πρότυπο τον Γιαχβέ ως βασιλιά. Όμως, κάτι τέτοιο δεν θα μπορούσε να ισχύει από τη στιγμή που ο

---

[274] J. Copens, Les Psaumes 6 et 41 dependent- ils du Livre de Jeremie?, *Hebrew Union College Annual 32* (1961), σελ. 217 -226.

[275] S. Mowinckel, *Psalmenstudien II*, Dybwad, Oslo (1922). Ο Mowinckel στήριξε όλη τη θεωρία του στο Yahweh malak κάτι που ο Kraus δεν το αποδέχεται αντιδιαστέλλοντας το Β´ Σαμ. 15:10 (βλ. Kraus, *Psalmen I,* (1961) σελ. 201-205).

[276] S. Mowinckel, *The Psalms in Israel's Worship*, I, σελ. 106 – 192 & *Psalmenstudien II*, σελ. 228-232.

[277] A. Weiser, Zur Frage nach den Beziehung der Psalmen zum Kult: Die Darstellung der Theophanie in den Psalmen and im Festkult, in *Festschrift Alfred Bertholet,* ed. W. Baumgartner et al., J. C. B. Mohr, Tübingen (1950), σελ. 513 – 537.

Ισραήλ δεν είχε την παραμικρή πρότερη ιδέα για το πώς θα μπορούσε να γίνει η ενθρόνιση ενός βασιλιά, αφού δεν είχε κανένα πρότυπο ενθρόνισης του Γιαχβέ. Η ιδέα της ενθρόνισης κάποιας θεότητας βασίζεται σε κάποιο θεολογικό μύθο του θανάτου και της ανάστασης κάποιου θεού. Τέτοιου είδους μύθοι δεν απαντούν στην Π.Δ. Η ιδέα της ενθρόνισης του Γιαχβέ θα σήμαινε την κατάργηση της βασιλείας. Ο διάλογος μεταξύ Mowinckel – Kraus καταλήγει στην αναγνώριση της υπόθεσης του Mowinckel, ότι η ενθρόνιση του Γιαχβέ δεν προϋποθέτει την εκθρόνιση κάποιους άλλου ''βασιλιά''[278]. Η ερμηνεία του Kraus αναφορικά με την *κραυγή ενθρόνισης* (Yahweh malak)[279] βασίζεται σε μεγάλο ποσοστό στη μελέτη του **Michel**[280], ο οποίος μετά από έρευνα της *κραυγής ενθρόνισης* σε Βαβυλώνα και Αίγυπτο καταλήγει στο συμπέρασμα, ότι αυτή εκφερόταν σε δεύτερο πρόσωπο. Η εκφορά της *κραυγής ενθρόνισης* σε τρίτο πρόσωπο απευθύνεται σε κάποιον, ο οποίος έχει γίνει, ήδη, βασιλιάς. Ο Michel πιστεύει ότι η θεωρία της ενθρόνισης του Γιαχβέ είναι αμφίβολη. Ο **De Vaux**[281] θεωρεί κι αυτός την κραυγή ''*Yahweh malak*'' ως επευφημία, και όχι ως

---

[278] S. Mowinckel, *The Psalms in Israel's Worship*, I, σελ. 113.
[279] Το ρήμα malak σημαίνει «πράττω ή διοικώ ως βασιλιάς» και οι Ψαλμοί οι σχετικοί με τον Γιαχβέ σημαίνουν αυτό ακριβώς: πως διοικεί ο Γιαχβέ ως βασιλιάς και όχι το πώς έγινε βασιλιάς.
[280] D. Michel, Studien zu den sogennanten Thronbesteigungspsalmen, *VT* 6 (1956) σελ. 40-68.
[281] R. De Vaux, *Ancient Israel, Its Life and Institutions*, trans. by J. McHugh, Darton, Longman and Todd, London (1961), σελ. 504.

κραυγή ενθρόνισης προς τιμήν του Γιαχβέ. Ο **Lipinski** υποστηρίζει, ότι η φράση ' 'Yahweh malak'' αποτελεί τύπο επευφημίας, ο οποίος απαντά σε Ακκαδικά, Αιγυπτιακά και Ουγγαριτικά παράλληλα[282] και την ερμηνεύει ως «ο Γιαχβέ έγινε βασιλιάς». Ο **Kapelrud** αναφέρει, ότι η εορτή για την ενθρόνιση του Γιαχβέ υπονοεί ότι κάποια στιγμή Αυτός σταμάτησε να είναι για κάποιο διάστημα βασιλιάς. Όμως, η καινούργια βασιλεία ξεκινά, οι εορτές έχουν ξεκινήσει και ο Γιαχβέ ενθρονίζεται πάλι, παρ' όλο που δεν γίνεται πουθενά λόγος για την εκθρόνιση του Γιαχβέ[283]. Σύμφωνα με τον Mowinckel, πιστεύεται ότι ο Γιαχβέ κέρδισε πρώτα τη βασιλεία κερδίζοντας τις δυνάμεις του χάους πάνω στη Δημιουργία. Η βασιλεία ανανεώνεται μέσα από επιτυχημένες πράξεις της δύναμης του βασιλιά για λογαριασμό του Ισραήλ. Αυτή η βασιλεία σημαίνει την πράξη του Γιαχβέ ως κυρίαρχου πάνω στο χάος, ως δημιουργού βασιλιά όλης της γης, ως αναμορφωτή της ανθρωπότητας και της τύχης της, και ως βασιλιά του Ισραήλ, ο οποίος επαναλαμβάνει τις πράξεις απαλλαγής από την Αίγυπτο. Η άφιξή του στην εορτή της ενθρόνισης έβαλε, πάλι, τον κόσμο στα σωστά θεμέλιά του, τσακίζοντας κάθε επιθετική ενέργεια των εχθρών εναντίον των πόλεων του και των ανθρώπων του[284]. Ο **Gray** βρίσκει το πρωτότυπο του Γιαχβέ για

---

[282] E. Lipinski, Yahweh malak, *Biblica* 44 (1963), σελ. 405 – 460.
[283] A. S. Kapelrud, Nochmals Jahwä malak, *VT* (1963) σελ. 229-231.
[284] S. Mowinckel, *The Psalms in Israel's Worship*, I, σελ. 113.

την άνοδο στη βασιλεία στην άνοδο του Βαάλ στη βασιλεία, ακολουθώντας τη νίκη του πάνω στα ύδατα που δεν ορίζει. Αυτό, σύμφωνα με τον Gray, είναι νίκη υπέρ της δημιουργίας. Από ισραηλιτικής άποψης, στο θέμα της βασιλείας του Γιαχβέ υπήρχε ένας συνδυασμός του θέματος της βασιλείας, μέσω της δημιουργίας με ειδικές ισραηλιτικές ιδέες της *Heilgeschichte*, η οποία δεν έχει, όμως, να κάνει με το θέμα της βασιλείας του Γιαχβέ[285].

Μια άλλη προσέγγιση στο θέμα του Γιαχβέ που γίνεται βασιλιάς, προτείνεται από τον **Schmidt**[286], σύμφωνα με την οποία διαβλέπει την ισραηλιτική άποψη του Γιαχβέ στη βασιλεία στις χαναανιτικές ιδέες του Ελ και του Βαάλ. Η βασιλεία του Ελ είναι στατική, του Βαάλ έχει δυναμική, του Γιαχβέ αποτελεί συνισταμένη και των δύο, καθώς είναι διαχρονική[287]. Ο Schmidt συνδέει, επίσης, το όνομα «βασιλιάς» για τον Γιαχβέ την εποχή της κυριαρχίας της Ιερουσαλήμ[288], σε αντίθεση με τον **Caquot,** ο οποίος βλέπει το όλο θέμα ως δάνειο από τη λατρεία του El – Elyon, τον βασιλιά της πόλης[289]. Όλοι αυτοί οι ερευνητές, είχαν ως κοινό σημείο της έρευνάς τους την υπόθεση, ότι ο βασιλιάς

---

[285] J. Gray, The Hebrew Conception of the Kingship of God, *VT 6* (1956) σελ. 268-285 & The Kingship of God in the Prophets and Psalms, *VT 11* (1961) σελ. 1-29.

[286] W. Schmidt, Königtum Gottes in Ugarit und Israel (*BZAW*, 80), Töpelmann, Berlin (1961) σελ. 41.

[287] ό. π. σελ. 64-79 & V. Maag, Malkut Yhwh, *VT Supplements* 7 (1960) σελ. 129-153.

[288] H. Schmid, Jahwe und die Kulttradition von Jerusalem, *ZAW* 67 (1955), σελ. 168-197.

[289] A. Caquot, Le psaume 47 et la royaute de Yahwe, *Revue d' Histoire er de Philosophie Religieuses* 39 (1959) σελ. 311-337.

έπαιζε έναν συγκεκριμένο ρόλο στη λατρεία. Ο **Widengren**[290] θεωρεί τον βασιλιά, ως τον ανοικοδομητή του Ναού, ως μεγάλο ιερέα, ως τον κάτοχο των πινάκων του Νόμου, μια άλλη ιερή λειτουργία του ρόλου του βασιλιά και του ρόλου του ως μεσίτη της Διαθήκης[291]. Επίσης, αναφέρει ότι ο ρόλος του βασιλιά στη λατρεία συνδεόταν με τον θάνατο και την ανάσταση του Θεού, η οποία εορταζόταν την πρώτη ημέρα του καινούργιου χρόνου. Ο **Johnson**[292] δίνει τη δική του άποψη για τη θεία βασιλεία, καθώς θεωρεί τον ρόλο του βασιλιά ως ζωτικό τμήμα της λατρείας. Θεωρεί, επίσης, ότι ο βασιλιάς αποτελεί τον πρώτο τη τάξει στο τυπικό της λατρείας. Υπάρχουν, όμως, και κάποιοι ερευνητές, οι οποίοι μειώνουν τον ρόλο του βασιλιά στα λατρευτικά θέματα. Όλοι αναγνωρίζουν ότι ο βασιλιάς ασκεί κάποιο έλεγχο στη λατρεία, ο **de Fraine**[293] δεν θεωρεί, ότι ο βασιλιάς κατείχε ποτέ κάποιο ιερατικό ρόλο. Ο **de Vaux**[294] αρνείται κι αυτός, ότι ο βασιλιάς, έστω και περιστασιακά, ασκούσε ιερατικά καθήκοντα. Δέχεται ότι είναι ιερό πρόσωπο, αλλά όχι ότι ήταν ιερέας, και μάλιστα αρχιερέας, με ιδιαίτερα προνόμια. Ο

---

[290] G. Widengren, *Sakrales Königtum im AT und im Judentum*, Kihlhammer, Stuttgart (1955).

[291] G. Widengren, King and Covenant, *JSS* 2 (1957), σελ. 1-32.

[292] A. R. Johnson, *Sacral Kingship in Ancient Israel*, University of Wales Presss, Cardiff (1955).

[293] J. de Fraine, Peut – on parler d'un veritable sacerdoce du roi en Israel?, *Ephemerides Theologicae Lovanienses* 32 (1956) σελ. 537-547.

[294] R. de Vaux, *Ancient Israel*, (1961) σελ. 111-114.

McCullough[295] συμφωνώντας με τον de Vaux αναφέρει, ότι ο βασιλιάς, σπάνια, έπαιζε κάποιο θρησκευτικό ρόλο, καθώς δεν υπάρχουν παρόμοιες αναφορές στην Πεντάτευχο και, μάλιστα, σε νομικά κείμενα αυτής[296]. Επίσης, ο **Whybray**[297] αναφέρει, ότι τα ιστορικά βιβλία της Π.Δ. δεν υποστηρίζουν την υπόθεση της ιερατικής φύσης του βασιλιά. Ο **Morgenstern**[298] συνδέει τον θρησκευτικό ρόλο του βασιλιά με την λατρεία του θεού Ήλιου στο Ισραήλ, όπου ο βασιλιάς είχε τον ρόλο του θεού – Ήλιου – Γιαχβέ, ο οποίος διέμενε στο Όρος των Ελαιών και η εορτή λάμβανε χώρα την πρώτη μέρα κάθε καινούργιου χρόνου. Την 8η ημέρα επέστρεφε στο Ναό, για να ανέβει στον θρόνο. Ο **Bic**[299] αναφερόμενος στο 1ο βιβλίο των Ψαλμών (Ψαλμ. 1-41) θεωρεί, ότι αυτό αποτελεί ένα λειτουργικό βιβλίο για την εορτή της ενθρόνισης του βασιλιά. Ο βασιλιάς, ο οποίος βρίσκεται στο προσκήνιο αυτών των Ψαλμών, αποτελεί την κύρια φιγούρα της εορτής. Είναι ο ''υιός του Θεού'', υποκατάστατο της

---

[295] W. S. McCullough, Israel's Kimgs, sacral and otherwise, *ExpT* 68 (1956-1957) σελ. 144-148.

[296] A. R. Johnson, Old Testament Exegesis, Imaginative and unimaginative, *ExpT* 68, (1956-1957), σελ. 178-179.

[297] R. N. Whybray, Some Historical Limitations of Hebrew Kingship, *Church Quarterly Review* 163 (1962), σελ. 136-150. Με τον Whybray συμφωνεί και ο M. Noth, Gott, König, Volk im AT, *ZTK* 47 (1950), σελ. 157-191.

[298] J. Morgenstern, The Cultic Settings of the ''Enthronement Psalms'', *Hebrew Union College Annual* 35 (1964), σελ. 1-42.

[299] M. Bic, Das erste Buch des Psalters. Eine Thronbesteigungsfestliturgie, in *The Sacral Kingship / La Regalita Sacra (Supplements to Numen,* IV), Brill, Leiden (1959), σελ. 316-332.

ανθρώπινης αμαρτίας, πολεμιστής του Θεού, πάνω στον οποίο στηρίζουν την πίστη για την σωτηρία οι άνθρωποι του Θεού και ο οποίος θα νικήσει τους εχθρούς. Είναι αυτός που κρίνει τους εχθρούς. Ο Mowinckel[300] συμφωνεί με την αυξημένη εμφάνιση της έννοιας της βασιλείας, καθώς υπάρχουν αρκετοί βασιλικοί ψαλμοί, όπου ακόμα και από την επιγραφή τους δηλώνεται ότι συντέθηκαν για τον βασιλιά[301]. Όμως, δεν συμφωνεί με το ότι ο βασιλιάς ταυτιζόταν με τον Γιαχβέ ή έπαιζε τον ρόλο του Γιαχβέ στη λατρεία[302].

Επίσης, σχετικά με τον όρο «*sacral Kingship*» δεν υπάρχει συγκεκριμένος ορισμός ή σημασία, η οποία να τον αποδίδει επακριβώς. Σε αυτό το θέμα απέτυχε ακόμα και ο **Bernhardt** ο οποίος προσέφερε την πιο αντικειμενική κριτική στο θέμα της ιδεολογίας της βασιλείας[303]. Ο Bernhardt αναφέρει, ότι το Ισραήλ αντιμετώπιζε εχθρικά το θέμα της βασιλείας, κάτι το οποίο συνεχίστηκε και κατά τη διάρκεια της μοναρχίας. Στους Ψαλμούς, όπως και στα ιστορικά βιβλία, τρία από τα πιο βασικά στοιχεία της ιδεολογίας της βασιλείας ήταν η

---

[300] S. Mowinckel, Psalm Criticism between 1900 and 1935, *VT 5* (1955), σελ. 13-33.
[301] S. Mowinckel, *The Psalms in Israel's Worship*, I, σελ. 77.
[302] ό. π. σελ. 59. Σε αυτό το θέμα με τον Mowinckel συμφωνεί και ο H. Ringgren, *Israelitische Religion*, Kohlhammer, Stuttgart (19630, σελ. 216.
[303] K. – H. Bernhardt, Das Problem der altorientalischen Königsideologie im Alten Testament. Unter besonderer Berücksichtigen der Geschichte der Psalmenexegese dargestellet und kritisch gewürdigt, *VT Supplements* VIII (1960).

έλλειψη της αναγνώρισης του βασιλιά από τον Θεό, η προσφορά λατρείας στον βασιλιά και η ιδέα των δυνάμεων του βασιλιά πάνω στις δυνάμεις της φύσης. Αυτό το οποίο πρέπει να βρεθεί στην Π.Δ. δεν είναι οι παραδόσεις, οι οποίες συνδέονται με το βασιλικό τυπικό, αλλά κάποια μοτίβα δανεισμένα από την Αρχαία Εγγύς Ανατολή, σχετικά με το ιδεολογικό υπόβαθρο της ιδέας της βασιλείας και αυτά τα δάνεια να καταφέρει ο ερμηνευτής να τα συνδέσει με την ιστορία του Ισραήλ στο θέμα της εκλογής και της διαθήκης[304]. Υπάρχει, βέβαια, και η πιο μετριοπαθής θέση σχετικά με τον όρο «*sacral kingship*», την οποία πρεσβεύει ο Coppens[305], ο οποίος αναλύοντας τον 110° Ψαλμό υπονοεί ξεκάθαρα τον ιερό χαρακτήρα του βασιλιά του Ισραήλ, καθώς και τη συμμετοχή του στην άσκηση θείας δύναμης. Αυτή η θειότητα δεν εξαντλείται στο ότι ο βασιλιάς μπορεί να είναι ''υιός του Θεού'', αλλά στο ότι μπορεί να είναι και ιερέας, με αποτέλεσμα η αναφορά να απευθύνεται σε κάποιον υπηρέτη του Γιαχβέ και όχι στον ίδιο τον Γιαχβέ. Κάτι παρόμοιο πρεσβεύει και ο de Vaux[306], ο οποίος θεωρεί ότι ο βασιλιάς υπηρετεί τον Θεό. Ο **Rosenthal**[307]

---

[304] G. W. Ahlström, Die Königsideologiein Israel, *Theologische Zeitschrift* 18 (1962), σελ. 205-210.

[305] J. Coppens, Les apports du Psaume CX (Vulg. CIX) a l' ideologie royale Israelite, in *The Sacral Kingship* (1959), σελ. 333-348.

[306] R. de Vaux, Le roi d' Israel, vassal de Yahve, in Melanges Eugene Tisserant I, *Bibliotheca Apostolica Vaticano*, Citta del Vaticano (1964), σελ. 119-133.

[307] E. I. J. Rosenthal, Some Aspects of the Hebrew Monarchy, *Journal of Jewish Studies* 9 (1958), σελ. 1-18.

αναφερόμενος στην ιδέα του βασιλιά, τον θεωρεί ως αντιπρόσωπο του Θεού, ενώ ο **Cooke**[308] θεωρεί αυτές τις αναφορές ως μεταφορικές, καθώς αυτές επιβεβαιώνονται από τη φύση της πίστης στον Γιαχβέ. Συμπερασματικά, ο όρος «*sacral Kingship*» δεν έχει γίνει γενικότερα αποδεκτός, δεδομένου ότι ο επιστημονικός διάλογος ήταν μέχρι σήμερα επιφανειακός.

Η λέξη *Ψαλμός* προέρχεται από την ελληνική γλώσσα *Ψαλμός*, η οποία στην κλασική εποχή σήμαινε «*άσμα*» ή «*τραγούδι*» με τη συνοδεία κάποιου έγχορδου μουσικού οργάνου. Οι Ο΄ χρησιμοποιούν αυτή την ελληνική λέξη για να αποδώσουν την εβραϊκή λέξη «mizmor», η οποία χρησιμοποιείται και ως τίτλος σε αρκετούς Ψαλμούς. Αυτό το ουσιαστικό, ίσως, να προήλθε από κάποιο ρήμα με την έννοια «*τσιμπώ μια χορδή*» ή «*χαϊδεύω μια χορδή*». Στην Ιουδαϊκή παράδοση, στους τίτλους των Ψαλμών απαντά η λέξη «Tehillim», η οποία σημαίνει «Δοξολογία», όρος, ο οποίος σχετίζεται με το αλληλούια. Η έκφραση «Το Βιβλίο της Δοξολογίας» έχει, ήδη, βρεθεί σε ένα κείμενο από τους παπύρους της Νεκράς Θάλασσας[309]. Παρ' όλο, που πολλοί Ψαλμοί δεν είναι Ύμνοι, αλλά άσματα παραπόνων, πνευματικών αναζητήσεων και προσευχών, το Ψαλτήριο ήταν γνωστό, ήδη, από τον 2ο αιώνα π.Χ. ως το βιβλίο των Ύμνων για το

---

[308] G. A. Cooke, The Israelite King as Son of God, *ZAW* 73 (1961), σελ. 202-225.

[309] M. Baillet, Qumran, Grotte 4, III (4 Q 482-4 Q 520), *Discoveries in the Judean Desert*, VII (Oxford, 1982), σελ. 41.

Ναό της Ιερουσαλήμ και των Συναγωγών της Διασποράς.

Αν κάποιος θελήσει να διερευνήσει τη **σχέση των Ψαλμών σε συνδυασμό με την ισραηλιτική ιστορία**, τότε έρχεται αντιμέτωπος με το **πρόβλημα της κατηγοριοποίησης των Ψαλμών και το γενικότερο πρόβλημα της ισραηλιτικής ποίησης.** Αναφορικά με τα είδη των Ψαλμών ο **Clines**[310] κάνει μια συνολική αναφορά για το χρονικό διάστημα 1955-1968 σχετικά με τη σχέση αυτών με την ισραηλιτική λατρεία. Σχετικές αναφορές για το συγκεκριμένο θέμα έχουν κάνει οι **J. J. Stamm**[311], **Caludel**[312], **A. S. Herbert**[313], **A. S. Kapelrud**[314], **J. H. Kroeze**[315], **N. H. Ridderbos**[316], **A.**

---

[310] D. J. A. Clines, Psalm Research since 1955: II The literary genres, *Tyndale Bullten* 20 (1969), σελ. 105 – 125.

[311] J. J. Stamm, Ein Vierteljahrhundert Psalmenforschung, *Theologische Rundschau* 23 (1955), σελ. 34-41.

[312] Claudel, Les Psaumes. Courants et problemes actuels d' exegese, ;' *Ami du Clerge 73* (1963), σελ. 65-77.

[313] A. S. Herbert, Our Present Understanding of the Psalms, *London Quarterly and Holborn Review* (Jan. 1965), σελ. 25-29.

[314] A. S. Kapelrud, Scandinavian Research in the Psalms after Mowinckel, *Annual of the Swedisch Theological Institute* 4 (1965), σελ. 74-90.

[315] J. H. Kroeze, Some Remarks on recent Trends in the Exegesis of the Psalms, Die Ou- Testamentiese Werkgemeenskap in Suid- Afrika: *Studies on the Psalms, Pro Rege- Pers Beperk, Potschefstroom* (1963), σελ.. 40-47.

[316] N. H.N Ridderbos, De huitige stand van het onderzoek der Psalmen, *Gereformeerd Tehologisch Tijdschrift* 60 (1960), σελ. 8-14.

Descamps[317] **J.M. Van der Ploeg**[318], των
οποίων η κριτική είναι ιδιαίτερα σημαντική
ακόμα και σήμερα. Στο θέμα αυτό σημαντική
ήταν και η προσφορά του Hermann Gunkel[319]
όπως και η κριτική των **A. Descamps**[320] και
του **L. Sabourin**[321], όπου ο μεν πρώτος
καθόρισε τα κριτήρια σύμφωνα με τα οποία
γίνεται η κατηγοριοποίηση των ειδών, ο δε
δεύτερος ασχολήθηκε περισσότερο με τη
δομή σε συνδυασμό με πιο σύγχρονες
βιβλιογραφικές αναφορές. Η ταξινόμηση του
Hermann Gunkel εξακολουθεί να ισχύει με
πολύ λίγες διαφοροποιήσεις μεταξύ των

---

[317] A. Descamps, Les genres litteraires du Psautier. Un etat de la question, in R. De Langhe (ed.), *Le Psautier. Se origins. Ses problemes litteraires. Son influence*, Publications Universitaires / Institut Orientaliste, Louvain (1962), σελ. 73-88.

[318] J. M. van der Ploeg, Reflexions sur les genres litteraires des Psaumes, in *Studia Biblical et Semitica Theodoro Christiano Vriezen...dedicata*, H. Veenman en Zonen, Wageningen (1966), σελ. 265-277.

[319] H. Gunkel – J. Begrich, *Einleitung in die Psalmen. Die Gattungen der religiösen Lyrik Israels*, Vandenhoeck and Ruprecht, Göttingen, (1933).

[320] A. Descamps, Pour un classement litteraire des Psaumes, *Melanges Bibliques rediges en l' honneur de Andre Robert*, Bloud et Gay, Paris, (1959), σελ. 187-196.

[321] L. Sabourin, *Un classement litteraires des Psaumes*, Desclee de Brouwer, Bruges (1964)(= Sciences Ecclesiastiques 16 (1964), σελ. 23-58).

ερευνητών[322]. Ο **A. Weiser**[323] αποδέχεται την ταξινόμηση του Gunkel, αλλά θεωρεί το θέμα των ειδών των Ψαλμών δευτερευούσης σημασίας. Το κύριο ενδιαφέρον του εστιάζεται στις παραδόσεις που εκφράζουν οι Ψαλμοί. Ο Weiser θεωρεί αυτές τις παραδόσεις παράλληλες των παραδόσεων της

---

[322] Στο σημείο αυτό αξίζει να αναφερθούν οι εξής: G. W. Anderson, *The Psalms*, Peake's Commentary on the Bible, ed. M. Black and H. H. Rowley, Nelson, London (1962), σελ. 409-443, D. Anders – Richards, *The Drama of the Psalms*, Darton, Longman and Todd, London, (1968), ΣΕΛ. Auvray, Les Psaumes, *Introduction a la Bible*, ed. A. Robert et A. Feuillet, Desclee, Tournai (1957), i 585-621, C. Barth, *Introduction to the Psalms*, Schriber's/Blackwell, New York / Oxford (1966), G. Castellino, Libro dei Salmi (La Sacra Bibbia), Marietti, Turrin / Rome (1955), J. Coppens, Etudes recentes sur le psautier, *Le Psautier 1-71*, M. Dahood, *Psalms I, II (Anchor Bible)*, 2 vols., Doubleday, Garden City, New York (1966,1968), J. H. Eaton, *The Psalms* (Torch Bible Commentary), SCM, London (1967), G. Fohrer, *Introduction to the Old Testament*, initiated by E. Sellin, Abingdon Press, Nashville / New York (1968), H. H. Guthrie, *Israel's Sacred Songs. A Study of Dominant Themes*, Seaburt Press, New York (1966), T. Henshaw, *The Writtings. The Third Division of the Old Testament Canon*, Allen and Unwin, London, (1963), J. A. Bewer, *The Literature of the Old Testament*, 3rd edn. Completely revised by E. G. Kraeling, Columbia University Press, New York / London (1962), H. – J. Kraus, *Psalmen*, 2 vol. Verlag des Erziehungsvereins, Neukirchen (1961), C. Kuhl, *The Old Testament. Its Origins and Composition*, Oliver and Boyd, Edinburgh / London (1961), W. S. McCullough, *Psalms*, The Interpreters Bible, iv, Abingdon Press, Nashville, New York (1955), R. Meyer, *Einleitung in das Alte Testament*, 2 vols., M. Hueber, Munchen (1965, 1967), A. B. Rhodes, *Psalms* (Layman's Bible Commentaries), SCM, London, (1960), J. Ridderbos, *De Psalmen vertaald en verklaard* (Commentaar op het Oude Testament), 2 vols., (so far published Ps. 1-106), J. H. Kok, Kampen (1955,1958), C. S. Rodd, Psalms 1-72, 73-150, 2 vols. Epworth Press, London (1963, 1964), Drijvers, *The Psalms. Their Structure and Meaning*, Herder, Freiburg / Burn and Oates, London (1965).
[323] A. Weiser, *The Psalms*, SCM, London (1962).

149

Πεντατεύχου, οι οποίες αναφέρονται ξεκάθαρα σε λατρευτικές τελετές, καθώς, επίσης, θεωρεί ότι η εορτή της διαθήκης αποτελεί την πηγή των Ψαλμών. Στην εισαγωγή του γράφει ότι η εικόνα, την οποία λαμβάνει ο αναγνώστης των Ψαλμών από το λειτουργικό – λατρευτικό τμήμα αυτών προέρχεται από την ιστορική παράδοση και λατρεία. Κάτι τέτοιο επιβεβαιώνεται από την εικόνα που λαμβάνει ο αναγνώστης, όταν μελετήσει τους Ψαλμούς, σύμφωνα με την μορφο-ιστορική μέθοδο, η οποία μελετά τους Ψαλμούς σύμφωνα με τα βασικά είδη αυτών[324]. Με άλλα λόγια, αυτό που κάνει ο Weiser είναι να μελετά όλα τα διαφορετικά λατρευτικά είδη της ισραηλιτικής θρησκείας με το να τα τοποθετεί σε ένα και μοναδικό λατρευτικό – θρησκευτικό περιβάλλον, αυτό της εορτής της Διαθήκης. Ο **A. Dreissler**[325] στο υπόμνημά του, μετατρέπει τα είδη των Ψαλμών του Gunkel σε ένα είδος ανθολόγησης[326].

---

[324] ό. π. σελ. 52.

[325] A. Dreissler, *Die Psalmen erläutert* (Die Welt der Bibel), 3 vols., Patmos, Düsseldorf, (1963).

[326] Διαχωρίζει τους Ψαλμούς σε ύμνους, οι οποίοι υποδιαιρούνται ακολουθώντας τις υποδιαιρέσεις του C. Westermann σε περιγραφικούς επαίνους και αφηγηματικούς επαίνους, σε θρήνους, οι οποίοι έχουν ως κύριο θέμα τη συνάντηση στο ναό ή τη συναγωγή και τη μελέτη των Γραφών, σε ευχαριστήριους της κοινότητας, σε προφητικούς και εσχατολογικούς, και σε διδακτικούς Ψαλμούς. Κύρια γνωρίσματα των προφητικών – εσχατολογικών Ψαλμών είναι τα οράματα, τα οποία αποτελούν φιλολογική επιτομή των κλασσικών προφητικών κειμένων. Στους Ψαλμούς τους σχετικούς με τη βασιλεία του Γιαχβέ θεωρεί ο Dreissler ότι αυτοί εξαρτώνται από τον Δευτερο-ησαΐα και τα τραγούδια της Σιών με προσανατολισμό στο μέλλον ασκούν μεγάλη επίδραση στην προφητική θεολογία. Επίσης, ορισμένοι

Ο **Mowinckel** προχωρεί πιο πέρα από τον Gunkel, συνδέοντας τους Ψαλμούς με την ισραηλιτική θρησκεία, παρ' όλο που ακολουθεί, σε γενικές γραμμές, την ταξινόμηση του Gunkel. Ο Mowinckel ξενικά τη μελέτη των Ψαλμών από διαφορετικό σημείο από ότι ο Gunkel, καθώς ξεκινά με τη λατρεία για να προβεί στη διάκριση των ειδών[327]. Όμως, τη σημαντικότερη μελέτη για το θέμα των ειδών των Ψαλμών την έχει κάνει ο **C. Westermann**[328], ο οποίος ξενικά από την παρατήρηση, ότι στην εβραϊκή γλώσσα δεν υπάρχει η λέξη «ευχαριστώ», ενώ υπάρχει η λέξη «επαινώ» (הודה) και ότι η θεωρία του Gunkel για τους ύμνους παρουσίαζε ελλείψεις, καθώς δεν μπορούσε να δώσει έναν ορισμό του ύμνου, παρά την αναφορά του ότι οι ύμνοι αποτελούσαν το πιο σημαντικό είδος των Ψαλμών. Επίσης, ο Gunkel απέτυχε να δώσει στοιχεία σχετικά με το ότι η θρησκεία αποτελούσε και το Sitz im Leben των Ψαλμών. Ο Westermann πιστεύει, ότι δεν θα πρέπει να υπάρχει αυστηρός διαχωρισμός μεταξύ των ύμνων και των ευχαριστήριων Ψαλμών, καθώς ανήκουν στο ίδιο είδος (ευχαριστήριοι Ψαλμοί), αναφέροντας, μάλιστα, ότι η δοξολογία του Ισραήλ προς τον Θεό ποτέ δεν αποτελούσε λατρευτική δραστηριότητα αποκομμένη από την ύπαρξη

βασιλικοί Ψαλμοί, οι οποίο σχηματοποιήθηκαν ως τμήμα μεσσιανικών προφητειών τους θεωρεί ως μεσσιανικούς.

[327] S. Mowinckel, *The Psalms in Israel's Worship*, Blackwell, Oxford (1962), i 37-39.

[328] C. Westermann, *Das Loben Gottes in den Psalmen*, Vandenhoeck and Ruprecht, Göttingen (1961, 2nd ed.) trans. by K. R. Crim, The Praise of God in the Psalms, John Knox Press, Richmond, Virginia (1965).

του ανθρώπου, αλλά αποτελούσε κεντρικό τμήμα, τόσο της ζωής του πιστού, όσο και του λαού του Θεού. Η δοξολογία του Θεού απασχολεί το Ισραήλ, όπως απασχολεί τους σύγχρονους πιστούς η πίστη στο Θεό[329]. Ο Westermann δεν ενδιαφέρεται να αρνηθεί την εγκυρότητα της μορφο-ιστορικής μεθόδου ή της λατρευτικής λειτουργίας της ερμηνείας, αλλά να αποκαλύψει τους δύο τρόπους επικοινωνίας με τον Θεό: τη δοξολογία και την παράκληση[330]. Η θέση του Westermann δεν έχει λάβει την προσοχή που της άξιζε, σύμφωνα με κάποιους ερμηνευτές[331], οι οποίοι θεωρούν, ότι οι ευχαριστήριοι Ψαλμοί είναι και Ψαλμοί της εξομολόγησης, στους οποίους ο Ψαλμωδός αφηγείται τη δοκιμασία του. Οι **M. Manatti** και **E. de Solms**[332] προτείνουν ένα καινούργιο σύστημα ταξινόμησης, στο οποίο, όμως, από τη μια είναι φανερή η επίδραση του Gunkel, ενώ, από την άλλη, γίνεται μια ενδελεχής αναφορά στη θεωρία του Weiser, αναφορικά με την εορτή της Διαθήκης σε σχέση με το ερώτημα των φιλολογικών ειδών των Ψαλμών. Αυτό το οποίο πρεσβεύουν οι M. Manatti και E. de Solms είναι ότι όλοι οι Ψαλμοί συνδέονται με την γιορτή της Διαθήκης.

Η λεγόμενη φιλολογική σχολή των νέων υφών με τον Γερμανό εκπρόσωπό της **J.**

---

[329] ό. π. σελ. 155.

[330] ό. π. σελ. 35, 154 κ.εξ.

[331] R. E. Murphy, *A New Classification of Literary Forms of Psalms*, *CBQ* 21 (1939), σελ. 83-87, F. Mand, Die Eigenständigkeit der Danklieder des Psalter als Bekenntnislieder, *ZAW* 70 (1958), σελ. 185-199.

[332] M. Manatti et E. de Solms, *Les Psaumes*, 4 vols., (Cahiers de la Pierre-qui- Vire, 26-29), Desclee De Bruges (1966).

Blenkinsopp πρεσβεύει τη θεωρία, σύμφωνα με την οποία κάθε Ψαλμός αποτελεί μια ξεχωριστή ολότητα, την οποία κανείς δεν πρέπει να μοιράσει σε μικρότερα τμήματα, ανάλογα με τον τύπο και τη μορφή της, καθώς, επίσης, δεν πρέπει να χρησιμοποιείται πέρα από αυτό για το οποίο έχει δημιουργηθεί[333]. Ο **L. Alonso Schökel**[334] έκανε την πρώτη μεγάλη προσπάθεια να χρησιμοποιήσει την προσέγγιση του νέου ύφους στην εβραϊκή λογοτεχνία. Απορρίπτει τη προσέγγιση της ατομικής φιλολογικής κριτικής και αποδέχεται εν μέρει τη μορφο-ιστορική κριτική. Ένας άλλος εκπρόσωπος της *Σχολής του Νέου Ύφους* ο **M. Weiss**[335] δεν δίνει τόση σημασία στον τύπο και τη δομή των Ψαλμών, υποστηρίζοντας, ότι ο Gunkel ψάχνοντας να βρει τον ιδανικό τύπο για κάθε είδος Ψαλμού δεν μπορεί να εκτιμήσει την ατομικότητα του Ψαλμού. Το πρόβλημα της νέας μεθόδου είναι ότι κινδυνεύει να απολυτοποιεί κάθε ισχυρισμό και πεποίθησή της. Ο **Henning Graf Reventlow**[336] αναλύοντας τον 8ο Ψαλμό έγινε υπέρμαχος της νέας υφολογικής σχολής, αλλά μόνο σε ό,τι αφορά τη σύνδεση με μεθόδους, οι οποίες τα προηγούμενα χρόνια είχαν αποφέρει

---

[333] J. Blenkinsopp, Stylistics of Old Testament Poetry, *Biblica* 44 (1963), σελ. 352-358.

[334] L. Alonso Schökel, *Estudios de Poetica Hebrea*, Juan Flores, Barcelona (1963).

[335] M. Weiss, Wege der neuen Dichtungswissenscahft in ihrer Anwendung auf die Psalmenfprschung (Methodologische Bemerkungen, dargelegt am Beispiel von Psalmen XLVI), *Biblica* 42 (1961), σελ. 255-302.

[336] H. von Reventlow, Psalm 8, *Poetica* 1 (1967), σελ. 304 – 332.

αποτελέσματα στην κριτική της Π.Δ. Στον κίνδυνο της απολυτοποίησης, στον οποίο οδηγείται η νέα μέθοδος, ο Reventlow απορρίπτει τη μελέτη των ειδών, ως μονόπλευρη και πρεσβεύει τον συνδυασμό μεθόδων των ειδών και του ύφους, κυρίως, για τους ατομικούς Ψαλμούς. Επίσης, προσπαθεί να χρησιμοποιήσει τις μεθόδους ανάλυσης της δυτικής λογοτεχνίας στα ιερά κείμενα, χωρίς, όμως, ιδιαίτερη επιτυχία. Οι προϋπάρχουσες μορφές λογοτεχνίας και λατρείας, στις οποίες οι Ψαλμοί ανήκουν, αποτελούν τον συνδετικό κρίκο της αυτονομίας του έργου μαζί με τη μοντέρνα αισθητική θεωρία. Ο **J. M. Van der Ploeg** ακολουθεί τον Westermann, ο οποίος κάνει λόγο μόνο για δύο βασικά είδη Ψαλμών και για τα πειστικά αποτελέσματα της *Σχολής της Ανθολογίας*, η οποία επιβάλλει την αποδοχή δύο πιθανών ημερομηνιών προ της Εξόδου, κατά τις οποίες οι Ψαλμοί συνδέονταν με τη λατρεία. Η ταξινόμηση κατά είδος των Ψαλμών είναι ιδιαίτερα χρήσιμη, δεν θα πρέπει όμως, η μελέτη των Ψαλμών να γίνεται μόνο με βάση αυτή. Η μελέτη των Ψαλμών ως σύνολο, και, εν συνεχεία, η ανάλυση του ύφους και των ειδών του, αποτελεί μια πραγματικότητα μεθοδικής μελέτης των ατομικών Ψαλμών και στην εξηγητική δεν θα πρέπει να επικρατεί η αφαιρετική μέθοδος[337].

---

[337] J. M. van der Ploeg, Reflexions sur lrd genres litteraires des psaumes, in *Studia Biblica et Semitica Theodoro Christiano Vriezen ...dedicata,* H. Veenman en Zonen, Wageningen, (1966), σελ. 265- 277.

Ο **G. Gerleman**[338] θεωρεί, ότι η υφολογική αυτή μέθοδος αποτελεί ένα από τα πιο παραμελήμενα πεδία της παλαιοδιαθηκικής κριτικής. Ο M. **Weiss**[339] θεωρεί, ότι οι Ψαλμοί, πολύ συχνά, αντιμετωπίζονται ως έγγραφα για την αναδόμηση της αρχαίας ισραηλιτικής πίστης, των λειτουργικών τυπικών, της γλώσσας και μπορεί, μέχρι ενός σημείου, να έχει δίκιο, ωστόσο οποιαδήποτε προσπάθεια προσήλωσης στη μελέτη των Ψαλμών, ως φιλολογικό είδος, είναι ευπρόσδεκτη. Ο **G. Ahlström**[340] θεωρεί, ότι το σύστημα του Gunkel είναι ώριμο για μια ενδελεχή αναθεώρηση, καθώς αναφέρει, ότι τα μεσοποταμιακά άσματα είναι ταξινομημένα σύμφωνα με τον τίτλο τους. Ο **M. J. Buss**[341] θεωρεί, ότι οι Ψαλμοί δύναται να διακριθούν σε τρεις κύριες ομάδες, σύμφωνα με την απόδοσή τους. Σύμφωνα, λοιπόν, με τον Buss, οι δαβιδικοί Ψαλμοί είναι ατομικοί θρηνητικοί Ψαλμοί, άρα θεωρούνται ως *λαϊκοί Ψαλμοί*. Οι Ψαλμοί των Ασάφ και Κορρέ, οι οποίοι περιλαμβάνουν θρήνους της κοινότητας, καθώς και λευιτικούς ψαλμούς, οι οποίοι αναφέρονται στη δικαιοσύνη, το νόμο, την ιστορία και τη Σιών και μερικοί προσωπικοί ψαλμοί του

---

[338] G. Gerleman, The Song of Deborah in the light of Stylistics, *VT* 1, (1951), σελ. 168-180.

[339] M. Weiss, Wege der neuen Dichtungswissenscahft in ihrer Anwendung auf die Psalmenfprschung (Methodologische Bemerkungen, dargelegt am Beispiel von Psalmen XLVI), *Biblica* 42 (1961), σελ. 259.

[340] G. Ahlström, *Psalm 89. Eine Liturgie aus dem Ritual des leidenden Königs*, C. W. K. Gleerup, Lund (1959).

[341] M. J. Buss, The Psalms of Asaph and Korah, *JBL* 82, (1963), σελ. 382-392.

λατρευτικού προσωπικού είναι οι επαγγελματικοί *Ψαλμοί*. Τέλος, οι Ψαλμοί, οι οποίοι είναι είτε λαϊκοί είτε επαγγελματικοί, αποτελούν την τρίτη και τελευταία κατηγορία του Buss. Αυτή η ταξινόμηση δύναται να συνδυαστεί με την κατηγοριοποίηση των ελάχιστων ειδών του Gunkel, οι οποίοι μπορεί να ταξινομηθούν στην ομάδα των επαγγελματικών ψαλμών.

Ο **J. Becker**[342] αναφέρει, ότι το φιλολογικό είδος των Ψαλμών, το οποίο αποτελεί αντικείμενο της μορφο-ιστορικής έρευνας, δεν μπορεί πια να προσφέρει ένα ασφαλές στοιχείο στη σημασία των Ψαλμών. Η σύνδεση μεταξύ του είδους και η τοποθέτησή τους στη ζωή (*Sitz im Leben*) δεν έχει λύσει το πρόβλημα, γιατί ένας ατομικός Ψαλμός θα πρέπει να έχει μια διαφορετική ερμηνευτική προσέγγιση. Επίσης, αναπτύσσεται μια καινούργια κίνηση, η οποία προσφέρει ολοκληρωμένη σημασιολογική αναφορά σχετικά με το έργο των συγγραφέων, των γλωσσολόγων, των συντακτών, στους οποίους οφείλουμε την ύπαρξη του βιβλικού κειμένου[343]. Κινούμενος σε αυτό το πλαίσιο ο Westermann[344] αναφέρει

---

[342] J. Becker, *Israel deutet seine Psalmen. Urform und Neuinterpretation in den Psalmen*, Katholisches Bibelwerk, Stuttgart, (1966).

[343] cf N. Lohfink, *The Inerrancy and the Unity of Scripture*, Modern Biblical Studies, ed. D. J. McCarthy and W. B. Callen, Bruce Company, Milwaukee (1967), σελ. 31-42, L. Alonso Schökel, *The Inspired Word: Scripture in the light of language and literature,* trans. by Francis Martin, Herder & Herder, New York (1972), σελ. 217 – 233.

[344] C. Westermann, *Der Psalter*, Quell, Stuttgart, (1959), σελ. 88.

ότι όλοι οι βασιλικοί Ψαλμοί οφείλουν τη συμμετοχή τους στο βιβλίο των Ψαλμών ακριβώς επειδή επανερμηνεύτηκαν ως μεσσιανικοί Ψαλμοί. Η επανερμηνεία των Ψαλμών, όπως σημειώνει και ο Becker, βασίζεται στη μορφο-ιστορική κριτική, πηγαίνει πολύ πιο μακριά, όπως για παράδειγμα η *Redaktiongeschichte* των Ευαγγελίων πάει τη μορφο-ιστορική κριτική τους ακόμα πιο μακριά. Το θέμα της επανερμηνείας οφείλει πολλά στον **A. Gelin**[345], ο οποίος κάνει λόγο για επαναδιάβασμα (*re-reading/relecture*) των Ψαλμών[346]. Ο **W. G. Williams**[347] πιστεύει, ότι είναι πολύ δύσκολο να μιλήσει κάποιος μόνο για μια και μοναδική χρήση και επίσης ότι θα πρέπει να υπάρχει διάκριση μεταξύ της

---

[345] A. Gelin, La question des "relectures" bibliques a l' interieur d' une tradition nivante, Sacra Pagina, Miscellanea Biblica (*Bibliotheca Ephemeridum Theologicatum Lovanensium* XII) Gabalda Paris (1959), i, σελ. 303-315.

[346] Μερικοί από τους ερευνητές, οι οποίοι ασχολήθηκαν με αυτή τη μέθοδο όπως οι: H. Gazelles, *Une relecture du Psaume XXIX?, A la recontre du Dieu*, Memorial Albert Gelin, Editions Xavier Mappus, Le Puy (1961), σελ. 119-128, ο οποίος ασχολείται με τον 29ο Ψαλμό σχετικά με τη δόξα του Θεού, την έρημο Qadesh και την πλημμύρα προχωρεί σε μετα την εξορία επαναδιάβασμα (*relecture*) του Ύμνου του Γιαχβέ, ο οποίος χρονολογείται από την εποχή της πρώτης μοναρχίας. Ο R. Martin – Achard, Remarks sur le Psaume 22, *Verbum Caro* 65 (1963), σελ. 78-87, αναφέρεται στον 22ο Ψαλμό μελετώντας το παγκόσμια και μεσσιανική διάσταση, όπως αυτή δίδεται από τον ίδιο τον Ψαλμό. Τέλος, ο P. Veugelers, Le Psaume LXXII, poeme messianique? *Ephemerides Theologicae Lovanienses* 41, (1965), σελ. 317 – 343, ασχολείται με τον 72ο Ψαλμό, τον οποίο βλέπει ως επαναδιάβασμα κάποιας παλαιότερης προσευχής για τον βασιλιά, ίσως στην τελετή ενθρόνισής του.

[347] W. G. Williams, Liturgical Aspects in Enthronment Psalms, *Journal of Bible and Religion* 25 (1957), σελ. 118 – 122.

χρήσης των Ψαλμών στη ζωή και την
προέλευση κάθε Ψαλμού. Έχει γίνει πολύς
λόγος για τα αποτελέσματα της μεθόδου των
ειδών. Είναι κοινός τόπος μεταξύ των
συγγραφέων διαφορετικών ιστορικών και
κοινωνικών συνθηκών και περιστάσεων ότι
το σύστημα του Gunkel είναι αυστηρό.
Σύμφωνα με τον **Barth**[348], ο οποίος αναφέρει
ότι ακόμα και το πιο ολοκληρωμένο σύστημα
θα αποτύχαινε να συμπεριλάβει έναν αριθμό
Ψαλμών, οι οποίοι είναι αδύνατο να
ενταχθούν σε κάποια κατηγορία. Η
προσέγγιση της Σχολής του Νέου Ύφους και
η μέθοδος της επανερμηνείας δύνανται να
ελαττώνουν τη σημασία της έρευνας των
ειδών. Στην περίπτωση του **C. Westermann**
έγινε μια προσπάθεια να κατανοηθούν τα είδη
των Ψαλμών και η μεταξύ τους σχέση, από το
να προσφερθεί μια καινούργια ανάλυση των
μεμονωμένων ειδών. Η μεγάλη ποικιλία των
συστημάτων ταξινόμησης που έχει προταθεί
δεν εκφράζει απλώς κάποια ατομική
ιδιοτροπία, αλλά αντιπροσωπεύει την έρευνα
για τον εσωτερικό χαρακτήρα του
φιλολογικού χαρακτήρα των Ψαλμών. Ο **H. –
J. Kraus**[349] αναφέρει τρεις σκέψεις σχετικά
με την ανάλυση των ειδών του Gunkel. Η
πρώτη σχετίζεται με την επανοικοδόμηση της
ιστορίας των φιλολογικών ειδών,
διακρίνοντας τους απλούς και τους μικτούς

---

[348] C. Barth, *Introduction to the Psalms*, Schriber's/
Blackwell, New York/ Oxford (1966) trans. by R. A. Wilson
from Einführung in die Psalmen (*Biblische Studien*, 32)
Neukirchener Verlag, Neukirchen (1961).
[349] H. – J. Kraus, *Psalmen*, 2 vol. Verlag des
Erziehungsvereins, Neukirchen (1961), I, σελ. xxxix.

Ψαλμούς. Οι κρίσεις του σχετικά με τη θρησκευτική ποιότητα συγκεκριμένων ειδών των Ψαλμών ανήκει σε ένα παλαιότερο στάδιο έρευνας και ερμηνείας της Π.Δ. Τέλος, η κατανόηση για τη σχέση των Ψαλμών με τη λατρεία αποδίδεται με τον καλύτερο τρόπο από τον S. Mowinckel, όπου ακόμα και η πιο ενδελεχής λατρευτική ερμηνεία των Ψαλμών, ίσως, να μην αποδειχθεί δίκαιη, και θα πρέπει να γίνει διαχωρισμός μεταξύ των λατρευτικών και μη λατρευτικών Ψαλμών σε διαφορετικό, όμως, επίπεδο από τον αντίστοιχο διαχωρισμό του Gunkel. Αν τελικά υιοθετηθεί η άποψη ότι υπάρχουν διαφορετικά είδη Ψαλμών, τότε τα κριτήρια του Gunkel, τα οποία επιβεβαιώνουν κάτι τέτοιο, δεν είναι δυνατό να παραθεωρηθούν ή να αντικατασταθούν. Τόσο ο S. Mowinckel όσο και ο A. Weiser έδειξαν κατά πόσο μια ομάδα Ψαλμών δύναται να ανήκει είτε συνολικά (λαμβάνοντας το βιβλίο των Ψαλμών συνολικά), είτε κάθε ένα Ψαλμό χωριστά ως μέρος της ισραηλιτικής λατρείας. Εναλλακτικά, μπορούμε να κατηγοριοποιήσουμε Ψαλμούς σύμφωνα με το περιεχόμενο και τη γλώσσα. Μια τέτοια προσέγγιση θα πρέπει να μελετηθεί χωριστά, χωρίς να αναμιχθεί με τη μέθοδο της κατηγοριοποίησης των ειδών των Ψαλμών. Στην περίπτωση των βασιλικών Ψαλμών η κατηγοριοποίηση αυτή ελλοχεύει τον κίνδυνο να γίνει παρανόηση της έννοιας του ρόλου του βασιλιά στη λατρεία. Έτσι, η μέθοδος του Gunkel προσφέρει μια δικλείδα ασφαλείας και ελέγχου ενάντια στις μονόπλευρες ερμηνείες, κάτι στο οποίο δίνει μεγάλη σημασία στο δικό του υπόμνημα των Ψαλμών ο H. – J. Kraus. Τόσο ο **R. E. Murphy**[350], όσο και ο **S. Holm - Nielsen**[351] παρουσιάζουν τις δυσκολίες της μεθόδου του Gunkel αναφορικά με τους ατομικούς Ψαλμούς. Ο R. E. Murphy προσπάθησε να ορίσει ποιοι Ψαλμοί θα πρέπει να συμπεριληφθούν στο είδος των Ψαλμών της σοφίας. Το ερώτημα που εγέρθηκε ήταν ποιο θα ήταν το *Sitz im Leben* αυτών των Ψαλμών. Η μια πρόταση ήταν ότι ανοικοδομούσε την εποχή μετά την Εξορία. Η άλλη πρόταση εκφράσθηκε από τον S. Holm – Nielsen, ο οποίος θεωρούσε ότι η σοφιολογική ποίηση δεν διέφερε και πολύ από την λατρευτική ποίηση. Η μελέτη του R. E. Murphy δεν προχωρά στη διασαφήνιση του ρόλου της σοφιολογικής ποίησης στη λατρεία, παρ' όλο που αναφέρει τη σχέση μεταξύ σοφίας και διαθήκης στους ευχαριστήριους Ψαλμούς, ως στοιχείο της λατρευτικής αυτών χρήσης. Ο **D. J. W. Watts**[352], προσπαθώντας να θέσει τα όρια στην έρευνα των ειδών, θεωρεί τα άσματα τα σχετικά με τη βασιλεία του Γιαχβέ ως ένα από αυτά. Τα άλλα κριτήρια που θέτει ο D. J. W. Watts είναι καθαρά φιλολογικά και γλωσσολογικά κριτήρια και δεν προσπαθεί να δικαιολογήσει την άρνησή του για το πιθανό *Sitz im Leben* αυτών των Ψαλμών. Η μελέτη

---

[350] R. E. Murphy, A consideration of the classification ''Wisdom Psalms'', *VTS* 9 (1962), σελ. 156-167.

[351] S. Holm – Nielsen, The Importance of Late Jewish Psalmody for the Understanding of Old Testament Psalmodic Tradition, *ST 14* (1960), σελ. 1-53.

[352] D. J. W. Watts, Yahweh Malak Psalms, *Theologische Zeitschrift* 21 (1965), σελ. 341-348.

αυτή του D. J. W. Watts δείχνει, ότι ανάμεσα στο είδος των ύμνων υπάρχει κι άλλη μια υπο – ομάδα, η οποία αναφέρεται στη βασιλεία του Γιαχβέ, και ότι τα όρια αυτού του είδους είναι δυσδιάκριτα. Επίσης, η μελέτη αυτή αποτυγχάνει στο να εγείρει το πιο σημαντικό ερώτημα σχετικά με τους Ψαλμούς για τη βασιλεία του Γιαχβέ, δηλαδή αν αποτελούν ιδιαίτερο είδος ή όχι. Ο Clines[353] καταλήγει στο συμπέρασμα ότι σχετικά με την ισραηλιτική λατρεία δεν γνωρίζουμε και πολλά πράγματα[354].

Ξεκινώντας από την ιστορική διάσταση ο θεολόγος οδηγείται στη **μυθική και ιδεολογική ερμηνεία των Ψαλμών**. Τρία είναι τα μεγέθη, με τα οποία θα πρέπει να πραγματευθεί, ήτοι, την ψαλμική ποίηση, τη λατρεία και την ιστορία αυτών. Τα στοιχεία, τα οποία δύναται να συναχθούν από τους ίδιους τους Ψαλμούς, ήτοι από τη γλώσσας τους, το λογοτεχνικό ύφος τους, τα θέματά τους, προσδιορίζουν και τις ιστορικές συνθήκες της εποχής, την οποία αντιπροσωπεύουν. Επίσης, διαμέσου των Ψαλμών ο ερευνητής θεολόγος δύναται να συμπεράνει και το περιβάλλον, στο οποίο κινούνται αυτοί, δίνοντας πληροφορίες σχετικά και με την λατρευτική ιστορία του Ισραήλ[355]. Στους πιο αρχαϊκούς Ψαλμούς

---

[353] D. J. A. Clines, Psalm Research since 1955: II The literary genres, *Tyndale Bulltetin* 20 (1969), σελ.125.
[354] Erhard S. Gerstenberger, Psalms Part I with an Introductions to cultic poetry, William B. Eerdmans Publishing Company, Grand Rapids, Michigan, vol. XIV, eds. Rolf Knierim & Gene M. Tucker, 1988.
[355] Hans – Joachim Kraus, *Psalmen*, 1. Teilband, 6. Auflage, Neukirchener Verlag, 1989, σελ. 69.

υπάρχουν στοιχεία και από τη χαναανιτική ιστορία και το περιβάλλον. Στους Ψαλμούς υπάρχουν βασικά στοιχεία των πράξεων του Θεού στην ιστορία από την εποχή της Δημιουργίας (*Heilsgeschichte*). Οι πράξεις αυτές έχουν να κάνουν με την παράδοση των προπατόρων, την πλήρωση της επαγγελίας για έξοδο από την Αίγυπτο, την αποκάλυψη στο όρος Σινά, την περιπλάνηση στην έρημο και την εισδοχή στη γη της Επαγγελίας[356]. Η **θεολογία της ιστορίας**, η οποία προκύπτει από τους Ψαλμούς, κάνει λόγο για τις υψηλές πράξεις του Γιαχβέ, μέσω των απογόνων του Αβραάμ, του δούλου Του, και των παιδιών του Ιακώβ (Ψαλμ. 105:6). Η μνήμη της Εξόδου (Ψαλμ. 105:25-38), όπως, επίσης, και η μνήμη της αγριότητας και των αγώνων (Ψαλμ. 136:10-21), ενέπνευσε όχι μόνο την ευγνωμοσύνη, αλλά και την εθνική υπερηφάνεια του ισραηλιτικού λαού. Η βασιλεία του Γιαχβέ στους Ψαλμούς συνδέεται θεματικά με τη θεοποίηση του ιστορικού βασιλιά στην αρχαία Εγγύς Ανατολή[357]. Ο ιστορικός βασιλιάς συνειδητά δρούσε ως δούλος του Γιαχβέ (Ψαλμ. 35:27, 69:17, 89:3, 143:12), αλλά η θέση του απαιτούσε τον προσόν της θείας υϊότητας (Ψαλμ. 2:7, 89:27). Οι βασιλικοί Ψαλμοί δημιουργήθηκαν προς τιμή του ιστορικού βασιλιά και μετά προς τιμή του Μεσσία[358].

---

[356] M. Noth, *Ueberlieferungsgeschichte des Pentateuch,* (1948), σελ. 50,54, και 62.

[357] J. Jeremias, Das Königtum Gottes in den Psalmen, *FRLANT* CXLI (Göttingen, 1987).

[358] S. L. Croft, The Identity of the Individual in the Psalms, *JSOTSup* XLIV (Sheffield, 1987), σελ. 73-132 & 150-76.

Την **εποχή του Χριστού και της πρώτης Εκκλησίας** όλοι οι Ψαλμοί αποδόθηκαν στον Δαβίδ[359]. Η πιο διαδεδομένη άποψη, ακόμα και σήμερα, είναι να αποδίδονται οι Ψαλμοί στον Δαβίδ, παρ' όλο που μόνο 73 Ψαλμοί – σύμφωνα με τον τίτλο τους – αποδίδονται σε αυτόν[360]. Πολλοί ύμνοι και προσευχές αντανακλούν ιστορικές καταστάσεις και θεολογικά θέματα, τελείως διαφορετικά από αυτά του $10^{ου}$ αιώνα π.Χ., δηλαδή της εποχής του Δαβίδ. Πολλοί Ψαλμοί παρουσιάζουν συγγένεια με τους μεγάλους προφήτες, κυρίως, με τον Ησαΐα και τον Ιερεμία. Τον 19ο αιώνα το θέμα της δαβιδικής απόδοσης στους Ψαλμούς είχε απορριφθεί και οι ερευνητές αποφάσισαν να τα εντάξουν στην εποχή των Μακκαβαίων[361]. Ο **Hermann Gunkel** τοποθέτησε χρονικά τους Ψαλμούς στα πρώτα χρόνια μετά την εξορία, λαμβάνοντας υπ' όψη τα γένη αυτών σε συνδυασμό με το πώς χρησιμοποιούνταν οι Ψαλμοί στην καθημερινή ζωή[362] (*Sitz im*

---

[359] Κάτι τέτοιο επιβεβαιώνεται από την Κ.Δ. (Μάρκ. 12:36-37, Πρ. 2:25, Ρωμ. 4:5-8), καθώς και στο έργο του Φλάβιου Ιώσηπου Jewish Antiquities (7.2-3).

[360] πρβλ. A. M. Cooper, The Life and Time of King David according to the Book of Psalms in *The Poet and the Historian: Essays in Literary and Historical Criticism ...*, ed. R. E. Friedman (Chico, Calif., 1983), σελ. 111-31, A. Pietersma, David and the Greek Psalms, *VT* (1980), σελ. 218-26, A. Sanders, More Psalms of David, in *The Old Testament Pseudepigrapha*, ed. J. H. Charlesworth, I (Garden City, N.Y., 1985), σελ. 609-24.

[361] S. Terrien, *The Psalms: Strophic Structure and Theological Commentary*, William B. Eerdmans Publishing Company, (Grand Rapids, Michigan / Cambridge, U.K.), σελ. 12.

[362] H. Gunkel, *Die Psalmen übersetzt und erklärt*, (Göttingen, 1933).

Leben). Ο **Mowinckel,** από την άλλη μεριά, προχώρησε σε μια **κατηγοριοποίηση των φιλολογικών γενών των Ψαλμών ενταγμένων σε ένα πολιτιστικό περιβάλλον,** θεωρώντας έτσι ως κατάλληλη την εποχή αυτή πριν από την εξορία, δηλαδή από τον 9ο μέχρι τον 6ο αιώνα π.Χ.[363]. Ο Mowinckel ήταν απρόθυμος να δει στην ποίηση των Ψαλμών μια απελευθέρωση από το θρησκευτικό τυπικό και μια μη ιερή τάση. Οι περισσότεροι Ψαλμοί αποτελούν προϊόντα, άμεσα ή έμμεσα, των τραγουδιστών του Ναού. Σύμφωνα με τη ραβινική παράδοση του 2ου αιώνα π.Χ. ο μυθικός βασιλιάς θα σηκωθεί από τον ελαφρύ ύπνο του στο μέσο της νύχτας, όταν ένα ελαφρύ αεράκι θα κάνει τις χορδές της άρπας του να ηχήσουν, μετά συνέθεται Ψαλμούς μέχρι την αυγή. Οι ρίζες των Ψαλμών είναι διαφόρων ειδών, όπως και κάποια άλλα ιερά άσματα, τα οποία, όμως, τελικά, δεν συμπεριελήφθησαν στον κανόνα του Ψαλτηρίου[364]. Οι περισσότεροι Ψαλμοί συνετέθησαν, προκειμένου να τραγουδηθούν από ολόκληρη την κοινότητα. Οι Ψαλμοί μεταδίδονταν από γενιά σε γενιά προφορικά[365].

---

[363] S. Mowinckel, *The Psalms in Israel's Worship I-II,* tr. D. R. Ap- Thomas (Oxford & New York, 1962).

[364] πρβλ. Εξ. 15:1-18, Δευτ. 32:1-43, Α΄ Σαμ. 2:1-10, Ησ. 38:10-20 και Κριτ. 5:1-31.

[365] A. J. Bjondalen, Some Aspects of the Nordic Tradition – historical Psalm Research since Engnell: Limitations and Possibilities in *The Productions of Time: Tradition History in Old Testament Scholarship,* ed. K. Jeppesen & B. Otzen (Sheffield, 1984), σελ. 107-25, πρβλ. I. Engnell, The Book of Psalms in *Critical Essays on the Old Testament* (London, 1970), σελ. 68-122.

<u>*I. 3. ΜΕΘΟΔΟΣ*</u>

Η επεξεργασία της βιβλικής φράσης *«ἐγενήθη τὰ δάκρυά μου ἐμοὶ ἄρτος ἡμέρας καὶ νυκτὸς ἐν τῷ λέγεσθαί μοι καθ᾽ ἑκάστην ἡμέραν· ποῦ ἐστιν ὁ Θεός σου,»* (Ψαλμ. 41,4 & 11) πέραν των ερμηνευτικών, γραμματολογικών και συντακτικών προβλημάτων, εγείρει και μεθοδολογικά προβλήματα. Δεν είναι στην πράξη δυνατό να εξετάσει κάποιος τις ερμηνευτικές μεθόδους των βιβλικών κειμένων και, ιδιαίτερα, των τριών τελευταίων δεκαετιών, χωρίς να τις συσχετίσει με την όλη φιλοσοφική και φιλολογική ατμόσφαιρα της εποχής, από την οποία προέρχονται και επηρεάζονται. Η Νέα Ερμηνευτική προϋποθέτει σε ευρεία κλίμακα τη φιλοσοφική ατμόσφαιρα της υπαρξιακής σκέψης της εποχής τους. Πολλοί ερμηνευτές για την ανάλυση του ψαλμικού κειμένου χρησιμοποίησαν ως ερμηνευτική αρχή την **αναλογία της πίστης**[366]. Σύμφωνα με τον **Walter C. Kaiser Jr**. στο έργο του *Hermeneutics and the Theological Task*[367] η εξηγητική επιστήμη αναλύει το κείμενο γραμματικά, συντακτικά, φιλολογικά, ιστορικά και λογοτεχνικά, προκειμένου να διερευνηθεί η δομή της σκέψης ενός συγγραφέα. Για τον λόγο αυτό ο Walter C. Kaiser Jr., προτείνει την αναλογία της πίστης

---

[366] John F. Johnson, Analogia Fidei as hermeutical principle, *The Springfielder*, vol. XXXVI, No. 4, March 1973, σελ. 249-259.
[367] Walter C. Kaiser Jr, Hermeneutics and the Theological Task, 1 *Trinity Journal* 12:1, (Spring 1991), σελ. 3-14.

της προηγούμενης Γραφής (the Analogy of Antecedent Scripture), όπου κάθε φορά που ένας συγγραφέας αναφέρεται σε κάποιο προηγούμενο χωρίο, τότε παραπέμπει συνειδητά σε αυτό, καθώς δύναται, με αυτόν τον τρόπο, να αυξήσει τον βαθμό της θεολογικής κατανόησης. Ο Kaiser[368] καταλήγει, ότι η γραφή ερμηνεύει τη Γραφή, καθώς η ίδια θέτει τους όρους και τους κανόνες. Η αναλογία της πίστης παίζει ξεκάθαρο λόγο στην ερμηνευτική διαδικασία συνθέτοντας όλα τα διδάγματα στο ίδιο θέμα. Ο **Henri Blocher**[369] κάνει λόγο για τις βασικές αρχές της αναλογίας της πίστης[370]. Τα ιστορικά δεδομένα τα σχετικά με την «αναλογία της πίστης» συστηματοποιούνται από τον **Robert D. Preus**[371], ο οποίος αναφερόμενος στην ενότητα των γραφών κάνει λόγο για τη φύση της βιβλικής ενότητας, πηγαίνοντας βαθιά στο παρελθόν. Ο Preus[372] αναφέρεται στο θέμα της αναλογίας της πίστης, ορμόμενος από το Ρωμ.

---

[368] ό. π. σελ. 13.

[369] Henri Blocher, The Analogy of Faith, in the Study of Scripture, *Scottisch Bulletin of Evangelical Theology* 5 (1987) σελ. 17 – 38,

[370] Σχετικά με αυτές τις αρχές βλ. τα επόμενα έργα: Eric T. Chafe, Luther's Analogy of Faith, in the Study of Scripture, *Scottisch Bulletin of Evangelical Theology* 24 (1985) σελ. 96 – 101, Calvin, *Institutes, Prefatory Address to King Francis of France*, ο Καλβίνος αναφέρεται στους Θεσμούς του δύο φορές στην αναλογία της πίστης ως θεολογική αρχή (πρβλ. 4.16.4. και 4.17.32, C. E. B. Cranfield, *A Critical and Exegetical Commentary on the Epistle to the Romans* (ICC; 2 vols; Edingburgh: T.& T. Clark, 1975, 1979) 2.621.

[371] Robert D. Preus, The Unity of Scripture, *Concordia Theological Quarterly* 54 (1990) σελ. 1-23.

[372] Robert D. Preus, The Unity of Scripture, *Concordia Theological Quarterly* 54 (1990) σελ. 1-23.

12:6 «αναλογία της πίστεως». Η έννοια αυτή εμπεριέχει, επίσης, και τις έννοιες «analogia fidei» και «regula fidei». Ο όρος δεν ήταν γνωστός στην πρώτη εκκλησία, ούτε στους χρόνους της Μεταρρύθμισης, ούτε και μετά την μεταρρύθμιση εποχή. Η έννοια αυτή αναφέρεται ως σύνοψη των κειμένων ή ως ερμηνευτικός κανόνας, ή και τα δύο, παρ' όλο που δεν υπάρχει κάποιος ξεκαθαρισμένος ορισμός. Συνήθως, οι ερμηνευτές εννοούσαν μια οργανική δογματική ενότητα, η οποία αναφέρεται σε ολόκληρη τη Γραφή. Επίσης, γίνεται λόγος για την ενότητα των δύο γραφών σε επίπεδο προφητείας και εκπλήρωσης αυτής[373]. Την εποχή της Μεταρρύθμισης εισάγεται ένας επιστημονικός ορισμός για την έννοια της αναλογίας της πίστης[374].

Η **ιστορικό – κριτική μέθοδος**[375] κάνει την εμφάνισή της στα τέλη του $18^{ου}$ – αρχές του $19^{ου}$ αιώνα, οδηγώντας σε σαφή διαχωρισμό τη Θεολογία της Π.Δ. από τη Θεολογία της Κ.Δ.[376]. Ο **David M. Howard**

---

[373] ό. π.

[374] Daniel Fuller, Biblical Theology and the Analogy of Faith, in *Unity and Diversity in New Testament Theology: Essays in Honor of George E. Ladd* (ed. Robert A. Guelich; Grand Rapids: Eerdmans, 1978), σελ. 13.

[375] Οι φάσεις της ιστορικο-κριτικής ερμηνείας των Ψαλμών είναι τρεις: η πρώτη εκλαμβάνει τους Ψαλμούς ως έκφραση του οίκτου και ευφυή έκφραση ατομικών ποιητών. Η δεύτερη φάση εκλαμβάνει τους Ψαλμούς σε σχέση με το ιστορικό περιβάλλον του Ισραήλ και η τρίτη η λεγόμενη form - critical προσέγγιση ερμηνεύει τους Ψαλμούς σύμφωνα με την ανθρώπινη ζωή. Η τέταρτη φάση, η οποία φαίνεται να αναδύεται τοποθετείται στη βάση της νέας φιλολογικής κριτικής των βιβλικών σπουδών.

[376] Charles H. H. Scobie, The Structure of Biblical Theology, *Tyndale Bulletin,* 42.2 (Nov. 1991), σελ. 163-194.

Jr.[377] κάνει λόγο για την ιστορικό – κριτική προσέγγιση και στο πως θα επαναπροσδιορίσει ή θα επαναδημιουργήσει την ισραηλιτική ιστορία και την ιστορία της θρησκείας. Τρία είδη ερμηνείας έχουν κάνει την εμφάνισή τους κατά τη διάρκεια των τελευταίων 125 ετών της ιστορικο-κριτικής μεθόδου. Δεν υπάρχει αυστηρή χρονολογική τοποθέτηση της κάθε μεθόδου. Κριτικοί ερμηνευτές με ισχυρό ιστορικό προσανατολισμό, γρήγορα είδαν τη διαφορά μεταξύ των τίτλων των Ψαλμών και του κειμένου αυτών.

Το δεύτερο **είδος της κριτικής ερμηνείας** έχει να κάνει με **την κατανόηση των Ψαλμών στο ιστορικό τους περιβάλλον**. Ο **A. F. Kirkpatrick** αναφέρει: «... *it is essential to study the Psalms historically in order to assign them to their proper place in history and development of revelation...*»[378]. Ο Kirkpatrick χρησιμοποιεί αυτή την τακτική σε συνδυασμό με τους Ψαλμούς 46, 47 και 48 ως την τριλογία της δοξολογίας, η οποία αντανακλά τη θαυμαστή απαλλαγή της Ιερουσαλήμ από τον στρατό του Σεναχερίμπ το 701 π.Χ. κατά τη διάρκεια της βασιλείας του Εζεκία. Ο Kirkpatrick φαίνεται να πιστεύει, ότι αυτοί οι Ψαλμοί προέρχονται από το συγκεκριμένο ιστορικό

---

[377] David M. Howard Jr., Recent Trends in Psalms Studies, *The Face of Old Testament Studies: A Survey of Contemporary Approaches* (Grand Rapids: Baker, 1999, σελ. 329-68).

[378] A.F. Kirkpatrick, The Book of Psalms, *The Cambridge Bible for Schools and Colleges*, vol. 16 (1902; Rpt. Cambridge; Cambridge University Press, 1951) σελ. xi.

γεγονός, διατηρώντας, βέβαια, μία πιθανότητα, η οποία όμως προσεγγίζει τη βεβαιότητα[379]. Ανεξάρτητα από τα σχόλιά του στους Ψαλμούς 46,47 και 48 ο Kirkpatrick ήταν πεπεισμένος για την αξία των Ψαλμών, όσον αφορά την αναδόμηση της ιστορίας του Ισραήλ. Το ίδιο, όμως, δεν ισχύει για τον Moses Buttenweiser, ο οποίος αμφισβητούσε ότι οι Ψαλμοί αποτελούν μια σημαντική πηγή ιστορικών πληροφοριών για την μετα – εξορία εποχή του Ισραήλ[380]. Η ιστορική προσέγγιση των Ψαλμών δεν έχει εκτιμηθεί αρκετά στις σύγχρονες βιβλικές μελέτες. Ο **Peter Craigie** (1983) προτείνει, ότι ο 46ος Ψαλμός δύναται να σχετιστεί με την ίδρυση της δαβιδικής βασιλικής λατρείας στην Ιερουσαλήμ, αλλά κάτι τέτοιο είναι αρκετά πρώιμο[381]. Παρόμοιες αναφορές γίνονται για τον 47ο και 48ο Ψαλμό. Πουθενά, όμως, δεν γίνεται λόγος για την κρίση του 701 π.Χ. Ούτε ο **Derek Kidner** (1973) αναφέρει την κρίση του Σεναχερίμπ το 701 π.Χ. στον 46ο Ψαλμό[382].

Η τρίτη φάση της ιστορικής ερμηνείας των Ψαλμών σχετίζεται περισσότερο με δύο σημαντικές ερμηνευτικές μορφές: **Hermann**

---

[379] ό. π. σελ. 253.

[380] Moses Buttenweiser, *The Psalms*, The Library of Biblical Studies, with a prolegomenon by Nahum M. Sarna (1938; Rpt. New York: KTAV Publishing House, 1969).

[381] Peter C. Craigie, Psalms 1-50, *World Biblical Commentary*, vol. 19 (Waco Texas: World Books, 1983), σελ.32.

[382] Derek Kidner, Psalms 1-72, *The Tyndale Old Testament Commentaries* (London: Inter Varsity Press, 1973), σελ.174.

Gunkel[383] και **Sigmund Mowinckel**[384]. Η μορφο - ιστορική προσέγγιση είναι περισσότερο κοινωνιολογική παρά ιστορική. Η μορφο – ιστορική μέθοδος ενδιαφέρεται, αρχικά, να ορίσει τα όρια της φιλολογικής σύνθεσης και με συγκριτική μελέτη να καταλήξει στον τύπο, το είδος ή τη μορφή (π.χ θρήνος, ευχαριστία, ύμνος, βασιλικός ύμνος). Ταυτόχρονα, μελετάται η χρήση του κειμένου στην κοινωνία των ανθρώπων. Ο **Gunkel**[385]

---

[383] Hermann Gunkel, *Einleitung in die Psalmen*, (Göttingen: Vandehoek and Ruprecht, 1933), σελ. 329 – 361 και *Die Psalmen* (Göttingen: Vandehoek and Ruprecht, 1929).

[384] Sigmund Mowinckel, *The Psalms in Israel's Worship*, I, σελ. 1-41.

[385] Η μελέτη των Ψαλμών ξεκινάει το 1920 με τους Hermann Gunkel και Sigmund Mowinckel. Ο **Hermann Gunkel** διακρίνει τους Ψαλμούς σε κατηγορίες, ανάλογα με τη λογοτεχνική μορφή και τις συνθήκες διαβίωσης της εποχής. Ο **Sigmund Mowinckel** αναζητά το θρησκευτικό παρασκήνιο των Ψαλμών. Η ενασχόληση με τους Ψαλμούς ξεκινάει με τη μελέτη των τύπων των Ψαλμών, το θρησκευτικό πλαίσιο και τη σημασία αυτών (βλ. **A. R. Johnson**, *The Old Testament and the modern Study*, 1951, και **J.H. Eaton**, *Tradition and Interpretation*,1979). Τα υπομνήματα και, κυρίως, τα νεώτερα κάνουν αναφορές στον πλούτο και τη σημασία των Ψαλμών. Η μελέτη των Ψαλμών εστιάζεται στην ολιστική ανάλυση ολόκληρου του βιβλίου. Μέχρι το 1970 το βιβλίο των Ψαλμών θεωρείται ότι αποτελούσε μια συλλογή διαφορετικών συνθετών. Οι συνθήκες ζωής (Sitz im Leben) περιορίζονταν στη λατρεία και τη θυσία στο Ναό. Θεωρείται το βιβλίο των Ύμνων του Ιουδαϊσμού την εποχή του δεύτερου Ναού. Η αρχική χρήση των Ψαλμών ήταν λειτουργική και όχι φιλολογική ή κανονική. Σήμερα το ενδιαφέρον εστιάζεται στη σύνθεση, την ενότητα και το μήνυμα ολόκληρου του βιβλίου: φιλολογική – κανονική ενότητα με σεβασμό στη δομή και το μήνυμα και στο πως διαφορετικοί ψαλμοί και συλλογές εναρμονίζονται. Η σημερινή μορφή του βιβλίου τοποθετείται στη μετά – εξορία εποχή. Ο **Gerald H. Wilson** στο έργο του *The Editing of the Hebrew Psalter*, Yale Dissertation, 1981, (1985) τοποθετείται σε πιο συστηματικό πλαίσιο. Θέτει μεθοδολογικά θεμέλια ώστε να εξετασθεί το βιβλίο των

Ψαλμών συνολικά ως βιβλίο και στρέφεται στη μελέτη του εβραϊκού βιβλίου των Ψαλμών, προκειμένου να βρει εκδοτικές τεχνικές ανάλογες μη βιβλικών συλλογών. Αναγνώρισε δύο τύπους: τους σαφείς αναλυτικούς όπως είναι το 1ο και το 2ο βιβλίο των Ψαλμών, τους μη αναλυτικούς στο τέλος κάθε μέρους (από τον 1ο έως τον 4ο Ψαλμό) καθώς και στους λεγόμενους αλληλούια Ψαλμούς (104ο – 106ο, 111ο – 117ο, 135ο, 146ο – 150ο). Το βιβλίο των Ψαλμών ανοίγει με έναν εισαγωγικό Ψαλμό, τον 1ο, και κλείνει με Ψαλμούς αλληλούια (146ος – 150ος Ψαλμός). Σχεδόν όλοι οι ερευνητές αποδέχθηκαν την άποψη του Gerald H. Wilson ότι το 5ο βιβλίο των Ψαλμών ολοκληρώνεται με τον 145ο Ψαλμό και ότι οι ψαλμοί 146ος – 150ος αποτελούν την καταληκτική δοξολογία του επαίνου του Θεού. Ο **Brevard Child** στο έργο του *An Introduction to the Old Testament as Scripture*, 1979, αντιδρά στην ολιστική κατανόηση του βιβλίου. Ο **David M. Howard Jr**, σε αντίθεση με τον **Gerald H. Wilson**, πιστεύει ότι οι 2 πρώτοι Ψαλμοί αποτελούν την εισαγωγή του Ψαλμού, ο οποίος ξεκινάει ουσιαστικά από τον 3ο Ψαλμό. Ο David C. Mitchell κατηγορεί τον Gerald H. Wilson επειδή διαβάζει το βιβλίο των Ψαλμών ιστορικά και όχι εσχατολογικά. Το γεγονός ότι ο 144ος Ψαλμός είναι βασιλικός – δαβιδικός Ψαλμός και ο 145ος υμνεί τη βασιλεία του Γιαχβέ φανερώνει ότι το τέλος του βιβλίου των Ψαλμών, όπως άλλωστε συμβαίνει και με την αρχή αυτού, με τον συνδυασμό της επίγειας και της ουράνιας βασιλείας του Γιαχβέ, η οποία αποτελεί και μήνυμα ελπίδας συνολικά, εμπεριέχει εσχατολογικά μηνύματα. Ο **David C. Mitchell** στο έργο του *The Message of the Psalter*, 1977, προτείνει την εσχατολογική ερμηνεία του βιβλίου των Ψαλμών και ότι η βασιλεία του Δαβίδ αποτελεί τη βάση της εσχατολογικής ελπίδας σε μια μεσσιανική φιγούρα. Ο **Nancy L. De Calaisse – Walford**, *Reading from the Beginning*, 1977, υπηρετεί διττό ρόλο της μετά – εξορίας της κοινότητας: το βιβλίο των Ψαλμών αποτελεί πηγή για τελετές και θεματοφύλακας της ιστορίας του Ισραήλ. Ο **David M. Howard Jr.**, στο έργο του *The Structure of Psalms 93-100*, 1997, κάνει ανάλυση σε μικροδομικό επίπεδο. Οι συλλογές των άρθρων The Shape and shaping of the Psalter, Neue Wege der Psalmenforschung, Der Psalter in Judentum und Christentum, αναφέρονται τη σύνθεση και το μήνυμα του βιβλίου των Ψαλμών. Ο **Erich Zenger**, δημιούργησε μια συλλογή από καλά οργανωμένους ύμνους, χωρίς λειτουργική ή θρησκευτική χρήση. Το έργο αυτό ως φιλολογικό μνημείο είναι σημαντικό. Ο **Erhard S. Gerstenberger** θεωρεί το βιβλίο των Ψαλμών ως χρηστικό για τις λειτουργικές ανάγκες χρησιμοποιώντας τη **μορφο-ιστορική μέθοδο**[386] προσπαθεί να ερμηνεύσει Ψαλμούς του ίδιου είδους. Προκειμένου να γίνει αυτό θα πρέπει να συντρέχουν 3 προϋποθέσεις[387], ήτοι: να έχουν την ίδια τοποθέτηση όσον αφορά το *Sitz im Leben (συνθήκες της ζωής)*, αποτελώντας τη λατρευτική βάση και ένα κοινό λατρευτικό πλαίσιο, να χαρακτηρίζονται από κοινές σκέψεις, συναισθήματα, διαθέσεις και τέλος, να απαιτείται να έχουν απαγγελθεί στο κοινό, να έχουν κοινό λογοτεχνικό ύφος, δομή και γλώσσα. Ο Gunkel διέγνωσε μια γενική δομή των ύμνων, σύμφωνα με την οποία στην

της συναγωγής, θεωρεί το βιβλίο ολιστικά. Ο **Michael D. Goulder**, στο έργο του *The Prayers of David (Psalms 51-72)* εκλαμβάνει δεδομένη τη σειρά των Ψαλμών καθώς και τους τίτλους. Επίσης, θεωρεί ότι αυτοί είναι δαβιδικοί ψαλμοί, οι οποίοι συντέθηκαν από κάποιον υιό του Δαβίδ κατά τη διάρκεια της ζωής του Δαβίδ. Επίσης, βάση της ανάλυσής του αποτελεί η ιδέα ότι ένας ψαλμός δύναται να κατανοηθεί υπό το φως των προϋποθέσεων της σύνθεσής του. Με αυτόν τον τρόπο διαφοροποιείται από άλλους ερευνητές, οι οποίοι θεωρούν ότι οι Ψαλμοί δύνανται να χρησιμοποιηθούν σε διάφορες εποχές και κατά στίχους.

[386] Η ιστορική κριτική πάει πίσω από το βιβλικό κείμενο, προκειμένου να αναδομήσει την ιστορία του Ισραήλ, ενώ η μορφο-ιστορική κριτική προσπαθεί να αναδομήσει την προφορική παράδοση της φιλολογίας του Ισραήλ. Αρχές αυτές της μεθόδου είναι οι εξής: οι ερευνητές προσπαθούν πίσω από τα φιλολογικά είδη να ανακαλύψει και να αναδομήσει σε προφορικό επίπεδο ποια συγκεκριμένη λειτουργία έπαιζαν στη ζωή του τότε ανθρώπου. Η μέθοδος αυτή χρησιμοποιείται για να αναδομήσει το ρόλο της Π.Δ. ως φιλολογικό είδος στη ζωή του αρχαίου Ισραήλ.

[387] Hermann Gunkel, *The Psalms: A Form – Critical Introduction*, Introduction by James Muilenburg, trans. by T. M. Horner, Philadelphia: Fortress Press, 1967, (German ed. 1927) σελ. 10, H. Gunkel & J. Begrich, An *Introduction to the Psalms*, trans. by James D. Nogalski, Macon, GA: Mercer University Press, 1998 (German ed. 1933) σελ. 16.

Εισαγωγή υπάρχει ο έπαινος προς τον Γιαχβέ. Στο κύριο τμήμα του Ψαλμού αναφέρονται οι λόγοι για τους οποίους ο Γιαχβέ αξίζει να επαινεθεί, δηλαδή, τα προσόντα και οι ιδιότητές του, οι συνεχείς και επαναλαμβανόμενες πράξεις του, συμπεριλαμβανομένων των έργων του στη δημιουργία και τη συντήρηση του κόσμου. Στο συμπέρασμα ανανεώνει τις κλήσεις για δοξολογία. Το *Sitz im Leben* των ύμνων είναι ότι αποτελούν άσματα της λατρείας, των θυσιών και ψάλλονταν είτε από ένα άτομο είτε από μια χορωδία. Στους ύμνους ανήκουν και οι Ψαλμοί, οι οποίοι αναφέρονται στη Σιών (46,48,76,84,87,122). Αυτοί οι Ψαλμοί δεν έχουν εισαγωγή, δοξολογούν τον Γιαχβέ μέσω της δοξολογίας της Ιερουσαλήμ, απευθύνονται στην ιερή πόλη. Οι Ψαλμοί αυτοί ψάλονταν στις εορτές για την Ιερουσαλήμ καθώς και σε εορτές σχετικές με την εσχατολογία.

Ένα μόνιμο πρόβλημα αναφορικά με την μορφο – ιστορική κριτική του βιβλίου των Ψαλμών είναι η έλλειψη της ύπαρξης ενός και μοναδικού τύπου. Ο **James Grenshaw**[388] αναφέρει ότι δεν υπάρχει λόγος να καταταχτούν οι Ψαλμοί στις διηγήσεις, δεδομένου ότι οι πληροφορίες για τους συγγραφείς και τον κοινωνικό αντίκτυπό τους είναι πολύ λίγες. Ο **Herman Gunkel**[389] θεωρεί, ότι η προσέγγισή του στους Ψαλμούς

---

[388] James Grenshaw, *The Psalms: An Introduction*, Eerdmans, Grand Rapids, 2001, σελ.87-95.
[389] H. Gunkel & J. Begrich, An *Introduction to the Psalms*, trans. by James D. Nogalski, Macon, GA: Mercer University Press, 1998 (German ed. 1933) σελ. 16.

και τους Θρήνους έχει εξελιχθεί σε σχέση με προηγούμενες έρευνες. Αυτό το οποίο άλλαξε στην ερμηνεία των ατομικών θρήνων ήταν το ότι ο συγκεκριμένος ερευνητής δεν εστίασε την προσοχή του μόνο στη δομή, αλλά και στο πως αυτά τα κείμενα επιδρούν στην καθημερινότητα του ανθρώπου. Ένας άλλος σημαντικός ερμηνευτής ο **Westermann**[390] κάνει λόγο για τον σωστό θρήνο στους θρηνητικούς Ψαλμούς, αναγνωρίζοντας τρία στοιχεία, τα οποία σηματοδοτούν αντίστοιχες χρονικές περιόδους, όπως είναι τα παράπονα προς τον Θεό, ο θρήνος του ψαλμωδού για κάποια προσωπική δυστυχία, και το παράπονο ενάντια όσων ανταγωνίζονται τον Θεό, όπως είναι οι εχθροί.

Στην περίπτωση των Ψαλμών δόθηκε βάση στη **λατρευτική χρήση** αυτών. Ο **B. W. Anderson** αναφορικά με την αρχική εμπιστοσύνη που χαρακτήρισε την μορφο - ιστορική μέθοδο γράφει: «*The main question to ask about any psalm is not the situation in the life of David or in the life of some unknown individual which occasioned the composition. Nor is it essential to try to discover the historical situation in the life of the people of Israel in which the psalm was composed. ... Rather, the important question is the purpose of the psalm, and usually this question leads to an inquiry into the psalm's situation in worship*[391]. Οι ερμηνευτές της μορφο –

---

[390] Westermann, *Praise and Lament in the Psalms*, trans. by Keith R. Crim & Richard N. Soulen, John Knox Press, Atlanta, 1981.

[391] B. W. Anderson, *Out of the Depths*, rev. ed. (Philadelphia: Westminster Press, 1983), σελ. 32.

ιστορικής μεθόδου αναγνώρισαν, ότι δεν μπορεί κάθε Ψαλμός να ταιριάζει στο «*situation in worship*», δεδομένου ότι μερικοί Ψαλμοί δημιουργήθηκαν για προσωπική, ιδιωτική και οικιακή χρήση και, δευτερευόντως, συμπεριελήφθηκαν στην ανθολογία του Ψαλτηρίου με σκοπό την κοινή χρήση. Κάποιοι άλλοι, απλώς, αναγνώρισαν ότι το «*Sitz im Leben*», όσον αφορά τα κείμενα της Παλαιάς Διαθήκης και, κυρίως, τους Ψαλμούς έχει ερμηνευθεί αρκετά στενά με την έννοια του «*situation in worship*»[392]. Η μορφο - ιστορική προσέγγιση καταφέρνει να συμβιβάζεται με τη μοναδικότητα των Ψαλμών. Η γλώσσα τους είναι τυπικά γενικευμένη και δύναται να είναι *πολύ δυνατή και αποτελεσματική*, της λείπουν, όμως, αναφορές σε προσωπικά ονόματα, ημερομηνίες, γεγονότα, καθώς και ιδιαίτερες λατρευτικές καταστάσεις. Η μορφο - ιστορική προσέγγιση προϋποθέτει, ότι οι Ψαλμοί δεν γράφηκαν για μια και μοναδική φορά, αλλά για επαναλαμβανόμενες καταστάσεις. Οι Ψαλμοί έχουν άμεση σχέση με τη χρήση τους, τόσο στη λατρεία, όσο και την κοινωνία, όπως, επίσης, σχετίζονται και με τη συμμετοχή πολλών ανθρώπων, αφού πολλοί είναι αυτοί που βλέπουν τον εαυτό τους στο περιεχόμενο των Ψαλμών. Τέτοιου είδους συνθέσεις αποτελούν έργο επαγγελματιών

---

[392] πρβλ. Martin J. Buss, The Idea of Sitz im Leben – History and Critique, *Zeitschrift für die Alttestamentliche Wissenschaft*, 90 (1978) σελ. 157-170 και Walter Brueggemann, Psalms and the Life of Faith: A suggested Typology of Function, *Journal for the Study of the Old Testament,* 17, (1980), σελ. 3-4.

ποιητών, καθώς και αρχηγών της λατρείας. Οι Ψαλμοί αποτελούν γραπτό κείμενο, στο οποίο εκθειάζεται η υπομονετική φύση του ανθρώπου[393]. Η ανθεκτικότητα των Ψαλμών στο χρόνο οφείλεται, τόσο στις δυνατότητες, όσο και τη διορατικότητα των ποιητών[394].

Η μεταφορική γλώσσα των Ψαλμών απεικονίζει τα είδη των εμπειριών, τα οποία αποτελούν τυπικά χαρακτηριστικά των ανθρώπων κάθε εποχής. Η έρευνα για το «*situation in worship*» παρακωλύεται από την ιδιομορφία του βιβλίου των Ψαλμών, καθώς και της Παλαιάς Διαθήκης. Βεβαίως, και υπάρχουν πληροφορίες για τις διάφορες φάσεις της λατρείας, κατά τους χρόνους της Παλαιάς Διαθήκης, όπως, επίσης, για τα είδη των θυσιών, για την ίδρυση του ιερατείου και την κατασκευή του ναού. Όμως, όλες οι πληροφορίες που υπάρχουν στη διάθεσή μας είναι γενικές, χωρίς συγκεκριμένες πληροφορίες[395]. Αυτές οι γενικότητες ανάγκασαν τους ερμηνευτές να προσπαθήσουν να αναδομήσουν το «*situation in worship*», με αποτέλεσμα να καταλήξουν σε εξεζητημένες θεωρίες, σχετικά με την εορτή του Νέου Έτους, τις τελετές ενθρόνισης και τυπικά διαθηκών. Δεδομένου ότι οι πληροφορίες στην Παλαιά Διαθήκη είναι αποσπασματικές, οι κριτικοί προσπαθούν να τις αναδιαμορφώσουν από περιγραφές και αναφορές φιλολογικών κειμένων της Αρχαίας

---

[393] Marvin E. Tate, The Interpretation of the Psalms, *Review and Expositor*, 81, (Summer, 1984), σελ. 363 – 373.

[394] B. W. Anderson, *Out of the Depths*, rev. ed. (Philadelphia: Westminster Press, 1983), σελ. 36.

[395] πρβλ. Εξ. 23:14-17, 34:18, Δευτ. 16:1-8, 13-15.

Εγγύς Ανατολής. Παρ' όλ' αυτά, αυτές οι πληροφορίες δεν είναι αρκετά βοηθητικές, όσον αφορά την ανασύσταση της λατρείας της Παλαιάς Διαθήκης[396]. Ο **Artur Weiser** στο υπόμνημά του για τους Ψαλμούς προσφέρει μια εικόνα του *«situation in worship»* [397]. Η βασική του θέση είναι ότι η εορτή της Διαθήκης του Γιαχβέ αποτελούσε μια *«situation in worship»* για την πλειοψηφία των Ψαλμών. Ο Weiser κάνει λόγο για μια ετήσια εορτή του Γιαχβέ, η οποία λάμβανε χώρα στην εορτή του Νέου Έτους την άνοιξη, ως την ιδρυτική λατρευτική περίσταση, κατά την περίοδο πριν την μοναρχία των 12 φυλών[398]. Η καρδιά αυτής της εορτής ήταν η αποκάλυψη του Θεού στο όρος Σινά (Εξ. 19-34) και η επικύρωση της Διαθήκης μεταξύ του Θεού και του Ισραήλ. Ο Artur Weiser θεωρούσε αδύνατο να αναπαράγει τις λεπτομέρειες της εορτής της Διαθήκης παρόλο που τα βασικά στοιχεία, οι ιδέες και ο χαρακτήρας της εορτής δίνονται με αρκετά στοιχεία στο βιβλίο των Ψαλμών. Ο Weiser πασχίζει να συνδέσει τους ατομικούς ψαλμούς με τμήματα ψαλμών, προκειμένου να αναδομήσει την εορτή της Διαθήκης. Οι περισσότεροι αναγνώστες του Weiser, ίσως, θα συμφωνήσουν ότι το έχει παρατραβήξει, διότι η διαδικασία της σύνδεσης Ψαλμών, ακόμα κι όταν υπάρχει ένα καλό ιστορικό υπόβαθρο, με μια υποθετική εορτή της

---

[396] James B. Pritchard, ed., *Ancient Near East Texts*, 3rd ed. (Princeton: Princeton University Press, 1969), σελ. 331-334.
[397] Artur Weiser, *The Psalms*, trans. Herbert Hartwell (Philadelphia: Westminster Press, 1962), σελ. 19.
[398] ό. π. σελ. 26-27.

Διαθήκης, μερικές φορές γίνεται κουραστική, εξαιτίας της πίεσης που ασκείται για την αποδοχή της. Η μορφο - ιστορική προσέγγιση παραμένει η βασική ερμηνευτική προσέγγιση των Ψαλμών.

Η τέταρτη φάση της ερμηνευτικής των Ψαλμών δύναται να αναδειχθεί υπό το φως της **νέας φιλολογικής κριτικής των βιβλικών σπουδών**. Αυτό το είδος μελέτης εστιάζει στα βιβλικά κείμενα ως λογοτεχνικό είδος, μειώνοντας, ταυτόχρονα, το ενδιαφέρον για πληροφορίες, όπως είναι ο συγγραφέας, η χρονολογία συγγραφής και το ιστορικό περιβάλλον. Έμφαση δίνεται στο ίδιο το κείμενο, καθώς και στο είδος της διαδικασίας στην οποία εισάγεται ο αναγνώστης, προκειμένου να το κατανοήσει. Όμως, μια τέτοια ερμηνευτική διαδικασία βρίσκεται ακόμα στα σπάργανα, καθώς οι ερμηνευτές έχουν εστιάσει την προσοχή τους, όχι τόσο στα ποιητικά κείμενα της Παλαιάς Διαθήκης, όσο στα πεζά κείμενα αυτής. Όμως το ενδιαφέρον για την εβραϊκή ποίηση έχει αρχίσει να αναζωπυρώνεται[399] και αναλύσεις σχετικές με το στυλ και το ύφος των Ψαλμών έχουν αρχίσει να κάνουν την εμφάνισή τους[400]. Η μορφο - ιστορική ανάλυση

---

[399] βλ. M. O' Connor, *Hebrew Verse Structure* (Winona Lake, Ind: Eisenbrauns, 1980) και James L. Kugel, *The Idea of Biblical Poetry: Parallelism and its History,* (New Haven: Yale University Press, 1981).

[400] βλ. Robert L. Alden, Chiastic Psalms (II): A Study in the Mechanics of Semitic Poetry in Psalms 51-100, *Journal of the Evangelical Society, 21* (1978), σελ.191 – 200, Richard J. Clifford, Rhetorical Crticism in the Exegesis of Hebrew Poetry, *SBL Seminar Papers 1980* (Chico, Calif.: Scholars Press, 1980), σελ. 17-20, John S. Kselman, Design and

λαμβάνει σοβαρά υπόψη την ορολογία και τα χαρακτηριστικά των κειμένων της Παλαιάς Διαθήκης[401].

Η Βίβλος παύει να αντιμετωπίζεται ως συστηματικό βιβλίο, αλλά ως ιστορικό με μοναδικό θέμα τη χρονολογική καταγραφή γεγονότων, σύμφωνα με τα οποία οι άνθρωποι του Θεού (ο Ισραήλ και η πρώτη Εκκλησία) έλαβαν τη θεία αποκάλυψη και ανέλαβαν την υποχρέωση να την καταγράψουν σε διάφορα βιβλία. Για το λόγο αυτό, θα πρέπει να ληφθεί σοβαρά υπόψη η ιστορική δομή της Βίβλου από τους βιβλικούς θεολόγους, κατά την παρουσίαση του βιβλικού υλικού[402]. Τον 20°

Structure in Hebrew Poetry, *SBL Seminar Papers 1980* (Chico, Calif.: Scholars Press, 1980), σελ. 1-16 και Why have you abandoned me? A Rhetorical Study of Psalm 22, Art and Meaning: Rhetoric in Biblical Literature, ed. David J. Cline, David M. Gunn and Alan J. Hauser, *Journal for the Study of the Old Testament Supplement Series*, 19 (Sheffield: JSOT Press, 1982), σελ. 172 – 198.

[401] H. J. Kraus, *Psalmen*, Biblischer Kommentar Altes Testament, 5th ed., vol. 15 (Neukirchen – Vluyn: Neukirchener Verlag, 1978), σελ. 36 – 68, όπου διαφοροποιείται οι ψαλμοί δοξολογίας από τους ψαλμούς – προσευχές. πρβλ. Michael D. Goulder, The Psalms of the Songs of Korah, *Journal for the Study of the Old Testament Supplement Series*, 20 (Sheffield: JSOT Press, 1982). Στην τελευταία αυτή μελέτη γίνεται λόγος για τη λειτουργία των ψαλμών.

[402] Γνωστοί για την ιστορική δομή της βιβλικής θεολογίας τους ήταν οι: De Wette (1813) και ο Cölln (1836). Ο πρώτος χώρισε τη θρησκεία της Π.Δ. σε εβραϊκή και ιουδαϊκή, αναφερόμενος στην μετά την εξορία θρησκεία του λαού του Ισραήλ. Αυτή η μέθοδος μάλιστα ακολουθήθηκε από πολλούς ερευνητές, πρβλ. W. M. L. De Wette, *Biblische Dogmatik des Alten und Neuen Testaments, der Kritische Darstellung der Religionslehre des Hebraismus, des Judentums und Urchristentums* (Berlin, Realschulbuchhandlung 1813) & D. G. C. von Cölln, *Biblische Theologie*, 2 vols. (Leipzig, J. A. Barth 1836).

αιώνα η ιστορική προσέγγιση της Θεολογίας της Π.Δ. αναπτύσσεται, κυρίως, από τον **G. von Rad**[403], ο οποίος απέρριπτε κάθε συστηματική προσέγγιση της Θεολογίας της Π.Δ., καθώς και ότι η Θεολογία της Π.Δ. βασίζεται στον κηρυγματικό και εξομολογητικό χαρακτήρα αυτής.

Μια άλλη μεθοδολογική προσέγγιση είναι η **θεματική**, σύμφωνα με την οποία η Θεολογία της Π.Δ. διαχωρίζεται σε θεματικές κατηγορίες. Ο **J. L. McKenzie**[404] αναφέρει, ότι η Θεολογία της Π.Δ. πρέπει να περιέχει εκείνα τα θέματα, τα οποία απαντώνται πιο συχνά στα κείμενα της Π.Δ. Η προσέγγιση αυτή στηρίζεται στην αναγνώριση της διαθήκης ως το θέμα – κλειδί της Βιβλικής Θεολογίας. Το έργο του θεολόγου **J. Cocceious**[405] (1603 - 1669) αποτέλεσε τη

---

[403] G. von Rad, *Theologie des Alten Testaments* (Munich, Chr. Kaiser, 1957, 60). Ως απάντηση στην έρευνα του Rad παραθέτουμε τα έργα των: G. Henton Davies, Gerhard von Rad Old Testament Thelogy, in R. B. Laurin, *Contemporary Old Testament Theologians* (London, Marshall, Morgan & Scott, 1970), σελ. 63-89, H. – J. Kraus, *Die Biblische Theologie: Ihre Geschichte und Problematik*, (Neukirchen Vluyn, Neukirchener Verlag 1970), σελ. 133-9, D. G. Spriggs, *Two Old Testament Theologians* (London, SCM 1974), M. Oeming, *Gesamtbiblische Theologien der Gegenwart* (Stuttgart, W. Kohlhammer 2nd ed. 1987), σελ. 20-33 & 58-80.

[404] J. L. McKenzie, *A Theology of the Old Testament,* (Garden City, Doubleday 1974).

[405] Για τον J. Cocceious κάνει λόγο ο J. C. McLelland, Covenant Theology – A Re-Evaluation, *CJT 3*, (1957), σελ. 182-8, επειδή ο πρώτος οργάνωσε από το 1648 το θεολογικό σύστημα βασισμένο στη θεματολογία της Π.Δ. Ο διαχωρισμός του περιελάμβανε τη διαθήκη των έργων ή τη διαθήκη της φύσης, οι οποίες χρονολογούνται πριν την πτώση, και τη διαθήκη της ευλογίας, η οποία χρονολογείται μετά την πτώση.

βάση για τη «*Θεολογία της Διαθήκης*». Ο **W. Eichrodt**[406] εκσυγχρόνισε τη θεματική προσέγγιση, αφού πρώτα απέρριψε τη συστηματική και ιστορική προσέγγιση, έλαβε ως οργανωτική βάση της Θεολογίας του τη Διαθήκη, με τρεις βασικές παραμέτρους: «Θεός και έθνος», «Θεός και Κόσμος», και, τέλος, «Θεός και Άνθρωπος». Η θεολογία του Eichrodt δεν θεωρήθηκε καθ' όλα επιτυχημένη, διότι μεταξύ του κεντρικού θεολογικού θέματος, που είναι η διαθήκη[407], και των υπολοίπων ο δεσμός δεν ήταν αρραγής[408]. Μια πιο σύγχρονη προσέγγιση[409] για τη Θεολογία της Π.Δ. είναι η **_πολυθεματική_**[410] προσέγγιση, η οποία χρησιμοποιεί τη συστηματική, την ιστορική και τη θεματική μεθοδολογική προσέγγιση. Εκπρόσωπος αυτής της προσέγγισης είναι ο **Ε. Α. Martens**, ο οποίος εκλαμβάνει ως βασικό θέμα της Π.Δ. τον Γιαχβέ και ως

---

[406] W. Eichrodt, *Theology of the Old Testament* (London, SCM 1961), σελ. 65.

[407] πρβλ. W. G. Most, A Biblical Theology of Redemption in a Covenant Framework, *CBQ 29,* (1967), σελ. 1-19, F. C. Fensham, The Covenant as Giving Expression to the Relation between Old and New Testament, *Tyndale Bulletin 22,* (1971), σελ. 82-94.

[408] Εκτός από τον Eichrodt και ο J. Barton Payne, *The Theology of the Older Testament,* (Grand Rapids, Zondervan, 1962) εξέλαβε ως οργανωτική βάση το θέμα της Διαθήκης, έχοντας μια διαφορά ορολογίας στην αγγλική γλώσσα. Ο μεν Eichrodt προτιμά να χρησιμοποιεί για τη *Διαθήκη* την αγγλική λέξη *covenant,* ενώ ο Payne χρησιμοποιεί την αγγλική λέξη *testament.*

[409] Charles H. H. Scobie, The Structure of Biblical Theology, *Tyndale Bulletin 42.2* (Nov. 1991), σελ. 163-194.

[410] E. A. Martens, *Plot and Purpose in the Old Testament* (Leicester 1981), which it was also published in North America's *God's Design: A Focus on Old Testament Theology,*(Grand Rapids, Baker 1981).

χωρίο – κλειδί το Εξ. 5:22-6:8, εξαιτίας του ότι αναφέρεται το σχέδιο και ο σκοπός του Θεού στην Π.Δ.

Μια νέα μέθοδος, η οποία χρησιμοποιείται για την ανάλυση των ποιητικών κειμένων είναι η λεγόμενη *τυπολογική ανάλυση* (*formal analysis*)[411], η οποία δεν ασχολείται με τη μετρική, την προσωδία, παραλληλισμό των μελών, αλλά με τις εσωτερικές λογικές σχέσεις, όπως αυτές προκύπτουν μέσα στο ποιητικό κείμενο. Αυτές τις σχέσεις αναφέρει ο **Vern S. Poythress**[412], ο οποίος περιγράφει τη δομιστική προσέγγιση και παρά τις ομοιότητες η τυπολογική ανάλυση δεν έχει καμιά σχέση με την μορφο-ϊστορική μέθοδο του Hermann Gunkel. Όπως, επίσης, δεν έχει καμιά σχέση με τη λειτουργική – λατρευτική προσέγγιση του Sigmund Mowinckel. Πρόκειται για μια μέθοδο, η οποία προσεγγίζει ένα ποιητικό κείμενο ως ολόκληρο και μοναδικό έργο, προκειμένου να ανακαλύψει το σύστημα των εσωτερικών σχέσεων, σύμφωνα με τις οποίες η μορφή και το περιεχόμενο είναι αχώριστα.

Ο **D. J. A. Clines**, στο άρθρο του *The Ideology of writers and readers of the Hebrew bible*[413] κάνει λόγο για την **ιδεολογική**

---

[411] Mary C. Crumpacker, Formal Analysis and the Psalms, *JETS* 24, No. 1., 1981, σελ. 11-22.

[412] Vern S. Poythress, Structuralism and Biblical Studies, *JETS* 21/3 (1978), σελ. 221 – 237.

[413] D. J. A. Clines, Interested Parties: Ideology of Writers and Readers of the Hebrew Bible (*Journal for the Study of the Old Testament Supplement Series,* 205; Gender, Culture, Theory 1;Sheffield Academic Press, 1995), σελ. 9.

κριτική[414]. Για την έννοια της ιδεολογίας δεν υπάρχει συμφωνία[415]. Ο όρος αυτός είναι άγνωστος στη βιβλική κριτική[416]. Όταν γράφουν για την ιδεολογία της βασιλείας στο αρχαίο Ισραήλ, εννοούν τις απόψεις ανθρώπων, και, κυρίως, των συγγραφέων των βιβλικών κειμένων, σχετικά με τον θεσμό της βασιλείας. Όταν κάνουν λόγο για «ιδεολογική άποψη», εννοούν μια ομάδα αξιώσεων ή καταδικών ενάντια σε ό,τι αξιολογείται στην πορεία της ιστορίας[417]. Ο **Walter Brueggemann**[418] καταλαβαίνει την ιδεολογία ως προστατευμένο ενδιαφέρον, το οποίο προσπερνάει την αλήθεια. Ο θεολογικός ισχυρισμός λειτουργεί ως τρόπος κοινωνικού ελέγχου. Ο Clines συμφωνεί με αυτόν τον ορισμό του Brueggemann και, κυρίως, με την αξιολόγησή του στη βασιλική και λατρευτική ιδεολογία του αρχαίου Ισραήλ. Ο Clines, λοιπόν, ενδιαφέρεται για την ιδεολογία των συγγραφέων, όπως αυτή αποτυπώνεται στα κείμενα της Εβραϊκής Βίβλου, γνωρίζοντας τα προβλήματα που προκαλεί η σχετική

---

[414] βλ. Fernando Belo, *A materialist reading of the Gospel of Mark* (trans. Matthew J. O' Connell; Maryknoll: Orbis Books 1981).

[415] D. J. A. Clines, Interested Parties: Ideology of Writers and Readers of the Hebrew Bible (Sheffield Academic Press, 1995), σελ. 9-25.

[416] ό. π. σελ. 12 στην υποσημ. 4 παραθέτει έναν ευρύτατο κατάλογο βιβλίων σχετικών με την ανάπτυξη της ιδέας της ιδεολογίας των βιβλικών κειμένων.

[417] Stephen D. Moore, *Literary Criticism and the Gospels: The theoretical Challenge* (New Haven: Yale University Press 1989), σελ. 56.

[418] Walter Brueggemann, *Israel's Praise: Doxology against Idolatry and Ideology* (Philadelphia: Fortress Press, 1988), σελ. 111.

ορολογία («*meaning*» και «*intention*»), καθώς και τον προβληματισμό μεταξύ της κατανόησης και της κριτικής[419]. Στο συγκεκριμένο άρθρο ο Clines καταλήγει στο ότι, τόσο οι συγγραφείς, όσο και οι αναγνώστες, αποτελούν δύο σημαντικούς πόλους του ιδεολογικού χαρακτήρα των βιβλικών κειμένων. Αυτό συμβαίνει διότι οι συγγραφείς γράφουν το κείμενό τους έχοντας κάποιο σκοπό, και οι αναγνώστες επιλέγουν τι θα διαβάσουν και πως. Άρα, και οι μεν και οι δε αποτελούν τους πιο σημαντικούς πόλους της Βίβλου, έχοντας τη Βίβλο στη μέση ακριβώς. Στο θέμα της ιδεολογικής κριτικής της Βίβλου αυτή κρίνεται σημαντική και αξιόλογη, διότι οι ιδεολογίες δεν είναι απλώς στείρες πνευματικές ιδέες, αλλά ιδέες, οι οποίες επηρεάζουν τη ζωή των ανθρώπων (και αυτών που τις γράφουν και αυτών που τις διαβάζουν), διαμορφώνοντας με αυτόν τον τρόπο κοινωνικοπολιτικές και οικονομικές συνθήκες μέσα στις οποίες ζουν οι άνθρωποι κάθε εποχής. Για τον Brueggemann η λανθασμένη συνείδηση είναι η ιδεολογία συγκεκριμένων συγγραφέων της εβραϊκής βίβλου. Από την άλλη ο **Giovanni Garbini**[420] κάνει λόγο για την ιδεολογία, η οποία διαστρέφει την πραγματικότητα. Σύμφωνα με τον Garbini οι συγγραφείς των βιβλικών

---

[419] D. J. A. Clines, Interested Parties: Ideology of Writes and Readers of the Hebrew Bible (*Journal for the Study of the Old Testament Supplement Series*, 205; Gender, Culture, Theory 1; Sheffield Academic Press, 1995), σελ. 9-25.

[420] Giovanni Garbini, *History and Ideology in Ancient Israel* (trans. John Bowden; London: SCM Press 1988), σελ. 2-3 & cf. σελ. 174.

κειμένων είχαν έναν ιδεολογικό κίνητρο, το οποίο ελέγχει την έκθεση των γεγονότων[421]. Το πραγματικό πρόβλημα δημιουργείται από τους μοντέρνους αναγνώστες, οι οποίοι είναι ευαίσθητοι στο θέμα της βιβλικής ιδεολογίας. Οι **Norman Gottwald** και **David Jobling** έδωσαν περισσότερο βάση στη θεωρία της **κοινωνικής πραγματικότητας** του αρχαίου Ισραήλ ως τη μήτρα των βιβλικών ιδεολογιών. Με την εμφάνιση της *ρητορικής κριτικής*[422] στις βιβλικές σπουδές, δόθηκε προσοχή σε μερικούς κύκλους πέραν των συγγραφέων των βιβλικών κειμένων. Ο **Norman Gottwald** θεωρείται πρωτοπόρος στο θέμα των ιδεολογικών σπουδών της εβραϊκής βίβλου[423]. Μαζί με τη ρητορική κριτική στις βιβλικές σπουδές κάνει την εμφάνισή της ένα άλλο είδος προσέγγισης, γνωστή ως «προσέγγιση της αποδοχής των βιβλικών κειμένων από τους αναγνώστες» (*reader – response criticism*)[424].

---

[421] ό. π. σελ.14.

[422] Jared J. Jackson & Maritn Kessler (eds.), *Rhetorical Criticism: Essays in Honor of James Muilenburg* (Pittsburgh Theoretical Monograph Series:1; Pittsburgh: Pickwick Press, 1974) και David J. A. Clines, David M. Gunn & Alan J. Hauser, Art and Meaning: Rhetoric in Biblical Literature (*Journal for the Study of the Old Testament Supplement Series,* 19; Sheffield; JSOT Press,1982).

[423] Norman Gottwald, *The Tribes of Yahweh: A Sociology of the Religion of Liberated Israel 1250-1050 B.C.E.* (London: SCM Press, 1980) & *The Bible and Liberation: Political and Social Hermeneutics* (ed. Norman K. Gottwald; Maryknoll, NY: Orbis Books, 1983).

[424] Το θέμα της προσέγγισης αυτής είναι καινούργιο όσον αφορά τη χρήση της ορολογίας. Η θεωρία αυτή έκανε την εμφάνισή της τη δεκαετία του '60 στη Γερμανία και είναι γνωστή ως «Rezeptionsaesthetik», αποτελώντας το γερμανικό αντίστοιχο στην αμερικανική «readers – response

Η **χριστολογική προσέγγιση** των Ψαλμών δύναται, ακόμα και σήμερα, να προσφέρει πολλά, αρκεί να χρησιμοποιηθεί σωστά. Οι Ψαλμοί δεν δίνουν ακριβείς και εύκολες προβλέψεις για τον Χριστό. Επιπλέον, καλό θα ήταν να αποφεύγονται κάθε είδους *"πνευματικισμοί"* (*spiritualizing*), όταν στους Ψαλμούς χρησιμοποιείται, αρκετά συχνά, σκληρή γλώσσα. Αλλά για τους χριστιανούς οι Ψαλμοί δύναται να αποτελέσουν μια είσοδο στην έννοια της ελευθερίας. Κανένας, σήμερα, δεν δίνει έμφαση στην χριστολογική προσέγγιση των Ψαλμών παρά ο **Dietrich Bonhoeffer**[425], ο οποίος αναφέρεται στην προσευχητική χρήση του βιβλίου των Ψαλμών. Επίσης, στο σημείο αυτό δεν θα

---

criticism» και συνδέεται με τον Hans Robert. Με την προσέγγιση αυτή ασχολήθηκε ενδελεχώς ο H. R. Jauss στο βιβλίο του *Towards an Aesthetik of Reception* (1982). Όμως περισσότερα για αυτή την προσέγγιση βλ. John F. A. Sawyer, *The role of reception theory, reader – response criticism and/or impact History in the study of the Bible: Definition and Evaluation*, Lancaster University, U.K., 2001, John L. McPake, The Reception of the Theology of Karl Barth in Scotland, *Tyndale Bulltein 47.1* (1996), σελ. 181-184.

[425] Dietrich Bonhoeffer, Psalms: The Prayer Book of the Bible, trans. James H. Burtness, (Mineapolis: Augsburg Publishing House, 1970), σελ.19: «How is possible for a man and Jesus Christ to pray the Psalter together? It is the incarnate Son of God, who has borne every humanweakness in his own flesh, who here pours out the heart of all humanity before God and who stands in our place and prays for us. He had known torment and pain, guilt and death more deeply than we. Therefore it is the prayer of the human nature assumed by him which comes here before God. It is really our prayer, but since he knows us better than we know ourselves and since he himself was true man for our sakes, it is also really his prayer, and it can become our prayer only because it was his prayer.».

πρέπει να παραθεωρηθεί, ότι ο Χριστός ήταν Εβραίος στην καταγωγή και ότι οι Ψαλμοί αποτελούν σημαντική κληρονομιά των Εβραίων. Αυτή την επισήμανση την κάνει και ο **Walter Brueggemann**, όταν αναφέρεται σε μια τριπλή προσευχητική προσέγγιση των Ψαλμών, οι οποίοι μάς προσκαλούν να προσευχηθούμε **για** τους Εβραίους σε συνδυασμό με την πίστη και την ελπίδα, μάς προσκαλούν να προσευχηθούμε **μαζί** με τους Εβραίους σε συνδυασμό με το ότι ο Θεός επέλεξε τους Εβραίους να γίνουν άνθρωποι του Θεού και, τέλος, μάς προσκαλούν να προσευχηθούμε **ως** Εβραίοι μέσα σε ένα πραγματικά εβραϊκό πνεύμα[426]. Η **χριστιανή χρήση των Ψαλμών** καταλήγει σε μια οξεία γνώση, σύμφωνα με τον **John Bright**[427]. Η χριστολογική προσέγγιση ήταν μη αποδεκτή για το μεγαλύτερο τμήμα των Ψαλμών, καθώς στρεφόταν περισσότερο προς την αλληγορική ερμηνεία, η οποία είχε απορριφθεί από τους Μεταρρυθμιστές, αφού κάτι τόσο θεολογικό θεωρείτο πολύ αμφισβητούμενο. Δεν

---

[426] Walter Bruegemann, Praying the Psalms, (Winona, MInn: Saint Mary's Press, 1982), σελ.51-65.

[427] John Bright, The authority of the Old Testament, (Nasville: Abingdon Press, 1977), σελ. 234-41. Στον Ψαλμό 137 ο Bright αναλύει την έννοια του προ Χριστού εννοώντας την κατάσταση της αναμονής, είτε μέσω της άγνοιας, είτε μέσω της επιλογής σε αντίθεση με το μεσσιανικό βασίλειο του Χριστού. Ακόμα, δεν είμαστε αυτό το οποίο θα έπρεπε να είχαμε γίνει και το οποίο δύναται να γίνουμε εξαιτίας της χάριτος του Θεού. Το προ Χριστού μας παρακινεί προς τον Χριστό, τον οποίο αναμένουμε ακόμα κι αν ζούμε όπως οι μαθητές του. Ο Bright αναφέρει, ότι προκειμένου να ερμηνευθεί 137ος Ψαλμός θα πρέπει να ακουστεί ο λόγος του Θεού στην Παλαιά Διαθήκη σε όλη την ανθρώπινη έκτασή του, διαφορετικά θα ήταν αδύνατο για τον άνθρωπο να ακούσει τον λόγο του Θεού σωστά.

αποτελεί έκπληξη το ότι οι ιστορικο-κριτικοί ερμηνευτές εξέλαβαν το μεγαλύτερο τμήμα των Ψαλμών ως απευθείας έκφραση ατομικών ποιητών, οι οποίοι έζησαν το μεγαλύτερο μέρος της ζωής τους στην μετα-εξορία εποχή. Σε αυτό συντείνει και το ότι ο Α. F. Kirkpatrick στο εξαιρετικό υπόμνημά του αναφέρεται στη λυρική ποίηση των Ψαλμών, η οποία εκφράζει ευθέως τα ατομικά συναισθήματα των ποιητών της[428]. Ο **R. H. Pfeiffer** αναφέρει, ότι το βιβλίο των **Ψαλμών αντανακλά περισσότερο το περιβάλλον της συναγωγής παρά του ναού**[429].

Συμπερασματικά, λοιπόν, καταλήγουμε ότι οι ανωτέρω μέθοδοι βοήθησαν στην ερμηνευτική διαπραγμάτευση του ψαλμικού χωρίου «... *ποῦ ἐστιν ὁ Θεός σου;*». Η μέθοδος, όμως, που χρησιμοποιήθηκε κυρίως είναι η ιστορικοκριτική και ερμηνευτική μέθοδος, εξαιτίας των πολλών προς ερμηνεία χωρίων, καθώς και της συστηματικής μελέτης αυτών.

---

[428] A.F. Kirkpatrick, *The Book of Psalms*, The Cambridge Bible for Schools and Colleges, vol. 16 (1902; Rpt. Cambridge; Cambridge University Press, 1951) σελ. x.

[429] R.H. Pfeiffer, *Introduction to the Old Testament* (New York: Harper and Row, 1948), σελ. 620.

Β´ ΤΜΗΜΑ

ΙΙ. ΕΡΜΗΝΕΥΤΙΚΗ ΑΝΑΛΥΣΗ ΤΟΥ ΨΑΛΜΟΥ 42:4 & 42:11 «...ΠΟΥ ΕΣΤΙΝ Ο ΘΕΟΣ ΣΟΥ;» ΚΑΙ ΤΩΝ ΠΑΡΑΛΛΑΓΩΝ ΑΥΤΟΥ

ΙΙ. 1. ΕΙΣΑΓΩΓΙΚΑ ΣΤΟΙΧΕΙΑ ΓΙΑ ΤΟΝ 42º ΨΑΛΜΟ

Ο **Clines**[430] εκλαμβάνει τον 42º-43º Ψαλμό ως ψαλμό ικεσίας. Οι Ψαλμοί ικεσίας διακρίνονται σε *ατομικούς* και σε *συλλογικούς*. Σκοπός τους δεν είναι κάποια συγκεκριμένη κατάσταση δυστυχίας και δοκιμασίας, αλλά αποτελούν ψαλμούς για συγκεκριμένες περιπτώσεις του λειτουργικού έτους, συμπεριλαμβανομένης και της εορτής της Σκηνής του Μαρτυρίου. Ο **J. H. Eaton**[431] αναφέρει, ότι ο 42ος - 43ος Ψαλμός είναι θρήνος[432] ενός ανθρώπου, ο οποίος βρίσκεται στην εξορία. Οι ψαλμοί 42/43 μελετώνται από κοινού, επειδή το μασοριτικό κείμενο τους παρουσιάζει ως έναν ψαλμό, καθώς ο 43ος ψαλμός δεν φέρει τίτλο και ενώνεται με κοινό ρεφρέν[433] (42:6, 42:12, 43:5). Ο διαχωρισμός τους από τους Ο´, ίσως, οφείλεται στο ότι ο

---

[430] D. J. A. Clines, Psalm Research since 1955: II The literary genres, *Tyndale Bulltetin* 20 (1969), σελ. 105 – 125, ειδικότερα σελ. 114.

[431] J. H. Eaton, Psalms (*Torch Bible Commentaries*), S. C. M. Press, London, (1967).

[432] Ως έκφραση του θρήνου του ανθρώπου προς τον Θεό θεωρούνται επίσης ο Ιώβ και ο Εκκλησιαστής.

[433] H. – J. Kraus, *Die Psalmen*, Biblischer Kommantar Altes Testament, 5th ed., vol. 15, (Neukirchen – Vluyn: Neukirchener Verlag, 1978), σελ. 470-477.

42ος Ψαλμός αποτελεί θρήνο, ενώ ο 43ος Ψαλμός είναι προσευχή. Ο **Craigie** αποδέχεται τον 42º/43º Ψαλμό ως έναν ψαλμό χαρακτηρίζοντάς τον ατομικό θρήνο. Επίσης, μπορεί να θεωρηθεί ως «βασιλικός θρήνος», όμως, το πιο πιθανό είναι ο Ψαλμός αυτός να είναι ατομικός, αντικατοπτρίζοντας το πνεύμα ενός συγκεκριμένου ατόμου, αγνώστου σε εμάς[434]. Το υπόβαθρο του θρηνητικού ψαλμού δύναται να τοποθετείται χρονικά την εποχή της εξορίας, ή ο ψαλμωδός να τον συνέθεσε αποκομμένος από την πατρίδα του την εποχή που ανθούσε η λατρεία του βασιλιά. Αυτό που με σιγουριά δύναται να λεχθεί είναι, ότι υπάρχει ένα υπόβαθρο, το οποίο έχει να κάνει με αρρώστια, η οποία δεν του επιτρέπει να πάει να προσκυνήσει στο Ναό της Ιερουσαλήμ.

Σύμφωνα με τον **S. Terrien**[435] οι Ψαλμοί 42 – 43 αποτελούν ένα Ψαλμό, καθώς πολλά εβραϊκά κείμενα τους παρουσιάζουν ως έναν Ψαλμό, εξαιτίας του ότι ο 43ος Ψαλμός στερείται επικεφαλίδας, υπάρχει κοινός στίχος μεταξύ των 2 ψαλμών (42:10 και 43:2), και τα ρεφρέν είναι ίδια, παρ' όλο, που στο τελευταίο ρεφρέν υπάρχει μια προσθήκη σχετικά με τον Θεό (στ. 5). Επίσης, λέξεις – κλειδιά, όπως ''η ψυχή μου'', τα ονόματα του Θεού (Ελ, Ελοχίμ, Γιαχβέ), η μέρα και η νύχτα, καθώς και η πίεση των

---

[434] Peter C. Craigie, *World Biblical Commentary*, vol. 19: Psalms 1-50, Dallas, Texas: Word Books Publisher, 1988, Psalms 42-43.

[435] S. Terrien, *The Psalms: Strophic Structure and Theological Commentary*, William B. Eerdmans Publishing Company (Grand Rapids, Michigan / Cambridge, UK), 2003.

εχθρών επαναλαμβάνονται χωρίς κάποιο συγκεκριμένο μοτίβο[436]. Η σαρκαστική ερώτηση «...pou/ evstin o` qeo,j sou;...» επαναλαμβάνεται χωρίς συμμετρία παραλληλισμού ή τάξης. Μόνο η αναζήτηση της θείας παρουσίας φαίνεται να είναι ένα συγκλίνον χαρακτηριστικό, το οποίο γίνεται πιο επίμονο από την πρώτη στροφή[437] μέχρι την τρίτη: το πρόσωπο του Θεού, ο οίκος του Θεού, το όρος της αγιότητάς του, το ιερό του Θεού. Επειδή ο Ψαλμός ανήκει στο είδος των ατομικών παραπόνων, ο Θεός, συνήθως, αναφέρεται στο τρίτο πρόσωπο, παρά τις αναφορές σε δεύτερο πρόσωπο, τόσο στην πρώτη, όσο και τη δεύτερη στροφή (42:2 & 7), καθώς και την τρίτη στροφή (43:1-4). Η αλλαγή του σκηνικού γίνεται αισθητή σε κάθε στροφή. Στην πρώτη στροφή επικρατεί η δίψα και τα δάκρυα (42:2-6). Στη δεύτερη στροφή γίνεται λόγος για τους καταρράκτες και την άβυσσο (42:7-12), ενώ στην τρίτη και τελευταία στροφή γίνεται αναφορά στο φρούριο και το άγιο βουνό (43:1-5). Το ρεφρέν μεταφέρει τον ψαλμωδό από τον θρήνο στην ελπίδα, η οποία ολοκληρώνεται με τη δοξολογία στη θεία παρουσία.

Ο **Ray C. Stedman**[438] αναφέρει, ότι το βιβλίο των Ψαλμών χωρίζεται σε 5 βιβλία, το κάθε ένα από τα οποία αντιστοιχεί σε ένα από τα βιβλία της Πεντατεύχου, λέγοντας ότι

---

[436] P. R. Raabe, *Psalms Structures: A Study of Psalms with Refrains*, Sheffield, 1990.
[437] Ο 42ος Ψαλμός διαμορφώνεται ως εξής: πρώτη στροφή: 42:1-6, δεύτερη στροφή: 42:7-12, τρίτη στροφή: 43:1-5.
[438] Ray C. Stedman, *A Song of Confidence, Folksongs of Faith, Psalms 42/43, No. 2, 1969, PBC Library.*

το δεύτερο βιβλίο των Ψαλμών ξεκινά με τον 42ο Ψαλμό, το οποίο αντιστοιχεί στο βιβλίο της Εξόδου, την ιστορία της απολύτρωσης. Και αυτός εκλαμβάνει τον 42ο Ψαλμό μαζί με τον 43ο θεωρώντας αυτούς ως έναν.

Ο **Jeev Adhare**[439] εκλαμβάνει τον 42ο Ψαλμό ως ατομικό θρήνο. Κυρίαρχο στοιχείο των ψαλμών αυτών είναι η δοκιμασία. Δύναται να είναι κάποια φυσική ασθένεια, ή αμαρτία ή κάποια πνευματική αγωνία. Ο ψαλμωδός αισθάνεται ο ίδιος προσωπικά τη μοχθηρία των εχθρών. Για τον ψαλμωδό εχθροί είναι όσοι τον απειλούν, όσοι είναι φαύλοι και διαβολικοί. Οι εχθροί δεν φοβούνται τον Θεό, αντιθέτως, τον αντιπαθούν και τον προκαλούν. Εξαιτίας της σιωπής του Θεού, ο ψαλμωδός θεωρεί τον εαυτό του ξεχασμένο από όλους, συμπεριλαμβανομένου και του Θεού (βλ. και Ψαλμ. 88:15). Αυτή η στάση του Θεού τον εκνευρίζει με αποτέλεσμα να καταφεύγει σε ερωτήσεις του τύπου: για πόσο καιρό ακόμα Κύριέ μου; (13:1-2), γιατί; (42:9, 43:2). Για τον ψαλμωδό η απουσία του Θεού ισοδυναμεί με ένα σκοτεινό παρόν και ένα αβέβαιο μέλλον. Στη σιωπή του Θεού ο ψαλμωδός κάνει κάποιες αρνητικές κρίσεις και ζητά από τον Γιαχβέ να είναι κοντά του. Ο ψαλμωδός θέτει ερωτήματα για την έννοια της ύπαρξης (39:5). Αυτή, βέβαια, δεν αποτελεί μια θεωρητική – φιλοσοφική – ρητορική ερώτηση, αλλά προέρχεται από κάποιον, ο

---

[439] Jeev Adhare, *The Word of God, Agony and Anguish: The Psalmist in his Sufferings,* vol. XVII, No 104, 1988.

οποίος διατρέχει υπαρξιακό κίνδυνο[440]. Τέλος, ο **Jeev Adhare**[441] αναφερόμενος στο υποκείμενο των Ψαλμών, κάνει λόγο για το ότι, μερικές φορές, δύναται το υποκείμενο ενός Ψαλμού να μην είναι ένα άτομο, αλλά μια ολόκληρη κοινότητα. Όλος ο λαός θρηνεί, εξαιτίας κάποιας εχθρικής απειλής και της ταυτόχρονης σιωπής του Θεού. Μπροστά στη σιωπή του Θεού η κοινότητα βρίσκεται διχοτομημένη, ανάμεσα στις παρελθοντικές πράξεις και την τωρινή απουσία του Γιαχβέ. Παρά, όμως, τη σιωπή του Θεού, ο λαός δεν χάνει την πίστη του, και ευρισκόμενος μπροστά σε αυτή την οδυνηρή και απέλπιδα κατάσταση στρέφεται στον Θεό, αποκαλώντας Αυτόν «*πέτρα σωτηρίας*». Ο λαός, όπως και ο ψαλμωδός, αποτελεί πιστό του Γιαχβέ. Στέκεται μπροστά στον Θεό και ανοίγει την καρδιά του. Η κοινότητα δεν χάνει την πίστη της.

Για τον **Luis Alonso Schökel**[442] ο 42ος/43ος Ψαλμός παρουσιάζει μια τυπική δομή. Η τυπική επανάληψη του ρεφρέν δεν αποτελεί υποχρεωτικά και επανάληψη του νοήματος, δεδομένου ότι εξαρτάται από τη συνάφεια και είναι ανοικτή σε ποικίλες μορφές. Εκτός από την τυπική επανάληψη, το ποίημα περιλαμβάνει και άλλα στοιχεία, τα οποία δεν δύνανται να εξηγηθούν μέσω ενός

---

[440] Claus Westermann, *Praise and Lament in the Psalms*, trans. by Keith R. Crim & Richard N. Soulen, John Knox Press, Atlanta, 1981, σελ. 196.

[441] Jeev Adhare, *The Word of God, Agony and Anguish: The Psalmist in his Sufferings*, vol. XVII, No 104, 1988.

[442] Luis Alonso Schökel, The Poetic Structure of Psalm 42 – 43, *JSOT* 1, (1976), σελ. 4-8.

απλού τύπου. Η προσωποποίηση του φωτός και της αλήθειας είναι δύο πολύ γνωστές προσωποποιήσεις. Γνωστή παρομοίωση αποτελεί και το νερό ως ζωή στην πρώτη στροφή και το νερό ως θάνατος στη δεύτερη στροφή. Ίσως, ο ποιητής να βρίσκεται νοερά στο ορεινό νότιο τμήμα του όρους Ερμών, ψάχνοντας απεγνωσμένα για νερό και παρομοιάζει τον εαυτό του με ζώο, που ψάχνει για νερό. Κατά τον ίδιο τρόπο ο ποιητής ψάχνει για τον Θεό.

Ο **Martin Kessler**[443] θεωρεί, ότι ο καθηγητής Luis Alonso Schökel προβληματίζεται περισσότερο ίσως από ότι θα έπρεπε, με την έννοια της εικόνας στον Ψαλμό. Δεν υπερισχύει ο συμβολισμός του νερού στο ποίημα, αλλά η σχέση του ποιητή με τον Θεό. Ο συμβολισμός του νερού είναι αμφίσημος, δεδομένου ότι μπορεί να συμβολίζει τόσο τη ζωή, όσο και τον θάνατο. Αναφορικά με τα γραφόμενα του Kessler ο **Schökel** σημειώνει, ότι η εικόνα των νεκρών στην αρχή του ποιήματος έχει να κάνει με κάτι αιφνίδιο. Το ποίημα ξεκινάει με έναν συμβολισμό. Στον ψαλμό 42/43 η εικόνα των νεκρών ως αντίθετη της ζωής και ως θάνατος παρεισφρύει ενστικτωδώς.

Ο **Gunkel** θεωρεί την πνευματική αντανάκλαση του ποιήματος στη φύση ως αναχρονιστική θεωρώντας την, μάλιστα, αδύνατη για το αρχαίο Ισραήλ. Στον 42ο Ψαλμό γίνεται λόγος για το νερό της ερήμου

---

[443] Martin Kessler & Nic. H. Ridderbos, Response to Luis Alonso Schökel, The Poetic Structure of Psalm 42 – 43, *JSOT* 1, (1976), σελ. 4-8.

(βλ. Ψαλμ. 63:1) με τη διαφορά, ότι στην προκειμένη περίπτωση συνδυάζεται με κάποιο ζώο. Η ψυχή του ποιητή κατακλύζεται από την εικόνα του διψασμένου ζώου. Στη δεύτερη στροφή υπάρχει η εικόνα με τα νερά για δεύτερη φορά. Μια πρώτη ερμηνεία δύναται να είναι, ότι ο ποιητής αναπολεί τον εαυτό του στα βουνά έξω από την πόλη, όπου βλέπει τους καταρράκτες. Η διψασμένη καρδιά αποτελεί κοινό τόπο στους Ο΄. Η φυσική αστάθεια υποδηλώνει και πνευματική αστάθεια. Η γεωγραφική τοποθέτηση είναι χαρακτηριστικό της μετάφρασης των Ο΄. Μια δεύτερη ερμηνευτική προσπάθεια είναι, ότι ο ποιητής υποφέρει από μια σπάνια ασθένεια και εκφράζει τις σκέψεις του, καθώς πλησιάζει το τέλος του. Στον Ψαλμό 42°/43° αυτό το μοτίβο απαντά τρεις φορές, μια για κάθε τμήμα. Η πίστη θα πρέπει να συμπιεστεί, ώσπου να βγει στην επιφάνεια ξανά. Και η επανάληψη του μοτίβου χαμηλά – υψηλά δηλώνει, ότι κάτι τέτοιο δύναται να συμβεί πολλές φορές. Το πρώτο τμήμα (42:2 – 6) είναι το κεντρικό τμήμα του ψαλμού, όπου ο ψαλμωδός αναπολεί τη λατρεία, η οποία λάμβανε χώρα την εποχή που ο Ναός βρισκόταν σε άνθηση. Το δεύτερο τμήμα (42:7 – 12) είναι το πιο σκοτεινό, καθώς τα παράπονα καταλαμβάνουν το μεγαλύτερο τμήμα. Το τρίτο τμήμα (43:1 – 5) είναι το πιο δυνατό σε συναισθήματα. Περιλαμβάνει την προσευχή και κάνει λόγο για το δοξασμένο μέλλον. Σημαντική, επίσης, είναι η έννοια της προσευχής και ο λόγος για τους εχθρούς. Το πρώτο τμήμα περιλαμβάνει μια επίσημη ανακοίνωση σε μορφή αναστεναγμού (42:3).

Το δεύτερο τμήμα πλησιάζει ακόμα περισσότερο την προσευχή (42:10), μόνο, όμως, στο τρίτο τμήμα υπάρχει η αρμόζουσα προσευχή (43:1-4). Στο πρώτο τμήμα οι εχθροί περιγράφονται ασαφώς, στο δεύτερο τμήμα με μεγαλύτερη σαφήνεια και στο τρίτο είναι ακόμα πιο σαφής η αναφορά σε αυτούς (43.1-2)[444].

Επίσης, αρραγή δομικά στοιχεία υπάρχουν και στη διαλογική μορφή του ποιήματος, όπου αναφέρεται η προηγούμενη εξέχουσα κατάσταση του ποιητή, η οποία αντηχεί ως ηχώ στις ερωτήσεις των εχθρών (42:4 & 42:11). Το πιο απλό θα ήταν να εκληφθεί αυτός ο διάλογος ως μια ψυχολογική διαδικασία, ως μονόλογος. Ο εσωτερικός διάλογος του ψαλμωδού αποτελεί την έκφραση ενός εσωτερικού διαλόγου αναφορικά με την εμπειρία αυτού για τον Θεό. Από τη μια πλευρά, δηλώνεται η νοσταλγία και, από την άλλη πλευρά, η εμπιστοσύνη και η ελπίδα στο Θεό ενδυναμώνονται. Σε κάποιο άλλο επίπεδο ο ψαλμωδός αισθάνεται την οδυνηρή απουσία του Θεού και αναζητά την παρουσία Του. Η παρουσία του Θεού γίνεται αισθητή μέσω της απουσίας Του. Η παρουσία, η οποία δεν γίνεται αισθητή, εκλαμβάνεται ως απουσία, δημιουργώντας θλίψη, φόβο και αγωνία. Επιπλέον, οι χλευασμοί των εχθρών του ψαλμωδού επιτείνουν την αίσθηση της απουσίας του Θεού. Αυτή η διχοτόμηση αναφέρεται στην πολικότητα του Θεού με τον

<hr>

[444] H. Gunkel, Psalms 42 and 43: An Interpretation, *Biblical World* 21, (1903), σελ. 120-123.

διπλό συμβολισμό των νερών. Ο εσωτερικός διάλογος αποτελεί έκφραση του εσωτερικού δράματος.

Ο **Rawley**[445] αναφέρει, ότι στο κέντρο του ψαλμού η διακοπή των αισθημάτων εκθέτει τη δυναμική του ψαλμού. Απορρίπτει επιχειρήματα, τα οποία βασίζονται στη μετρική. Η αίσθηση για την απουσία του Θεού αντιδιαστέλλεται με την ανάμνηση του Θεού (στους στίχους 5 και 7). Ο ψαλμωδός τολμά να απευθυνθεί στο Θεό και να τον μέμψει, επειδή τον εγκατέλειψε. Μεταξύ της πρώτης και της τρίτης στροφής λαμβάνει χώρα μια μετατροπή συναισθημάτων. Τι προκάλεσε αυτήν την μετατροπή; Όχι ένα όραμα, αλλά μια εσωτερική φωνή, η οποία αρχικά εκφράστηκε με τη δίψα και μετά με την αυτό - ενδυνάμωση. Σε αυτή τη φωνή ο Θεός είναι παρών και, μάλιστα, εμφανίζεται στη συνείδηση του ψαλμωδού. Σύμφωνα με τη δυναμική του ψαλμού, το ρεφρέν στο τέλος της πρώτης στροφής είναι η φωνή συνεσταλμένη. Τη δεύτερη φορά είναι αξιόμεμπτη και την τρίτη φορά είναι η φωνή του θριάμβου. Χωρίς εναλλαγή των λέξεων, το ρεφρέν υποδηλώνει αυτήν την αλλαγή του τόνου της φωνής. Με την πληθώρα της δομής, της δυναμικής, του λυρισμού και της δραματικής κλιμακούμενης έντασης αυτός ο ψαλμός δηλώνει, ότι η έλλειψη του Θεού αποτελεί ένα σημαντικό κεφάλαιο, όχι μόνο του ανθρώπου της εποχής των Ψαλμών, αλλά του ανθρώπου κάθε εποχής.

---

445 H.H. Rawley, The Structure of Psalm 42/43, *Biblica* 21, 1940, σελ. 45 – 55.

Ο **Murphy E. Roland**[446] αναφέρει, ότι ο λειτουργικός δυναμισμός μεταξύ του Ισραήλ και του Κυρίου μπορεί να χαθεί στην πορεία. Εστιάζει στην παρουσία του Κυρίου και την ταυτότητά του, με αποτέλεσμα να προαχθεί και η προσωπική κατανόηση, αναφορικά με τον ψαλμωδό. Ο Ισραήλ αναζητά τον Θεό ή το πρόσωπο του Κυρίου. Υπάρχουν αρκετά παράδοξα για τη θέση του ψαλμωδού ενώπιον του Θεού. Η αμαρτία συνδέεται με τη σωματική αδυναμία. Η απογοήτευση και η ελπίδα αποτελούν ένα σύνηθες ανθρώπινο κράμα συναισθημάτων. Οι Ψαλμοί δίνουν ένα πρότυπο προσευχής για τον άνθρωπο[447].

Πολύ σωστά αναφέρει ο **Tate**[448] την περιπλοκότητα των σύγχρονων επιστημονικών – ερμηνευτικών βιβλικών διαλόγων, σύμφωνα με τους οποίους οι σύγχρονοι βιβλικοί θεολόγοι έχουν εκτοπίσει το βιβλικό κείμενο από το ιστορικό του περιβάλλον και το έχουν τοποθετήσει σε έναν κυκεώνα σχετικότητας, με μια πληθώρα ερμηνειών, οι οποίες τις περισσότερες φορές δεν οδηγούν πουθενά[449]. Αυτή η περιπλοκότητα είναι αποτέλεσμα της ποικιλίας των εξηγητικών μεθόδων. Οι περισσότεροι ερμηνευτές θεωρούν, ότι η δική

---

[446] Roland E. Murphy, The Faith of the Psalmist, *Int,* XXXIV, (1980), σελ. 229-239.

[447] Roland E. Murphy, *The Psalms – Jo*b, Philadelphia, Fortress Press, 1977, σελ. 39.

[448] W. R. Tate, *Biblical Interpretation: an integrated approach.* Peabody: Hendrickson, 1991 σελ. xviii.

[449] Y. Kim & H. F. VAN Rooy, Reading Psalm 78 multidimensionally: the textual dimension, *Scriptura* 74, (2000), σελ. 285-298.

τους μέθοδος είναι η μοναδική, η οποία οδηγεί σε αξιόλογα αποτελέσματα[450]. Εξαιτίας, λοιπόν, αυτής της πολυπλοκότητας της ποικιλίας των βιβλικών μεθόδων ο **Jonker**[451] αναφέρεται στην ύπαρξη μιας πολυδιάστατης μεθόδου, σύμφωνα με την οποία δεν σημαίνει ότι, τελικά, βρέθηκε μια και μοναδική μέθοδος, ως συνισταμένη όλων των προηγούμενων μεθόδων. Κάτι τέτοιο θα ήταν υποκειμενική προσέγγιση στην επιστήμη των βιβλικών σπουδών. Η πολυδιάστατη μέθοδος, προσπαθεί να κατανοήσει όλες τις πλευρές και δύναται να συγκριθεί με τη μοντέρνα επικοινωνιακή θεωρία, η οποία βασίζεται σε βασικά στοιχεία, όπως είναι ο πομπός, ο δέκτης και το μέσο[452]. Η μοντέρνα εξηγητική επιστήμη απαιτεί την ικανότητα να λαμβάνει ο επίστημονας υπ' όψη του αυτή τη διαδικασία ανάγνωσης, προκειμένου να κατανοήσει κείμενο. Στα ίδια μεθοδολογικά προβλήματα εμπίπτει και το βιβλίο των Ψαλμών. Η αρχαϊκή ποιητική γλώσσα και το ύφος του βιβλίου των Ψαλμών φαίνεται ότι βρίσκεται πολύ μακριά από τη δική μας μοντέρνα κοινωνία. Επίσης, υπάρχει και μια επιπλεόν δυσκολία, όσον αφορά το θέμα του ιστορικού περιβάλλοντος του βιβλίου των Ψαλμών, αφού η ποιητική γλώσσα, στην οποία είναι

---

[450] J. Barton, *Reading the Old Testament: Method in Biblical Study*, Philadelphia: Westminster Press, 1984, σελ. 198.
[451] L. C. Jonker, Text in a multidimensional exegetical approach, *Scriptura*, 46:110-115, 1993, σελ. 102.
[452] F. E. Deist, The writer, his text and his audience, in *Deist, F.E.& Voster, WS, eds. Words from afar,* Cape Town: Tafelberg, 1986, σελ. 17-38.

γραμμένοι οι Ψαλμοί, δεν παραπέμπει σε ένα συγκεκριμένο ιστορικό περιβάλλον. Το αποτέλεσμα είναι η ύπαρξη πληθώρας εξηγητικών μεθόδων.

II. 2. ΒΑΣΙΚΟ ΨΑΛΜΙΚΟ ΧΩΡΙΟ 42:4 &11

⁴ ἐγενήθη τὰ δάκρυά μου ἐμοὶ ἄρτος ἡμέρας καὶ νυκτὸς ἐν τῷ λέγεσθαί μοι καθ᾽ ἑκάστην ἡμέραν· ποῦ ἐστιν ὁ Θεός σου;

M 41:4

הָיְתָה־לִּי דִמְעָתִי לֶחֶם יוֹמָם וָלַיְלָה בֶּאֱמֹר
אֵלַי כָּל־הַיּוֹם אַיֵּה אֱלֹהֶיךָ׃

Στίχος 1: τίτλος του Ψαλμού

"Εἰς τὸ τέλος· εἰς σύνεσιν τοῖς υἱοῖς Κορέ.

Ο πραγματικός τίτλος[453] του 42ου Ψαλμού αυτού είναι *Maskil*, δηλαδή, «*η σκέψη που ψάλλεται*». Το ουσιαστικό *Maskil* προέρχεται από ένα ρήμα, το οποίο σημαίνει ᾽᾽*σκέφτομαι ενορατικά*᾽᾽ (Ψαλμ. 32:44-45, 52ος-55ος, 74ος, 78ος – 89ος, 142ος). Ο Ψαλμός αυτός, σύμφωνα με τον τίτλο του, φαίνεται να έχει συντεθεί από τους υιούς Κορρέ. Οι υιοί Κορρέ, απόγονοι των Χοριτών και των Εδωμιτών[454] (Γεν. 36:4-40), ήταν σύμμαχοι της φυλής του Ιούδα και κάποιοι από αυτούς έγιναν τραγουδιστές στο Ναό της

---

[453] Περί του τίτλου του Ψαλμού, βλ. Frank – Lothar Hossfeld & Erich Zenger, Dia Psalmen I, Psalms 1-50, Wuerzburg: Echter Verlag, 1993, σελ. 262-264. Σχετικά με το θέμα των τίτλων των Ψαλμών βλ. George R. Berry, The Titles of the Psalms, *Journal of Biblical Literature*, vol. 33, No. 3, (Oct. 1914), σελ. 198-200.
[454] M. D. Goulder, *The Psalms of Korah*, Sheffield, 1982.

Ιερουσαλήμ. Οι Κορεϊκοί Ψαλμοί δύναται να τοποθετηθούν γεωγραφικά στην περιοχή της Δαν. Η θεολογία αυτών των Ψαλμών προξενεί μια πνευματικόητητα, η οποία είναι πάνω από κάθε γεωγραφικό χώρο. Από την άβυσσο του χωρισμού (1^η στροφή), ο άνθρωπος της πίστης ανταποκρίνεται στη θεία πρωτοβουλία (2^η στροφή) και προσεύχεται για το φως και την αλήθεια (3^η στροφή). Η χρονολόγηση του Ψαλμού αυτού είναι αβέβαιη, καθώς μπορεί να προέρχεται από την εποχή, που η ιερότητα της Ιερουσαλήμ ήταν αδιαμφισβήτητη, όπως και η θεολογική θέση των μεγάλων προφητών[455].

Ο θρηνητικός αυτός Ψαλμός ξεκινάει με κάτι πρωτόγνωρο. Αυτό είναι η μακαριότητα ή η επεξήγηση μιας ευλογημένης συμπεριφοράς. Κάτι τέτοιο, ίσως, εξυπηρετούσε κάποιο εκπαιδευτικό σκοπό, δεδομένου ότι δεν υπήρχε κάποιος ιδιαίτερος λόγος να επιβραβευθεί μια ευλογημένη συμπεριφορά. Η προσφώνηση δεν αποτελεί ιερατικό χαιρετισμό ή κάποιο άλλο είδος ατομικής εμπειρίας του ικέτη. Ίσως, να ήταν κάποιο λειτουργικό στοιχείο κατά τη διάρκεια της προσευχής (βλ. Ψαλμ. 32:1-2, 119:1-2, 128), το οποίο λειτουργεί ως εισαγωγή στον παραπονετικό Ψαλμό. Η λειτουργική σημασία δύναται να έγκειται στη σωστή σύνθεση της πίστης, η οποία θα βρει την αναγνώριση και την υποστήριξη στον

---

[455] S. Terrien, *The Psalms: Strophic Structure and Theological Commentary*, William B. Eerdmans Publishing Company, Grand Rapids, (Michigan / Cambridge, UK), 2003,σελ. 356.

Γιαχβέ. Μια τέτοια δήλωση αποτελεί καθαρό σοφιολογικό δίδαγμα[456].

<u>*Στίχοι 2-4: επαινετικοί στίχοι, ή συγχαρητήριοι:*</u>

[2] ON TPOΠON ἐπιποθεῖ ἡ ἔλαφος ἐπὶ τὰς πηγὰς τῶν ὑδάτων, οὕτως ἐπιποθεῖ ἡ ψυχή μου πρός σέ, ὁ Θεός. [3] ἐδίψησεν ἡ ψυχή μου πρὸς τὸν Θεὸν τὸν ζῶντα· πότε ἥξω καὶ ὀφθήσομαι τῷ προσώπῳ τοῦ Θεοῦ; <u>*[4] ἐγενήθη τὰ δάκρυά μου ἐμοὶ ἄρτος ἡμέρας καὶ νυκτὸς ἐν τῷ λέγεσθαί μοι καθ ᾽ ἑκάστην ἡμέραν· ποῦ ἐστιν ὁ Θεός σου;*</u>

Σε αυτούς τους τρεις στίχους (2,3,4) γίνεται η επεξεργασία της ευτυχίας, την οποία πρέπει να κερδίσει ο άνθρωπος. Κάθε στίχος έχει ως υποκείμενο τον Γιαχβέ. Και μόνο το όνομα σηματοδοτεί τη σταδιακή μετάβαση σε μια πιο λατρευτική σφαίρα. Στον Ψαλμό αυτό, κάθε μια από τις τέσσερεις επιβεβαιώσεις εμπιστοσύνης αποτελείται από μια ρηματική κατάληξη, η οποία εκφράζει τη βοήθεια. Το τελευταίο τμήμα του 4ου στίχου (4β) αποτελεί εξαίρεση. Το ρήμα αλλάζει, γίνεται δευτέρου προσώπου, διαφοροποιώντας με αυτόν τον τρόπο και το κείμενο. Ένα άλλο θέμα, το οποίο προκύπτει για αυτούς τους στίχους, είναι, τελικά, ποιός είναι ο πιστός; Προς μεγάλη έκπληξη όλων είναι αυτός που σέβεται τους φτωχούς και

---

[456] Gerhard von Rad, *Wisdom in Israel*, trans. by James D. Martin, SCM Press & Trinity Press International, (1972), 7th Impression, 1993.

τους παρακατιανούς (2α). Η επισήμανση της κοινωνικής ευθύνης προκαλεί έκπληξη[457]. Μια τέτοιου είδους προσευχή ήταν συνήθης κατά τους χρόνους μετά την εξορία[458] (Δευτ. 15:4, Ησ. 58:6-9, Νεεμ. 5, Παροιμ. 14:31, 22:22-23, Ψαλμ. 10, 12, 37, 49, 73). Ο παραπονετικός αυτός Ψαλμός, με τις καταγγελίες περί εχθρών και με αναφορές σε φίλους, οι οποίοι, τελικά, έγιναν εχθροί και επίβουλοι επισκέπτες, μπορεί, κάλλιστα, να τοποθετηθεί στη συνάφεια της αρχαίας μορφής της οικογένειας, της φυλής, καθώς δεν υπάρχει μαρτυρία από τον ίδιο τον Ψαλμό για κάποιο ευρύτερο εκκλησίασμα. Όλα τα στοιχεία καταλήγουν σε μια τελετή προσευχής για λογαριασμό αρρώστων ανθρώπων. Επειδή μια τέτοια τελετή θα μπορούσε να τελεστεί σε κάποια οικία, αυτό δεν σημαίνει ότι θα πρέπει να υπάρξει άρνηση στους όποιους υφιστάμενους λατρευτικούς υπαινιγμούς ενός ατομικού παραπονετικού Ψαλμού. Επίσης, γίνεται φανερή μια αίσθηση σοφιολογικής θεολογίας σχετικά με το θέμα της μακαριότητας.

Στο τμήμα αυτό ο ψαλμωδός περιγράφει τη δοκιμασία του παίρνοντας εικόνες από τη φύση, προκειμένου να δηλώσει την πνευματική δίψα που αισθάνεται. Ο ψαλμωδός διψά, κυρίως, για τη λατρεία του Θεού και όχι τόσο για τον ίδιο τον Θεό (στχ. 3β). Η πνευματική δίψα συνδυάζεται με τη σωματική δίψα. Η

---

[457] Κάτι παρόμοιο απαντά και στο βιβλίο του Ιώβ 29:12-16, Παροιμ. 31:8-9.
[458] E. Gerstenberger, anah II, *TWAT* VI.

ερώτηση *ποῦ ἐστιν ὁ Θεός σου;* δύναται να υπονοεί την εξορία, όπου υπήρχε η αίσθηση, ότι ο Θεός είχε εγκαταλείψει το λαό του. Ίδια συναισθήματα νοιώθει ο ψαλμωδός και στην αρρώστια ή την απαισιοδοξία, όταν ο Θεός τον εγκαταλείπει. Το λατρευτικό περιβάλλον του 42^{ου} Ψαλμού παραθέτει ένα τέτοιου είδους συγχαρητήριο στίχο (2-4), πριν από την παράθεση του παραπόνου, προκειμένου να εξάψει την περιέργεια του εκκλησιάσματος στον κλαυθμό του δοκιμαζόμενου πιστού και τους προτρέπει να συμπαρασταθούν σε αυτόν. Ο Γιαχβέ συμπάσχει με τον δοκιμαζόμενο ικέτη. Το εκκλησίασμα, έχοντας συναίσθηση του ρόλου του θα προστατεύσει και θα επαναφέρει στην προηγούμενη ορθή κατάσταση τους δοκιμαζόμενους πιστούς. Ο ικέτης, από την πλευρά του, θα αποκτήσει κουράγιο από την υφιστάμενη μακαριότητα. Ο εναρκτήριος στίχος και, πιο συγκεκριμένα, οι δύο πρώτες λέξεις είναι πολύ σημαντικές για την ερμηνευτική διαδικασία, καθώς ανταποκρίνονται στους συγχαρητήριους στίχους 2-4, και αυτή η ανταπόκριση φαίνεται να είναι λειτουργική αναγκαιότητα.

Ο **Martin Kessler**[459] θεωρεί, ότι το νερό ικανοποιεί την καρδιά, όχι, όμως, και το πνεύμα. Αναζητά τον Θεό και την παρουσία Του στο ναό και κανένα υποκατάστατο δεν είναι αποδεκτό. Αυτό είναι κάτι που γνωστοποιείται με έμφαση από την αρχή του

---

[459] Martin Kessler & Nic. H. Ridderbos, Response to Luis Alonso Schökel, The Poetic Structure of Psalm 42 – 43, *JSOT* 1, (1976), σελ. 4-8.

ψαλμού. Ο εσωτερικός διάλογος του ποιητή αποτελεί έκφραση ενός εσωτερικού δράματος, το οποίο μετατρέπεται, κατά αντιστοιχία, στην πολικότητα της εμπειρίας του Θεού για τον ψαλμωδό. Αυτό, όμως, θα πρέπει να συγκριθεί με την τριπλή αναφορά στο ρεφρέν και τους χλευασμούς των εχθρών (42:4β/ 11β). Αναφορικά με την πρόταση **του Luis Alonso Schökel**[460], ότι υπάρχει δράση και πρόοδος στο ποίημα, αξίζει να αναφερθεί, ότι το ρεφρέν, όντως, παρουσιάζει μια περιπλοκότητα. Η αναφορά του Luis Alonso Schökel ότι οι τρεις στροφές αντιστοιχούν σε τρεις χρονικές περιόδους είναι γενικά σωστή, παρά το ότι είναι ιδιαίτερα απλοποιημένη. Η δυναμική του ψαλμού είναι πολύ πιο περίπλοκη από μια απλή χρονική τριμερή υποδιαίρεση τύπου «παρελθόν – παρόν - μέλλον». Οι στίχοι 42:4 (a – b) και 42:9 παρουσιάζουν μια αντίθεση μεταξύ τους.

Ο **Ray C. Stedman** αναφέρει, ότι στους στίχους 1-2 ο ποιητής βιώνει ένα είδος καθυστέρησης της εμφάνισης του Θεού. Δεν υπάρχει αμφιβολία στην καρδιά του, γιατί γνωρίζει ότι ο Θεός ικανοποίησε τις ανάγκες του στο παρελθόν. Αλλά υπάρχουν και εποχές που σε κάνει να περιμένεις. Αυτήν ακριβώς την καθυστέρηση βιώνει ο Δαβίδ, η οποία, μάλιστα, γίνεται πιο οδυνηρή από τις ειρωνείες και τα κακόβουλα σχόλια των εχθρών του (42.3). Στο 42:4 αναζητά το παρελθόν. Το εβραϊκό κείμενο αναφέρει «θα θυμηθώ», δηλώνοντας αποφασιστικότητα.

---

[460] Luis Alonso Schökel, The Poetic Structure of Psalm 42 – 43, *JSOT* 1, (1976), σελ. 4-8.

Είναι αποφασισμένος να θυμηθεί πως τον βοήθησε ο Θεός στο παρελθόν. Ο Δαβίδ προσπαθεί να επαναφέρει στη μνήμη του τις θετικές αναμνήσεις, οι οποίες περιλαμβάνουν τη βοήθεια, που του προσέφερε ο Θεός στο παρελθόν. Όμως η δοκιμασία του δεν έχει τελειωμό.

Κεντρικό στοιχείο των στίχων αυτών είναι η ιερή αγάπη, η οποία διψά. Ο Δαβίδ εξέφρασε τη σφοδρή επιθυμία του προς τον Θεό, όταν εξορίστηκε από τη γη της Ιορδανίας. Μερικές φορές, ο Θεός διδάσκει αποτελεσματικά τους ανθρώπους να γνωρίσουν την αξία του ελέους Του, και εξάπτει το ενδιαφέρον του ανθρώπου για τα μέσα της χάριτος εκ μέρους του Θεού. Ο άνθρωπος, όταν έχει γευθεί την αφθονία της φύσης, η οποία και πάλι προέρχεται από τον Θεό, δεν δείχνει κανένα ενδιαφέρον για το φαγητό της ερήμου, το μάννα. Όταν ο άνθρωπος έχει στερηθεί, σε μεγάλο βαθμό, τις ανέσεις, τις οποίες είχε συνηθίσει να του προσφέρονται απλόχερα από τον ίδιο τον Θεό, βρίσκεται σε περίοδο πένθους, όταν τα χάσει όλα. Πριν ο ψαλμωδός καταγράψει τις αμφιβολίες, τους φόβους, και τις λύπες του, στοιχεία τα οποία τον είχαν αναστατώσει με οδυνηρό τρόπο, υποσχέθηκε ότι θα αναζητήσει τον ζωντανό Θεό, ο Οποίος είναι η υπέρτατη καλοσύνη, τοποθετώντας την καρδιά του σ' Αυτόν, με σκοπό να ζήσει και να πεθαίνει ακολουθώντας τις εντολές Του.

Ποιο είναι το αντικείμενο της επιθυμίας του ανθρώπου και τι είναι αυτό, για το οποίο διψά; Ο άνθρωπος αναζητά τον Θεό, διψά για τον Θεό, όχι για τους Νόμους του

Θεού, ή τις λατρευτικές τελετές, που γίνονταν προς τιμή του, αλλά για τον ίδιο τον Θεό. Έχει το βλέμμα του στραμμένο προς τον ζωντανό Θεό, που έχει τη ζωή μέσα Του, και είναι η πηγή της ζωής και της ευτυχίας για όσους τον πιστεύουν και τον ακολουθούν. Σε αντίθεση με τα είδωλα, τα οποία προήλθαν από ανθρώπινα χέρια και τα οποία είναι νεκρά[461]. Ο άνθρωπος οφείλει να έρθει και να εμφανιστεί ενώπιον του Θεού, προκειμένου να γνωστοποιήσει τον εαυτό του στον Θεό, ως πράξη συνειδητή της ειλικρίνειάς του.

Ο ψαλμωδός γνωρίζει, ότι δεν μπορεί να εμφανισθεί ενώπιον του Θεού, χωρίς κάποια θυσία. Ποιός είναι ο βαθμός αυτής της επιθυμίας; Είναι η ψυχή του ανθρώπου, η οποία λαχανιασμένη αναζητά τον Θεό. Είναι η ψυχή του ανθρώπου, η οποία διψά και η

---

[461] ΨΑΛΜΟΣ 113: «[12] τὰ εἴδωλα τῶν ἐθνῶν, ἀργύριον καὶ χρυσίον, ἔργα χειρῶν ἀνθρώπων· [13] στόμα ἔχουσι, καὶ οὐ λαλήσουσιν, ὀφθαλμοὺς ἔχουσι, καὶ οὐκ ὄψονται, [14] ὦτα ἔχουσι, καὶ οὐκ ἀκούσονται, ῥῖνας ἔχουσι, καὶ οὐκ ὀσφρανθήσονται, [15] χεῖρας ἔχουσι, καὶ οὐ ψηλαφήσουσι, πόδας ἔχουσι καὶ οὐ περιπατήσουσιν, οὐ φωνήσουσιν ἐν τῷ λάρυγγι αὐτῶν. [16] ὅμοιοι αὐτοῖς γένοιντο οἱ ποιοῦντες αὐτὰ καὶ πάντες οἱ πεποιθότες ἐπ' αὐτοῖς. [17] οἶκος Ἰσραὴλ ἤλπισεν ἐπὶ Κύριον· βοηθὸς καὶ ὑπερασπιστὴς αὐτῶν ἐστιν. [18] οἶκος Ἀαρὼν ἤλπισεν ἐπὶ Κύριον· βοηθὸς καὶ ὑπερασπιστὴς αὐτῶν ἐστιν. [19] οἱ φοβούμενοι τὸν Κύριον ἤλπισαν ἐπὶ Κύριον· βοηθὸς καὶ ὑπερασπιστὴς αὐτῶν ἐστιν. [20] Κύριος μνησθεὶς ἡμῶν εὐλόγησεν ἡμᾶς, εὐλόγησε τὸν οἶκον Ἰσραήλ, εὐλόγησε τὸν οἶκον Ἀαρών, [21] εὐλόγησε τοὺς φοβουμένους τὸν Κύριον, τοὺς μικροὺς μετὰ τῶν μεγάλων. [22] προσθείη Κύριος ἐφ' ὑμᾶς, ἐφ' ὑμᾶς καὶ ἐπὶ τοὺς υἱοὺς ὑμῶν. [23] εὐλογημένοι ὑμεῖς τῷ Κυρίῳ τῷ ποιήσαντι τὸν οὐρανὸν καὶ τὴν γῆν. [24] ὁ οὐρανὸς τοῦ οὐρανοῦ τῷ Κυρίῳ, τὴν δὲ γῆν ἔδωκε τοῖς υἱοῖς τῶν ἀνθρώπων. [25] οὐχ οἱ νεκροὶ αἰνέσουσί σε, Κύριε, οὐδὲ πάντες οἱ καταβαίνοντες εἰς ᾍδου, [26] ἀλλ' ἡμεῖς οἱ ζῶντες εὐλογήσομεν τὸν Κύριον, ἀπὸ τοῦ νῦν, καὶ ἕως τοῦ αἰῶνος».

οποία υποδηλώνει όχι μόνο την ειλικρίνεια, αλλά τη δύναμη και τη βούλησή του ανθρώπου. Έτσι, κάνει μια ευγενική ψυχή, η οποία επιθυμεί την κοινωνία με τον Θεό. Η ιερή αγάπη θρηνεί για όσους έχουν απομακρυνθεί από τον Θεό. Οι συνθήκες, στις οποίες ζει, είναι μέσα στη θλίψη, και προσαρμόζει τις ανάγκες του σε αυτές τις άσχημες συνθήκες.

Δύο πράγματα επιδεινώνουν τη θλίψη του ψαλμωδού: Οι κατηγορίες με τις οποίες πειράζουν οι εχθροί του τον ψαλμωδό είναι το *«ποῦ ἐστιν ὁ Θεός σου;»*. Τον πειράζουν επειδή ήταν απών από την κιβωτό. Ο ψαλμωδός συγκρίνοντας τον Θεό του Ισραήλ με τους ειδωλολατρικούς θεούς κατέληγε στο συμπέρασμα ότι είχε χάσει, τελικά, τον Θεό του, όμως γνωρίζει που είναι ο Θεός του, και πού μπορεί να τον βρει, αρκεί να γνωρίζει που βρίσκεται η κιβωτός του Θεού. Επειδή ο Θεός δεν εμφανίστηκε αμέσως μετά την απελευθέρωσή τους, κατέληξαν στο συμπέρασμα ότι τους είχε εγκαταλείψει. Αλλά κάτι τέτοιο δεν συμβαίνει. Τίποτα δεν είναι πιο βαρύ για μια ευγενική ψυχή από το να αποτινάξει την ελπίδα και την εμπιστοσύνη της στο Θεό.

Στο 4ο στίχο γίνεται αναφορά στις ελευθερίες και απολαύσεις του ψαλμωδού πριν την καταστροφή. Η σκέψη του ψαλμωδού ότι θα πεθάνει μακριά από τη γη του, τού ραγίζει την καρδιά. Η ψυχή του ξεχειλίζει από θλίψη, όταν βρίσκεται ενώπιον του Θεού, κατά τη διάρκεια της προσευχής του. Αλλά τι ήταν αυτό που προκάλεσε αυτό το οδυνηρό συναίσθημα; Δεν ήταν η ανάμνηση των απολαύσεών του, όταν αυτός βρισκόταν κοντά στο Θεό, αλλά η ανάμνηση της ελεύθερης πρόσβασης που είχε στον οίκο του Θεού και η ευχαρίστηση που του δημιουργούσαν οι ιερές τελετές, οι οποίες λάμβαναν μέρος εκεί, δυνατότητα την οποία δεν έχει πια, αν ληφθεί υπ' όψη ότι ο συγκεκριμένος Ψαλμός συνετέθηκε στην εξορία.

Στίχος 5: επίκληση, έκκληση και ομολογία:

⁵ ταῦτα ἐμνήσθην καὶ ἐξέχεα ἐπ' ἐμὲ τὴν ψυχήν μου, ὅτι διελεύσομαι ἐν τόπῳ σκηνῆς θαυμαστῆς ἕως τοῦ οἴκου τοῦ Θεοῦ ἐν φωνῇ ἀγαλλιάσεως καὶ ἐξομολογήσεως ἤχου ἑορτάζοντος.

Στο στίχο αυτό η ιερή αγάπη ελπίζει. Η θλίψη του ψαλμωδού υπερβαίνει τα όριά του και προσπαθεί να επικοινωνήσει με την καρδιά του για να ανακουφισθεί. Η θεραπεία και η ανακούφιση της καρδιάς δεν είναι άλλη από την ελπίδα προς τον Θεό. Η εμπιστοσύνη στον Θεό είναι το κυρίαρχο αντίδοτο ενάντια στην επικρατούσα απογοήτευση και ανησυχία του πνεύματος. Αρχικά, ο Ψαλμός προσδίδει μια στατικότητα. Μετά από κάθε θρήνο ακολουθεί το ρεφρέν της δοξολογίας του Θεού. Ο ψαλμός αυτός μπορεί να μην σχετίζεται άμεσα με την ισραηλιτική θρησκεία. Η νοσταλγία της λατρείας, όπως αυτή περιγράφεται στον συγκεκριμένο στίχο και η ελπίδα για μελλοντική συμμετοχή στη λατρεία του ναού (43:4) δηλώνει, ότι αυτός δεν έχει να κάνει με κάποιο λατρευτικό τυπικό. Αν ο συγκεκριμένος ψαλμός συνετίθετο την εποχή της διασποράς, τότε θα ήταν αναμενόμενο να έχει και λατρευτικό υπόβαθρο.

Τόσο η αίτηση, όσο και η ομολογία του 5ου στίχου αποτελούν την αρχή ενός καθ' εαυτού παραπονετικού στίχου και όχι ανασκόπηση κάποιας προηγούμενης προσευχής. Επίσης, αξίζει να σημειωθεί η απόλυτη επικράτηση του παραπόνου ή της καταγγελίας του εχθρού[462], η οποία δεν σημαίνει ότι αυτού του είδους οι Ψαλμοί αποτελούν ιδιαίτερη κατηγορία προσευχών. Απλώς, σημαίνει ότι μερικά παράπονα επικεντρώνονται στις καταγγελίες των εχθρών, επειδή η διάγνωση της ασθένειας του πιστού υπονοεί κάποια εχθρικά κοινωνικά στοιχεία.

Οι δύο εισαγωγικοί τύποι του 5ου και του 12ου στίχου, ίσως να αποτελούν τμήμα κάποιου λειτουργικού δανείου. Κάποια στιγμή, ίσως, ο Ψαλμός αυτός να χρησιμοποιήθηκε στη λατρεία από το εκκλησίασμα, εξακολουθώντας, ταυτόχρονα, να εκφράζει τη θεραπεία και την αποκατάσταση των πασχόντων μελών μιας συγκεκριμένης κοινωνίας.

Στίχοι 6-10: έκφραση παραπόνου:

⁶ ἱνατί περίλυπος εἶ, ἡ ψυχή μου, καὶ ἱνατί συνταράσσεις με; ἔλπισον ἐπὶ τὸν

---

[462] C. Westermann, Struktur und Geschichte der Klage im Alten Testament, *ZAW* Bd. 66, (1954), σελ. 44-80.

Θεόν, ὅτι ἐξομολογήσομαι αὐτῷ· σωτήριον τοῦ προσώπου μου καὶ ὁ Θεός μου. ⁷ πρὸς ἐμαυτὸν ἡ ψυχή μου ἐταράχθη· διὰ τοῦτο μνησθήσομαί σου ἐκ γῆς Ἰορδάνου καὶ Ἐρμωνιείμ, ἀπὸ ὄρους μικροῦ. ⁸ ἄβυσσος ἄβυσσον ἐπικαλεῖται εἰς φωνὴν τῶν καταρρακτῶν σου, πάντες οἱ μετεωρισμοί σου καὶ τὰ κύματά σου ἐπ᾽ ἐμὲ διῆλθον. ⁹ ἡμέρας ἐντελεῖται Κύριος τὸ ἔλεος αὐτοῦ, καὶ νυκτὸς ᾠδὴ αὐτῷ παρ᾽ ἐμοί, προσευχὴ τῷ Θεῷ τῆς ζωῆς μου. ¹⁰ ἐρῶ τῷ Θεῷ· ἀντιλήπτωρ μου εἶ· διατί μου ἐπελάθου; καὶ ἱνατί σκυθρωπάζων πορεύομαι ἐν τῷ ἐκθλίβειν τὸν ἐχθρόν μου;

Στο τμήμα αυτό, ο ψαλμωδός πηγαίνει στο δεύτερο στάδιο, ακολουθώντας μια άλλη τακτική, καθώς είναι ακόμα απελπισμένος. Οι αναμνήσεις του από το παρελθόν δεν τον βοήθησαν και πολύ. Προσπαθεί να επαναφέρει στη μνήμη του κάποια εμπειρία, όταν ήταν στο βόρειο τμήμα του Ισραήλ, κοντά στο βουνό Ερμών, στις πηγές του ποταμού Ιορδάνη, σε μια από τις κορυφές του όρου Ερμών, την κορυφή του όρου Μιζάν, η οποία σημαίνει «μικρό βουνό». Σε εκείνη την περίπτωση μπορούσε να ακούσει τους καταρράκτες στην περιοχή του βουνού. Θυμόταν πως νόμιζε ότι τα βάθη των καταρρακτών φώναζαν το ένα στο άλλο, όπως τα βάθη του Θεού καλούν τα βάθη του ανθρώπου. Οι στίχοι αυτοί περιέχουν έναν δεύτερο κατά σειρά θρήνο. Εκλιπαρεί για στενή σχέση και αγαλλίαση, συναισθήματα, τα οποία νοιώθει κάποιος στην ψυχή του, όταν συνοδεύεται από ένα πλήθος προσκυνητών, οι οποίοι τραγουδούν άσματα στην οδό προς το ιερό. Τα ενορατικά σχόλια ταλαντεύονται μεταξύ της δίψας και των δακρύων. Αυτό που ονομάζει «ψυχή» προσδιορίζει τη δύναμη της ύπαρξης, η οποία τώρα συγκρίνεται με το νερό, το γάλα ή το αίμα. Η απουσία του Θεού δημιουργεί την αίσθηση, ότι χάνει τη ζωή λίγο – λίγο. Η ξηρότητα του πνεύματός του τόν οδηγεί στον φυσικό θάνατο. Οι ξένοι λατρεύουν άλλες θεότητες, επειδή δεν βλέπουν τον Γιαχβέ. Υποθέτουν, ότι ο Κύριος είναι απών, εχθρικός, εκδικητικός και ανίκανος. Μπροστά σε ένα τέτοιο μαρτύριο ο ψαλμωδός πονά για την απουσία του ζωντανού Θεού[463]. Η αίσθηση της πνευματικής εγκατάλειψης γίνεται ακόμα πιο έντονη από τη νοσταλγία των μεγάλων εορτών, οι οποίες λάμβαναν χώρα πολλά χρόνια πριν, και, τώρα, έχουν εγκαταλειφθεί. Η επιθυμία του ψαλμωδού για τον Οίκο του Θεού οδηγεί στο λυρικό ρεφρέν του 6[ου] στίχου (*ἱνατί περίλυπος εἶ, ἡ ψυχή μου, καὶ ἱνατί συνταράσσεις με; ἔλπισον ἐπὶ τὸν Θεόν, ὅτι ἐξομολογήσομαι αὐτῷ· σωτήριον τοῦ προσώπου μου καὶ ὁ Θεός μου*), το οποίο δεν θεωρείται ως μεσολάβηση σε τρίτο πρόσωπο, ούτε και προσευχή απευθυνόμενη προς έναν απόντα Θεό, αλλά εκλαμβάνεται ως μια καταπληκτική εναλλαγή μεταξύ του ποιητή και της ψυχής του. Η εβραϊκή λέξη μεταφράζεται πολύ ορθά με την

---

[463] H. –J. Kraus, Der Lebendige Gott, in *Biblische – theologische Aufsätze*, (Neukirchen, 1972), σελ. 1-36.

ελληνική λέξη «ψυχή»[464], δεδομένου ότι ένας τέτοιος διάλογος υπονοεί τη διχοτόμηση του ανθρώπου σε δύο στοιχεία, το σωματικό και το ψυχικό – πνευματικό.

Ο ψαλμωδός κάνει άλλη μια προσπάθεια με τη βοήθεια των αναμνήσεων, να ξεφύγει από την κατήφειά του, λόγω της απουσίας του Θεού. Ενθυμούμενος τα καραβάνια των προσκυνητών θυμάται τον Θεό. Ο ψαλμωδός για να μην βιώσει την απουσία του Θεού θυμάται παλαιότερες εποχές (τότε που η λατρεία γινόταν στο Ναό της Ιερουσαλήμ). Όμως και η ανάμνηση αυτή κάνει ακόμα πιο έντονη την απουσία του Θεού (στιχ. 6a-b). Θεωρεί, ότι η ανάμνηση λατρευτικών εορτών και η συμμετοχή σε αυτές αποτελεί τη λύση της δοκιμασίας του. Το δεύτερο τμήμα του 6^{ου} στίχου (6c-d) κάνει λόγο για μια μελλοντική ελπίδα. Ο ψαλμωδός αισθάνεται καταπτοημένος (χαμηλωμένο βλέμμα) και η δοξολογία είναι ακόμα μακριά. Ο ψαλμωδός τολμά να μιλήσει στο Θεό, όπως μιλά στον εαυτό του. Στην αρχή η προσευχή του είναι άτολμη (42:2 και 7), αλλά τελικά γίνεται πιο στέρεη και με περισσότερη αυτοπεποίθηση (43:1-4). Οι περισσότεροι ερμηνευτές του Μασωριτικού κειμένου διορθώνουν το κείμενο αναφορικά με την έκφραση «στο πρόσωπό μου» επί τη βάση της μετάφρασης των Εβδομήκοντα. Οι τραγουδιστές των συναγωγών και οι αντιγραφείς θα πρέπει να κατάλαβαν ότι ο

---

[464] D. Lys, *Nephesh: Histoire de l'ame dans la revelation d' Israel* (Geneve, 1959), και βλ. Ν. Π. Μπρατσιώτης, *Η υπό των Ο΄ απόδοσις του όρου nephes δια του ψυχή*, Αθήνα, 1968.

τελευταίος στίχος της στροφής ανταποκρίνεται στην θριαμβεύουσα πίστη του φόβου και της αβεβαιότητας του πρώτου στίχου. Η σύνταξη του τελευταίου στίχου είναι αρκετά αισιόδοξη.

Περισσότερα προβλήματα δημιουργούν οι στίχοι 7- 9. Ο 8ος στίχος κάνει λόγο για μεγάλους καταρράκτες, οι οποίοι συμβολίζουν τη μεγάλη ανάγκη, τόσο στους Ψαλμούς, όσο και σε όλη την Π.Δ. Επίσης, οι μεγάλοι καταρράκτες συνδέονται με το βασίλειο των νεκρών και, ίσως, ο συγκεκριμένος ψαλμός να προϋποθέτει το βασίλειο των νεκρών στο υπόβαθρό του. Επειδή, στην ισραηλιτική σκέψη η Σιών ήταν το σημείο επαφής μεταξύ ουρανού και γης, ήταν εύκολο για τον ψαλμωδό να θεωρήσει, ότι η εξορία του από τη Σιών ισοδυναμεί με το βασίλειο των νεκρών. Επίσης, *πολύ συχνά ο εβραϊκός παρακείμενος δηλώνει παρελθοντικό χρόνο* (42:5). Μετά από τη μελέτη των ιδεών του Rawley[465] και του Schökel[466] σχετικά με τον 9ο στίχο, ο Martin Kessler[467] επιμένει, ακόμα πιο σθεναρά στην άποψή του, ότι ο συγκεκριμένος στίχος δεν συμμορφώνεται με το υπόλοιπο κείμενο, το οποίο είναι γραμμένο σε ενεστώτα ή μέλλοντα. Κατά την άποψη του Martin Kessler, ο ποιητής είναι υπηρέτης του ιερού

---

[465] H. H. Rawley, The Structure of Psalm 42/43, *Biblica* 21, 1940, σελ. 45 – 55, ιδιαίτερα σελ. 47.

[466] Luis Alonso Schökel, The Poetic Structure of Psalm 42 – 43, *JSOT* 1, (1976), σελ. 4-8.

[467] Martin Kessler & Nic. H. Ridderbos, Response to Luis Alonso Schökel, The Poetic Structure of Psalm 42 – 43, *JSOT* 1, (1976), σελ. 4-8.

του ναού. Η επιγραφή και το κείμενο σε αυτό το σημείο επιβεβαιώνουν τον Martin Kessler. Σημαντικός θεωρείται, επίσης, και ο έπαινος του ψαλμού. Στο ρεφρέν ο ποιητής εκφράζει την προσδοκία να επιστρέψει στο ναό (43:4, 42:5 και 42:9). Η επιθυμία για τον Θεό και για το ιερό είναι ταυτόσημη για τον ποιητή του 42ου Ψαλμού (42:3).

Το θρηνητικό άνοιγμα του πρώτου ρεφρέν του 6ου στίχου γίνεται η άγκυρα της δεύτερης στροφής, η οποία ξεκινά από τον 7ο στίχο. Αυτή η αλληλουχία προσφέρει μια πολύ καλή μετάβαση στη δεύτερη στροφή, γιατί ο ψαλμωδός, ενώ εξακολουθεί να προσεύχεται βυθισμένος στη μελαγχολία, οδηγείται στην εορτή του δικού του Θεού σε άλλο γεωγραφικό μήκος, στον Άνω Ιορδάνη και στον Αντι-Λίβανο. Πάνω από τη λίμνη Χούλεκ το τοπίο γίνεται πιο άγριο και αφιλόξενο. Είναι γεμάτο βράχους και καταράκτες. Το μοτίβο του νερού των στίχων 2-3 αντιστρέφεται. Στην πρώτη στροφή το νερό ήταν σπάνιο και κατά μια έννοια απόν. Τώρα, το νερό λαμβάνει μια χαοτική και πρωτόγονη εικόνα (8α), η οποία επιδεινώνει την άσχημη κατάσταση του ψαλμωδού. Τώρα, το νερό απειλεί τον άνθρωπο και τα ζώα, τόσο με την ποσότητα, όσο και με τη δύναμή του. Οι Δανίτες προσπάθησαν να φτιάξουν τους οικισμούς τους σε πιο φιλόξενες περιοχές της Χαναάν. Η κορυφή του όρους Ερμών ήταν καλυμένη με χιόνι και πάγο το μεγαλύτερο μέρος του χρόνου. Από το λιώσιμο αυτού του χιονιού προέρχονταν οι καταρράκτες του Άνω Ιορδάνη. Ο ποιητής βλέπει και ακούει τον βρυχηθμό των βαθών του νερού και επειδή το μεγάλο κύμα τόν κάλυψε, αισθάνεται την αμοιβαιότητα της εναλλαγής μεταξύ των εσωτερικών αντιθέσεων και των αντιξοοτήτων της φύσης. Από τα τρομερά νερά θα ξεπηδήσει το φως και η αρμονία του κόσμου. Η ηχώ και τα καθρεφτίσματα στα νερά του Ιορδάνη φέρνουν στο μυαλό τον Θεό, ο Οποίος παράγει τη ζωή. Οι προσδοκίες του ανθρώπου να δει το πρόσωπο του Θεού είναι η ελπίδα που ζει στην παρουσία Του. Ο Θεός μπορεί να είναι λατρευτικά απών, ενώ ταυτόχρονα να είναι μυστικά παρών (Ψαλμ. 63:6-7, 77:3-4, 119:55, 139:1-6). Ο Θεός, ο Οποίος σώζει τη ζωή, αποκαλείται βράχος και αυτή η παρομοίωση προετοιμάζει την είσοδο της τρίτης στροφής. Ο Ray C. Stedman[468] αναφερόμενος στον 8ο στίχο αναφέρει, ότι ο ψαλμωδός θυμάται με ποιόν τρόπο ο Θεός καλεί τον άνθρωπο. Ο Ψαλμωδός αναφέρεται στην αγάπη και τη χαρά του Θεού, καθώς καλεί τα πιο εσώτερα βάθη του πιστού να προσευχηθούν. Αυτή η τακτική βοηθάει τον ψαλμωδό. Αυτή η τακτική τον ενδυναμώνει. Όμως αυτή τη φορά ούτε κι αυτή η τακτική θα τον βοηθήσει τελικά.

Προβληματισμό δημιουργεί ο 9ος στίχος, ο οποίος δύναται να ερμηνευθεί σε συνδυασμό με τον 7ο στίχο. Η σχέση του με τον Θεό ήταν υγιής και χαρακτηριζόταν από την παρουσία Αυτού. Μετά άρχισε η αντίστροφη μέτρηση. Τα θεία νερά ισοδυναμούν με το σκοτάδι και τη λήθη από

---

[468] H. H. Rawley, The Structure of Psalm 42/43, *Biblica* 21, 1940, σελ. 45 – 55.

το Θεό, ο οποίος, όμως, θυμάται τους εχθρούς (στίχ. 10) ή, τουλάχιστον, έτσι πιστεύει ο ψαλμωδός. Παλαιότερα γνώριζε την αγάπη του Θεού, τώρα γνωρίζει την απουσία του Θεού και τον χλευασμό των εχθρών. Στον 11° στίχο ισχυροποιεί την κακή του κατάσταση.

Ο 42ος ψαλμός ολοκληρώνεται με ακόμα μια ανάμνηση του ψαλμωδού των παλιών καλών ημερών (της παρουσίας του Θεού και της συμμετοχής τους στις λατρευτικές τελετές), αλλά, για ακόμα μια φορά, η ανάμνηση αυτή δεν φέρνει τα θεμιτά αποτελέσματα και ο ψαλμωδός εξακολουθεί να αισθάνεται κατηφής. Τέλος, ο Ray C. Stedman[469] αναφέρει, ότι ο ψαλμωδός στον 9° στίχο εκφράζει την αντίδρασή του, παραμένοντας ακόμα σε αυτή την καταθλιπτική κατάσταση. Τα μέσα που χρησιμοποίησε για να ξεφύγει από αυτήν την μίζερη και καταθλιπτική κατάσταση και τα οποία τις προηγούμενες φορές τον είχαν βοηθήσει, αυτή τη φορά δεν επέφεραν το επιθυμητό αποτέλεσμα. Και αναρωτιέται: *«ποῦ ἐστιν ὁ Θεός σου;»*. Που σημαίνει γιατί με ξέχασες; Από τον στίχο 43:1 μπαίνουμε στην τρίτη φάση αυτής της εμπειρίας. Τώρα ο ψαλμωδός φωνάζει μέσα στην απόγνωση.

Στίχος 11: αίτηση

11 *ἐν τῷ καταθλᾶσθαι τὰ ὀστᾶ μου ὠνείδιζόν με οἱ ἐχθροί μου, ἐν τῷ λέγειν*

---

469 ο.π.

αὐτούς μοι καθ' ἐκάστην ἡμέραν· Ποῦ ἐστιν ὁ Θεός σου;

Ο τελευταίος στίχος είναι πολύ σημαντικός για τον καθορισμό του είδους του Ψαλμού, καθώς και για τη γενική κατανόηση αυτού. Η πλειονότητα των μορφο-ιστορικών ερμηνευτών από την εποχή του Gunkel εκλαμβάνει τον στίχο αυτό ως τη σωτήρια παρέμβαση του Γιαχβέ και τον πιστό να τον ευχαριστεί. Όμως, μια τέτοια ερμηνεία φαίνεται να υπερεκτιμά την προσωπική και βιογραφική ερμηνεία του 42^{ου} Ψαλμού θέτοντας εσφαλμένα δεδομένα[470]. Από την άλλη πλευρά, ο Grüsemann[471] είναι σκεπτικός στο να εκλάβει τον Ψαλμό ως ευχαριστήριο, αφού για να γίνει κάτι τέτοιο θα πρέπει να υπάρχουν κάποια στοιχεία ευχαριστίας και δοξολογίας, τα οποία, όμως, στην περίπτωση του 42^{ου} Ψαλμού δεν υφίστανται. Η διπλή αίτηση του 11^{ου} στίχου εισάγεται με μια δυνατή και τελική επίκληση, η οποία κάλλιστα θα μπορούσε να αποτελέσει και τον τελευταίο στίχο του Ψαλμού. Η εκδικητική διάθεση του 11β είναι πολύ έντονη.

Στίχος 12:επιβεβαίωση της εμπιστοσύνης

[12] ἰνατί περίλυπος εἶ, ἡ ψυχή μου; καὶ ἰνατί συνταράσσεις με; ἔλπισον ἐπὶ τὸν Θεόν, ὅτι ἐξομολογήσομαι αὐτῷ· σωτήριον τοῦ προσώπου μου καὶ ὁ Θεός μου.»

---

[470] H. Gunkel, Psalms 42 and 43: An Interpretation, *Biblical World* 21, (1903), σελ. 120-123.
[471] H. Gressmann, *The Psalmists,* Oxford: Oxford University Press, 1926.

Οι καταγγελίες και τα παρηγορητικά λόγια εναλλάσσονται στην ανθρώπινη ιστορία, όπως η μέρα και νύχτα. Ο ψαλμωδός καταγγέλλει την κατάθλιψη του πνεύματός του, αλλά ο ίδιος βρίσκει παρηγοριά όταν σκέφτεται τον Θεό. Η ψυχή του καταθλίβεται και για το λόγο αυτό κατευθύνεται προς τον Θεό. Είναι μεγάλη υποστήριξη για τον άνθρωπο, ο οποίος κάθε φορά που βρίσκεται σε θλίψη, γνωρίζει ότι έχει ελεύθερη πρόσβαση προς τον Θεό, καθώς, επίσης, έχει και το δικαίωμα της ελευθερίας του λόγου ενώπιόν Του, με αποτέλεσμα να έχει και τη δυνατότητα να αναφέρει στο Θεό τα αίτια της κατάθλιψής του. Όταν ο άνθρωπος δεν μπορεί να ανακουφίσει τη θλίψη του από μόνος του, τότε στρέφεται προς τον Θεό, για να βρει την ανακούφιση που επιζητά. Όπου κι αν πήγαινε, κάθε φορά, έπαιρνε και τη θρησκεία μαζί του. Σε όλα αυτά τα μέρη, τα οποία επισκέφθηκε, θυμόταν πάντα τον Θεό και πάντα έστρεφε την καρδιά του προς τον Θεό, προσπαθώντας να διατηρήσει την κοινωνία και την επικοινωνία μαζί του. Αυτή είναι η παρηγοριά των εξορίστων, των περιπλανωμένων, των ταξιδιωτών, αυτών που είναι ξένοι σε μια χώρα. Όπου κι αν βρισκόταν πάντα προσπαθούσε να διατηρήσει στοργικά τον οίκο του Θεού. Η απόσταση και ο χρόνος δεν κατάφεραν να βγάλουν από την καρδιά του τον Θεό[472].

---

[472] H. Gressmann, *The Psalmists,* Oxford: Oxford University Press, 1926.

Όσον αφορά τον 43° Ψαλμό εξακολουθεί το μοτίβο του θρήνου, εξαιτίας της καταπίεσης, η οποία εξακολουθεί να υφίσταται από τον προηγούμενο θρήνο (42:10), με τη διαφορά ότι ένα καινούργιο στοιχείο αντικατέστησε του βραχώδεις καταράκτες. Τώρα, υπάρχει επίκληση του Θεού ως την αληθινή πηγή της ασφάλειας και της βεβαιότητας (43:2). Πολύ γρήγορα, η επιθυμία να λάβει ο άνθρωπος από τον Θεό το φως και την αλήθεια, παρακινεί τον ποιητή να αντικειμενικοποιήσει και να προσωποποιήσει τις αρετές αυτές, όπως κάνει όταν αποζητά τη θεία αγάπη και πίστη ως δούλος που πρόκειται να κληθεί, σύμφωνα με τη δεύτερη στροφή (42:9). Ο κεντρικός στίχος της τρίτης στροφής (43:3αβ: *ἐξαπόστειλον τὸ φῶς σου καὶ τὴν ἀλήθειάν σου· αὐτά με ὡδήγησαν καὶ ἤγαγόν με εἰς ὄρος ἅγιόν σου καὶ εἰς τὰ σκηνώματά σου*) αποτελεί τύπο φιλολογικής έκφρασης.

<u>ΜΒ (ΜΓ)</u> [42].
Ψαλμὸς τῷ Δαυΐδ.
ΚΡΙΝΟΝ με, ὁ Θεός, καὶ δίκασον τὴν δίκην μου ἐξ ἔθνους οὐχ ὁσίου· ἀπὸ ἀνθρώπου ἀδίκου καὶ δολίου ῥῦσαί με. [2] ὅτι σὺ εἶ ὁ Θεὸς κραταίωμά μου· ἱνατί ἀπώσω με; καὶ ἱνατί σκυθρωπάζων πορεύομαι ἐν τῷ ἐκθλίβειν τὸν ἐχθρόν μου; [3] ἐξαπόστειλον τὸ φῶς σου καὶ τὴν ἀλήθειάν σου· αὐτά με ὡδήγησαν καὶ ἤγαγόν με εἰς ὄρος ἅγιόν σου καὶ εἰς τὰ σκηνώματά σου. [4] καὶ εἰσελεύσομαι πρὸς τὸ θυσιαστήριον τοῦ Θεοῦ, πρὸς τὸν Θεὸν τὸν εὐφραίνοντα τὴν νεότητά μου· ἐξομολογήσομαί σοι ἐν κιθάρᾳ, ὁ Θεός, ὁ Θεός μου. [5] ἱνατί περίλυπος εἶ, ἡ ψυχή

μου; καὶ ἱνατί συνταράσσεις με; ἔλπισον
ἐπὶ τὸν Θεόν, ὅτι ἐξομολογήσομαι αὐτῷ·
σωτήριον τοῦ προσώπου μου καὶ ὁ Θεός
μου.

Αυτός ο Ψαλμός[473] προσφέρει έναν
ασυνήθηστο συγκερασμό ανάμεσα στον τύπο
της στροφής και την πρόοδο των
συναισθημάτων και των σκέψεων, καθώς με
την ενορατική εξομολόγησης από την
αθλιότητα στην ελπίδα προτρέπει τον
αναγνώστη σε μια μουσική δοξολογία, η
οποία τονίζεται από ρητορικά σχήματα, τα
οποία εγείρουν ένα οικοδόμημα βαθμιαίας
εξύψωσης. Ο κεντρικός στίχος αναπτύσσεται
από ένα βάλτο εγωκεντρισμού (1η στροφή)
μέσω της δοξασμένης βεβαίωσης της θείας
αγάπης (2η στροφή) και καταλήγει στην
προσευχή για τα δώρα του φωτός και της
αλήθειας (3η στροφή).   Στην πορεία της
λυρικής σκέψης της φύσης της δοκιμασίας, η
οποία αποτελεί τον καθρέπτη της εσωτερικής
αγωνίας του ποιητή, το ύφος γίνεται επικό,
καθώς από τις δυνάμεις του κακού βγαίνει
πρώτα η δίψα και μετά η άβυσσος. Το θέμα
της Παρουσίας του Θεού ενυπάρχει σε όλο
τον Ψαλμό. Υφίσταται πάνω από την
αναμενόμενη επιστροφή από τη Δαν στην
Ιερουσαλήμ. Η Σιών υπάρχει ζωντανή στις
μνήμες των ανθρώπων όχι μόνο εξαιτίας της
νοσταλγίας αυτών, αλλά και λόγω των
μεγαλοπρεπών εορτών αυτής. Το μοτίβο της
προσωρινής Παρουσίας του Θεού, το οποίο
στηρίζεται σε λατρευτικά πρότυπα, και θα

---

[473] ο.π.

αναβιωθεί σύντομα, παραμένει πνευματικά αληθινό. Και μόνο η Παρουσία του Θεού είναι αρκετή για να προσφέρει τη σωτηρία (42:6, 43:5). Στο σημείο αυτό αξίζει να αναφερθεί η έννοια της κλίμακας, η οποία παίζει σημαντικό ρόλο στον Ψαλμό 42°/43°, καθώς η ολοκλήρωση του πρώτου και δεύτερου τμήματος επέρχεται στο ρεφρέν. Ακόμα και η δομή όλου του ψαλμού έχει μια κλίμακα.

Το τρίτο τμήμα αποτελεί την κορύφωση της κλίμακας του ψαλμού. Όμως, και αυτό το τμήμα παρουσιάζει μια εσωτερική κλιμακούμενη δομή. Ξεκινάει με μια αρνητική προσευχή, προκειμένου ο προσευχόμενος να απαγκιστρωθεί από τους εχθρούς (43:1-2). Αμέσως μετά ακολουθεί μια θετική προσευχή, όπου ο προσευχόμενος σκέφτεται να επιστρέψει στο ιερό (στ. 3-4). Στο τελευταίο τμήμα του τρίτου τμήματος ο ποιητής περιμένει να δει μπροστά στα μάτια του την απάντηση. Ακόμα και ο λόφος του ποιήματος παρουσιάζει κλιμάκωση. Το ιερό βουνό του Θεού, οι τόποι διαμονής του Θεού και, τέλος, ο ίδιος ο Θεός. Το ρεφρέν εδώ έχει τη λειτουργία ενός decrescendo. Όταν ο ποιητής ξεκινά να ανακαλεί το παρελθόν, η ψυχή του κατακρημνίζεται, διότι το παρόν εμφανίζεται ακόμα πιο σκοτεινό. Οι αναμνήσεις, όμως, επιτρέπουν στον ποιητή να προσεύχεται. Η μετάβαση από το πρώτο στο δεύτερο τμήμα είναι ακόμα πιο συναρπαστική. Η μνήμη όχι μόνο αυξάνει τη λύπη, αλλά προσφέρει και την έκκληση. Στον 10° και 11° στίχο υπάρχει ακόμα ένα παράπονο. Ο 12ος στίχος αποτελεί το ρεφρέν, το οποίο αναφέρεται στο παρόν.

Στο τρίτο τμήμα (43:1 - 5) η μετάβαση από τα παράπονα στην έκφραση της βεβαιότητας γίνεται με μοναδικό τρόπο. Στο τμήμα αυτό ο ποιητής εκφράζεται με μεγαλύτερη ελευθερία. Τα παράπονα, τώρα, έχουν συρρικνωθεί. Το ρεφρέν εκφράζει το μέλλον και την ελευθερία. Μεγάλη σημασία δίνεται στις εκφράσεις των στίχων 42:4c/d, 42:11c/d και 43:2 c/d, οι οποίες επέχουν θέση ρεφρέν. Οι 42:4 και 42:11 αποτελούν το συνδετικό κρίκο μεταξύ του πρώτου και δεύτερου τμήματος του Ψαλμού, και οι 43:10 και 43:2 αποτελούν συνδετικό κρίκο μεταξύ δεύτερου και τρίτου τμήματος του ψαλμού. Ο Luis Alonso Schökel[474] διαφοροποιείται από τον Martin Kessler[475], όσον αφορά στη δυναμική του ψαλμού, η οποία εδράζεται στο παρελθόν, το παρόν και το μέλλον. Αυτές είναι οι χρονικές περίοδοι, οι οποίες αντιπροσωπεύονται χωριστά σε κάθε στροφή του ψαλμού.

Επίσης, ενυπάρχει ένα crescendo της εμφάνισης και της παρουσίας των εχθρών. Αυτή η επισήμανση θεωρείται σημαντική για την ανάλυση του ύφους του Ψαλμού. Το ρεφρέν είναι ξεχωριστό για κάθε περίσταση, ενώνοντας, ταυτόχρονα, όλο τον ψαλμό σε σύνολο, ο οποίος δύναται να εκληφθεί ότι αποτελείται από τρεις διαφορετικές κολώνες,

---

[474] Luis Alonso Schökel, *Psalm 42/43: A Response to Ridderbos and Kessler* (*JSOT* 1, 1976), σελ.12-21.
[475] Martin Kessler & Nic. Ridderbos, Response to Louis Alonso Schökel, The Poetic Structure of Psalm 42-43, *JSOT 1,* (1976), σελ. 4-8.

οι οποίες ολοκληρώνουν μια προοδευτική ιστορία. Το ρεφρέν δημιουργεί μια τυπική και δομική λειτουργία. Ο καθηγητής Kessler αναφέρεται σε λεπτές εννοιολογικές αποχρώσεις. Η δραματική ένταση επαναλαμβάνεται διακόπτοντας την πρόοδο. Κάποιοι θεωρούν, ότι το κείμενο έχει ιερατική μορφή. Ο ψαλμός για τον οποίο γίνεται λόγος, διακρίνεται για έναν έντονο λυρισμό με ανομολόγητες τάσεις συναισθηματικής έντασης. Η πρόοδος από το παρελθόν στο παρόν γίνεται μέσω κλυδωνισμών. Επίσης, στον ψαλμό υπάρχουν αποκλίσεις, χωρίς, όμως, να έχουν την έννοια της αντιδιαστολής. Στον ψαλμό υπάρχει ένας άνθρωπος, ο οποίος ομιλεί σε πρώτο πρόσωπο, και ο οποίος απευθύνεται, τόσο στον Θεό, όσο και στον εαυτό του. Αυτό οδηγεί σε κάποια ιστορική προσωπικότητα ή σε κάποιο πρόσωπο, το οποίο συνέθεσε το ποίημα. Κάτι τέτοιο δεν μπορεί να αποκλεισθεί. Ο ποιητής κάνει μια προσωπική ομολογία.

Αυτό το οποίο πρέπει να ξεκαθαριστεί, είναι να βρεθεί αν το «εγώ» του συγγραφέα συμπίπτει με το «εγώ» του ποιήματος. Αν, τελικά, το «εγώ» δηλώνει ένα μεμονωμένο άτομο ή μια ολόκληρη κοινωνία. Σε πρώτη φάση αυτό που μπορεί να λαχθεί με βεβαιότητα είναι, ότι το «εγώ» του συγγραφέα με το «εγώ» του ποιήματος είναι το ίδιο. Αυτό σημαίνει, ότι, είτε ο συγγραφέας εκφράζει δικά του συναισθήματα, είτε ότι μπαίνει στη θέση κάποιου άλλου, εκφράζοντας τα συναισθήματα του άλλου σαν δικά του. Όταν συμβαίνει κάτι τέτοιο, αυτό στην ποίηση χαρακτηρίζεται ως «poetry of situation / role - poem». Έτσι, η ποιητική ανάλυση δύναται να αποτελεί την επαγρύπνηση ενάντια στις διεκδικήσεις του συγγραφέα και, σε αυτές τις περιπτώσεις, γίνεται λόγος για το «εγώ» του ποιήματος. Σε δεύτερο επίπεδο, δύναται να αποτελέσει ένα σκαλοπάτι, προκειμένου να γίνει η μετάβαση από το ποίημα στον συγγραφέα[476]. Αναφερόμενοι στο «εγώ» του ποιήματος ξεκινάει μια σχέση με τη λατρεία.

---

[476] βλ. George T. Wright, *The Poet in the Poem*, University of California Press, 1962.

[37] καὶ εἶπε Κύριος· ποῦ εἰσιν οἱ θεοὶ αὐτῶν, ἐφ᾽ οἷς ἐπεποίθεισαν ἐπ᾽ αὐτοῖς;

MT

וַיְאֹמַר אֵי אֱלֹהֵימוֹ צוּר חָסָיוּ בוֹ׃

Το Δευτερονόμιο είναι το τελευταίο βιβλίο της Πεντατεύχου[477], στο οποίο κεντρική ιδέα είναι ότι ο Ένας και Μοναδικός Θεός, ο δημιουργός του σύμπαντος δεν εγκατέλειψε την αμαρτωλή ανθρωπότητα, αλλά από αυτήν επέλεξε ένα λαό, τον Ισραήλ, για να χρησιμεύσει ως φυτώριο της θείας αποκαλύψεως και ως μέσο μετάδοσης της θείας ευλογίας για όλο το ανθρώπινο γένος[478]. Το κύριο τμήμα της υπόθεσης της Πεντατεύχου βρίσκεται στο βιβλίο της Εξόδου και ολοκληρώνεται στο βιβλίο των Αριθμών, όπου γίνεται αναφορά της επίσημης ανάδειξης του Ισραήλ σε περιούσιο λαό του Θεού και φορέα της θείας αποκάλυψης, μέσω της σύναψης στο όρος Σινά της διαθήκης και της παράδοσης του Νόμου στον Μωυσή. Το βιβλίο του Δευτερονομίου αποτελείται από 34 κεφάλαια. Ονομάζεται έτσι διότι αποτελεί τη *δευτέρωση*, δηλ. την επανάληψη και τη

---

[477] Για το θέμα της ονομασίας της Πεντατεύχου βλ. Παναγ. Ι. Μπρατσιώτη, *Εισαγωγή εις την Παλαιάν Διαθήκην*, Αθήναι, 1992, σελ. 44, πρβλ. R.E. Clements, *Deuteronomy*, (Old Testament Guides), Sheffield: Sheffield Academic Press, 1989.

[478] Παναγιώτης Ι. Μπρατσιώτης, *Εισαγωγή εις την Παλαιάν Διαθήκην,* Αθήναι, 1992, σελ. 45, πρβλ. P.D. Miller, *Deuteronomy,* (Interpretation), Louisville: John Knox Press, 1990.

διασάφηση των προθεσπισθέντων νόμων. Το βιβλίο αυτό παρουσιάζει ιδιαίτερο ενδιαφέρον από κοινωνιολογικής πλευράς. Η δομή του βιβλίου έχει ως εξής:
- κεφ. α στίχος 1 – 5: αποτελεί τον πρόλογο του βιβλίου. Στο τμήμα αυτό βρίσκεται το υποκείμενο, ο τόπος και ο χρόνος όσων πρόκειται να εκτεθούν στη συνέχεια του βιβλίου του Δευτερονομίου.
- κεφ. α στίχος 6 έως και το 30ο κεφάλαιο: αναφέρονται οι τρεις μεγάλοι λόγοι του Μωυσή.
- τα κεφάλαια 31 έως 34 επέχουν θέση ιστορικού παραρτήματος.

Αξίζει να αναφερθούν περιληπτικά μερικά στοιχεία των λόγων του Μωυσή. Στον πρώτο λόγο αυτού (α, 6 – δ, 40)ο Μωυσής αναπολεί τα γεγονότα στο όρος Χωρήβ, ενθυμείται τις ευεργεσίες του Θεού, αναφέρεται στις παραινέσεις για την αποφυγή της ειδωλολατρίας. Στον δεύτερο λόγο του Μωυσή (κεφ. 5ο έως κεφ. 26), ο οποίος αποτελεί και το βασικό τμήμα του βιβλίου επαναλαμβάνεται ο Δεκάλογος, γίνεται υπενθύμιση ότι ο Μωυσής είναι ο μεσίτης μεταξύ του Θεού και του λαού του Ισραήλ. Στον τρίτο λόγο του Μωυσή (κεφ. 27,1 έως κεφ. 30,20) αυτός αποβλέπει σε νέα τήρηση του νόμου, αναπτύσσει ευρύτατα το θέμα των ευλογιών και των κατάρων και καταλήγει σε νέα προτροπή του Ισραήλ σε υπακοή του Νόμου του Θεού. Από το 31ο κεφάλαιο έως και το 34ο κεφάλαιο γίνεται αναφορά στις τελευταίες ημέρες του Μωυσή, στην παράδοση του αξιώματος στον Ιησού του Ναυή και κάνει λόγο για μελλοντική τήρηση του νόμου, προβλέποντας μελλοντική αποστασία του Ισραήλ.

Στο βιβλίο του Δευτερονομίου γίνεται, κατ' εξοχήν, λόγος για τη θεία παρουσία σε συνδυασμό με τη θεολογία των θείων ονομάτων[479]. Μετά από πολλές και τρομερές απειλές, στο στίχο αυτό γίνεται ένας υπαινιγμός για το έλεος, το οποίο επέρχεται κατά την κρίση του Θεού. Αξίζει να σημειωθεί, ότι ο Θεός δεν χαίρεται, όταν πεθαίνουν αμαρτωλοί άνθρωποι, καθώς θα προτιμούσε αυτοί να μετανοήσουν και να ζήσουν. Για τον Θεό είναι πολύ εύκολο να καταστρέψει τους αμαρτωλούς και να εξαλείψει αυτούς από τη μνήμη των υπολοίπων ανθρώπων. Όσοι απομακρύνθηκαν από τον Θεό, θα πρέπει να απομακρυνθούν και από τη γη, δηλαδή να πεθάνουν. Βέβαια, δεν μπορεί να αμφισβητηθεί το γεγονός, ότι άξιζαν να καταστραφούν εντελώς, εξαιτίας των αμαρτιών τους. Η σοφία λαμβάνει υπόψη την υπερηφάνεια και την αυθάδεια του εχθρού, οι οποίες βρίσκουν σταθερά θεμέλια πάνω στον κατεστραμμένο, απ' όλες τις πλευρές, λαό του Θεού. Οι λιγοστοί καλοί άνθρωποι του Ισραήλ αισθάνονται φόβο και δέος μπροστά στον Θεό. Όσοι ανησυχούν μήπως χάσουν την ευημερία τους, επιθυμούν, διακαώς, τον προσηλυτισμό τους. Ένα μεγάλο κομμάτι της σοφίας θα συμβάλει πολύ στην επιστροφή των αμαρτωλών στον Θεό. Θα πρέπει ο κάθε άνθρωπος να σκεφθεί σοβαρά το τέλος της

---

[479] Ian Wilson, Divine Presence in Deuteronomy, *Tyndale Bulletin* 43.2 (1992), σελ. 403-406.

ζωής που επιθυμεί να έχει, καθώς και το μέλλον της ψυχής του μετά το θάνατό του. Το ίδιο θα πρέπει να κάνουν και οι αμαρτωλοί, οι οποίοι θα πρέπει να σκεφθούν αν θα συνεχίσουν και στο μέλλον να ανήκει η ψυχή τους στην κατηγορία των αμαρτωλών. Ο άνθρωπος ανακαλεί στη μνήμη του παλιότερα και μεγάλα πράγματα, τα οποία είχε επιτελέσει στο παρελθόν και για ποιο λόγο δεν πρέπει αυτά τα πράγματα να τα αρνηθεί.

Ο Κύριος θα κρίνει τον λαό Του, θα είναι ο δικαστής για τους εχθρούς τους. Ο Θεός θα λυτρώσει τον λαό Του με την κρίση Του. Ο χρόνος κατά τον οποίο θα εμφανισθεί ο Θεός για να λυτρώσει τον λαό του, θα είναι όταν τα πράγματα θα έχουν χειροτερέψει πάρα πολύ. Ο Θεός δοκιμάζει τον λαό Του, με το να κάνει τα πράγματα δύσκολα και άσχημα για αυτούς, και μετά αποκαλύπτει τη μεγαλοπρέπεια της δύναμής Του, με το να κατατροπώνει τους εχθρούς του λαού Του. Αξίζει να σημειωθεί, ότι ο Θεός κάνει κάτι τέτοιο για λογαριασμό των ανθρώπων Του. Τα είδωλα, τα οποία δημιούργησαν οι άνθρωποι, δεν ήταν ικανά – ούτε θα είναι ποτέ – να βοηθήσουν τον λαό του Θεού. Επίσης, ο Θεός πράττει, κατ' αυτόν τον τρόπο, και ενάντια των εχθρών του Ισραήλ, οι οποίοι πίστευαν στα είδωλα και όχι στον Έναν και Μοναδικό Θεό.

II. 4. Δ΄ ΒΑΣΙΛΕΙΩΝ 2:14[480]

---

[480] πρβλ. Marvin Alan, Sweeney *I & II Kings: A Commentary,* Westminster John Knox Press, Louisville,

¹⁴ καὶ ἔλαβε τὴν μηλωτὴν Ἠλιού, ἣ ἔπεσεν ἐπάνωθεν αὐτοῦ, καὶ ἐπάταξε τὸ ὕδωρ καὶ οὐ διέστη· καὶ εἶπε· ποῦ ὁ Θεὸς Ἠλιοὺ ἀφφώ; καὶ ἐπάταξε τὰ ὕδατα, καὶ διερράγησαν ἔνθα καὶ ἔνθα, καὶ διέβη Ἐλισαιέ.

MT

וַיִּקַּח֩ אֶת־אַדֶּ֨רֶת אֵלִיָּ֜הוּ אֲשֶׁר־נָפְלָ֣ה מֵעָלָ֗יו
וַיַּכֶּ֣ה אֶת־הַמַּ֔יִם וַיֹּאמַ֕ר אַיֵּ֕ה יְהוָ֖ה אֱלֹהֵ֣י אֵלִיָּ֑הוּ אַף־ה֣וּא׀
וַיַּכֶּ֣ה אֶת־הַמַּ֗יִם וַיֵּחָצוּ֙ הֵ֣נָּה וָהֵ֔נָּה וַיַּעֲבֹ֖ר אֱלִישָֽׁע׃

Το Δ΄ Βασιλειών αποτελεί το τελευταίο βιβλίο των Βασιλέων[481]. Στο βιβλίο αυτό συνεχίζεται η ιστορία της ισραηλιτικής θεοκρατίας, η οποία είχε διακοπεί εξαιτίας του βασιλικού καθεστώτος των τελευταίων ημερών του Δαβίδ γύρω στο έτος 972. Περιλαμβάνεται δηλ. μια ιστορία 400 χρόνων, η οποία διαιρείται σε τρεις μεγάλες περιόδους, ήτοι: α) την ιστορία του ενιαίου βασιλείου από τις τελευταίες ημέρες του Δαβίδ μέχρι του θανάτου του Σολομώντα, β) τη συγχρονιστική ιστορία των δύο ισραηλιτικών βασιλείων από τον χωρισμό αυτών μέχρι το έτος 722, όπου λαμβάνει χώρα η καταστροφή του βορείου Βασιλείου και γ) την ιστορία του νοτίου βασιλείου από την άλωση της Σαμάρειας μέχρι την απονομή χάριτος στον Ιωαχίμ από τον Ευιλμαρωδέκ.

Kentucky, 2007, Terence Fretheim , *First and Second Kings*, Westmisnter John Knox Press, Louisville, Kentucky, 1999.

[481] πρβλ. Παναγ. Ι. Μπρατσιώτη, *Εισαγωγή εις την Παλαιάν Διαθήκην*, Αθήναι, 1992, σελ. 183 – 197, πρβλ. Walter Bruegemann, *1 &2 Kings*, Smith & Helwys Commentary, Smith & Helwys, 2000.

Σκοπός του βιβλίου αυτού είναι να καταδειχθεί ότι οι τύχες του Ισραήλ εξαρτώνται από τη σχέση του με τον Ιαβέ και το νόμο του, και μάλιστα προς την νόμιμη λατρεία αυτού. Άξιο σημείωσης είναι το προφητικό σχήμα της φιλοσοφίας της ιστορίας, το οποίο εφαρμόζεται στο παρόν βιβλίο[482], καθώς και ο θρησκευτικός ή θεοκρατικός πραγματισμός. Σημαντική συνεισφορά του παρόντος βιβλίου των Βασιλειών είναι η πίστη του συγγραφέως αυτού στη νομιμότητα του βασιλικού οίκου του Δαβίδ.

Η ιουδαϊκή παράδοση αποδίδει τη συγγραφή του συγκεκριμένου βιβλίου στον προφήτη Ιερεμία[483]. Όσον αφορά την αξιοπιστία του βιβλίου συνηγορούν πολλοί εσωτερικοί και εξωτερικοί λόγοι, κυρίως δε η χρήση πηγών, οι οποίες βρίσκονται χρονικά πολύ κοντά στα γεγονότα, η ζωηρότητα της έκθεσης αλλά και των λεπτομερειών των γεγονότων, καθώς και στην συχνή παραπομπή του συγγραφέα σε σύγχρονές του πηγές[484]. Αναφορικά με τις εξωτερικές μαρτυρίες υπέρ της αξιοπιστίας[485] του βιβλίου

---

[482] Παναγ. Ι. Μπρατσιώτη, *Εισαγωγή εις την Παλαιάν Διαθήκην*, Αθήναι, 1992, σελ. 183 – 197, πρβλ. Marvin A. Sweeney, *I & II Kings: A Commentary*, OTL, Westminster John Knox, 2007.

[483] Για τους λόγους υπέρ της συγγραφής από τον προφήτη Ιερεμία βλ. Παναγ. Ι. Μπρατσιώτη, *Εισαγωγή εις την Παλαιάν Διαθήκην*, Αθήναι, 1992, σελ. 190.

[484] Παναγ. Ι. Μπρατσιώτη, *Εισαγωγή εις την Παλαιάν Διαθήκην*, Αθήναι, 1992, σελ. 193.

[485] Όσον αφορά τις δυσχέρειες, οι οποίες προκύπτουν σε ιστορικό και κριτικό πλαίσιο, βλ. σχετική βιβλιογραφία στο βιβλίο του αξιότιμου Τακτικού Καθηγητή της Θεολογικής Σχολής του Πανεπιστημίου Αθηνών κ. Παναγ. Ι.

αξίζει να αναφερθεί η χρήση αυτού από προφήτες όπως ο Αμώς, ο Ωσηέ, ο Μιχαίας, ο Ησαΐας, ο Σοφονίας κ.α.

Στο σημείο αυτό υπάρχει ένας απολογισμός για το τι ακολούθησε αμέσως μετά τα λόγια του Ηλία. Τα σύμβολα της παρουσίας του Θεού με τον Ελισαιέ, και τα σημάδια της ανύψωσής του στην αίθουσα του Ηλία, παραπέμπουν σε έναν Πατριάρχη με τους γιους των προφητών, ή στα άρματα και τους ιππείς του Ισραήλ. Ο Ελισαιέ είχε στην κατοχή του το μανδύα του Ηλία, το σήμα της θητείας του, το οποίο φόρεσε για χάρη του Κυρίου του. Όταν ο Ηλίας αναλήφθηκε στον ουρανό, άφησε να πέσει ο μανδύας του, συμβολικά, αντί για το σώμα του. Μπορεί να μην φορούσε ρούχα, με την κυριολεκτική έννοια, αλλά ήταν ενδεδυμένος με τον μανδύα της αθανασίας. Ο Ηλίας άφησε τον μανδύα του, ως κληρονομιά στον Ελισαιέ, και, παρ' όλο, που ήταν μικρής αξίας, η συμβολική του αξία είναι πολύ μεγάλη, καθώς συμβολίζει την κάθοδο του Αγίου Πνεύματος. Ο Ελισαιέ αναλαμβάνοντας τον μανδύα του Ηλία, ανέλαβε και τα καθήκοντα αυτού, καθώς και όσα συμβόλιζε ο μανδύας του. Η εξουσία του Ηλία ήταν η διαίρεση της Ιορδανίας. Έχοντας απομακρυνθεί από τον πατέρα του, επιστρέφει στις τάξεις των προφητών.

Το τελευταίο θαύμα του Ηλία ήταν το πρώτο του Ελισαιέ, και δεν ήταν άλλο από τον χωρισμό των υδάτων του Ιορδάνη ποταμού. Ο Ελισαιέ έκανε χρήση του μανδύα του Ηλία,

---

Μπρατσιώτη, *Εισαγωγή εις την Παλαιάν Διαθήκην*, Αθήναι, 1992, σελ. 183 – 197.

όπως είχε κάνει άλλωστε και ο ίδιος, δηλώνοντας με αυτόν τον τρόπο, ότι παραμένει στις μεθόδους του Κυρίου του και δεν εισάγει κάτι έξω από τη δική τους θρησκεία. Απευθύνεται στον Θεό του Ηλία, και όχι στον ίδιο τον Ηλία, αναγνωρίζοντας με αυτόν τον τρόπο τη μεγαλειότητα του Θεού του. Ο Ηλίας έχει χαθεί, αλλά ο Θεός του Ηλία δεν έχει χαθεί και ούτε πρόκειται να χαθεί. Όσοι ακολουθούν τα βήματα των πιστών του Θεού, δεν κινδυνεύουν να χαθούν. Η κατοχή του μανδύα του Ηλία και η κληροδότησή του στον Ελισαιέ κάνει τον Ελισαιέ αρεστό στους προφήτες και στους υιούς των προφητών. Όσοι επισκέπτονταν τον Ηλία, επισκέφθηκαν και τον Ελισαιέ, δηλώνοντας με αυτόν τον τρόπο, ότι αναγνωρίζουν τόσο τον ίδιο, όσο και τον Θεό του Ηλία και Ελισαιέ. Όσοι διαθέτουν το Πνεύμα του Θεού πρέπει να διαθέτουν αυτοεκτίμηση και αγάπη.

*34 ποῦ ἐστιν ὁ θεὸς Αἰμὰθ καὶ Ἀρφάδ;
ποῦ ἐστιν ὁ θεὸς Σεπφαουραίμ, Ἀνὰ καὶ
Ἀβά, ὅτι ἐξείλαντο Σαμάρειαν ἐκ χειρός
μου;*

MT

אַיֵּה אֱלֹהֵי חֲמָת וְאַרְפָּד אַיֵּה אֱלֹהֵי סְפַרְוָיִם
הֵנַע וְעִוָּה כִּי־הִצִּילוּ אֶת־שֹׁמְרוֹן מִיָּדִי׃

Στο σημείο αυτό γίνεται λόγος για την Ιερουσαλήμ, η οποία πολιορκείται από το στρατό του Σεναχερίμπ. Ο Σεναχερίμπ έστειλε τρεις από τους σημαντικότερους στρατηγούς του εναντίον της Ιερουσαλήμ. Από αρκετούς έχει τεθεί το ερώτημα, αν τελικά, ο Σεναχερίμπ ήταν ένας από τους μεγαλύτερους βασιλιάδες της Ασσυρίας. Ο Σεναχερίμπ ήταν ένας ύπουλος άνθρωπος, για τον οποίο δεν αξίζει να γίνεται λόγος. Ο Εζεκίας έχει κάθε λόγο να μετανοιώνει για τη συμφωνία του με έναν ανέντιμο άνδρα, όπως ήταν ο Σεναχερίμπ. Μετά την ανέντιμη συμπεριφορά του Σεναχερίμπ, ο Εζεκίας είχε τη σύνεση να απορρίψει άλλη μια συνθήκη, η οποία δεν ήταν καθόλου συμφέρουσα για τον ίδιο και τον λαό του.

Η δημιουργία ειδώλου ήταν συνέπεια της αρνητικής μεγαλοσύνης του, ως βασιλιά της Συρίας. Με τις πράξεις του ο Κύριος προσπαθεί να τους πείσει ότι θα είναι προς όφελός τους να παραδοθούν, καθώς σε αυτήν

---

[486] πρβλ. Terence Fretheim, *First and Second Kings*, Westmisnter John Knox Press, Louisville, Kentucky, 1999.

την περίπτωση δεν θα υποφέρουν. Επίσης, αν τελικά παραδοθούν, επιδιώκουν την εύνοιά Του.

II. 6. Δ΄ ΒΑΣΙΛΕΙΩΝ 19:13[487]

13 ποῦ ἐστιν ὁ βασιλεὺς Αἰμὰθ καὶ ὁ βασιλεὺς Ἀρφάδ; καὶ ποῦ ἐστι βασιλεὺς τῆς πόλεως Σεπφαρουαΐν Ἀνὰ καὶ Ἀβά;

MT

אַיּוֹ מֶלֶךְ־חֲמָת וּמֶלֶךְ אַרְפָּד וּמֶלֶךְ לָעִיר
סְפַרְוָיִם הֵנַע וְעִוָּה:

Ο Σεναχερίμπ έστειλε μια αρκετά βλάσφημη επιστολή στον Εζεκία, προκειμένου να τον πείσει να παραδώσει την Ιερουσαλήμ. Για να τρομάξει, μάλιστα, τον Εζεκία, μεγαλοποιεί τον εαυτό του, και τα κατορθώματά του, λέγοντας ότι κατέστρεψε ολοσχερώς όσες πόλεις του αντιστάθηκαν. Για να γίνει ακόμα πιο τρομερός στα μάτια του Εζεκία, αναφέρει ότι κατέστρεψε ακόμα και τους θεούς των πόλεων, τις οποίες κατέλαβε. Την βλάσφημη επιστολή ο Εζεκίας την εσωκλείει σε μια άλλη επιστολή, η οποία έχει τη μορφή προσευχής. Ο Εζεκίας λατρεύει τον Θεό, για τον Οποίο ο Σεναχερίμπ μιλάει βλάσφημα, τον αποκαλεί Θεό του Ισραήλ, αποδίδοντας δόξα στο Θεό αυτό με το να τον θεωρεί Θεό όλης της γης και, όχι όπως τον θεωρεί ο Σεναχερίμπ, θεό, μόνο, του λαού του Ισραήλ. Ο Εζεκίας απευθύνεται στο Θεό, προκειμένου ο Σεναχερίμπ να βρει την τιμωρία που του αξίζει, επειδή εμφανίζεται βλάσφημος απέναντι στον Έναν και

---

[487] πρβλ. Marvin Alan Sweeney, *I & II Kings: A Commentary*,Westminster John Knox Press, Louisville, Kentucky, 2007.

Μοναδικό Θεό, καθώς ο Σεναχερίμπ λατρεύει τα είδωλα, τα οποία κατασκεύασαν οι άνθρωποι, και όχι τον αληθινό Θεό. Προσεύχεται στον Θεό να τον δοξάσει, να ηττηθεί ο Σεναχερίμπ, ώστε να γνωρίσει κι αυτός τη δόξα του αληθινού Θεού.

II. 7. ΨΑΛΜΟΣ 79:10

10 μή ποτε εἴπωσι τὰ ἔθνη· ποῦ ἔστιν ὁ Θεὸς αὐτῶν; καὶ γνωσθήτω ἐν τοῖς ἔθνεσιν ἐνώπιον τῶν ὀφθαλμῶν ἡμῶν ἡ ἐκδίκησις τοῦ αἵματος τῶν δούλων σου τοῦ ἐκκεχυμένου.

MT

לָמָּה ׀ יֹאמְרוּ הַגּוֹיִם֮ אַיֵּה֒ אֱלֹהֵיהֶם יִוָּדַע
(בַּגּוֹיִם) [בַגּוֹיִם] לְעֵינֵינוּ נִקְמַת דַּם־עֲבָדֶיךָ הַשָּׁפוּךְ׃

Το βιβλίο των Ψαλμών επιγράφεται στην ιουδαϊκή βίβλο ως «*βιβλίο ύμνων*» ή απλώς «*υμνείν*»[488]. Η επιγραφή «Ψαλμοί» εκ μέρους των Ο΄ δηλώνει, κυρίως, το μουσικό όργανο με τη συνοδεία του οποίου ψάλλονταν οι ψαλμοί αυτοί, αλλά και τη συλλογή των ψαλμών. Αρχαιότερος μάρτυρας του μασωριτικού κειμένου αποτελεί η μετάφραση των Ο΄, η οποία έχει ολοκληρωθεί τουλάχιστον δύο αιώνες πριν την εμφάνιση του Κυρίου. Τον 2ο π.Χ. αιώνα υπάρχει και η μαρτυρία των «*Εξαπλών*» του Ωριγένη, παραθέτοντας τις ελληνικές μεταφράσεις του Ακύλα, του Θεοδοτίωνος και του Συμμάχου, οι οποίες, όμως, έχουν σωθεί αποσπασματικά στις μέρες μας. Στις αρχές του 5ου αιώνα έγινε και η λατινική μετάφραση του Ιερώνυμου *Ad Sophronium* ή ο *Ψαλτήρας Secundum veritatem' hebraicam*. Σχετικά με το σημερινό εβραϊκό κείμενο, το αποκαλούμενο *Μασωριτικό*, εμφανίζεται σ' εμάς με λίγες

---

[488] Παναγ. Ι. Μπρατσιώτη, *Εισαγωγή εις την Παλαιάν Διαθήκην*, Αθήναι, 1992, σελ. 294.

παραλλαγές. Τέλος, υπάρχει και η συριακή μετάφραση, η οποία έλαβε χώρα από το εβραϊκό χειρόγραφο, με αναθεωρήσεις σύμφωνα με τα γραφόμενα της μετάφρασης των Ο΄, των οποίων, όμως, η προέλευση είναι αβέβαιη.

Οι περισσότερες φθορές και αλλοιώσεις παρατηρούνται στο εβραϊκό κείμενο του Ψαλτηρίου, πολύ πριν λάβει χώρα η ελληνική μετάφραση, διότι οι γραφείς της εποχής εκείνης ήταν αμελείς. Επίσης, εξαιτίας της ευρείας χρήσης αυτού από το λαό, το βιβλίο του Ψαλτηρίου υπέστη τις περισσότερες φθορές και αλλοιώσεις στο κείμενό του. Ακόμα και οι μεταφραστές του Ψαλτηρίου δεν ήταν τόσο ενδελεχείς και ακριβείς στη μετάφρασή τους, όσο οι μεταφραστές της Πεντατεύχου. Το κανονικό Ψαλτήριο αποτελείται σύμφωνα με το Μασωριτικό κείμενο και τη μετάφραση των Ο΄ από 150 ψαλμούς χωρισμένους σε πέντε βιβλία[489] και κάθε ψαλμός ολοκληρώνεται με μια δοξολογία («ευλογητός Κύριος ο Θεός Ισραήλ από τους αιώνος και εις τον αιώνα. Γένοιτο»). Η διάταξη των Ψαλμών δεν έγινε με κάποιο συγκεκριμένο σχέδιο, παρ' όλο που στο Ψαλτήριο υπάρχει η δυνατότητα

---

[489] Το 1ο βιβλίο περιλαμβάνει τους Ψαλμούς 1-40, το 2ο βιβλίο τους Ψαλμούς 41-71, το 3ο βιβλίο τους ψαλμούς 72 – 88, το 4ο βιβλίο τους ψαλμούς 89 – 95 και το 5ο και τελευταίο βιβλίο τους ψαλμούς 96-150). Η πενταμερής αυτή διαίρεση του βιβλίου των Ψαλμών συνδέεται με την ιστορία της συλλογής του Ψαλτηρίου, έτσι ώστε κάθε συλλογή να προστίθεται στην προηγούμενη, χωρίς να αποκλείεται και η περίπτωση η πενταμερής αυτή διαίρεση να αντιγράφει τα πέντε βιβλία της Πεντατεύχου., πρβλ. Παναγ. Ι. Μπρατσιώτη, *Εισαγωγή εις την Παλαιάν Διαθήκην*, Αθήναι, 1992, σελ. 295.

ευκρινών ομάδων ψαλμών, σύμφωνα με τους συγγραφείς, τη μελωδία, τη λειτουργική χρήση αυτών κλπ). Αξίζει να σημειωθεί η αριθμητική διαφορά, η οποία υφίσταται μεταξύ της αρίθμησης του μασωριτικού κειμένου των Ψαλμών και της μετάφρασης των Ο΄. Η διαφοροποίηση ξεκινάει στον 42ο Ψαλμός, ο οποίος στο εβραϊκό χειρόγραφο εμφανίζεται να είναι ενωμένος με τον 43ο Ψαλμό.

Το βασικό θέμα του βιβλίου των Ψαλμών είναι ο Θεός και ο άνθρωπος ενώπιον του Θεού. Όλοι οι Ψαλμοί έχουν ως κέντρο τον Θεό, τον Οποίον, υμνούν, δοξολογούν, επικαλούνται τη βοήθειά Του. Το περιεχόμενο του Ψαλτηρίου αποτελείται από συλλογή θεόπνευστων ύμνων, προσευχών και θρησκευτικών ασμάτων, στα οποία εκφράζονται η θρησκευτική πείρα αλλά και ποικίλα θρησκευτικά συναισθήματα της ισραηλιτικής συναγωγής. Όσον αφορά την κατηγοριοποίηση των Ψαλμών αυτοί κατηγοριοποιούνται ανάλογα με το περιεχόμενο τους, παρ' όλο που πολλές φορές αναμιγνύονται τα θρησκευτικά συναισθήματα (αίνος, ευχαριστίες, δεήσεις, θρήνοι, παράκληση σε θεία βοήθεια)[490]. Χαρακτηριστικό των Ψαλμών είναι ότι αυτοί φέρουν επιγραφή, η οποία δηλώνει τον συγγραφέα, ή το είδος του ποιήματος, ή την ιστορική αφορμή της σύνθεσης του ψαλμού, ή τον χρόνο της λειτουργικής χρήσης αυτού,

---

[490] Παναγ. Ι. Μπρατσιώτη, *Εισαγωγή εις την Παλαιάν Διαθήκην*, Αθήναι, 1992, σελ. 297.

ή τη μελωδία, ή το μουσικό όργανο με τη συνοδεία του οποίου ψάλλεται[491].

Η προφητική αξία του Ψαλτηρίου έγκειται στο ότι το έργο αυτό παρουσιάζει με μοναδικό τρόπο την εικόνα του Μεσσία με νέα χαρακτηριστικά, τα οποία προστίθενται στα χαρακτηριστικά των παλαιότερων θεόπνευστων βιβλίων, κάνοντας έτσι την εικόνα του Μεσσία ακόμα πιο διαυγή. Έτσι, ο Μεσσίας εμφανίζεται ότι είναι απόγονος του Δαβίδ, αιώνιος βασιλεύς, ο οποίος κατασυντρίβει τους εχθρούς του σε δικαιοσύνη και αλήθεια, ενδιαφέρεται υπέρ των φτωχών, είναι ο Υιός του Θεού, ο γεννηθείς εκ του Πατρός, και αποκαλείται Θεός και Κύριος Δυνατός[492]. Στους Ψαλμούς, όμως, ο Μεσσίας υφίσταται και παθήματα[493] από τα οποία εξέρχεται με ένδοξο τρόπο[494].

Η κανονικότητα του Ψαλτηρίου αποδεικνύεται ευκολότατα, καθώς ουδέποτε ηγέρθη αμφιβολία για την κανονικότητα του βιβλίου αυτού από τους Ιουδαίους[495]. Επίσης, ακόμα και στην Καινή Διαθήκη συνεχίζεται αδιαφιλονίκητα η κανονικότητα και η αυθεντικότητα του βιβλίου των Ψαλμών[496], καθώς αναφέρεται σε όλους τους καταλόγους των κανονικών βιβλίων της Π.Δ., του Μελίτωνος Σάρδεων, του Ωριγένη, του

---

491 ο.π. σελ. 300.

492 βλ. Ψαλμούς 22ο,44ο,71ο, 109ο.

493 βλ. Ψαλμό 21ο.

494 βλ. Ψαλμούς 21ο, 15ο, 71ο, 49ο, 109ο.

495 E. Pannier, *Psaumes (Livre des)*, εν Dictionnaire de la Bible, F. Vigouroux, τόμ. 5ος, στήλ. 807 κ. εξ.

496 πρβλ. Π.Ν.Τρεμπέλα, *Η Παλαιά Διαθήκη μετά συντόμου ερμηνείας*, τόμ. I, Ψαλμοί, Αθήνα, 1995, Αδελφότητα Θεολόγων «ο Σωτήρ», σελ. 18.

Αθανασίου, απαντά σε όλους τους Πατέρες, και είναι το βιβλίο εκείνο, το οποίο απαντά συχνότερα από οποιοδήποτε άλλο βιβλίο της Π.Δ[497].

Ειδικότερα, για τον 79ο Ψαλμό αξίζει να αναφερθεί ότι συγγραφεύς αυτού είναι ο Ασάφ, όχι όμως ο σύγχρονος του Δαβίδ, καθώς τα γεγονότα, τα οποία αναφέρονται στην υπόθεση του συγκεκριμένου Ψαλμού είναι μεταγενέστερα. Μετά την περιγραφή της καταστροφής της Ιερουσαλήμ και του ναού της, ο ποιητής δέεται προς τον Θεό, προκειμένου Αυτός να σπλαχνισθεί αυτόν τον τόσο ταλαιπωρημένο λαό Του, συγχωρώντας του τις αμαρτίες του, αναλαμβάνοντας και πάλι την προστασία του, καταστρέφοντας τους εχθρούς του. Ο ψαλμός αυτός είναι πολύ πιθανόν να αναφέρεται στην καταστροφή της Ιερουσαλήμ από τους Χαλδαίους και σε εκείνη την εποχή προσδιορίζεται ο χρόνος συγγραφής αυτού.

Στον Ψαλμό αυτό ο ψαλμωδός οδύρεται για την ερήμωση της Ιερουσαλήμ και ζητά την επέμβαση του Θεού εναντίον των αδίκων και των ασεβών εχθρών, ικετεύοντας Αυτόν υπέρ της Ιερουσαλήμ, καθώς ενδέχεται μεταξύ των σφαγιασθέντων να υπάρχουν και δίκαιοι δούλοι του Θεού, οι οποίοι έπασχαν για τις αμαρτίες των ομοεθνών τους. Όπως και ο ενανθρωπήσας Υιός του Θεού έπαθε για τις αμαρτίες των άλλων και χάρη στο αδικοχαμένο αίμα Του σώθηκε η ανθρωπότητα, έτσι και οι

---

[497] ο.π. σελ. 19.

αδικοχαμένοι δούλοι του Θεού θα δοξασθούν στη μέλλουσα ζωή.

Βασικό θέμα του συγκεκριμένου Ψαλμού είναι η προσευχή του ψαλμωδού, ώστε ο Θεός να μην τους αποστραφεί, εξαιτίας του θυμού Του και να τους διώξει. Αυτή η προσευχή λειτουργεί στην πραγματικότητα σαν προφητεία, κατά την οποία η οργή του Θεού αποκαλύπτεται από τον ουρανό εναντίον κάθε ασέβειας και αδικίας των ανθρώπων. Αποτελεί άξιο παρατήρησης, ότι αυτοί οι οποίοι προσεύχονται, το κάνουν με τέτοιο τρόπο σαν να μην έχουν γνωρίσει, ποτέ, τον Θεό. Όσοι έχουν άγνοια του Θεού είναι ασεβείς και ζουν μακριά από τον Θεό. Το ίδιο ισχύει και για τις πόλεις και τα βασίλεια, τα οποία αγνοούν την ύπαρξη του αληθινού Θεού. Ταυτόχρονα, προσεύχονται για την απονομή χάριτος εκ μέρους του Θεού. Προσεύχονται, επίσης, ο Θεός να ξεχάσει τις ανομίες τους, και τις αμαρτίες των προγόνων τους. Απευθύνονται στο Θεό, ο οποίος θα λειτουργήσει λυτρωτικά γι' αυτούς, και θα δώσει στα προβλήματά τους ένα καλό τέλος και, μάλιστα, σύντομα. Επίσης, προσεύχονται ο Θεός να εκδικηθεί τους αντιπάλους τους, επειδή συμπεριφέρθηκαν σκληρά και βάρβαρα στο λαό του Θεού.

Άλλη αιτία εκδίκησης είναι το θράσος και η περιφρόνηση, τα οποία επιδεικνύουν οι εκτός του Ισραήλ λαοί. Κι αυτή η προσευχή επέχει θέση προφητείας, σύμφωνα με την οποία ο Θεός θα ζητήσει από τους αμαρτωλούς και όσους μίλησαν σκληρά εναντίον Του, να επιστρέψουν στο δρόμο του αληθινού Θεού. Σύμφωνα με τον **S. Terrien**[498] ο 79ος Ψαλμός είναι κοινοτικός θρήνος, ο οποίος εμφανίζεται να έχει συντεθεί μετά την κατστροφή της Ιεορυσαλήμ το 587 π.Χ. από τους Βαβυλωνίους. Ο Ψαλμός αυτός περιέχει – όπως και οι ατομικοί θρήνοι – έναν κεντρικό στίχο. Το μέτρο του Ψαλμού αυτού είναι ακανόνιστο, παρά την αρχική πρόθεση του ποιητή για να διατηρήσει κάποια μορφή συμμετρίας. Η ερώτηση «*ἕως πότε, Κύριε,*» (στίχ. 5) συνεχίζεται με το σοβαρότερο ερώτημα «*μή ποτε εἴπωσι τὰ ἔθνη· ποῦ ἔστιν ὁ Θεὸς αὐτῶν; καὶ γνωσθήτω ἐν τοῖς ἔθνεσιν ἐνώπιον τῶν ὀφθαλμῶν ἡμῶν ἡ ἐκδίκησις τοῦ αἵματος τῶν δούλων σου τοῦ ἐκκεχυμένου.*». Ο θρήνος για την καταστροφή αντιστρέφεται από την υπόσχεση για ευχαριστία. Η λέξη «*ἔθνη*», είναι ένας όρος, ο οποίος λαμβάνει εξευτελιστικό περιεχόμενο, καθώς αναφέρεται στους παγανιστές ή τους ειδωλολάτρες[499]. Η επανάληψη αυτού του μοτίβου οδηγεί στο συμπέρασμα, ότι ο Ψαλμός έχει γραφεί από έναν και μόνο ποιητή. Η απόδοση του Ψαλμού αυτού στον Ασάφ δεν υπονοεί ένα βορειότερο πρότυπο, απλώς παραπέμπει στην Ιερουσαλήμ και τον Ιούδα.

Αναλυτικότερα ο Ψαλμός έχει ως εξής:

---

[498] S. Terrien, The Psalms: Strophic Structure and Theological Commentary, William B. Eerdmans Rublishing Company, Grand Rapids (Michigan / Cambidge, UK), 2003, σελ. 570- 574.
[499] ο.π. σελ. 356.

79:1β-3: Μόλυνση και Σφαγή

«*Ο ΘΕΟΣ, ἤλθοσαν ἔθνη εἰς τὴν κληρονομίαν σου, ἐμίαναν τὸν ναὸν τὸν ἅγιόν σου, ἔθεντο Ἱερουσαλὴμ ὡς ὀπωροφυλάκιον. ² ἔθεντο τὰ θνησιμαῖα τῶν δούλων σου βρώματα τοῖς πετεινοῖς τοῦ οὐρανοῦ, τὰς σάρκας τῶν ὁσίων σου τοῖς θηρίοις τῆς γῆς· ³ ἐξέχεαν τὸ αἷμα αὐτῶν ὡσεὶ ὕδωρ κύκλῳ Ἱερουσαλήμ, καὶ οὐκ ἦν ὁ θάπτων.*»

Φαίνεται ότι ο ψαλμωδός ήταν μάρτυρας της πολιορκίας και της πτώσης της Ιερουσαλήμ, καθώς, επίσης, του ολοκαυτώματος του Ναού του Σολομώντα και του παλατιού (Β΄ Βασ. 25:1-10), όπως και της δολοφονίας ή της εξορίας των ανθρώπων της Ιερουσαλήμ. Η αρχική αιτία του τρόμου και της αλλαγής συναισθημάτων ήταν η εισβολή στην περιουσία του Θεού. Η δεύτερη αιτία ήταν ότι μολύνθηκε ο ιερός ναός του Θεού από βαρβάρους. Η τρίτη αιτία ήταν ότι κάηκαν τα παλάτια και τα μέγαρα της Ιερουσαλήμ. Η τέταρτη αιτία ήταν τα νεκρά πτώματα, τα οποία έμεναν άθαφτα. Παρ' όλ' αυτά, το πιο μεγάλο κακό ήταν η μόλυνση του Ναού και η έλλειψη της ταφής των νεκρών δούλων του Γιαχβέ (Δευτ. 28:26, Β΄ Σαμ. 21:10, Ιερ. 7:32).

79:4-6: Για πόσο καιρό ακόμα Θεέ μου;

«*⁴ ἐγενήθημεν ὄνειδος τοῖς γείτοσιν ἡμῶν, μυκτηρισμὸς καὶ χλευασμὸς τοῖς κύκλῳ ἡμῶν. ⁵ ἕως πότε, Κύριε, ὀργισθήσῃ εἰς τέλος, ἐκκαυθήσεται ὡς πῦρ ὁ ζῆλός σου; [6] ἔκχεον τὴν ὀργήν σου ἐπὶ τὰ ἔθνη τὰ μὴ γινώσκοντά σε καὶ ἐπὶ βασιλείας, αἳ τὸ ὄνομά σου οὐκ ἐπεκαλέσαντο,»*

Ο θρήνος μετατρέπεται από παράπονο σε ικεσία. Τέτοια ακραία ατυχία προκαλεί κάθε είδους επεξήγηση, εκτός κι αν ο θυμός του Γιαχβέ έπεσε πάνω και στους δικούς του ανθρώπους. Στον Ψαλμό δεν υπάρχει καμιά εξομολόγηση συνολικής αμαρτίας. Εκφράζεται, απλά, με μια και μόνο λέξη: «ζήλια». Η θεία οργή, η οποία ξεκινά από την κοινότητα με την οποία ο Θεός έχει κάνει διαθήκη, τώρα προσανατολίζεται στη λατρεία των ειδώλων για τα ανομολόγητα εγκλήματά τους. Τα είδωλα διαπράττουν αυτά τα εγκλήματα, επειδή δεν γνωρίζουν για τον Γιαχβέ, ή επειδή αρνούνται να γνωρίσουν τον Γιαχβέ.

79:7-9: Στο όνομα του Θεού

«[7] ὅτι κατέφαγον τὸν Ἰακώβ, καὶ τὸν τόπον αὐτοῦ ἠρήμωσαν. [8] μὴ μνησθῇς ἡμῶν ἀνομιῶν ἀρχαίων· ταχὺ προκαταλαβέτωσαν ἡμᾶς οἱ οἰκτιρμοί σου, Κύριε, ὅτι ἐπτωχεύσαμεν σφόδρα. [9] βοήθησον ἡμῖν, ὁ Θεός, ὁ σωτὴρ ἡμῶν· ἕνεκεν τῆς δόξης τοῦ ὀνόματός σου, Κύριε, ῥῦσαι ἡμᾶς καὶ ἱλάσθητι ταῖς ἁμαρτίαις ἡμῶν ἕνεκα τοῦ ὀνόματός σου,»

Ο πυρήνας του θρηνητικού Ψαλμού, τώρα, ανοίγεται μπροστά στα μάτια του αναγνώστη. Το όνομα του Γιαχβέ[500] αντιπροσωπεύει πολλά περισσότερα από ό,τι λένε οι φήμες για τον ίδιο. Η ικεσία είναι διακαής, ώστε να ξεχαστεί η παράβαση των πατέρων. Ο ψαλμωδός γνωρίζει ότι το ρήμα «*ry°sai*» που έχει την έννοια του «καθαίρω» στην πραγματικότητα στον συγκεκριμένο Ψαλμό έχει τη σημασία του «καλύπτω τις παλαιότερες αμαρτίες» και όχι τις «καθαρίζω» ή τις «συγχωρώ». Ο Ψαλμωδός αναφέρει, ότι η λατρευτική πράξη της εξιλέωσης γίνεται εκ μέρους του Κυρίου και όχι εκ μέρους της ανθρωπότητας (Ιερ. 18:29). Ο Θεός απαιτεί το υπέρτατο δώρο, προκειμένου να δώσει τέλος στην πλήρη αποτυχία και την πλήρη ανικανότητα.

79:10-11: Πού είναι ο Θεός αυτών;

" *¹⁰ μή ποτε εἴπωσι τὰ ἔθνη· ποῦ ἔστιν ὁ Θεὸς αὐτῶν; καὶ γνωσθήτω ἐν τοῖς ἔθνεσιν ἐνώπιον τῶν ὀφθαλμῶν ἡμῶν ἡ ἐκδίκησις τοῦ αἵματος τῶν δούλων σου τοῦ ἐκκεχυμένου. ¹¹ εἰσελθέτω ἐνώπιόν σου ὁ στεναγμὸς τῶν πεπεδημένων, κατὰ τὴν μεγαλωσύνην τοῦ βραχίονός σου περιποίησαι τοὺς υἱοὺς τῶν τεθανατωμένων.*»

Η προσευχή του Ισραήλ «*ἕως πότε, Κύριε,*» του 5ου στίχου, καθώς και η ερώτηση «*μή ποτε εἴπωσι τὰ ἔθνη· ποῦ ἔστιν ὁ Θεὸς αὐτῶν; καὶ γνωσθήτω ἐν τοῖς ἔθνεσιν ἐνώπιον τῶν ὀφθαλμῶν ἡμῶν ἡ ἐκδίκησις τοῦ αἵματος τῶν δούλων σου τοῦ ἐκκεχυμένου.*» βρίσκονται σε συνάφεια

---

[500] R. Abba, For His Name's Sake, in Name, *IDB,* III, (1962), σελ. 82-85.

μεταξύ τους. Η άθλια κατάσταση του Ιούδα, καθώς και η επιβίωση ελάχιστων μελών της φυλής του Ιούδα ερμηνεύεται από τα είδωλα ως κρίση εκ μέρους μιας ανώτερης θείας δύναμης. Ο Θεός των ανθρώπων, τους οποίους επέλεξε ο ίδιος ο Θεός, κρύβεται ή είναι αδύναμος; Ο Θεός που κρύβεται θεωρείται και απών[501]; Η ήττα του Ιούδα και η μόλυνση του Ναού αποτελούν στοιχεία αμφισβήτησης της θειότητας του Θεού των Εβραίων. Τέτοια πράξη εμπαιγμού του Θεού μετατρέπεται σε βλασφημία. Η νέα φάση των προσευχών ζητά εκδίκηση για το αίμα των δούλων του Θεού.

79:12-13: Ο Θεός εκδικείται και οι άνθρωποι ευχαριστούν Αυτόν

« [12] *ἀπόδος τοῖς γείτοσιν ἡμῶν ἑπταπλασίονα εἰς τὸν κόλπον αὐτῶν τὸν ὀνειδισμὸν αὐτῶν, ὃν ὠνείδισάν σε, Κύριε. [13] ἡμεῖς δὲ λαός σου καὶ πρόβατα νομῆς σου ἀνθομολογησόμεθά σοι εἰς τὸν αἰῶνα, εἰς γενεὰν καὶ γενεὰν ἐξαγγελοῦμεν τὴν αἴνεσίν σου.»*

Ο ίδιος ο Θεός δέχθηκε ερωτήσεις από τα είδωλα. Ερωτήσεις, οι οποίες ήταν προσβλητικές για Αυτόν. Τώρα, είναι η σειρά του Θεού να ανταποδώσει αυτή την επίθεση στο επταπλάσιο. Ο Θεός δέχθηκε επίθεση από τα είδωλα, όταν εισέβαλαν στο Ναό Του και οι δούλοι του εξευτελίστηκαν και θανατώθηκαν με αναξιοπρεπή τρόπο. Η

---

[501] S. Terrien, *The Elusive Presence* (San Francisco, 1978), σελ. 113-122.

εκδίκηση ανήκει στον ουράνιο Κύριο. Η αναγνώριση της μόλυνσης του Ναού και η καταστροφή της Ιερουσαλήμ το 587 π.Χ. από τους Βαβυλωνίους προκλήθηκε, επειδή ο ποιητής του 79^{ου} Ψαλμού έμεινε σιωπηλός στην πολιορκία της Ιερουσαλήμ και στη στρατιωτική εισβολή του Ιούδα. Όμως, το επιχείρημα της σιωπής δεν είναι γνωστό στα ποιήματα. Ο ποιητής είναι ελεύθερος να επιλέξει το μοντέλο της σιώπησης ενός γεγονότος. Επίσης, οι σχέσεις μεταξύ του 79^{ου} Ψαλμού, των κύκλων του Ιερεμία και των Ψαλμών 44, 74, 89 και 142 είναι αρκετές στον αριθμό για να αγνοηθούν. Παρ' όλο, που οι λέξεις δεν είναι *πάντα ίδιες*, οι ομοιότητες είναι πασιφανείς: Τα είδωλα – δηλαδή οι ειδωλολάτρες- *εισέβαλαν στην περιουσία του Θεού* (Ιερ. 9:10), *τα νεκρά πτώματα που έμειναν άταφα και έγιναν βορά στα όρνεα* (Ιερ. 8:2, 14:16, 23:33). Οι ειδωλολάτρες *εμπαίζουν τους επιζώντες της σφαγής*, όπως δηλώνει και ο Ιερεμίας (24:9). *Οι παλιές ανομίες αποτελούν παραβάσεις των πατέρων, οι οποίες θα πρέπει να ξεχαστούν* (Ιερ. 11:10, 14:20).

Οι σύγχρονοι του ψαλμωδού *έχουν βουλιάξει στην αμαρτία*. Η βασική απαίτηση όλου του Ψαλμού είναι ότι ο Γιαχβέ *θα πρέπει να συγχωρήσει στο όνομα της δόξας του ονόματός Του* (Ιερ. 14:20-21). *Ο θυμός του Θεού θα πρέπει να φύγει από τη φυλή του Ιούδα και να πάει στους ειδωλολάτρες, όπου η εκδίκησή του θα πρέπει να είναι επταπλάσια* (Ψαλμ. 79:12: *ἀπόδος τοῖς γείτοσιν ἡμῶν ἑπταπλασίονα εἰς τὸν κόλπον αὐτῶν τὸν ὀνειδισμὸν αὐτῶν, ὃν ὠνείδισάν σε, Κύριε.*»)[502].

Με τη δύναμη της πίστης, η οποία φέρει τη μελλοντική ελπίδα στην παρούσα πραγματικότητα, και με την ανακάλυψη της αγάπης του Κυρίου, το ποίημα ολοκληρώνεται (Ιερ. 23:1-8 πρβλ. Ψαλμ. 95:7, 100:3). Ο ιερός τραγουδιστής, ο οποίος συνέθεσε τον 79ο Ψαλμό, ίσως, να επέζησε στους λόφους του Ιούδα, ή να εξορίστηκε στη χώρα, που βρίσκεται μεταξύ των ποταμών της Βαβυλώνας (Ψαλμ. 137:1), όμως παραμένει άσβηστη η φλόγα της λατρείας του Θεού, ακόμα κι αν βρίσκεται μακριά από τη Σιών. Σύμφωνα με τον Kraus[503], αιτία του κλαυθμού του συγκεκριμένου ψαλμού είναι η καταστροφή του Οίκου του Θεού και ο θάνατος του Δούλου του Θεού.

---

[502] Η έκφραση αυτή είναι παράλληλη με αντίστοιχη έκφραση του Ιερεμία (32:18).

[503] H. – J. Kraus, *Die Psalmen*, Biblischer Kommentar Altes Testament, 5th ed., (Neukirchen – Vluyn: Neukirchener Verlag, 1978), σελ. 713-717.

II. 8. ΨΑΛΜΟΣ 113:10

μήποτε εἴπωσι τὰ ἔθνη· ποῦ ἐστιν ὁ Θεὸς αὐτῶν;

Μ 115:2

לָמָּה יֹאמְרוּ הַגּוֹיִם אַיֵּה־נָא אֱלֹהֵיהֶם׃

Ο συγκεκριμένος Ψαλμός στο Μασωριτικό κείμενο βρίσκεται χωρισμένος σε δύο υπό – ενότητες. Η πρώτη υποενότητα αποτελείται από τους στίχους 1-8 και η δεύτερη από τους στίχους 9-26. Στη Βουλγάτα εμφανίζεται ως ένας ενιαίος Ψαλμός, παρ' όλο που από τον 9ο στίχο ξεκινάει καινούργια αρίθμηση. Παρά τις διαφορές που υπάρχουν στο ρυθμό και στο θέμα των δύο τμημάτων του Ψαλμού, πολλοί ερευνητές κατέληξαν ότι ο συγκεκριμένος Ψαλμός είναι ένας, καθώς έτσι παρουσιάζεται στη μετάφραση των Ο΄, στην αραβική, αιθιοπική, συριακή μετάφραση, στη μετάφραση του Θεοδοτίωνος και του Ιερωνύμου, καθώς και σε 52 ακόμα εβραϊκά χειρόγραφα.

Το πρώτο τμήμα του Ψαλμού (στίχοι 1-8) έχει ιστορικό χαρακτήρα, διακρίνεται για τη συντομία, τη δύναμη, το λυρισμό, τον δραματικό του χαρακτήρα, τις μεταφορές του και τις τολμηρές προσωποποιήσεις του. Η τέχνη του ποιητή του συγκεκριμένου Ψαλμού είναι ολοφάνερη σε ολόκληρο το πρώτο τμήμα. Το δεύτερο τμήμα του διακρίνεται σε τρεις υποενότητες: η πρώτη υποενότητα (στίχοι 9-16), στο οποίο με θέρμη επικαλείται τον Θεό να επέμβει και αντιπαραβάλλεται το αιώνιο μεγαλείο του Θεού με τη μηδαμινότητα των άψυχων ειδώλων. Η δεύτερη υποενότητα, περιλαμβάνει τους στίχους 17-23, στους οποίους ο ψαλμωδός προτρέπει το Ισραήλ να στηρίξει την εμπιστοσύνη του στον Κύριο, υπενθυμίζοντας ότι ανέκαθεν οι πρόγονοί του έλπιζαν σε Αυτόν και γι' αυτό έτυχαν των ευλογιών Του. Αυτή η παλιά σχέση μεταξύ του Κυρίου και του λαού του Ισραήλ αποτελεί εγγύηση, ότι και πάλι ο Κύριος θα ευλογήσει τις νεότερες γενιές του Ισραήλ. Στην τρίτη και τελευταία ενότητα, η οποία περιλαμβάνει τους στίχους 24-26, γίνεται νέα επίκληση προς τον Κύριο, προκειμένου Αυτός να βοηθήσει τον λαό Του, και δίδεται η υπόσχεση ότι ο λαός του Ισραήλ θα ανταποδώσει με τη δοξολογία του ονόματός Του.

Όταν ήρθε η ώρα ο Θεός απελευθέρωσε το Ισραήλ και εξαλείφθηκε κάθε αντίσταση των εχθρών του. Το ίδιο συμβαίνει και με κάθε επιτυχία που απολαμβάνουμε στη ζωή μας, η οποία είναι απόρροια του ελέους και της βοήθειας του Θεού προς εμάς. Χωρίς το θείο έλεος οι ισχυρότερες θελήσεις εκμηδενίζονται και διαλύονται. Αξίζει να γνωρίζουμε ότι κάθε τι καλό, το οποίο απολαμβάνουμε, το απολαμβάνουμε χάρη στην αγαθότητα και την καλοσύνη του Θεού. Με τον τρόπο αυτό οποιαδήποτε μορφής καυχησιολογία θα είναι περιττή, καθώς ο άνθρωπος θα αντιλαμβάνεται το πεπερασμένο της ανθρωπότητάς του.

Στον κώδικα L καθώς και σε πολλούς άλλους κώδικες, όπως και αυτόν των Ο΄, του Θεοδοτίωνα, τον Συριακό, την Βουλγάτα, ο 115ος Ψαλμός είναι συνδεδεμένος με τον 114ο Ψαλμό[504]. Παρ' όλ' αυτά, υπάρχουν και κώδικες ή άλλα κείμενα, στα οποία οι δύο αυτοί Ψαλμοί εκλαμβάνονται ως δύο διαφορετικά ποιήματα. Αυτό το οποίο αξίζει να σημειωθεί είναι ότι οι δύο αυτοί Ψαλμοί είναι πολύ ευδιάκριτοι, όσον αφορά τον τύπο, τη δομή και το περιεχόμενό τους. Αν υπάρχει έστω και κάποια σχέση του 115ου Ψαλμού αυτή δεν είναι με τον 114ο αλλά με τον 113ο Ψαλμό, όπου το κεντρικό νόημα είναι το ασύγκριτο του Γιαχβέ. Ο συγγραφέας αντιδιαστέλλει το άσκοπο των γήινων ειδώλων με την ασυναγώνιστη υψηλότητα του Γιαχβέ, προκειμένου να διακηρύξει εαυτόν ως τον μοναδικό Θεό και να ενθαρρύνει τον Ισραήλ να Τον εμπιστευθεί. Δεν προκαλεί θαυμασμό το ότι η κλήση του Ισραήλ να εμπιστευθεί τον Γιαχβέ τοποθετείται στο κέντρο της μενορά[505] (στ. 9-11).

---

[504] Σύμφωνα με τον H. – J. Kraus ο 114 δεν μπορεί να συνενωθεί με τον 115, ενώ οι Ο΄ συνενώνουν αυτούς τους δύο Ψαλμούς στον 113ο Ψαλμό, πρβλ. H. – J. Kraus, *Die Psalmen*, Biblischer Kommentar Altes Testament, 5th ed., (Neukirchen – Vluyn: Neukirchener Verlag, 1978), σελ. 962.
[505] Η Μενορά ή Επτάφωτη Λυχνία θεωρείται, σύμφωνα με την εβραϊκή παράδοση, η αναπαράσταση του δέντρου της γνώσης και αντιπροσωπεύει ένα ακόμα εβραϊκό σύμβολο, το Δένδρο της Ζωής. Τα φώτα της Λυχνίας συμβολίζουν το θεϊκό φως, το οποίο φωτίζει τον κόσμο, καθώς και τις εφτά ημέρες της Δημιουργίας του κόσμου. Το σχήμα της Μενορά είναι σαν δέντρο. Από τον κεντρικό κορμό βγαίνουν προς τα πάνω έξη κλάδοι, τρεις από κάθε πλευρά, και φτάνουν όλοι στο ίδιο ύψος. Οι κλάδοι είναι κατά τέτοιο τρόπο

Το πλαίσιο του Ψαλμού δίνεται από τους αποδέκτες, κάτι που είναι χαρακτηριστικό και στους 108ο και 109ο Ψαλμό, όπως, επίσης, και σε άλλους Ψαλμούς. Επιπροσθέτως, ο αριθμός 7, ο οποίος χαρακτηρίζεται ως ο αριθμός της πληρότητας, έχει και μια συμπορευτική καθοδηγητική λειτουργία. Αρχικά δομείται σε 7 στροφές, σύμφωνα με το υπόδειγμα της μενορά, όπως επίσης αξιοσημείωτος είναι και ο αριθμός των λέξεων που χρησιμοποιείται στο άσμα. Επίσης, 7 είναι και τα χαρακτηριστικά των ειδώλων. Το θέμα των ειδώλων απαντά και στον 118ο Ψαλμό.

Η μεσαία λέξη του στίχου 9b «η βοήθειά τους» οδηγεί τον αναγνώστη στον σκοπό του ψαλμού, που δεν είναι άλλος, από το να εμψυχώσει στον λαό του Ισραήλ την εμπιστοσύνη στον Γιαχβέ. Αυτό είναι και το πιο σημαντικό στοιχείο του Ψαλμού. Είναι η πρώτη λέξη του μεσαίου κόλον (9b), η οποία δύναται να εκληφθεί ως το σημαντικό τμήμα όλου του στίχου. Το ρεφρέν εμφανίζεται ενισχυμένο όσον αφορά την εμπιστοσύνη του

σκαλισμένοι, ώστε να καταλήγουν σε κούπες αμυγδαλωτού σχήματος, στις οποίες τοποθετούνται κεριά, τα οποία καίνε όλη την ημέρα. Οδηγίες για την κατασκευή της Μενορά απαντούν για πρώτη φορά στη Βίβλο, όπου ο Θεός δίνει εντολές στο Μωυσή για τη δημιουργία της Μενορά κι άλλων ιερών σκευών (Εξ. 25:31-40). Η Μενορά κατέχει σημαντική θέση στην εβραϊκή θρησκευτική ζωή. Αυτό το σύμβολο δύναται να βρεθεί σε φυλαχτά, γυάλινα σκεύη, νομίσματα, θρησκευτικά αντικείμενα, ταφόπλακες, σφραγίδες, σπίτια και σε βιβλία της Τορά, παρ' όλο που το Ταλμούδ απαγορεύει τις απομιμήσεις ιερών σκευών. (βλ. Μάικλ Κάνιεν, *Η τέχνη του Ιουδαϊσμού*, εκδ. Ντουντούμη, Αθήνα, 1982, σελ. 16 κ. εξ. και *Ο κύκλος της Ζωής*, Εβραϊκή Κοινότητα Βόλου, Βόλος, 1998, σελ. 28-30).

Ισραήλ στο Γιαχβέ (Ψαλμ. 118: 2-4). Επίσης, είναι σημαντικό το ότι η παθιασμένη κλήση εμπιστοσύνης προς τον Γιαχβέ περιλαμβάνει τα ουσιώδη σημεία του Ψαλμού. Ο σκοπός του Ψαλμού είναι η αντιδιαστολή των μη έμπιστων γήινων ειδώλων με την εμπιστοσύνη στον ουράνιο Θεό, τον Γιαχβέ, όπου με έντονο ύφος προσπαθούν να πείσουν τον Ισραήλ να εμπιστευτούν μόνο αυτόν. Ο συγγραφέας δίνει έμφαση στη σύγκριση του Γιαχβέ με τα είδωλα, τα οποία είναι εντελώς μάταια, αποτελώντας ένα συνονθύλευμα αργυρού και χρυσού, φτιαγμένα από ανθρώπους.

Στον Ψαλμό αυτό αναφέρονται όλες οι αξιώσεις και οι μομφές εκ μέρους των ειδωλολατρών. Ήδη από τον 1ο στίχο απομακρύνεται ο κομπασμός. Οι προσωπικές απόψεις δεν έχουν θέση στις προσευχές προς τον Θεό. Θα πρέπει ο άνθρωπος πάντα να έχει στο νου του, ότι οτιδήποτε καταφέρνει στη ζωή του γίνεται με τη βοήθεια του Θεού και όχι μόνο με τις δικές του δυνάμεις. Η δικαιοσύνη του Θεού δίνει ώθηση στον άνθρωπο να καταφέρει κάποια πράγματα στη ζωή του. Η μομφή που εξαπολύουν τα είδωλα είναι μόνο σιωπή. Ο ψαλμωδός διαμαρτύρεται νοιώθοντας ντροπή για τους αλλόθρησκους. Όταν ρωτούν που είναι ο Θεός, τότε δίνει μια άμεση απάντηση. Στον πάνω κόσμο γίνεται γνωστή σε όλο το μεγαλείο της η δόξα του Θεού. Ο Θεός των Ισραηλιτών είναι στους ουρανούς, εκεί όπου ποτέ δεν πρόκειται να φτάσουν τα είδωλα. Στον κάτω κόσμο, στον κόσμο, δηλαδή που ζουν οι άνθρωποι, βρίσκονται τα προϊόντα της δύναμής του. Οι λατρεύοντες τα είδωλα θεωρούν αυτονόητο, ότι ο λατρεύων πρέπει να φαίνεται, όπως φαίνονται τα είδωλα, κάτι που δεν συμβαίνει με τον αληθινό Θεό. Αλλά αυτό δεν είναι και το μόνο χαρακτηριστικό των ειδώλων, γιατί, κατά τα άλλα, ούτε ακούνε, ούτε μιλάνε, ούτε προσφέρουν βοήθεια. Τα είδωλα είναι φτιαγμένα από ανθρώπινα χέρια και για το λόγο αυτό δεν αποτελούν Θεό. Είναι, λοιπόν, παράλογο να λατρεύει ο άνθρωπος ανθρώπινα δημιουργήματα και να μην λατρεύει τον ίδιο τον Δημιουργό.

Αυτός ο Ψαλμός φαίνεται ότι είναι τμήμα κάποιας λειτουργίας, όταν οι ιερείς ευλογούνταν από τους Λευίτες τραγουδιστές. Το μέτρο είναι κανονικό (3+3, 3+2, 2+3). Διάφοροι μονωδοί, μέλη της χωρωδίας, αλλά και του εκκλησιάσματος φαίνεται να εμπλέκονται στα διαλογικά μέρη του Ψαλμού. Ο **H. - J. Kraus**[506], όσον αφορά το μέτρο του συγκεκριμένου Ψαλμού αναφέρει, ότι αυτό είναι ακανόνιστο και σε μερικά σημεία σαφές. Θεωρεί ότι ο συγκεκριμένος Ψαλμός συνετέθηκε για λειτουργικό σκοπό, και ιδιαίτερα για λειτουργία σε εποχή μετά την εξορία[507]. Το προοίμιο διαθέτει τρεις στίχους με πέντε δίκολα. Το υμνικό ύφος χρησιμοποιείται, κυρίως, στη δεύτερη στροφή, όπου ένα αντιφωνικό ρεφρέν δίνει ευλογία στον οίκο του Ααρόν. Η ουσία της πρώτης στροφής, ένας εμπαιγμός στην

---

[506] H. – J. Kraus, *Die Psalmen*, Biblischer Kommentar Altes Testament, 5th ed., (Neukirchen – Vluyn: Neukirchener Verlag, 1978), σελ. 962.
[507] ό. π. σελ. 959-967.

ειδωλολατρεία, υπάρχει σχεδόν αυτούσια και σε άλλο Ψαλμό (Ψαλμ. 135:15-18). Η ευλογία που απαντάται στον συγκεκριμένο Ψαλμό δεν δίνεται μόνο στους ιερείς αλλά και στον οίκο του Ααρόν[508]. Το θείο όνομα απαντά 17 φορές σε αυτόν τον Ψαλμό, εξαιρώντας την πρώτη φορά στον 1ο στίχο.

Εισαγωγή: Δόξα στο Όνομα (στίχ. 1-3)

῍ΕΝ ΕΞΟΔῼ ᾽Ισραὴλ ἐξ Αἰγύπτου, οἴκου ᾽Ιακὼβ ἐκ λαοῦ βαρβάρου, ² ἐγενήθη ᾽Ιουδαία ἁγίασμα αὐτοῦ, ᾽Ισραὴλ ἐξουσία αὐτοῦ. ³ ἡ θάλασσα εἶδε καὶ ἔφυγεν, ὁ ᾽Ιορδάνης ἐστράφη εἰς τὰ ὀπίσω»

Η επίκληση αυτή δείχνει πολύ καλή γνώση της αμφισημίας, η οποία τείνει να διαφθείρει τη θρησκεία. Αυτή η γνώση δίνει τροφή, τόσο στη θεοκεντρικότητα, όσο και στον κοινωνικό αλτρουισμό ή την εγωκεντρικότητα. Η «δόξα» είναι μια ιδέα, η οποία προέρχεται από τις πομπώδεις τιμές, που αποδίδονται στους βασιλιάδες και τους αρχηγούς των φυλών γενικότερα. Σε λατρευτικό επίπεδο αυτή η ιδέα γεννήθηκε από τα χρυσά μεγαλειώδη ιερά αντικείμενα, όπως τα αγάλματα των Χεορυβίμ, τα οποία βρίσκονταν τοποθετημένα στα Άγια των Αγίων. Το «όνομα» αποτελεί δίοδο μεταβίβασης της ιδέας της σιναϊτικής θεότητας, η οποία δημιουργεί τη δύναμη. Το όνομα Γιαχβέ, ίσως, να είχε την έννοια «αυτός που είναι η αιτία της ύπαρξης» (Εξ. 3:15).

---

[508] Σε άλλο σημείο του ίδιου Ψαλμού (135:19-20) γίνεται λόγος για ευλογία στον οίκο του Ισαάκ και του Λευί.

Ενώ η δόξα έχει τις ρίζες της στις λατρευτικές τελετές, το όνομα περιλαμβάνει την κοσμική δημιουργία του Θεού, ο Οποίος είναι τόσο ο κυρίαρχος της φύσης, όσο και Αυτός που έχει τη δυνατότητα επιλογής των ανθρώπων. Η θεολογία της δόξας και η θεολογία του ονόματος συμφύονται όχι στην πραγματικότητα του ανθρώπου, αλλά στην πραγματικότητα του Θεού[509]. Η δόξα δύναται πολύ εύκολα να μετατραπεί σε αυτό-δόξα. Ο ψαλμωδός γνωρίζει αυτή την αμφισημία. Ο Ψαλμός αυτός δείχνει ότι η θεία δόξα ανήκει στο μεγαλοπρεπές, στο θαυμαστό συστατικό της δημιουργίας. Οι αισθήσεις της όρασης (δόξα) και της ακοής (όνομα) ενώνονται σε μια και μόνο αίσθηση. Ο θείος οίκτος και η πίστη αποτελούν την αιτία της δόξας του ονόματος. Τα έθνη ρωτούν ανάρμοστες ερωτήσεις. Ακόμα και στη μέση μια στρατιωτικής ήττας, της ταπείνωσης, του θανάτου και της καταδίωξης, ο Ισραήλ, ίσως, γελάσει σχετικά με το θέμα της πίστης στην ανθρώπινη δόξα, είτε αναφέρεται στη δική του δόξα, είτε αναφέρεται σε άλλους λαούς. Ακόμα και κάτω από γεγονότα καταστροφής, το όνομα του Θεού παραμένει ακέραιο στους ουρανούς και δύναται να δώσει στον «Κύριο της Ελευθερίας» τη δυνατότητα να πράξει όπως, ακριβώς, επιθυμεί.

1η στροφή: Η κενότητα της ειδωλολατρείας (στίχ. 4-8)

---

[509] S. Terrien, *The Elusive Presence* (San Francisco, 1978), σελ. 138-152.

⁴ τὰ ὄρη ἐσκίρτησαν ὡσεὶ κριοὶ καὶ οἱ βουνοὶ ὡς ἀρνία προβάτων. ⁵ τί σοί ἐστι, θάλασσα, ὅτι ἔφυγες, καὶ σύ, Ἰορδάνη, ὅτι ἐστράφης εἰς τὰ ὀπίσω; ⁶ τὰ ὄρη, ὅτι ἐσκιρτήσατε ὡσεὶ κριοί, καὶ οἱ βουνοὶ ὡς ἀρνία προβάτων; ⁷ ἀπὸ προσώπου Κυρίου ἐσαλεύθη ἡ γῆ, ἀπὸ προσώπου τοῦ Θεοῦ Ἰακὼβ ⁸ τοῦ στρέψαντος τὴν πέτραν εἰς λίμνας ὑδάτων καὶ τὴν ἀκρότομον εἰς πηγὰς ὑδάτων.»

Καθώς τα άλλα έθνη ρωτούν τον Ισραήλ «Πού είναι ο Θεός σας;» ο Ισραήλ απαντά ότι «το ασήμι και ο χρυσός δεν είναι ζωντανά όντα», εννοώντας τα είδωλα, τα οποία είναι άψυχα και τα οποία αντιδιαστέλλει με τον ζωντανό Θεό. Στους στίχους 5-7 απαριθμούνται όλα τα ελαττώματα των ειδώλων:

- Έχουν στόμα, αλλά δεν μπορούν να μιλήσουν
- Έχουν μάτια, αλλά δεν μπορούν να δουν
- Έχουν αυτιά, αλλά δεν μπορούν να ακούσουν
- Έχουν μύτη, αλλά δεν μπορούν να μυρίσουν
- Έχουν χέρια, αλλά δεν μπορούν να αισθανθούν
- Έχουν πόδια, αλλά δεν μπορούν να περπατήσουν
- Δεν κάνουν θόρυβο στο λαιμό τους, δηλαδή δεν μπορούν να αναπνεύσουν, άρα δεν είναι ζωντανά.

2ⁿ στροφή: Νουθεσία του Ισραήλ και των ιερέων του (στίχ. 9-13)

" ⁹ μὴ ἡμῖν, Κύριε, μὴ ἡμῖν, ἀλλ ' ἢ τῷ ὀνόματί σου δὸς δόξαν, ἐπὶ τῷ ἐλέει σου καὶ τῇ ἀληθείᾳ σου, ¹⁰ μήποτε εἴπωσι τὰ ἔθνη· ποῦ ἐστιν ὁ Θεὸς αὐτῶν; ¹¹ ὁ δὲ Θεὸς ἡμῶν ἐν τῷ οὐρανῷ καὶ ἐν τῇ γῇ πάντα, ὅσα ἠθέλησεν, ἐποίησε. ¹² τὰ εἴδωλα τῶν ἐθνῶν, ἀργύριον καὶ χρυσίον, ἔργα χειρῶν ἀνθρώπων· ¹³ στόμα ἔχουσι, καὶ οὐ λαλήσουσιν, ὀφθαλμοὺς ἔχουσι, καὶ οὐκ ὄψονται,»

Η έκκληση για τον «οίκο του Ισραήλ» και τον «οίκο του Ααρόν» υπονοεί τη μεγάλη σημασία που αποδίδεται στην ιεροσύνη, αποκομμένη από τις υπόλοιπες λατρευτικές λειτουργίες, καθώς και τις θυσίες ζώων. Το αντιφωνικό ρεφρέν συγκεντρώνει την εμπιστοσύνη που έδειχναν οι αρχαίοι λαοί στον Κύριο, ως αρωγό και προστάτη (στίχ. 9-11). Ο σεβασμός στο Γιαχβέ για το όνομά Του, το οποίο σημαίνει πολλά περισσότερα από τη φήμη του, σημαίνει το σύνολο των δραστηριοτήτων Του στους λαούς, καθώς και την επιλογή των ανθρώπων. Είναι Αυτός, ο Οποίος θα φέρει την καινούργια γενιά, η οποία θα γεννηθεί από τους τιμωρημένους. Όλοι όσοι φοβούνται τον Κύριο τείνουν να ζουν σύμφωνα με τη Διαθήκη του Σινά. Οι άνθρωποι του Ισραήλ μπορεί να φοβούνται ή να οδηγούνται στο θάνατο, εξαιτίας των αμαρτιών και των προδοσιών, στις οποίες έχουν προβεί, όμως ένας σημαντικός πυρήνας δεν έχει πλανηθεί[510]. Αυτός ο μικρός πυρήνας θα παραλάβει έναν ιδιόμορφο τύπο διαβίωσης, ο οποίος εμπεριέχει την «ευλογία» μεταξύ των μικρών, αλλά και των μεγάλων ανθρώπων της κοινότητας[511] (Ψαλμ. 113:8).

3η στροφή: Το δώρο της ευημερίας (στίχ. 14-18)

"*14 ὦτα ἔχουσι, καὶ οὐκ ἀκούσονται, ῥῖνας ἔχουσι, καὶ οὐκ ὀσφρανθήσονται, 15 χεῖρας ἔχουσι, καὶ οὐ ψηλαφήσουσι, πόδας ἔχουσι καὶ οὐ περιπατήσουσιν, οὐ φωνήσουσιν ἐν τῷ λάρυγγι αὐτῶν. 16 ὅμοιοι αὐτοῖς γένοιντο οἱ ποιοῦντες αὐτὰ καὶ πάντες οἱ πεποιθότες ἐπ' αὐτοῖς. 17 οἶκος Ἰσραὴλ ἤλπισεν ἐπὶ Κύριον· βοηθὸς καὶ ὑπερασπιστὴς αὐτῶν ἐστιν. 18 οἶκος Ἀαρὼν ἤλπισεν ἐπὶ Κύριον· βοηθὸς καὶ ὑπερασπιστὴς αὐτῶν ἐστιν.*»

Η ελευθερία και η δύναμη του Θεού στον ουρανό δύναται να ειδωθεί και στον «ουρανό των ουρανών». Οι συνέπειες της εμπιστοσύνης στη θεία πίστη, τώρα, αποτελεί και σύμπερασμα όλου του Ψαλμού, καθώς η ευλογία της ύπαρξης στη γη δίνεται από τον Δημιουργό. Οι υιοί του Αδάμ, στον οποίο δόθηκε το δικαίωμα της διαχείρισης της γης, καλούνται να παραλάβουν εκ νέου την ευκαιρία να συμπεριφέρονται με υπεθυνότητα και με κοινό συμφέρον. Η ηθική κοινωνιολογία της αδελφοποίησης απαιτεί

---

[510] S. Terrien, *The Elusive Presence* (San Francisco, 1978), σελ. 138-152.
[511] ο.π.

τόσο πολιτική όσο και εκκλησιαστική έκφραση. Και, ας αφήσουμε τους υιούς του Ισράηλ να ζήσουν για αρκετό καιρό πάνω στη γη, διότι οι νεκροί δεν μπορούν να δοξολογήσουν τον Θεό. Θάνατος σημαίνει αιώνια διαμονή στο βασίλειο της σιωπής.

Στον πρώιμο Ιουδαϊσμό, στις αρχές της περσικής κυριαρχίας, όταν η βαβυλωνιακή πίεση άρχισε να είναι πιο επιεικής και μια περιορισμένη ελευθερία περιόρισε την προσδοκία για ένα πιο ευπρεπές μέλλον, ο ψαλμωδός σύνθεσε ένα είδος μουσικής ποίησης. Κανένα είδος εθνικής παράβασης δεν υφίσταται για τον ψαλμωδό. Η σχέση αυτού του Ψαλμού με κάποια ετήσια εορτή παραμένει υποθετική. Στο τέλος της εξορίας, η ηθική δικαιοσύνη, η οποία αποτελούσε απαίτηση των μεγάλων προφητών, σχετιζόταν με τη λευιτική νομοθεσία, η οποίς παραδόθηκε προφορικά από γενιά σε γενιά. Όταν ο Ισραήλ συνέθετε ύμνους, βρισκόταν ενώπιον του Θεού (Δευτ. 29:10), η πραγματικότητα ενός γαλήνιου μέλλοντος ήταν εφικτή, και αυτή η πρόβλεψη βιώνεται εν μέρει στην παρούσα πραγματικότητα. Η θρησκεία εκ του νόμου σπέρνει τον σπόρο της κατά γράμμα τήρησης του νόμου, παρά την εισαγωγή και την προειδοποίηση ενάντια την εθνική δόξα.

Ο **C. H. Spurgeon**[512] αναφέρει, ότι, ήδη, από τον 1ο στίχο γίνεται αντιληπτό, ότι ο συγκεκριμένος Ψαλμός τραγουδήθηκε κατά την εορτή του Πάσχα – σε ανάμνηση της

---

[512] C. H. Spurgeon, *Treasury of David (Psalm 115),* Kregel Publications, 1976.

Εξόδου από την Αίγυπτο. Το κεντρικό σημείο της προσευχής φαίνεται ότι είναι το βάρος, που φέρει ο ψαλμωδός προς τον ζωντανό Θεό, ο Οποίος βοήθησε τόσο πολύ στην Ερυθρά Θάλασσα και στον Ιορδάνη ποταμό, γι' αυτό θα πρέπει για άλλη μια φορά να φανεί το μεγαλείο Του. Οι άνθρωποι ζητούν ανακούφιση από τις προσβολές των ειδωλολατρών, καθώς και ο Γιαχβέ να μην αποτελεί, πια, αντικείμενο χλευασμού και προσβολών από τους ειδωλολάτρες. Όταν ο Ισραήλ κατευθύνθηκε προς τη Χαναάν, ένας τρόμος είχε απλωθεί πάνω από όλους τους χαναναίους, εξαιτίας του Γιαχβέ, που ήταν η απόλυτη θεότητα. Όμως, ο φόβος και το δέος που προκαλούσε ο Γιαχβέ εξαλείφθηκε γρήγορα, γιατί Αυτός δεν ξαναέκανε αισθητή την παρουσία Του με κάποια θαυματουργή παρέμβαση.

II. 9. ΙΩΗΛ 2:17

17 ἀνὰ μέσον τῆς κρηπῖδος τοῦ θυσιαστηρίου κλαύσονται οἱ ἱερεῖς οἱ λειτουργοῦντες τῷ Κυρίῳ καὶ ἐροῦσι· φεῖσαι, Κύριε, τοῦ λαοῦ σου καὶ μὴ δῷς τὴν κληρονομίαν σου εἰς ὄνειδος τοῦ κατάρξαι αὐτῶν ἔθνη, ὅπως μὴ εἴπωσιν ἐν τοῖ ἔθνεσι· ποῦ ἐστιν ὁ Θεὸς αὐτῶν;

MT

בֵּין הָאוּלָם וְלַמִּזְבֵּחַ יִבְכּוּ הַכֹּהֲנִים מְשָׁרְתֵי
יְהוָה וְיֹאמְרוּ חוּסָה יְהוָה עַל־עַמֶּךָ וְאַל־תִּתֵּן נַחֲלָתְךָ
לְחֶרְפָּה לִמְשָׁל־בָּם גּוֹיִם לָמָּה יֹאמְרוּ בָעַמִּים אַיֵּה אֱלֹהֵיהֶם:

Για τον προφήτη Ιωήλ δεν έχουν διασωθεί πολλά στοιχεία, παρά μόνο ότι είναι δυνατό να διαγνωσθεί από το προφητικό του βιβλίο, από το οποίο γίνεται γνωστό ότι αυτός καταγόταν από τη φυλή του Ιούδα και έδρασε στην Ιερουσαλήμ. Το βιβλίο αποτελείται από τέσσερα κεφάλαια, στα οποία ο προφήτης με αφορμή την πληγή των ακρίδων σε συνδυασμό με τρομερή ξηρασία, είχε ως αποτέλεσμα τη μετάνοια του λαού, προκειμένου να λάβει αυτός (ο λαός) συγχώρεση από το Θεό για τα αμαρτήματά του και να πορευθεί προς τη μελλοντική κρίση καθαρός. Το βιβλίο, εξαιτίας της ζωηρότητας και αυθεντικότητας των περιγραφών και των εικόνων του, θεωρείται πολύ πιθανό να συγγράφθηκε από τον ίδιο τον προφήτη Ιωήλ κατά τους πρώτους χρόνους της βασιλείας του Ιωάς (836-797)[513]. Η σπουδαιότητα του προφητικού βιβλίου του Ιωήλ είναι μεγάλη καθώς περιλαμβάνεται σε αυτό η εσχατολογική διδασκαλία του, δίνεται η περιγραφή της *ημέρας του Κυρίου* και της έκχυσης του αγίου πνεύματος.

Ο 17ος στίχος[514], ο οποίος εμπίπτει στην έρευνά μας, αποτελεί μια σοβαρή προτροπή για μετάνοια, η οποία απορρέει από την κρίση και την απειλή των προηγούμενων εδαφίων. Όσον αφορά την προσωπική μετάνοια, εκ μέρους της ψυχής, όταν οι

---

[513] Παναγ. Ι. Μπρατσιώτη, *Εισαγωγή εις την Παλαιάν Διαθήκην*, Αθήναι, 1992, σελ. 456.

[514] Σχετικά με τη χρονολόγηση του βιβλίου του Ιωήλ βλ. John Alexander Thompson, The Book of Joel, *IB,* ed. G.A. Buttrick, vol. VI, New York: Abingdon Press, 1956, (ιδιαίτερα για τη χρονολόγηση του βιβλίου του Ιωήλ βλ. σελ. 732-33) και Henry T. Fowler, The Chronological Position of Joel among the prophets, *Journal of Biblical Literature,* vol. 16, No. 1/2, (1897) σελ. 146 -154.

αποφάσεις του Θεού είναι μακριά, κάθε ενδιαφερόμενο πρόσωπο συνεισφέρει στην ενοχή της κοινότητας. Ο άνθρωπος θα πρέπει να μετανοεί αληθινά για τις αμαρτίες του. Είναι πολύ θλιβερό η ανθρώπινη αμαρτία, η οποία προσβάλλει τον Θεό να εξακολουθεί να υφίσταται, επειδή ο άνθρωπος εξακολουθεί να αμαρτάνει. Η εξωτερική έκφραση της θλίψης δεν αποτελεί απαραίτητα και στοιχείο της αληθινής μετάνοιας του ανθρώπου. Ποιά επιχειρήματα χρησιμοποιεί ο ψαλμωδός, για να πείσει τον λαό να στραφεί στον Κύριο; Όταν η καρδιά στρέφεται στην αμαρτία, κατά τον ίδιο τρόπο, δύναται να στραφεί και προς τον Κύριο. Βέβαια, η δεύτερη κατεύθυνση αποτελεί πιο δύσκολη και χρονοβόρα διαδικασία. Αυτό που γνωρίζει ο ψαλμωδός με σιγουριά είναι, ότι ο Θεός του Ισραήλ είναι καλός Θεός. Η στροφή του αμαρτωλού ανθρώπου προς τον Θεό πρέπει να γίνει, όχι γιατί Αυτός ήταν δίκαιος και σωστός, όταν τιμωρούσε τους αμαρτωλούς ανθρώπους, αλλά επειδή είναι ελεήμων και φιλεύσπλαχνος, αναφορικά με τη μετάνοια του ανθρώπου. Ο ελεήμων Θεός δεν χαίρεται για τον θάνατο κανενός ανθρώπου, ακόμα και του αμαρτωλού. Η καλοσύνη του Θεού αποτελεί το πιο ισχυρό κίνητρο για τη μετάνοια του ανθρώπου. Ο άνθρωπος έχει λόγους να ελπίζει, ότι με τη μετάνοιά του ο Θεός δεν θα ασκήσει δίωξη σε βάρος του, όταν αυτός ήταν αμαρτωλός, αλλά θα είναι αρωγός του μετανοούντος. Αν ο άνθρωπος μετανοήσει πραγματικά, τότε ο Θεός θα είναι φιλεύσπλαχνος. Το 1ο κεφ. του Ιωήλ αναφέρεται στην ημέρα του Κυρίου και στην αποκατάσταση αυτού. Ο προφήτης κάνει λόγο για τη δικαιοσύνη, η οποία έφτασε το βασίλειο του Ιούδα με τη μορφή της μάστιγας των ακρίδων και της ξηρασίας.

<u>Στίχοι 1-5:</u>

¹ ΣΑΛΠΙΣΑΤΕ σάλπιγγι ἐν Σιών, κηρύξατε ἐν ὄρει ἁγίῳ μου, καὶ συγχυθήτωσαν πάντες οἱ κατοικοῦντες τὴν γῆν, διότι πάρεστιν ἡμέρα Κυρίου, ὅτι ἐγγύς, ² ἡμέρα σκότους καὶ γνόφου, ἡμέρα νεφέλης καὶ ὁμίχλης. ὡς ὄρθρος χυθήσεται ἐπὶ τὰ ὄρη λαὸς πολὺς καὶ ἰσχυρός· ὅμοιος αὐτῷ οὐ γέγονεν ἀπὸ τοῦ αἰῶνος καὶ μετ' αὐτὸν οὐ προστεθήσεται ἕως ἐτῶν εἰς γενεὰς γενεῶν. ³ τὰ ἔμπροσθεν αὐτοῦ πῦρ ἀναλίσκον, καὶ τὰ ὀπίσω αὐτοῦ ἀναπτομένη φλόξ· ὡς παράδεισος τρυφῆς ἡ γῆ πρὸ προσώπου αὐτοῦ, καὶ τὰ ὄπισθεν αὐτοῦ πεδίον ἀφανισμοῦ, καὶ ἀνασῳζόμενος οὐκ ἔσται αὐτῷ. ⁴ ὡς ὅρασις ἵππων ἡ ὄψις αὐτῶν, καὶ ὡς ἱππεῖς οὕτως καταδιώξονται· ⁵ ὡς φωνὴ ἁρμάτων ἐπὶ τὰς κορυφὰς τῶν ὀρέων ἐξαλοῦνται καὶ ὡς φωνὴ φλογὸς πυρὸς κατεσθιούσης καλάμην καὶ ὡς λαὸς πολὺς καὶ ἰσχυρὸς παρατασσόμενος εἰς πόλεμον.

Στο 2ο κεφάλαιο του Ιωήλ[515] (στίχ. 1-5) ξεκινάει να περιγράφει τη δικαιοσύνη, η οποία θα έρθει: ένας δυνατός στρατός θα

---

[515] πρβλ. John Barton, *Joel & Obadiah: a Commentary*, Old Testament Library, Westminster John Knox, 2001, Graham S. Ogden & Richard R. Deutsch, *A Promise of Hope—a Call to Obedience: a Commentary on the Books of Joel & Malachi*, International Theological Commentary, Eerdmans/ Hansel, 1987.

έρθει εναντίον του βασιλείου του Ιούδα. Όλα αυτά είναι δείγματα της «ημέρας του Θεού» και όχι της «ημέρας του ανθρώπου». Όταν ο άνθρωπος είναι σωστός απέναντι στο Θεό, τότε επιθυμεί την «ημέρα του Κυρίου». Όταν, όμως, ο άνθρωπος δεν είναι σωστός, τότε τρέμει την «ημέρα του Κυρίου», γιατί όταν ο Θεός δείχνει τον εαυτό Του, τότε αυτή η δύναμη στρέφεται εναντίον του ανθρώπου με καταστροφικά αποτελέσματα. Την εποχή του Ιωήλ ο Ιούδας δεν ήταν σωστός απέναντι στο Θεό, έτσι η «ημέρα του Κυρίου» θα είναι γεμάτη σκοτάδι ζοφερό. Είναι δύσκολο να γνωρίζουμε για ποια επιδρομή κάνει λόγο ο Ιωήλ. Ίσως, ο προφήτης αναφέρεται σε κάποια επιδρομή, η οποία δεν πρόκειται να γίνει, επειδή ο Ιούδας ανταποκρίνεται στην πρόσκληση του Θεού για μετάνοια και, έτσι, κρατά πίσω αυτόν τον καταστροφικό στρατό. Η 40χρονη διακυβέρνηση του βασιλιά Joash ξεκινάει αμέσως μετά τη συγκεκριμένη προφητεία του Ιωήλ. Μερικοί ερευνητές πιστεύουν ότι ο Ιωήλ αναφέρεται στα σμήνη των ακρίδων και, μάλιστα, τα περιγράφει με πολύ ποιητικό τρόπο. Αυτό μπορεί να είναι πιθανό, αλλά φαίνεται ότι ο συγγραφέας αναφέρεται σε έναν ανθρώπινο καταστροφικό στρατό, ο οποίος θα καταφερθεί εναντίον του αμετανόητου βασιλείου του Ιούδα.

<u>Στίχοι 6-11:</u>

⁶ ἀπὸ προσώπου αὐτοῦ συντριβήσονται λαοί, πᾶν πρόσωπον ὡς πρόσκαυμα χύτρας. ⁷ ὡς μαχηταὶ δραμοῦνται καὶ ὡς ἄνδρες πολεμισταί

ἀναβήσονται ἐπὶ τὰ τείχη, καὶ ἕκαστος ἐν τῇ ὁδῷ αὐτοῦ πορεύσεται, καὶ οὐ μὴ ἐκκλίνουσι τὰς τρίβους αὐτῶν, 8 καὶ ἕκαστος ἀπὸ τοῦ ἀδελφοῦ αὐτοῦ οὐκ ἀφέξεται, καταβαρυνόμενοι ἐν τοῖς ὅπλοις αὐτῶν πορεύσονται καὶ ἐν τοῖς βέλεσιν αὐτῶν πεσοῦνται καὶ οὐ μὴ συντελεσθῶσι. 9 τῆς πόλεως ἐπιλήψονται καὶ ἐπὶ τῶν τειχέων δραμοῦνται καὶ ἐπὶ τὰς οἰκίας ἀναβήσονται καὶ διὰ θυρίδων εἰσελεύσονται ὡς κλέπται. 10 πρὸ προσώπου αὐτῶν συγχυθήσεται ἡ γῆ καὶ σεισθήσεται ὁ οὐρανός, ὁ ἥλιος καὶ ἡ σελήνη συσκοτάσουσι, καὶ τὰ ἄστρα δύσουσι τὸ φέγγος αὐτῶν. 11 καὶ Κύριος δώσει φωνὴν αὐτοῦ πρὸ προσώπου δυνάμεως αὐτοῦ, ὅτι πολλή ἐστι σφόδρα ἡ παρεμβολὴ αὐτοῦ, ὅτι ἰσχυρὰ ἔργα λόγων αὐτοῦ· διότι μεγάλη ἡ ἡμέρα Κυρίου, ἐπιφανὴς σφόδρα, καὶ τίς ἔσται ἱκανὸς αὐτῇ;

Στους στίχους 6-11 γίνεται λόγος για τον ισχυρό στρατό. Ο Ιωήλ περιγράφει με ψυχρό ποιητικό τρόπο την πειθαρχία και την αποτελεσματικότητα αυτού του στρατού. Η αποτελεσματικότητά του βασίζεται στην τάξη και τη σωστή προετοιμασία του. Αυτά τα στοιχεία θα οδηγήσουν σε καταστροφική επίθεση εναντίον του Ιούδα. Όσο εντυπωσιακός κι αν είναι αυτός ο στρατός, ο Ιωήλ δεν θέλει ο Ιούδας να ξεχάσει, ότι η πραγματική δύναμη βρίσκεται στον Θεό. Αυτοί θα είναι τα εργαλεία του για τη δικαιοσύνη ενάντια στον Ιούδα, εκτός κι αν μετανοήσουν[516].

---

[516] πρβλ. John Barton, *Joel & Obadiah: a Commentary*, Old Testament Library, Westminster John Knox, 2001, Graham

¹² καὶ νῦν λέγει Κύριος ὁ Θεὸς ὑμῶν· ἐπιστράφητε πρός με ἐξ ὅλης τῆς καρδίας ὑμῶν καὶ ἐν νηστείᾳ καὶ ἐν κλαυθμῷ καὶ ἐν κοπετῷ· ¹³ καὶ διαρρήξατε τὰς καρδίας ὑμῶν καὶ μὴ τὰ ἱμάτια ὑμῶν καὶ ἐπιστράφητε πρὸς Κύριον τὸν Θεὸν ὑμῶν, ὅτι ἐλεήμων καὶ οἰκτίρμων ἐστί, μακρόθυμος καὶ πολυέλεος καὶ μετανοῶν ἐπὶ ταῖς κακίαις. ¹⁴ τίς οἶδεν εἰ ἐπιστρέψει καὶ μετανοήσει καὶ ὑπολείψεται ὀπίσω αὐτοῦ εὐλογίαν καὶ θυσίαν καὶ σπονδὴν Κυρίῳ τῷ Θεῷ ὑμῶν; ¹⁵ σαλπίσατε σάλπιγγι ἐν Σιών, ἁγιάσατε νηστείαν, κηρύξατε θεραπείαν, ¹⁶ συναγάγετε λαόν, ἁγιάσατε ἐκκλησίαν, ἐκλέξασθε πρεσβυτέρους, συναγάγετε νήπια θηλάζοντα μαστούς, ἐξελθέτω νυμφίος ἐκ τοῦ κοιτῶνος αὐτοῦ καὶ νύμφη ἐκ τοῦ παστοῦ αὐτῆς. *¹⁷ ἀνὰ μέσον τῆς κρηπῖδος τοῦ θυσιαστηρίου κλαύσονται οἱ ἱερεῖς οἱ λειτουργοῦντες τῷ Κυρίῳ καὶ ἐροῦσι· φεῖσαι, Κύριε, τοῦ λαοῦ σου καὶ μὴ δῷς τὴν κληρονομίαν σου εἰς ὄνειδος τοῦ κατάρξαι αὐτῶν ἔθνη, ὅπως μὴ εἴπωσιν ἐν τοῖ ἔθνεσι· ποῦ ἐστιν ὁ Θεὸς αὐτῶν;*

Στους στίχους 12-17 ο προφήτης καλεί τους ανθρώπους του Θεού να μετανοήσουν. Επειδή ακριβώς άκουσαν την προειδοποίηση της θείας δικαιοσύνης, οι

S. Ogden & Richard R. Deutsch, *A Promise of Hope—a Call to Obedience: a Commentary on the Books of Joel & Malachi*, International Theological Commentary, Eerdmans/ Hansel, 1987.

άνθρωποι του Θεού θα μετανοήσουν τελικά. Αυτό δεν κάνει τη μετάνοιά τους να έχει λιγότερη αξία. Το σημαντικό στοιχείο είναι, ότι, τελικά, γυρίζουν πίσω στο Θεό ειλικρινά και ο Θεός θα τους βοηθήσει να αντιμετωπίσουν τον καταστρεπτικό στρατό που έρχεται. Τρία είναι τα σημαντικά στοιχεία σε αυτή τη συνάφεια: α) Η ειλικρινής μετάνοια είναι η επιστροφή στον Θεό και έτσι απομακρύνονται από την αμαρτία, β) Η ειλικρινής μετάνοια γίνεται με συμμετοχή ολόκληρης της καρδιάς, και, τέλος, γ) Η ειλικρινής μετάνοια συνοδεύεται από πράξη και συναίσθημα. Στην πράξη υπάρχει η προσκόλληση και στο συναίσθημα το κλάμα και ο θρήνος. Βέβαια, δεν περιέχουν όλες οι πράξεις μετάνοιας αυτά τα χαρακτηριστικά, αλλά όταν αυτά λείπουν, τότε δεν γίνεται λόγος για αληθινή και ειλικρινή μετάνοια[517].

Ως έκφραση θρήνου στην ιουδαϊκή παράδοση ήταν το σκίσιμο των ρούχων. Ο Ιωήλ γνώριζε, ότι κάποιος δύναται να θρηνήσει, χωρίς να προβεί σε σκίσιμο των ιματίων του. Αυτό που συγκινεί πραγματικά τον Θεό είναι η μετάνοια της καρδιάς. Ένα άλλο κίνητρο για την ειλικρινή μετάνοια και επιστροφή στο Θεό είναι η καλοσύνη και το έλεός Του. Ο άνθρωπος τον πλησιάζει με την πίστη, ότι θα θεραπεύσει και θα συγχωρέσει τον άνθρωπο. Και με αυτόν τον τρόπο, ίσως, υποχωρήσει από τη δικαιοσύνη, την οποία έχει προαναγγείλει.

---

[517] πρβλ. James N. Pohlig, *An Exegetical Summary of Joel*, SIL International, 2003.

Προκειμένου να κάνει κατανοητό το θέμα της ειλικρινούς μετάνοιας ο Ιωήλ χρησιμοποιεί το παράδειγμα του γαμπρού και της νύφης. Η γενικότερη ιδέα αυτού του τύπου είναι ότι σε περίοδο μετανοίας οι άνθρωποι του Θεού εξακολουθούν να ζουν όπως και πριν (πριν την περίοδο κατά την οποία φάνηκαν ασεβείς προς τον Θεό). Ακόμα και οι αρχηγοί του λαού πρέπει να διοικούν με μετάνοια. Πρέπει να εκλαμβάνουν τους εαυτούς τους ως κοινούς θνητούς, για να μπορούν να διοικούν με ύφος μετανοίας και ταπεινότητας. Μάλιστα, ο Ιωήλ αναφέρει μια πολύ πλούσια σε μετάνοιες προσευχή στο στόμα των ιερέων του Θεού.

<u>Στίχοι 18-20:</u>

18 Καὶ ἐζήλωσε Κύριος τὴν γῆν αὐτοῦ καὶ ἐφείσατο τοῦ λαοῦ αὐτοῦ. 19 καὶ ἀπεκρίθη Κύριος καὶ εἶπε τῷ λαῷ αὐτοῦ· ἰδοὺ ἐγὼ ἐξαποστέλλω ὑμῖν τὸν σῖτον καὶ τὸν οἶνον καὶ τὸ ἔλαιον, καὶ ἐμπλησθήσεσθε αὐτῶν, καὶ οὐ δώσω ὑμᾶς οὐκέτι εἰς ὀνειδισμὸν ἐν τοῖς ἔθνεσι· 20 καὶ τὸν ἀπὸ Βορρᾶ ἐκδιώξω ἀφ' ὑμῶν καὶ ἐξώσω αὐτὸν εἰς γῆν ἄνυδρον καὶ ἀφανιῶ τὸ πρόσωπον αὐτοῦ εἰς τὴν θάλασσαν τὴν πρώτην καὶ τὰ ὀπίσω αὐτοῦ εἰς τὴν θάλασσαν τὴν ἐσχάτην, καὶ ἀναβήσεται ἡ σαπρία αὐτοῦ, καὶ ἀναβήσεται ὁ βρόμος αὐτοῦ, ὅτι ἐμεγάλυνε τὰ ἔργα αὐτοῦ.

Στη συνέχεια (στίχ. 18 – 20) ο Θεός υπόσχεται να υπερασπισθεί τους μετανοούντες από τον ισχυρό στρατό. Οι άνθρωποι του βασιλείου του Ιούδα γνωρίζουν ότι οι άνθρωποι του Θεού μπορούν να μετανοήσουν ειλικρινά. Ο Θεός υπόσχεται να αποκαταστήσει την υλική ευημερία του μετανοημένου Ιούδα και να καταστρέψει τον ισχυρό στρατό. Το γεγονός ότι ο καταστροφικός στρατός έκανε φοβερά και τρομερά πράγματα, ο Θεός στρέφει τη δικαιοσύνη Του μακριά από τους ανθρώπους, προς τον ισχυρό στρατό.

Στίχοι 21-27:

21 θάρσει, γῆ, χαῖρε καὶ εὐφραίνου, ὅτι ἐμεγάλυνε Κύριος τοῦ ποιῆσαι. 22 θαρσεῖτε, κτήνη τοῦ πεδίου, ὅτι βεβλάστηκε τὰ πεδία τῆς ἐρήμου, ὅτι ξύλον ἤνεγκε τὸν καρπὸν αὐτοῦ, συκῆ καὶ ἄμπελος ἔδωκαν τὴν ἰσχὺν αὐτῶν. 23 καὶ τὰ τέκνα Σιών, χαίρετε καὶ εὐφραίνεσθε ἐπὶ τῷ Κυρίῳ Θεῷ ὑμῶν, διότι ἔδωκεν ὑμῖν τὰ βρώματα εἰς δικαιοσύνην καὶ βρέξει ὑμῖν ὑετὸν πρώιμον καὶ ὄψιμον καθὼς ἔμπροσθεν. 24 καὶ πλησθήσονται αἱ ἅλωνες σίτου, καὶ ὑπερεκχυθήσονται αἱ ληνοὶ οἴνου καὶ ἐλαίου. 25 καὶ ἀνταποδώσω ὑμῖν ἀντὶ τῶν ἐτῶν ὧν κατέφαγεν ἡ ἀκρὶς καὶ ὁ βροῦχος καὶ ἡ ἐρυσίβη καὶ ἡ κάμπη, ἡ δύναμίς μου ἡ μεγάλη, ἣν ἐξαπέστειλα εἰς ὑμᾶς. 26 καὶ φάγεσθε ἐσθίοντες καὶ ἐμπλησθήσεσθε καὶ αἰνέσετε τὸ ὄνομα Κυρίου τοῦ Θεοῦ ὑμῶν, ἃ ἐποίησε μεθ᾽ ὑμῶν εἰς θαυμάσια, καὶ οὐ μὴ καταισχυνθῇ ὁ λαός μου εἰς τὸν αἰῶνα· 27 καὶ ἐπιγνώσεσθε ὅτι ἐν μέσῳ τοῦ Ἰσραὴλ ἐγώ εἰμι, καὶ ἐγὼ Κύριος ὁ Θεὸς ὑμῶν, καὶ οὐκ ἔστιν ἔτι πλὴν ἐμοῦ, καὶ οὐ μὴ καταισχυνθῶσιν ἔτι ὁ λαός μου εἰς

τὸν αἰῶνα.

Στους επόμενους στίχους[518] (21 – 27) γίνεται λόγος για την εμπιστοσύνη στην υπόσχεση του Θεού για αποκατάσταση. Ο Ιωήλ περιμένει την αποκατάσταση, την οποία υποσχέθηκε ο Θεός και λέει στο βασίλειο του Ιούδα ότι πρέπει να αναμένει με πίστη και εγκωμιασμό προς τον Θεό αυτή την αποκατάσταση, ακόμη και πριν την δουν με τα μάτια τους να συμβαίνει. Με το μάτι της πίστης ο Ιωήλ βλέπει, ήδη, να συμβαίνει αυτή η αποκατάσταση. Όλα γύρω του είναι πολυτελή, γόνιμα και το σημαντικότερο είναι, ότι βλέπει ότι ο Θεός αποκαθιστά το βασίλειο μετά την καταστροφική επιδρομή των ακρίδων. Στο τέλος του 1ου κεφαλαίου ο προφήτης είδε τα αποτελέσματα που επέφερε η καταστροφική ξηρασία στο βασίλειο του Ιούδα. Τώρα με το μάτι της πίστης βλέπει να αποκαθιστά ο Θεός τόσο τις φθινοπωρινές όσο και τις ανοιξιάτικες βροχές του Ισραήλ, ώστε να αποκατασταθεί η καταστροφή της φύσης από την ξηρασία και το έδαφος να γίνει γόνιμο πάλι. Το αρχαίο Ισραήλ δεν διέθετε αρδευτικό σύστημα προκειμένου να ποτίζει το νερό της βροχής τα λιβάδια και τις άλλες εκτάσεις του Ισραήλ. Με την αποκατάσταση αυτών των δύο τύπων βροχών από τον Θεό, το έδαφος θα αποκτήσει ξανά τη δυνατότητα

---

[518] πρβλ. John Barton, *Joel & Obadiah: a Commentary*, Old Testament Library, Westminster John Knox, 2001, Graham S. John & Richard R. Deutsch, *A Promise of Hope—a Call to Obedience: a Commentary on the Books of Joel & Malachi*. International Theological Commentary, Eerdmans/ Hansel, 1987.

να αποδώσει καρπούς. Μετά την ολοκλήρωση της αποκατάστασης ο Ιωήλ μιλά για τον καιρό της έσχατης αποκατάστασης και ευλογίας. Αυτοί οι τελευταίοι καιροί χαρακτηρίζονται από το πνεύμα του Θεού πάνω σε όλους τους ανθρώπους, και όχι μόνο σε κάποια επιλεγμένη κατηγορία ανθρώπων. Η Παλαιά Διαθήκη παρέχει αρκετά στοιχεία για την επενέργεια του Πνεύματος του Θεού, αλλά όχι όταν αυτό επενεργεί πάνω σε όλους τους ανθρώπους. Αντιθέτως, κάνει λόγο για την επενέργεια του πνεύματος πάνω σε συγκεκριμένους ανθρώπους, όπως είναι οι προφήτες, οι βασιλείς, οι Κριτές, οι Πατέρες του Ισραήλ. Άνθρωποι οι οποίοι επιλέχτηκαν από τον ίδιο τον Θεό, προκειμένου να ολοκληρώσουν ένα έργο ή να προφητεύσουν.

Ο Ιωήλ στο σημείο αυτό ανακοινώνει τη Νέα Διαθήκη, σύμφωνα με την οποία το πνεύμα του Θεού θα εκχυθεί πάνω σε όλους τους ανθρώπους. Σε όλους τους ανθρώπους ανεξαιρέτως, σε όλους τους γιούς και όλες τις κόρες, σε όλους τους γέρους και νέους άνδρες. Αυτή η προφητεία πραγματοποιήθηκε την ημέρα της Πεντηκοστής, όταν οι Απόστολοι συγκεντρώθηκαν στην Ιερουσαλήμ αναμένοντας την έκχυση του Αγίου Πνεύματος, την οποία είχε υποσχεθεί ο Ιησούς (Πρ. 1:4-5). Όταν έφτασε η ώρα το Άγιο Πνεύμα εκχύθηκε και στους 120 πιστούς μαθητές του Ιησού ανεξαιρέτως, και όλοι άρχισαν να εγκωμιάζουν τον Θεό στις γλώσσες του κόσμου. Αυτή ήταν και η πραγματοποίηση της προφητείας του Ιωήλ για την έκχυση του Αγίου Πνεύματος[519]. Στους έσχατους καιρούς, οι υπηρέτες του Κυρίου θα γεμίσουν από το πνεύμα Του με έναν μοναδικό και δυναμικό τρόπο. Σύμφωνα με τη Νέα Διαθήκη, κάθε πιστός δύναται να λάβει ολοκληρωτικά το Άγιο Πνεύμα και να το χρησιμοποιήσει με έναν ειδικό και θαυμαστό τρόπο. Τον καιρό της θαυμαστής έκχυσης του Αγίου Πνεύματος του Θεού, Αυτό θα κορυφωθεί με σημεία κατακλυσμού στον ουρανό και με τη θαυμαστή ημέρα του Κυρίου. Την ημέρα της Πεντηκοστής πραγματοποιήθηκε η προφητεία του Ιωήλ, αλλά δεν ολοκληρώθηκε. Ο Απόστολος Πέτρος είδε μεν ότι η έκχυση του Αγίου Πνεύματος ήταν ένας θαυμαστός τρόπος, με τον οποίο το Άγιο Πνεύμα δόθηκε σε όλους, όσοι πίστευαν στον Κύριο και έλαβαν τη Νέα Διαθήκη, όπως είχε υποσχεθεί ο Θεός (Ιεζ. 11:19, 36:24 – 28).

Η προφητεία του Ιωήλ, ίσως, αποτελεί και την πιο φανερή πραγματοποίηση της υπόσχεσης του Θεού, όμως η ημέρα της Πεντηκοστής αποτελεί μόνο το ένα μέρος της πραγματοποίησης της υπόσχεσης του Θεού, καθώς το δεύτερο μέρος, το οποίο θα ολοκληρώσει και την προφητεία, θα είναι κατά την έσχατη ημέρα του Κυρίου. Αυτό αποτελεί μια άλλη εξίσου συγκλονιστική

---

[519] πρβλ. John Barton, *Joel & Obadiah: a Commentary*, Old Testament Library, Westminster John Knox, 2001, Graham S. Ogden & Richard R. Deutsch, *A Promise of Hope–a Call to Obedience: a Commentary on the Books of Joel & Malachi*, International Theological Commentary, Eerdmans/ Hansel, 1987.

υπόσχεση του Θεού προς τους ανθρώπους. Κατά την ημέρα του Κυρίου, η οποία θα λάβει χώρα στους έσχατους καιρούς, όλοι οι άνθρωποι θα σωθούν ανεξάρτητα από το έθνος της καταγωγής τους. Η σωτηρία, την οποία υπόσχεται, τελικά, ο Θεός δεν θα έχει ως σημείο αναφοράς μόνο το έθνος του Ισραήλ, αλλά όλη την ανθρωπότητα. Υπάρχει, λοιπόν, μια συγκεκριμένη υπόσχεση: «όποιος καλεί το όνομα του Κυρίου θα σωθεί». Η υπόσχεση αυτή αποτελεί ένα βαθύτατο μυστήριο, γιατί δεν θα λάβουν όλοι τη μεγάλη πρόσκληση της σωτηρίας, αλλά σύμφωνα με το κείμενο, μόνο ένα υπόλοιπο, θα λάβει και την πρόσκληση της σωτηρίας και αυτό θα σωθεί.

II. 10. ΜΙΧΑΙΑΣ 7:10[520]

10 καὶ ὄψεται ἡ ἐχθρά μου καὶ περιβαλεῖται αἰσχύνην ἡ λέγουσα πρός με· ποῦ Κύριος ὁ Θεός σου; οἱ ὀφθαλμοί μου ἐπόψονται αὐτήν· νῦν ἔσται εἰς καταπάτημα ὡς πηλὸς ἐν ταῖς ὁδοῖς

MT

וְתֵרֶא אֹיַבְתִּי וּתְכַסֶּהָ בוּשָׁה הָאֹמְרָה אֵלַי אַיּוֹ
יְהוָה אֱלֹהָיִךְ עֵינַי תִּרְאֶינָה בָּהּ עַתָּה תִּהְיֶה לְמִרְמָס כְּטִיט
חוּצוֹת׃

    Ο προφήτης Μιχαίας υπήρξε σχεδόν σύγχρονος του προφήτη Ησαΐα, κάτι το οποίο επιβεβαιώνεται από το βιβλίο του Ιερεμία κεφ. 26,18, όπου μνημονεύεται ρητώς ότι η προφητεία του συγκεκριμένου προφήτη χρονολογείται από την εποχή του Εζεκία (Μιχ. 3,12). Το περιεχόμενο του βιβλίου του Μιχαία αποτελεί σύνοψη της μακράς προφητικής δράσης του προφήτη, φέρει αρκετές ομοιότητες με τα βιβλία των προφητών του Αμώς και του Ωσηέ, αλλά και του Ησαΐα. Ο Μιχαίας ήταν ο προφήτης, ο οποίος είχε το θάρρος να ελέγξει τις αμαρτίες του Ισραήλ, να κατακρίνει την κοινωνική αδικία και να προφητεύσει τη μελλοντική σωτηρία του ανθρώπου με την έλευση του Μεσσία[521].

---

[520] πρβλ. Henry McKeating, *The Books of AMOS, HOSEA, AND MICAH*, New York: the Syndics of the Cambridge University Press, 1971.
[521] Παναγ. Ι. Μπρατσιώτη, *Εισαγωγή εις την Παλαιάν Διαθήκην*, Αθήναι, 1992, σελ. 452, πρβλ. D. R. Hillers,

Το περιεχόμενο του βιβλίου διαρθρώνεται σε 4 τμήματα, μάλλον ακολουθούμενα σε χρονολογική σειρά, καθώς ο Μιχαίας έγραψε όλο το βιβλίο του βασιζόμενος στη χρονολογική σειρά των γεγονότων, χωρίς αυτό να σημαίνει ότι δεν υπάρχουν και κάποια σημεία της γραφής του, στα οποία απαντά η μη χρονολογική σειρά. Θέμα γνησιότητας του βιβλίου δεν τίθεται, δεδομένης της αναφοράς αυτού και από τον Ιερεμία στο 26ο κεφάλαιο (στίχος 18) του δικού του προφητικού βιβλίου[522].

Ο προφήτης, έχοντας παραπονεθεί για την ηθική αδυναμία των ανθρώπων της εποχής του, κάνει λόγο για τις ανέσεις, τόσο τις δικές του, όσο και των φίλων του. Η κατάσταση είναι άσχημη, αλλά όχι απελπιστική, καθώς υπάρχει ελπίδα για το Ισραήλ. Η ανθρώπινη αμαρτία ενάντια στο Θεό είναι αυτή, η οποία προκαλεί την αγανάκτηση του Θεού εναντίον των ανθρώπων. Δικαίως, ο Θεός είναι αγανακτισμένος με τους ανθρώπους και, μάλιστα, όπως είναι φυσικό, με τους αμαρτωλούς. Ο προφήτης εξέφραζε το παράπονό του, καθώς είχε χάσει την άνεση που διέθετε, είχε χάσει την εμπιστοσύνη του στους φίλους του, και αυτή η κατάσταση τον οδηγούσε στο δρόμο του Θεού. Όταν ο άνθρωπος παραπονιέται στο Θεό για την ασχήμια των καιρών που βιώνει, τότε θα πρέπει να παραπονείται στον ίδιο του τον

Micah: A Commentary on the Book of the Prophet Micah, (Hermeneia), Philadelphia: Fortress Press, 1984.
[522] Παναγ. Ι. Μπρατσιώτη, Εισαγωγή εις την Παλαιάν Διαθήκην, Αθήναι, 1992, σελ. 453-454.

εαυτό, διότι υπεύθυνος για αυτή την ασχήμια δεν είναι ο Θεός, αλλά ο ίδιος ο άνθρωπος. Στο στίχο αυτό αξίζει να γίνει λόγος για τη συμπεριφορά των εχθρών, οι οποίοι θριαμβολογούν με υβριστικό τρόπο ενάντια του Θεού του Ισραήλ. Οι εχθροί με μεγάλη ευκολία ποδοπατούν τον Θεό του Ισραήλ, ρωτώντας ειρωνικά «...ποῦ κύριος ὁ θεός σου;...», καθώς γνωρίζουν ότι ο Θεός του Ισραήλ δεν έχει ανάγκη από αποδείξεις για να αποκαλύψει την ύπαρξή Του. Μάλιστα, επειδή, τελικά, όπως είναι φυσικό, ο Θεός του Ισραήλ, δεν εμφανίζεται όποτε το θέλουν οι εχθροί του λαού Του, κατακρίνουν τον Ισραήλ και τον υβρίζουν, όπως κάνουν στους εγκαταλελειμμένους ανθρώπους. Παρ' όλ' αυτά, ο λαός του Ισραήλ συμπεριφέρεται με βαθιά πίστη απέναντι σε αυτές τις βαριές προσβολές, τόσο προς τον Θεό του, όσο και προς το έθνος του. Η απελευθέρωση της Εκκλησίας θα προκαλέσει σύγχυση στις τάξεις των εχθρών, καθώς αυτοί θα ποδοπατούνται εκείνη τη συγκεκριμένη χρονική στιγμή.

Η **Leslie C. Allen**[523] αναφέρει, ότι ο προφήτης Μιχαίας ήταν από τους πιο νέους και σύγχρονους του προφήτη Ησαΐα. Όταν ο τελευταίος ήταν κοντά στο δικαστήριο στην Ιερουσαλήμ και σκοπός των προφητειών του ήταν να κριτικάρει την κυβερνητική πολιτική και τις συνέπειές της, ο Μιχαίας έβλεπε από μια σκοπιά τα αποτέλεσματα της κοινωνικής και οικονομικής ανάπτυξης του Ιούδα. Πολλά

---

[523] Leslie C. Allen, Micah's Social Concern, *Vox Evangelica* 8 (1973): σελ. 22 – 32.

από τα οράματά του είναι εμποτισμένα από ένα παθιασμένο πνεύμα διαμαρτυρίας ενάντια στους διαβόλους, για τους οποίους είχε ίδια αντίληψη από πρώτο χέρι. Στο όνομα του Θεού του Ισραήλ προκάλεσε την κοινωνική ελίτ από την έποψη του βίαιου ήθους της παραδοσιακής κοινωνικής σταθερότητας, η οποία ενσωματώνεται στο νόμο της διαθήκης.

II. 11. ΜΑΛΑΧΙΑΣ 2:17

17 Οἱ παροξύναντες τὸν Θεὸν ἐν τοῖς λόγοις ὑμῶν καὶ εἴπατε· ἐν τίνι παρωξύναμεν αὐτόν; ἐν τῷ λέγειν ὑμᾶς· πᾶς ποιῶν πονηρόν, καλὸν ἐνώπιον Κυρίου, καὶ ἐν αὐτοῖς αὐτὸς εὐδόκησε· καὶ ποῦ ἐστιν ὁ Θεὸς τῆς δικαιοσύνης;

MT

הוֹגַעְתֶּם יְהוָה בְּדִבְרֵיכֶם וַאֲמַרְתֶּם בַּמָּה
הוֹגָעְנוּ בֶּאֱמָרְכֶם כָּל־עֹשֵׂה רָע טוֹב בְּעֵינֵי יְהוָה וּבָהֶם
הוּא חָפֵץ אוֹ אַיֵּה אֱלֹהֵי הַמִּשְׁפָּט:

Σχετικά με το πρόσωπο του προφήτη Μαλαχία υπάρχει αρκετή αμφισβήτηση, η οποία έχει τις ρίζες της από τα πρώτα χρόνια της θεολογικής έρευνας. Ο προφήτης Μαλαχίας, πρέπει να έδρασε την εποχή του Αγγαίου και του Ζαχαρία και να υπήρξε σύγχρονος του Έσδρα και του Νεεμία[524]. Επίσης, το βιβλίο του Μαλαχία παρουσιάζει μια διαφορά σχετικά με τον αριθμό των κεφαλαίων του, καθώς στο μασωριτικό κείμενο αυτό αποτελείται από τρία κεφάλαια, ενώ στη Βουλγάτα και τη μετάφραση των Ο΄ από τέσσερα κεφάλαια. Το περιεχόμενο του συγκεκριμένου βιβλίου αφορά στον έλεγχο

---

[524] Κάτι τέτοιο φαίνεται να εικάζεται αρχικά από την τοποθέτηση του συγκεκριμένου προφήτη στην τελευταία θέση των 12 Μικρών Προφητών της Π.Δ., αλλά και από το γεγονός ότι στο βιβλίο του ο προφήτης Μαλαχίας κάνει λόγο για την ύπαρξη Ναού και της παρακμής της παλινοστήσας ιουδαϊκής κοινότητας, καταστάσεις, οι οποίες παρουσιάζουν αρκετά κοινά στοιχεία με την εποχή του Έσδρα και του Νεεμία. πρβλ. Παναγ. Ι. Μπρατσιώτη, *Εισαγωγή εις την Παλαιάν Διαθήκην*, Αθήναι, 1992, σελ. 483.

των ιερέων του ναού και του λαού, την προαγγελία της μέλλουσας κρίσης με τη μορφή διαλόγου μεταξύ του Γιαχβέ και του Ισραήλ[525].

Στο βιβλίο του Μαλαχία[526] γίνεται λόγος για τις πρακτικές διαφθοράς. Οι διεφθαρμένες πρακτικές αποτελούν συνήθη πρακτική των διεφθαρμένων αρχών[527]. Το ίδιο ισχύει και για την κακία στην καρδιά των ανθρώπων, η οποία προέρχεται σε διάφορες αθεϊστικές αντιλήψεις, ή σε όσους ασχολούνται με τα είδωλα. Συνήθως, οι πρακτικές τους ήταν πολύ διεφθαρμένες. Η πρακτική τους ξεκινούσε από τη μη ορθή απόδοση της φορολογίας της δεκάτης στις προσφορές τους, συνεχιζόταν με την περιφρόνηση της Διαθήκης του Θεού, καθώς σύναπταν μικτούς γάμους, κάτι το οποίο απαγορευόταν ρητά από τη Διαθήκη, προκειμένου να διατηρηθεί η καθαρότητα του λαού του Θεού. Άλλωστε, αυτό που ζητούσε ο Θεός, ήταν πολύ απλό και εύκολο. Ο λαός του Ισραήλ ήταν περίεργος λαός από μόνος του, πολύ πριν συνδεθεί με διαθήκη με τον αληθινό Θεό. Εξαιτίας αυτής της ιδιαιτερότητας και της ιδιομορφίας του λαού του Ισραήλ, ήταν προς όφελός τους να διατηρήσουν ακέραιη τη διαθήκη που σύναψαν με τον Θεό. Οι μικτοί γάμοι είχαν ως συνέπεια την εισαγωγή των ειδώλων καθώς

---

[525] Παναγ. Ι. Μπρατσιώτη, *Εισαγωγή εις την Παλαιάν Διαθήκην*, Αθήναι, 1992, σελ. 484-485.
[526] C. C. Torrey, The Prophesy of Malachi, *Journal of Biblical Literature*, vol. 17, No. 1,(1898), Part I, σελ. 1-15.
[527] John B. Taylor, And He shall Purify: An Exposition of Malachi, Ch. 2 & 3, *ANVIL*, vol. 15, No. 1, 1998, σελ. 6-12.

και άλλων ειδωλολατρικών εθίμων, με αποτέλεσμα με την πάροδο του χρόνου να μειωθεί η χρήση της λατρείας του αληθινού Θεού. Ο Μαλαχίας θεωρεί, ότι αυτές οι πρακτικές αποτελούν καρπό των αρχών της διαφθοράς. Η ζωή τους γεμίζει με πίκρες, ενώ προσποιούνται ότι θα είναι τρυφεροί προς αυτές. Η γυναίκα δεν πρέπει να εκλαμβάνεται ως υπηρέτρια, αλλά ως σύντροφος του συζύγου. Υπάρχει ένας όρκος μεταξύ του Θεού και των συζύγων, ο οποίος δεν είναι ασήμαντος. Ο άνδρας και η γυναίκα πρέπει να συνεχίσουν τη ζωή τους με αγάπη και ειρήνη. Ο άνδρας και η γυναίκα πρέπει να ζουν με τον «φόβο του Θεού». Αυτοί οι οποίοι κρατούνται μακριά από την αμαρτία θα πρέπει να έχουν τεταμένο το πνεύμα τους, γιατί από το πνεύμα ξεκινούν όλες οι αμαρτίες. Η κακή διαγωγή των συζύγων ξεκινάει από τον εγωισμό τους, ο οποίος περιφρονεί την ευημερία και την ευτυχία των άλλων. Είναι ανιαρό για τον Θεό να ακούει τους ανθρώπους να συγχαίρουν τον εαυτό τους, όταν κάνουν κάτι απλό.

II. 12. ΙΕΡΕΜΙΑΣ 2:28

28 καὶ ποῦ εἰσιν οἱ θεοί σου, οὓς ἐποίησας σεαυτῷ; εἰ ἀναστήσονται καὶ σώσουσί σε ἐν καιρῷ τῆς κακώσεώς σου; ὅτι κατ' ἀριθμὸν τῶν πόλεών σου ἦσαν θεοί σου, Ἰούδα, καὶ κατ' ἀριθμὸν διόδων τῆς Ἱερουσαλὴμ ἔθυον τῇ Βάαλ.

MT

וְאַיֵּה אֱלֹהֶיךָ אֲשֶׁר עָשִׂיתָ לָּךְ יָקוּמוּ

אִם־יוֹשִׁיעוּךְ בְּעֵת רָעָתֶךָ כִּי מִסְפַּר עָרֶיךָ הָיוּ אֱלֹהֶיךָ יְהוּדָה: ס

Σχετικά με τον προφήτη Ιερεμία οι πληροφορίες, οι οποίες έχουν διασωθεί, και μάλιστα από το φερώνυμο βιβλίο του, είναι πολλές. Ήδη, από το βιβλίο του λαμβάνονται πληροφορίες για την εποχή και τις περιπέτειές του, καθώς δίνεται η δυνατότητα να μελετηθεί η προσωπικότητα του προφήτη[528]. Στο βιβλίο των Βασιλειών δεν υπάρχει καμιά αναφορά σχετική με τον προφήτη Ιερεμία, σε αντίθεση με τα βιβλία των Παραλειπομένων, στα οποία αναφέρεται επανειλημμένως[529].

Ο Ιερεμίας καταγόταν από εύπορη ιερατική οικογένεια, η οποία κατοικούσε στην πόλη Ανανώθ[530]. Στο προφητικό αξίωμα κλήθηκε ήδη «εκ κοιλίας μητρός», κατά το 13ο έτος της βασιλείας του Ιωσίου (627/626) και έδρασε, κυρίως, στην Ιερουσαλήμ, επί των βασιλέων Ιωάχαζ, Ιωακείμ, Ιεχονίου και Σεδεκίου μέχρι την καταστροφή της Ιερουσαλήμ από τους Βαβυλωνίους (586), για πάνω από σαράντα χρόνια, σε μια κρισιμότατη για την ισραηλιτική ιστορία εποχή, από θρησκευτικής, ηθικής και πολιτικής πλευράς[531]. Μπροστά σε αυτή την

---

[528] Παναγ. Ι. Μπρατσιώτη, *Εισαγωγή εις την Παλαιάν Διαθήκην*, Αθήναι, 1992, σελ. 392.
[529] ο.π. σελ. 392.
[530] πρβλ. Ιερεμίας 1.1, 11.21, 29.7.
[531] Από θρησκευτικής και ηθικής πλευράς η κατάσταση, την εποχή του Ιωσίου (622/621), είχε ως χαρακτηριστικό γνώρισμα την επιχειρηθείσα – από τη μια πλευρά – θρησκευτική μεταρρύθμιση, η οποία εξακολούθησε μέχρι τους χρόνους του Άχαζ, του Μανασσή και του Αμώς, με

καταστροφή, ο εμφανίστηκε ο προφήτης Ιερεμίας κηρύσσοντας ότι το μόνο μέσο σωτηρίας την αποβολή κάθε ελπίδας στις ανθρώπινες δυνάμεις, και την ακράδαντη πεποίθηση στη βοήθεια του Θεού, μετανοώντας και επιστρέφοντας στο δρόμο Αυτού. Ο Ιερεμίας θεωρείται και προφήτης της Κρίσης, αποβλέποντας στην ηθική βελτίωση των ακροατών και αναγνωστών του. Από ηθικής και θρησκευτικής έποψης το κήρυγμά του έχει μεγάλη αξία, καθώς αναδεικνύονται οι ηθικές υποχρεώσεις του ατόμου (θρησκευτικός ατομισμός), η καρδιά εμφανίζεται ως έδρα της θρησκείας αναδεικνύοντας την υπεροχή του ηθικού φρονήματος[532].

Κεντρική ιδέα του βιβλίου του Ιερεμία είναι η δίκαιη κρίση του Θεού και η μετάνοια. Στο βιβλίο του απαντούν πολλοί παραμυθητικοί λόγοι μεσσιακού περιεχομένου (κεφάλαια 30ο – 33ο στα οποία υπάρχουν οι χριστολογικές προφητείες). Το βιβλίο αποτελείται από μια εισαγωγή, στην οποία περιγράφεται η κλήση του προφήτη (κεφάλαιο 1ο), ακολουθούν τρία κύρια τμήματα, στα οποία περιέχονται οι λόγοι του προφήτη (απειλητικοί – παραινετικοί στο

____

αποτέλεσμα να ευνοηθεί η συγκριτική ειδωλολατρία και να συμπαρασύρει την ηθική και κοινωνική αποσύνθεση της αυλής και των ανώτερων τάξεων. Από πολιτικής πλευράς χαρακτηριστική ήταν η γοργή κατάρρευση του βορείου βασιλείου του Ιούδα, υπό τη διαρκή απειλή των Αιγυπτίων και των Βαβυλωνίων, προκειμένου αυτό να διατηρήσει την ανεξαρτησία του. πρβλ. Παναγ. Ι. Μπρατσιώτη, *Εισαγωγή εις την Παλαιάν Διαθήκην*, Αθήναι, 1992, σελ. 393.
[532] Παναγ. Ι. Μπρατσιώτη, *Εισαγωγή εις την Παλαιάν Διαθήκην*, Αθήναι, 1992, σελ. 397.

πρώτο τμήμα, ειδήσεις περί του προφήτου στο δεύτερο τμήμα και προφητείες σχετικά με τα έθνη στο τρίτο τμήμα). Το τελευταίο κεφάλαιο (κεφάλαιο 52°) λειτουργεί ως παράρτημα επαναλαμβάνοντας κατά λέξη το

Δ΄ Βασιλειών 24,18 – 25, 21[533] και 25,27-30[534].

[533] Κεφάλαιο 24, [18] Υἱὸς εἴκοσι καὶ ἑνὸς ἐνιαυτῶν Σεδεκίας ἐν τῷ βασιλεύειν αὐτὸν καὶ ἕνδεκα ἔτη ἐβασίλευσεν ἐν Ἱερουσαλήμ, καὶ ὄνομα τῇ μητρὶ αὐτοῦ ᾿Αμιτὰλ θυγάτηρ Ἱερεμίου. [19] καὶ ἐποίησε τὸ πονηρὸν ἐνώπιον Κυρίου κατὰ πάντα, ὅσα ἐποίησεν ᾿Ιωακίμ· [20] ὅτι ἐπὶ τὸν θυμὸν Κυρίου ἦν ἐπὶ Ἱερουσαλὴμ καὶ ἐν τῷ ᾿Ιούδᾳ, ἕως ἀπέρριψεν αὐτοὺς ἀπὸ προσώπου αὐτοῦ. καὶ ἠθέτησε Σεδεκίας ἐν τῷ βασιλεῖ Βαβυλῶνος.

κεφάλαιο 25: [1] ΚΑΙ ἐγενήθη ἐν τῷ ἔτει τῷ ἐνάτῳ τῆς βασιλείας αὐτοῦ ἐν τῷ μηνὶ τῷ δεκάτῳ ἦλθε Ναβουχοδονόσορ ὁ βασιλεὺς Βαβυλῶνος καὶ πᾶσα ἡ δύναμις αὐτοῦ ἐπὶ Ἱερουσαλὴμ καὶ παρενέβαλεν ἐπ᾿ αὐτὴν καὶ ᾠκοδόμησεν ἐπ᾿ αὐτὴν περίτειχος κύκλῳ. [2] καὶ ἦλθεν ἡ πόλις ἐν περιοχῇ ἕως τοῦ ἑνδεκάτου ἔτους τοῦ βασιλέως Σεδεκίου ἐνάτῃ τοῦ μηνὸς [3] καὶ ἐνίσχυσεν ὁ λιμὸς ἐν τῇ πόλει, καὶ οὐκ ἦσαν ἄρτοι τῷ λαῷ τῆς γῆς. [4] καὶ ἐρράγη ἡ πόλις, καὶ πάντες οἱ ἄνδρες τοῦ πολέμου ἐξῆλθον νυκτὸς ὁδὸν πύλης τῆς ἀνὰ μέσον τῶν τειχῶν, αὕτη ἥ ἐστι τοῦ κήπου τοῦ βασιλέως, καὶ οἱ Χαλδαῖοι ἐπὶ τὴν πόλιν κύκλῳ. καὶ ἐπορεύθη ὁδὸν τὴν ῎Αραβα, [5] καὶ ἐδίωξεν ἡ δύναμις τῶν Χαλδαίων ὀπίσω τοῦ βασιλέως καὶ κατέλαβον αὐτὸν ἐν ᾿Αραβὼθ Ἱεριχώ, καὶ πᾶσα ἡ δύναμις αὐτοῦ διεσπάρη ἐπάνωθεν αὐτοῦ. [6] καὶ συνέλαβον τὸν βασιλέα καὶ ἤγαγον αὐτὸν πρὸς βασιλέα Βαβυλῶνος εἰς Δεβλαθά, καὶ ἐλάλησε μετ᾿ αὐτοῦ κρίσιν· [7] καὶ τοὺς υἱοὺς Σεδεκίου ἔσφαξε κατ᾿ ὀφθαλμοὺς αὐτοῦ, καὶ τοὺς ὀφθαλμοὺς Σεδεκίου ἐξετύφλωσε καὶ ἔδησεν αὐτὸν ἐν πέδαις καὶ ἤγαγεν εἰς Βαβυλῶνα. [8] Καὶ ἐν τῷ μηνὶ τῷ πέμπτῳ ἑβδόμῃ τοῦ μηνὸς (αὐτὸς ἐνιαυτὸς ἐννεακαιδέκατος τῷ Ναβουχοδονόσορ βασιλεῖ Βαβυλῶνος) ἦλθε Ναβουζαρδὰν ὁ ἀρχιμάγειρος ἑστὼς ἐνώπιον βασιλέως Βαβυλῶνος εἰς Ἱερουσαλήμ. [9] καὶ ἐνέπρησε τὸν οἶκον Κυρίου καὶ τὸν οἶκον τοῦ βασιλέως καὶ πάντας τοὺς οἴκους Ἱερουσαλήμ, καὶ πᾶν οἶκον ἐνέπρησεν ὁ ἀρχιμάγειρος. [10] καὶ τὸ τεῖχος Ἱερουσαλὴμ κυκλόθεν κατέσπασεν ἡ δύναμις τῶν Χαλδαίων. [11] καὶ τὸ περισσὸν τοῦ λαοῦ τὸ καταλειφθὲν ἐν τῇ πόλει καὶ τοὺς ἐμπεπτωκότας, οἳ ἐνέπεσον πρὸς τὸν βασιλέα Βαβυλῶνος, καὶ τὸ λοιπὸν τοῦ στηρίγματος μετῆρε Ναβουζαρδὰν ὁ ἀρχιμάγειρος. [12] καὶ ἀπὸ τῶν πτωχῶν τῆς γῆς ὑπέλιπεν ὁ ἀρχιμάγειρος εἰς ἀμπελουργοὺς καὶ εἰς γαβίν. [13] καὶ τοὺς στύλους τοὺς χαλκοῦς τοὺς ἐν οἴκῳ Κυρίου καὶ τὰς μεχωνὼθ καὶ τὴν θάλασσαν τὴν χαλκῆν τὴν ἐν οἴκῳ Κυρίου συνέτριψαν οἱ Χαλδαῖοι. καὶ ἦραν τὸν χαλκὸν αὐτῶν εἰς Βαβυλῶνα. [14] καὶ τοὺς λέβητας καὶ τὰ ιαμὶν καὶ τὰς φιάλας καὶ τὰς θυίσκας καὶ πάντα τὰ σκεύη τὰ χαλκᾶ, ἐν οἷς λειτουργοῦσιν ἐν αὐτοῖς, ἔλαβε· [15] καὶ τὰ πυρεῖα καὶ τὰς φιάλας τὰς χρυσᾶς καὶ τὰς ἀργυρᾶς ἔλαβεν ὁ ἀρχιμάγειρος, [16] στύλους δύο καὶ τὴν θάλασσαν μίαν καὶ τὰς μεχωνώθ, ἃς ἐποίησε Σαλωμὼν τῷ οἴκῳ Κυρίου· οὐκ ἦν σταθμὸς τοῦ χαλκοῦ πάντων τῶν σκευῶν. [17] ὀκτωκαίδεκα πήχεων ὕψος τοῦ στύλου τοῦ ἑνός, καὶ τὸ χωθὰρ ἐπ᾿ αὐτοῦ τὸ χαλκοῦν, καὶ τὸ ὕψος τοῦ χωθὰρ τριῶν πήχεων, σαβαχὰ καὶ ροαὶ ἐπὶ τῷ χωθὰρ κύκλῳ, τὰ πάντα χαλκᾶ· καὶ κατὰ τὰ αὐτὰ τῷ στύλῳ τῷ δευτέρῳ ἐπὶ τῷ σαβαχά. [18] καὶ ἔλαβεν ὁ ἀρχιμάγειρος τὸν Σαραίαν ἱερέα τὸν πρῶτον καὶ τὸν Σοφονίαν υἱὸν τῆς δευτερώσεως καὶ τοὺς τρεῖς τοὺς φυλάσσοντας τὸν σταθμὸν [19] καὶ ἐκ τῆς πόλεως ἔλαβον εὐνοῦχον ἕνα, ὃς ἦν ἐπιστάτης τῶν ἀνδρῶν τῶν πολεμιστῶν,

Σχετικά με τη γένεση του βιβλίου, δυστυχώς υπάρχουν λίγα αλλά διαφωτιστικά στοιχεία, προερχόμενα από το ίδιο το βιβλίο. Το 4ο έτος της βασιλείας του Ιωακείμ (*περί το 606 π.Χ.*), δηλαδή μετά από 20 χρόνια προφητικής δράσης του προφήτη Ιερεμία, αυτός έλαβε από τον Κύριο την εντολή να καταγράψει σε βιβλίο όλους τους λόγους, τους οποίους προφήτευσε για την Ιερουσαλήμ, τον Ιούδα και τα έθνη, με σκοπό την επιστροφή του λαού από τις πονηρές οδούς και τη σωτηρία αυτού. Για το λόγο αυτό, υπαγόρευσε ο Ιερεμίας στον μαθητή του Βαρούχ τους προφητικούς αυτούς λόγους. Το πρώτο αυτό βιβλίο όταν ολοκληρώθηκε το διάβασε ο Ιερεμίας στο Ναό δημοσία. Όμως, ο βασιλιάς Ιωακείμ έδωσε εντολή να το κάψουν και έτσι ο Ιερεμίας υπαγόρευσε για δεύτερη φορά, ίσως με τη βοήθεια σημειώσεων, και πάλι στον Βαρούχ, όλους τους λόγους από την αρχή με την προσθήκη και κάποιων ακόμα. Με βάση

καὶ πέντε ἄνδρας τῶν ὁρώντων τὸ πρόσωπον τοῦ βασιλέως τοὺς εὑρεθέντας ἐν τῇ πόλει καὶ τὸν γραμματέα τοῦ ἄρχοντος τῆς δυνάμεως τὸν ἐκτάσσοντα τὸν λαὸν τῆς γῆς καὶ ἑξήκοντα ἄνδρας τοῦ λαοῦ τῆς γῆς τοὺς εὑρεθέντας ἐν τῇ πόλει. [20] καὶ ἔλαβεν αὐτοὺς Ναβουζαρδὰν ὁ ἀρχιμάγειρος, καὶ ἤγαγεν αὐτοὺς πρὸς τὸν βασιλέα Βαβυλῶνος εἰς Δεβλαθά. [21] καὶ ἔπαισεν αὐτοὺς ὁ βασιλεὺς Βαβυλῶνος καὶ ἐθανάτωσεν αὐτοὺς εἰς Δεβλαθὰ ἐν γῇ Αἱμάθ. καὶ ἀπῳκίσθη Ἰούδας ἐπάνωθεν τῆς γῆς αὐτοῦ.

[534] Κεφάλαιο 25: [27] Καὶ ἐγενήθη ἐν τῷ τριακοστῷ καὶ ἑβδόμῳ ἔτει τῆς ἀποικίας τοῦ Ἰωαχὶμ βασιλέως Ἰούδα, ἐν τῷ δωδεκάτῳ μηνὶ ἑβδόμῃ καὶ εἰκάδι τοῦ μηνὸς ὕψωσεν Εὐιαλμαρωδὰχ βασιλεὺς Βαβυλῶνος ἐν τῷ ἐνιαυτῷ τῆς βασιλείας αὐτοῦ τὴν κεφαλὴν Ἰωαχὶμ τοῦ βασιλέως Ἰούδα καὶ ἐξήγαγεν αὐτὸν ἐξ οἴκου φυλακῆς αὐτοῦ. [28] καὶ ἐλάλησε μετ᾽ αὐτοῦ ἀγαθὰ καὶ ἔδωκε τὸν θρόνον αὐτοῦ ἐπάνωθεν τῶν θρόνων τῶν βασιλέων τῶν μετ᾽ αὐτοῦ ἐν Βαβυλῶνι, [29] καὶ ἠλλοίωσε τὰ ἱμάτια τῆς φυλακῆς αὐτοῦ καὶ ἤσθιεν ἄρτον διαπαντὸς ἐνώπιον αὐτοῦ πάσας τὰς ἡμέρας τῆς ζωῆς αὐτοῦ· [30] καὶ ἡ ἑστιατορία αὐτοῦ ἑστιατορία διαπαντὸς ἐδόθη αὐτῷ ἐξ οἴκου τοῦ βασιλέως λόγον ἡμέρας ἐν τῇ ἡμέρ□ αὐτοῦ πάσας τὰς ἡμέρας τῆς ζωῆς αὐτοῦ.

την ομολογία του ίδιου του Ιερεμία δεν τίθεται θέμα αυθεντίας του βιβλίου. Αυτό το οποίο προσπαθεί να ανακαλύψει η επιστήμη είναι: α) κατά πόσο το κύριο σώμα του σημερινού βιβλίου του Ιερεμία συμπίπτει με το περιεχόμενο της δεύτερης υπαγόρευσης του προφήτη στον Βαρούχ, β) σε τι συνίστατο αυτό το περιεχόμενο, γ) με ποιόν τρόπο προήλθε η σημερινή μορφή του βιβλίου και δ) ποια μέρη προέρχονται από προσθήκες, είτε εκ μέρους του Ιερεμίου, είτε του Βαρούχ, είτε άλλων μεταγενεστέρων συγγραφέων. Η έρευνα κατέληξε στο ότι η δεύτερη υπαγόρευση του Ιερεμία αποτέλεσε και τη βάση του σημερινού βιβλίου αυτού. Ως προσθήκες, κι αυτές μόνο εκ μέρους του ίδιου Βαρούχ, δύναται να θεωρηθούν κάποια αφηγηματικά τμήματα των κεφαλαίων 37ο – 44ο, καθώς και κάποιοι μεταγενέστεροι λόγοι του προφήτου για την Αίγυπτο, οι οποίοι απηγγέλθηκαν μετά την μετανάστευση των Ιουδαίων[535].

Το κείμενο του προφήτη Ιερεμία εμφανίζεται στις μέρες μας σε δύο μορφές: η μια γραμμένο στο μασωριτικό κείμενο, το οποίο συμφωνεί με τη Βουλγάτα, και η άλλη είναι η μετάφραση των Ο΄. Ανάμεσα στα δύο αυτά κείμενα υπάρχουν παραλλαγές, οι οποίες, όμως, δεν είναι ουσιαστικές, παρά το γεγονός ότι θεωρούνται αρκετές και αναφέρονται με τη διάρθρωση του περιεχομένου, την έκταση του βιβλίου και τη

---

[535] Παναγ. Ι. Μπρατσιώτη, *Εισαγωγή εις την Παλαιάν Διαθήκην*, Αθήναι, 1992, σελ. 401.

διασαφήνιση κάποιων δυσνόητων χωρίων[536]. Τέλος, αξίζει να γίνει μια αναφορά στη γλώσσα του προφήτη Ιερεμία, η οποία βέβαια δεν μπορεί να φτάσει το υψηλό επίπεδο του προφήτη Ησαΐα, παρ' όλ' αυτά, όμως, θεωρείται δεινός ρήτορας και αξιόλογος ποιητής. Η συχνή επανάληψη κάποιων νοημάτων του, ίσως μπορεί να δικαιολογηθεί από τη μελαγχολία του, εξαιτίας της δύσκολης κατάστασης, την οποία βίωνε ο λαός του, αλλά και λόγω της έλλειψης περαιτέρω γλωσσικής επεξεργασίας των λόγων του.

Σε αυτούς τους στίχους ο προφήτης Ιερεμίας[537] αναφέρεται στην ευθύνη που φέρει ο ίδιος για το κατρακύλισμα λαού. Η αμαρτία ταυτίζεται με την ειδωλολατρία, τη μεγαλύτερη, ίσως, πρόκληση εκείνης της εποχής. Η αμαρτία της ειδωλολατρίας σχετίζεται με τους τόπους λατρείας των ειδώλων, τη λατρεία των ειδώλων, την πνευματική και τις περισσότερες φορές και σωματική πορνεία. Η ειδωλολατρία αποτελεί τη μεγαλύτερη και βαρύτερη προσβολή εκ μέρους του ανθρώπινου γένους προς τον Δημιουργό του. Αποτέλεσμα της ειδωλολατρίας ήταν να εγκαταλείψει ο Θεός το λαό Του, ή καλύτερα να απομακρυνθεί ο λαός του Θεού από τον ίδιο. Οι ειδωλολάτρες απαιτούσαν αποδείξεις της ύπαρξης του Θεού

---

[536] Για εκτενέστερη έρευνα επί του θέματος πρβλ. Παναγ. Ι. Μπρατσιώτη, *Εισαγωγή εις την Παλαιάν Διαθήκην*, Αθήναι, 1992, σελ. 407.
[537] Archibald Duff, Jeremiah, the Prophet of personal Codliness: A Study in Hebrew Religion, *Bibliotheca Sacra* 43, No. 172, (1886), σελ. 652-662.

του Ισραήλ, ώστε να πιστέψουν στο Θεό τους. Όμως, κάτι τέτοιο ήταν αδύνατο, δεδομένου ότι ολόκληρη η γη και το ίδιο το ανθρώπινο γένος αποτελούσε και εξακολουθεί να αποτελεί ακόμα και σήμερα, απόδειξη της ύπαρξης του Θεού. Απόδειξη της ύπαρξης του Θεού αποτελούν τα μεγάλα πράγματα που έχει κάνει ο Θεός δια μέσου των αιώνων για τους ανθρώπους. Οι αμαρτωλοί επέμεναν στην αμαρτία τους και δεν μπορούσαν να συγκρατηθούν. Η προειδοποίησή τους για επερχόμενη καταστροφή εκ μέρους του Θεού ήταν δίκαιη και ίσως όχι αναμενόμενη, αλλά ακόμα και οι αμαρτωλοί έχουν δικαίωμα στη μετάνοια και τη μεταστροφή.

Όσοι ξεκινούν καλά δεν επιμένουν αλλά κατακρίνουν με δίκαιο τρόπο το γεμάτο ελπίδα και υποσχέσεις ξεκίνημά τους. Όσοι εγκαταλείπουν τη θρησκεία αποτελούν τους πιο ορκισμένους εχθρούς της, από αυτούς, οι οποίοι δεν είχαν πιστέψει ποτέ σε κάτι. Για αυτούς δεν υπάρχει δικαιολογία. Ο πνευματικός Ισραήλ θα πρέπει να γνωρίζει τις υποχρεώσεις του απέναντι στον Θεό, προκειμένου να διαθέτει σωστή και ασφαλή καθοδήγηση σε έναν άγριο κόσμο, όπως είναι ο κόσμος των ανθρώπων. Έναν κόσμο, ο οποίος είναι άγριος για την ψυχή του ανθρώπου. Αλλοίμονο, τόσοι πολλοί, οι οποίοι εμφανίσθηκαν μια φορά μόνο αφοσιωμένοι στον Κύριο να ζουν με τέτοιο τρόπο ώστε τα επαγγέλματά τους να επιδεινώνουν τα εγκλήματά τους. Ας είμαστε προσεκτικοί ώστε να μην χάσουμε το ζήλο μας στον Θεό όσο αναζητάμε τη γνώση Αυτού.

<u>**II. 13. ΗΣΑΪΑΣ 36:19**</u>

¹⁹ *ποῦ ἐστιν ὁ θεὸς Αἰμὰθ καὶ Ἀρφάθ; καὶ ποῦ ὁ θεὸς τῆς πόλεως Σεπφαρείμ; μὴ ἐδύναντο ρύσασθαι Σαμάρειαν ἐκ χειρός μου;*

MT

אַיֵּה אֱלֹהֵי חֲמָת וְאַרְפָּד אַיֵּה אֱלֹהֵי סְפַרְוָיִם
וְכִי־הִצִּילוּ אֶת־שֹׁמְרוֹן מִיָּדִי׃

Το όνομα *«Ησαΐας»*, στα εβραϊκά Γιεσιαγιάχου, αποδόθηκε από την Ιτάλα ως Hesaias/Esaias, ενώ από τη Βουλγάτα ως Isaias και σημαίνει *«ο Θεός σώζει»*. Το όνομα αυτό αποδείχθηκε σύμφωνο με την αποστολή του προφήτη, ο οποίος υπήρξε κήρυκας της σωτηρίας του Ισραήλ από τον Θεό[538]. Σχετικά με τον Ησαΐα ως ιστορικό πρόσωπο υπάρχουν πολλές πληροφορίες. Στο Δ΄ Βασιλειών (κεφ. 19-20) γίνεται γνωστό ότι ο προφήτης κατά τις ημέρες της εθνικής δοκιμασίας ενθάρρυνε τον βασιλιά Εζεκία προαναγγέλλοντας σε αυτόν την αποτυχία της πολιορκίας της Ιερουσαλήμ από τους Ασσυρίους. Ακόμα βεβαίωσε τον ίδιο τον Εζεκία, ότι αυτός θα συνέλθει από την βαρύτατη ασθένεια, που τον ταλαιπωρούσε, όπως και έγινε. Πληροφορίες για τον Ησαΐα λαμβάνουμε και από το βιβλίο της Σοφίας Σειράχ (48,20-25). Ο Ησαΐας, σύμφωνα με το βιβλίο του, κλήθηκε στο προφητικό αξίωμα κατά το τελευταίο έτος της βασιλείας του Οζίου, δηλαδή περί το 738 π.Χ.

---

⁵³⁸ Παν. Ν. Τρεμπέλα, *Υπόμνημα εις τον Ησαΐαν*, Έκδοση 3^η, Αδελφότητα Θεολόγων ο Σωτήρ, Αθήνα, 1990, σελ. 1.

Στο 6ο κεφάλαιο του βιβλίου περιγράφει με ωραιότατο και γλαφυρότατο τρόπο το προφητικό όραμα, το οποίο τον οδήγησε στο προφητικό αξίωμα[539]. Η κλήση του Ησαΐα στο προφητικό αξίωμα συμπίπτει με τα έτη, κατά τα οποία η ήδη ισχυρή ασσυριακή δύναμη είχε φτάσει στο απόγειο της δύναμής της, το βόρειο βασίλειο μετά την ακμή του επί Ιεροβοάμ β΄ (783-743 π.Χ.) είχε αρχίσει να παρακμάζει και να ταλαιπωρείται από εμφύλιους σπαραγμούς και θρησκευτική και ηθική κατάπτωση, κυριεύθηκε τελικά από τους Ασσυρίους το 722 π.Χ. Το νότιο βασίλειο, στο οποίο ανήκε ο προφήτης Ησαΐας, επί της βασιλείας του Οζίου (779 – 738 π.Χ.) διήγαγε ακόμα ημέρες ακμής, ακόμα και όταν τη βασιλεία ανέλαβε ο υιός του Οζίου, ο Ιωάθαμ, ο οποίος καταλήφθηκε από αλαζονεία και κοσμικό φρόνημα, με αποτέλεσμα να αποδεχθεί την ελεύθερη εισαγωγή ειδωλολατρικών ηθών και εθίμων στο βασίλειο, τα οποία επέφεραν σταδιακές δοκιμασίες στον ιουδαϊκό λαό.

Λίγο πριν κληθεί ο Ησαΐας στο προφητικό αξίωμα, ανέβηκε στον ασσυριακό θρόνο ο βασιλιάς Τιγλαπιλάσαρ ο Γ΄ (745-727 π.Χ., ο οποίος υπέταξε τους Βαβυλωνίους, τα γειτονικά της Νινευή κράτη. Οι λαοί που βρίσκονταν νότια, ήτοι οι Αραμαίοι, οι Βορειοϊσραηλίται, οι Φιλισταίοι, οι Αμμωνίτες, οι Ιδουμαίοι και οι Άραβες, και με τη μελλοντική βοήθεια των Αιγυπτίων, ίδρυσαν συνασπισμούς προκειμένου να αντιμετωπίσουν από κοινού τον Ασσυριακό

---

[539] ο.π. σελ. 3.

κίνδυνο. Από την άλλη πλευρά, ο Αχάζ, ο υιός και διάδοχος του Ιωάθαμ και εγγονός του Οζίου ακολούθησε τη φιλοασσυριακή πολιτική του πατέρα του (του Ιωάθαμ), αρνούμενος να προσχωρήσει στο ανωτέρω συνασπισμό, προκαλώντας με αυτόν τον τρόπο τον συρο-εφραιμικό πόλεμο[540] (736-735 π.Χ.). Σε αυτήν τη δύσκολη συγκυρία εμφανίζεται ο Ησαΐας, ο οποίος πείθει τον Άχαζ να μην συμπράξει προς τον ασσύριο ηγεμόνα, από ολιγοπιστία προς την πρόνοια του Θεού, αλλά να αποτανθεί στον Κύριο με πίστη και Αυτός θα προστρέξει προς βοήθειά του[541]. Ο Άχαζ, όμως, με κλονισμένη την πίστη του, αποφασίζει να κάνει ό,τι του είπε ο Ησαΐας, ταυτόχρονα, όμως, να ακολουθήσει και την φιλοασσυριακή πολιτική του. Με την παρέμβαση του Τιγλαπιλάσαρ του Γ΄ εξουδετερώνονται όλοι οι εισβολείς της Ιουδαίας. Τα αποτελέσματα ήταν τρομακτικά καθώς ο Άχαζ προσκολλήθηκε στη λατρεία του Βαάλ, κάνοντας αυτή επίσημη θρησκεία

---

[540] Ο βασιλιάς της Συρίας Ρασίν ή Ρασών, ο οποίος έδρευε στη Δαμασκό και ο Φακεέ, ο βασιλιάς του βορειοϊσραηλιτικού βασιλείου, του βασιλείου του Ισραήλ ή Εφραίμ, συνασπίσθηκαν κατά του Αχάζ και επεχείρησαν να τον αντικαταστήσουν στη βασιλεία με κάποιο άσημο πρόσωπο, τον υιό του Ταβεήλ, με αποτέλεσμα να εισβάλουν με ισχυρές δυνάμεις στην Ιουδαία. Όσο χρόνο αυτοί βάδιζαν κατά της Ιερουσαλήμ, οι Φιλισταίοι από τα δυτικά και οι Ιδουμαίοι από το νότο εισέβαλαν στην Ιουδαία. Μπροστά σε αυτόν τον φοβερό κίνδυνο ο Αχάζ αποφασίζει να εξασφαλίσει τη βοήθεια και τη συμμαχία των Ασσυρίων, καθιστάμενος φόρος υποτελής στον Τιγλαπιλάσαρ. πρβλ. Παναγ. Ν. Τρεμπέλα, *Υπόμνημα εις τον Ησαΐα*, έκδοση 3η, Αθήναι, 1990, Εκδόσεις Αδελφότης Θεολόγων ο «Σωτήρ», σελ. 4.
[541] Παν. Ν. Τρεμπέλα, *Υπόμνημα εις τον Ησαΐαν*, Έκδοση 3η, Αδελφότητα Θεολόγων ο Σωτήρ, Αθήνα, 1990, σελ. 4.

και λατρεία του κράτους, κλείνοντας το Ναό του Θεού[542], αλλά και ο σύμμαχός του ο βασιλιάς Τιγλαπιλάσαρ ο Γ΄ ταπείνωσε τον ίδιο τον Άχαζ[543].

Το κείμενο του βιβλίου του Ησαΐου περιήλθε σε εμάς σε πολύ καλή κατάσταση. Η γλώσσα, στην οποία έχει γραφεί το κείμενο είναι καθαρή, ακριβής, εκλεκτή και θεωρείται η κλασική εβραϊκή γλώσσα. Από πλευράς ύφους, το βιβλίο του Ησαΐα χαρακτηρίζεται ως προϊόν του χρυσού αιώνα της εβραϊκής γραμματείας. Η δύναμη, το βάθος και το ύψος των σκέψεων και των ιδεών προκαλεί τον θαυμασμό του αναγνώστη[544]. Από θρησκευτικής και θεολογικής έποψης το βιβλίο του Ησαΐου παρουσιάζει τη μεγαλύτερη ίσως προσωπικότητα ολόκληρης της Βίβλου. Κανείς άλλος, όσο ο Ησαΐας, εξήρε τη σημασία της πίστης, γι' αυτό και πολύ δίκαια χαρακτηρίζεται ως προφήτης της πίστεως. Επίσης, κανείς άλλος δεν εμβάθυνε τόσο στην αγιότητα του Θεού, δεν στηλίτευσε την ψευδή λατρεία των ειδώλων και δεν ανέδειξε την αξία της πνευματικής λατρείας. Κανείς άλλος δεν τόνισε τόσο πολύ την παγκοσμιότητα και την παντοδυναμία του Θεού[545].

Από πλευράς περιεχομένου η διάρθρωση του βιβλίου του Ησαΐου έχει ως εξής: α) κεφάλαια 1ο -35ο. Στο πρώτο τμήμα του βιβλίου εκφέρονται οι έλεγχοι, οι απειλές

---

[542] πρβλ. Δ΄ Βασ. 16,2-10, Β΄ Παραλ. 28,23.
[543] πρβλ. Β΄ Παραλ. 28,20.
[544] Παν. Ν. Τρεμπέλα, *Υπόμνημα εις τον Ησαΐαν*, Έκδοση 3η, Αδελφότητα Θεολόγων ο Σωτήρ, Αθήνα, 1990, σελ. 5.
[545] ο.π. σελ. 6.

και οι επαγγελίες κατά του βασιλείου του Ιούδα, της Ιερουσαλήμ και των Εθνικών. Τα κεφάλαια 36ο – 39ο αποτελούν το ιστορικό παράρτημα του πρώτου τμήματος και επιγράφονται ως «Ιστορικός κρίκος του Α΄ και του Β΄ μέρους του Ησαΐου», επιτελώντας αυτόν ακριβώς τον σκοπό: να συνενώσει τα δύο τμήματα του βιβλίου. Το δεύτερο τμήμα του βιβλίου περιέχει τα κεφάλαια 40ο – 66ο, στο οποίο περιγράφονται οι μεγάλες υποσχέσεις, οι οποίες παρέχονται κατόπιν παρακλήσεων στον λαό του Ισραήλ. Το τμήμα αυτό διακρίνεται σε τρία υπο-τμήματα ως εξής: α) το πρώτο τμήμα, το οποίο φέρει τον τίτλο *«βιβλίο της λυτρώσεως ή της παρακλήσεως»* και αποτελείται από 8 λόγους, β) το δεύτερο τμήμα, το οποίο φέρει τον τίτλο *«βιβλίο εξιλασμού»* αποτελούμενο από 6 λόγους και γ) το τρίτο τμήμα, το οποίο φέρει τον τίτλο *«βιβλίο θριάμβου»* αποτελούμενο από 7 λόγους[546].

Κεντρική ιδέα του πρώτου τμήματος του βιβλίου, ήτοι των κεφαλαίων 1-36 είναι η τιμωρία των εθνών, του βορείου βασιλείου και του βασιλείου του Ιούδα, εξαιτίας της αποστασίας τους από τον Θεό και της θανάσιμης διαφθοράς τους. Παρ' όλ' αυτά, ένα μικρό τμήμα του Ισραήλ θα καταφέρει να επιβιώσει από την καταστροφή, προκειμένου να δει τη σωτηρία, η οποία θα συντελεστεί δια του Μεσσία σε μελλοντικούς χρόνους, ιδρύοντας επί της Σιών παγκόσμιο και αιώνιο κράτος. Κεντρική ιδέα του δευτέρου τμήματος του βιβλίου είναι η άφθαρτη δόξα

---

[546] ο.π. σελ. 7.

της παγκόσμιας μεσσιανικής βασιλείας, στην οποία καλούνται όλοι να μετανοήσουν προκειμένου να συμμετάσχουν σε αυτή. Από αυτή αποκλείονται μόνο οι αμετανόητοι ασεβείς, οι οποίοι θα υπομείνουν σε αιώνια καταδίκη[547]. Αξίζει να σημειωθεί ότι η ενότητα του βιβλίου του Ησαΐου χαρακτηρίζεται ως τέλεια, καθώς εμφανίζεται ως ένα ενιαίο σύνολο κατανεμημένο με πολλή περίσκεψη, η οποία οδηγεί στο συμπέρασμα ότι το βιβλίο πρέπει να γράφθηκε από τον ίδιο τον προφήτη. Μάλιστα, ο προφήτης για τη διάταξη του υλικού του βασίσθηκε όχι μόνο στη χρονολόγηση αυτού, αλλά και στη λογική σειρά του. Οι προφητείες παρατίθενται με μεγάλη λεπτομέρεια, σύμφωνα με την ιστορική και την πραγματική σειρά αυτών[548].

Αναφορικά με τη γνησιότητα του βιβλίου διατυπώθηκαν κάποιες αμφιβολίες τον 12ο αι. μ.Χ. εκ μέρους του Αβενέσδρα, του Döderlein και του Eichhorn[549]. Είναι χαρακτηριστικό ότι από την αρχή της επανόδου του Ισραήλ από την Βαβυλώνια αιχμαλωσία μέχρι και τους χρόνους του Αβενέσδρα δεν είχε εκφρασθεί ποτέ η οποιαδήποτε αμφιβολία, καθώς από κοινού υπήρχε η συμφωνία ότι συγγραφέας του βιβλίου ήταν ο Ησαΐας, εξαιτίας της ελευθεριάζουσας και ορθολογιστικής κριτικής άρχισαν οι αμφιβολίες σχετικά με τον συγγραφέα του βιβλίου αυτού. Μάλιστα από τον 18ο αιώνα έκανε την εμφάνισή της η

---

547 Παν. Ν. Τρεμπέλα, *Υπόμνημα εις τον Ησαΐαν*, Έκδοση 3η, Αδελφότητα Θεολόγων ο Σωτήρ, Αθήνα, 1990,σελ. 8.
548 ο.π, σελ. 8-9.
549 ο.π. σελ. 9.

άποψη ότι το δεύτερο τμήμα του βιβλίου το έχει συγγράψει άλλος συγγραφέας, καλούμενος ως «Δευτεροησαΐας». Επίσης, τα κεφάλαια 56 – 66 αποτελούν συγγραφικό έργο τρίτου συγγραφέα καλουμένου ως «Τριτοησαΐα». Της ορθολογιστικής κριτικής δεν ξέφυγε και το πρώτο τμήμα του βιβλίου, από το οποίο απέκοβαν κεφάλαια τάχα ως τμήματα γραμμένα από άλλον συγγραφέα. Ο κατατεμαχισμός του βιβλίου του Ησαΐα έχει τις βάσεις του στις διαφορές του ύφους μεταξύ του πρώτου και του δεύτερου τμήματος του βιβλίου. Σύμφωνα με τους κριτικούς, οι προφητείες, οι οποίες αφορούν τη Βαβυλώνια αιχμαλωσία, πρέπει να γράφησαν μετά τη Βαβυλώνια αιχμαλωσία, άρα δεν αποτελούν γνήσιο συγγραφικό έργο του προφήτη Ησαΐα. Με αυτό το σκεπτικό, θεωρούν ότι το δεύτερο τμήμα του βιβλίου του Ησαΐα πρέπει να συγγράφθηκε κατά τους χρόνους της Βαβυλώνιας αιχμαλωσίας, εποχή κατά την οποία ο Ησαΐας είχε πεθάνει. Άλλη σημαντική διαφορά μεταξύ του πρώτου και του δεύτερου τμήματος αποτελεί το γεγονός, ότι στο πρώτο τμήμα γίνεται λόγος για τη Νινευή και την Ασσυρία, ενώ στο δεύτερο τμήμα γίνεται λόγος μόνο για τη Βαβυλωνία. Επίσης, οι κριτικοί αυτοί θεωρούν ότι ο προφήτης δεν απευθύνεται σε σύγχρονούς του βασιλιάδες, όπως είναι ο Άχαζ, ο Εζεκίας ή ο Μανασσής, αλλά οι προφητείες του στρέφονται προς τους στενάζοντες αιχμαλώτους της Βαβυλωνίας[550]. Όμως ο

---

[550] Παν. Ν. Τρεμπέλα, *Υπόμνημα εις τον Ησαΐαν*, Έκδοση 3η, Αδελφότητα Θεολόγων ο Σωτήρ, Αθήνα, 1990, σελ. 9-10.

προφήτης Ησαΐας κάνει λόγο για τη Βαβυλώνα παρ' όλο που αυτός ζει στην Ιουδαία, αλλά μη έχοντας χάσει επαφή με την ιστορική πραγματικότητα του 8ου π.Χ. αιώνα είναι σε θέση να γνωρίζει πρόσωπα και γεγονότα. Ο Ησαΐας κάνει λόγο για την απελευθέρωση των αιχμαλώτων από τον Κύριο ομιλώντας προφητικά, καθώς η πρόρρηση τέτοιων γεγονότων αποτελεί γνώρισμα της παγγνωσίας του Θεού, δια της οποίας αποδεικνύεται το μάταιο των ψευδών ειδώλων[551].

Αναφορικά με τις διαφορές του ύφους και του λεξιλογίου, αυτές μπορούν να εξηγηθούν από τη διαφοράς του θέματος, το οποίο διαπραγματεύεται ο συγγραφέας, καθώς και από το προχωρημένο της ηλικίας του. Διότι είναι φυσιολογικό ο ίδιος συγγραφέας να χρησιμοποιεί άλλο λεξιλόγιο όταν πρόκειται για το βιβλίο παρακλήσεως και άλλο όταν πρόκειται για το βιβλίο θριάμβου. Επίσης, οι προφητείες, οι οποίες περιέχονται στο βιβλίο του Ησαΐου δεν ελέχθησαν μέσα σε ένα μικρό διάστημα δύο ετών, αλλά αυτές κατέκλυσαν όλη τη διάρκεια του βίου του, με αποτέλεσμα να τροποποιείται η έκφραση και ο τρόπος συγγραφής αυτών. Η γλώσσα του δευτέρου τμήματος του βιβλίου θεωρείται κλασική, χωρίς να παρουσιάζει την παραμικρή αλλοίωση ή παρακμή[552].

---

[551] ο.π. σελ. 11.
[552] Παν. Ν. Τρεμπέλας, *Υπόμνημα εις τον Ησαΐαν*, Έκδοση 3η, Αδελφότητα Θεολόγων ο Σωτήρ, Αθήνα, 1990, σελ. 12-14.

Ειδικότερα, όσον αφορά το υπό εξέταση 36ο κεφάλαιο του Ησαΐου αυτό αποτελεί το πρώτο κεφάλαιο του ιστορικού κρίκου μεταξύ του Α΄ και του Β΄ τμήματος του βιβλίου, και ανήκει στη συνάφεια των κεφαλαίων 36-37 με κοινή επιγραφή «Εζεκίας και Σενναχερήμ». Στον ιστορικό αυτό κρίκο, τον οποίο αποτελούν συνολικά τέσσερα κεφάλαια 36 – 39 ο προφήτης παρουσιάζεται με την ιδιότητα του ιστορικού. Τα κεφάλαια αυτά αναφέρονται σε σύγχρονα του προφήτη γεγονότα, της εποχής της βασιλείας του Εζεκία. Το 36ο κεφάλαιο διαρθρώνεται στις εξής υποενότητες: Στους στίχ. 1-3 στους οποίους περιγράφεται η εισβολή των Ασσυρίων, και η παρουσία του Ραψάκη[553] μπροστά από τα Ιεροσόλυμα. Στους επόμενους στίχους 4 – 12 γίνεται μια καταγραφή του λόγου του Ραψάκη προς την πρεσβεία. Στους στίχους 13 – 20 υπάρχει πάλι ένας λόγος του Ραψάκη προς τον λαό της Ιερουσαλήμ. Στους δύο τελευταίους στίχους (21-22) περιγράφεται η σιωπή μετά το πένθος.

Το βιβλίο του Ησαΐα είναι σημαντικό, καθώς γίνεται λόγος για τον επαναπροσανατολισμό του προφήτη[554]. Στο τμήμα του Ησαΐα, το οποίο περιλαμβάνει τα κεφάλαια 36-39 γίνεται αναφορά στο θέμα της εμπιστοσύνης του ανθρώπου προς τον Θεό. Το Ησ. 36:19 ανήκει στη συνάφεια

---

[553] *«Ραψάκης»* δεν είναι κύριο όνομα, αλλά τίτλος ανώτατου αξιωματικού της ασσυριακής αυλής, του οποίου το όνομα δεν έχει διασωθεί.

[554] J. Barton, The Unity of Isaiah: Evidence from chapters 36-39, *Bulletin of the Evangelical Theological Society* 6.2, (May 1963), σελ. 50-56.

36:13-20, όπου λαμβάνει χώρα ο λόγος του Ραψάκη προς τον λαό της Ιερουσαλήμ. Το 36° κεφάλαιο περιέχει πληθώρα ιστορικών στοιχείων σε μορφή ιστορικού παρατήματος, το οποίο εμπεριέχεται στα κεφάλαια 36 και 37. Τα δύο αυτά κεφάλαια επέχουν θέση επιλόγου του πρώτου μέρους (κεφ. 1-35), στο οποίο περιλαμβάνονται οι 3 κύριες συλλογές λόγων του Ησαΐα (α΄ συλλογή: κεφ. 1-12, β΄συλλογή: κεφ. 13-27, γ΄συλλογή: κεφ. 28-35). Στην πρώτη συλλογή (κεφ. 1-12) περιέχονται προφητείες για τον Ιούδα και την Ιερουσαλήμ, προαναγγέλλοντας παραδειγματικές τιμωρίες εκ μέρους του Κυρίου. Στη δεύτερη συλλογή (κεφ. 13-27) περιλαμβάνονται προφητείες κατά των εθνών. Τέλος, στην τρίτη συλλογή (κεφ. 28-35) περιλαμβάνονται οι ταλανισμοί κατά της Ιουδαίας και της Σαμάρειας, καθώς και οι υποσχέσεις σωτηρίας. Ακολουθεί η ιστορική παρένθεση (κεφ. 36-37), στην οποία εξιστορείται η επιδρομή των Ασσυρίων κατά της Ιερουσαλήμ, καθώς και η με θαυμαστό τρόπο λύση της πολιορκίας της. Στο 2° τμήμα της ιστορικής παρένθεσης (κεφ. 38-39) γίνεται λόγος για την βαρειά ασθένεια του Εζεκίου και τη θαυμαστή ίαση αυτού.

Στο χωρίο 36:19 δεν είναι δυνατό να καθορισθούν τα όρια των αναφερόμενων χωρών. Ίσως, μόνο της Αιμάθ, για την οποία γνωρίζουμε ότι βρισκόταν βόρεια της Παλαιστίνης. Για τις άλλες πόλεις, μόνο, υποθέσεις δύναται να κάνει κάποιος. Η Αρφάδ, ίσως, βρισκόταν κόντα στην Αιμάθ, επειδή, συνήθως, αναφέρεται μαζί με αυτήν. Και οι δύο αυτές πόλεις, είναι πόλεις της

Συρίας. Όσον αφορά τη Σεπφαρείμ, ίσως, να πρόκειται για την πόλη Σιπφάρα, πόλη και επαρχία στα Νότια της Μεσοποταμίας, υποταγμένη στην Ασσυρία, ήδη, από την εποχή του Σαλμανάσαρ.

Στο σημείο αυτό γίνεται μια λογική πρόταση, εκ μέρους των πληρεξουσίων του Εζεκία, για τη γλώσσα, στην οποία θα γίνουν οι διαπραγματεύσεις. Οι χλευαστές εμφανίζονται αλλαζόνες και υπερήφανοι, χωρίς, όμως, να χρειάζεται να είναι. Όταν ο Σατανάς πειράζει τους πιστούς του Θεού, το κάνει ώστε οι δοκιμαζόμενοι άνθρωποι να απευθυνθούν για βοήθεια στο Θεό τους[555], και με αυτόν τον τρόπο να βελτιώσουν την κατάστασή τους. Τίποτα δεν μπορεί να είναι πιο παράλογο από τη σύγκριση του αληθινού Θεού με τα είδωλα. Μια σύγκριση, η οποία δεν οδηγεί πουθενά, καθ' ότι τα συγκρινόμενα μέρη είναι ανόμοια μεταξύ τους. Όλοι οι αμαρτωλοί σκέφτονται πολύ άσκημα για τους υπόλοιπους ανθρώπους, είτε είναι δίκαιοι, είτε άδικοι.

---

[555] John W. Olley, Trust in the Lord" Hezekiah, Kings and Isaiah, *Tyndale Bulletin,* 50.1 (1999), σελ. 59-77.

¹⁰ καὶ οὐκ εἶπε· ποῦ ἐστιν ὁ Θεὸς ὁ ποιήσας με, ὁ κατατάσσων φυλακὰς νυκτερινάς

MT

וְלֹא־אָמַר אַיֵּה אֱלוֹהַּ עֹשָׂי נֹתֵן זְמִרוֹת בַּלָּיְלָה׃

Το συγκεκριμένο βιβλίο πήρε την ονομασία από το πρόσωπο, το οποίο πρωταγωνιστεί, τον Ιώβ. Στο βιβλίο αυτό εξετάζεται το πρόβλημα της θεοδικίας αναφορικά με την αιτία των ανθρωπίνων παθημάτων. Μάλιστα, κύριο θέμα αποτελεί το ποια μπορεί να είναι η αιτία των διαφόρων παθημάτων των δικαίων και πως αυτό συμβιβάζεται με τη δικαιοσύνη του Θεού. Στο βιβλίο αυτό γίνεται αναφορά σε πιθανές λύσεις των παθημάτων των δικαίων, ήτοι: ότι αυτά αποτελούν αποτέλεσμα αμαρτιών, ότι τα παθήματα αποτελούν μέσο κάθαρσης και τελειοποίησης του δικαίου ανθρώπου, ως μέσο ανάδειξης της αρετής των δικαίων ανθρώπων. Όμως, παρ' όλ' αυτά, και παρά τη διεξοδική συζήτηση και αναζήτηση του Ιώβ οι βουλές του Κυρίου παραμένουν ανεξερεύνητες.

Χαρακτηρίζεται ως το φιλολογικό αριστούργημα της σοφιολογικής ποίησης του Ισραήλ. Αναφορικά με τη γένεση του βιβλίου του Ιώβ και, κυρίως, με τον χρόνο συγγραφής αυτού δύο είναι οι κατηγορίες: στην πρώτη ανήκουν οι ερευνητές, οι οποίοι θεωρούν ότι το βιβλίο γράφθηκε και την προαιχμαλωσιακή περίοδο, και εκείνοι οι ερευνητές, οι οποίοι πιστεύουν στη μεταιχμαλωσιακή προέλευση του βιβλίου. Επειδή, όμως, τα επιχειρήματα σχετικά με την μεταιχμαλωσιακή εποχή δεν πείθουν[556], θεωρείται πιθανότερη η εκδοχή της προαιχμαλωσιακής εποχής και, μάλιστα, μεταξύ των προφητών του Ησαΐα και του Ιερεμία, δεδομένης και της κλασικής εβραϊκής γλώσσας, στην οποία είναι γραμμένο το κείμενο του Ιώβ.

Όσον αφορά τη φιλολογική ενότητα του βιβλίου του Ιώβ αξίζει να παρατηρήσουμε, ότι, παρά την όποια αμφισβήτηση αυτής από πολλούς νεώτερους κριτικούς, εξαιτίας του προλόγου, του επιλόγου[557], κάποιων διαλογικών τμημάτων[558], των λόγων του Ιαβέ και, ιδιαίτερα, των λόγων του Ελιούς, αυτές θεωρούνται ασύστατες[559]. Εξαιτίας του φθαρμένου μασωριτικού κειμένου η παράδοση του συγκεκριμένου βιβλίου θεωρείται αβέβαιη, καθώς υπάρχουν αρκετές προσθήκες, κυρίως, στο 2ο και το 42ο κεφάλαιο αυτού, όμως η αξία της μετάφρασης των Ο΄ είναι σπουδαιότατη αναφορικά με αυθεντικότητα του κειμένου[560].

Προκειμένου να εξεταστεί ο χαρακτήρας του βιβλίου πρέπει να επιλυθούν,

---

[556] Παναγ. Ι. Μπρατσιώτη, *Εισαγωγή εις την Παλαιάν Διαθήκην*, Αθήναι, 1992, σελ. 285.
[557] ο.π. σελ. 287.
[558] ο.π. σελ. 288-291.
[559] ο.π. σελ. 286.
[560] Παναγ. Ι. Μπρατσιώτη, *Εισαγωγή εις την Παλαιάν Διαθήκην*, Αθήναι, 1992,σελ. 291.

αρχικά, δύο θέματα: α) αν ο Ιώβ ήταν ιστορικό ή φανταστικό πρόσωπο και β) σε ποιο είδος ποίησης ανήκει (δράμα, έπος, λυρικό ποίημα, ή αποτελεί ιδιαίτερη κατηγορία). Σχετικά με το πρώτο θέμα, υποστηρίχθηκε από κάποιους ερευνητές ότι ο Ιώβ είναι υποθετικό πρόσωπο και ότι συνολικά το συγκεκριμένο βιβλίο αποτελεί μύθο και καθαρά αλληγορία, ουδέποτε υπήρξε ιστορικό πρόσωπο με αυτό το όνομα, το οποίο μάλιστα τα έπαθε και αυτή τη σωρεία των παθημάτων. Καταλήγουν οι ερευνητές ότι, τελικά, ο Ιώβ αποτελεί ένα φιλοσοφικο-θρησκευτικό μυθιστόρημα[561]. Υπάρχουν, όμως, κι εκείνοι οι ερευνητές, οι οποίοι βλέπουν το βιβλίο του Ιώβ ως ένα μικτό ποίημα, το οποίο διαθέτει μυθολογικά στοιχεία υφασμένα γύρω από ένα ιστορικό πυρήνα[562]. Όμως, ο Ιώβ υπήρξε ιστορικό πρόσωπο, όπως αναφέρεται ξεκάθαρα από τον προφήτη Ιεζεκιήλ, ο οποίος ομιλεί για τρεις άνδρες, το Νώε, τον Δανιήλ και τον Ιώβ (14,20). Εφόσον, λοιπόν, η έρευνα δέχεται την ιστορικότητα του Νώε και του Δανιήλ, δεν υπάρχει λόγος να αμφισβητηθεί το πρόσωπο του Ιώβ. Η απαράμιλλη τέχνη του ποιητή διακρίνεται στον ουράνιο πρόλογο, όπου εμφανίζεται ο Σατανάς να ομιλεί με τον Θεό, καθώς και στην ποιητική μορφή που έδωσε στις ομιλίες των τριών φίλων του Ιώβ. Επίσης, η εμφάνιση του Ιεχωβά δύναται να

---

[561] Π.Ν. Τρεμπέλα, *Υπόμνημα εις τον Ιώβ*, έκδοση Β΄, Αθήνα, 1980, σελ. 4.
[562] πρβλ. L. Cl. Fillion, *La sainte Bible commentee,* τόμος III, Έκδοση 7η, 1925, σελ. 489.

προέρχεται από τη σφαίρα της μυθιστορίας. Παρ' όλ' αυτά, η ιστορικότητα του πυρήνα του βιβλίου του Ιώβ είναι αδιαμφισβήτητη και διαφαίνεται σε ολόκληρο το ποίημα. Ο Ιώβ, λοιπόν, ζει στην έρημο της Αραβίας, είναι μεν μονοθεϊστής, αλλά όχι Ισραηλίτης, γι' αυτό και ονομάζει τον Θεό Ελόαχ και όχι Γιαχβέ. Ο Ιώβ, ίσως, να έζησε στους χρόνους των Πατριαρχών, παρ' όλο που δεν υπάρχουν σαφή χρονολογικά στοιχεία για τη ζωή του. Όμως, κάποια στοιχεία συνηγορούν στο να καταλήξουν οι ερευνητές ότι ο Ιώβ έζησε την εποχή των Πατριαρχών, ήτοι: α) στο κεφάλαιο 42,11 γίνεται λόγος για το τετράδραχμο, το οποίο ήταν νόμισμα της εποχής των Πατριαρχών, β) γίνεται αναφορά για την κιθάρα και το ψαλτήριο (Ιώβ 21,12 και 30,31), τα οποία ήταν όργανα της εποχής των Πατριαρχών και γ) η αναφορά στα 140 έτη της ευδαιμονίας, τα οποία σημειωτέον επακολούθησαν τη δοκιμασία του Ιώβ, με αποτέλεσμα να ανεβάζουν την ηλικία του Ιώβ σε πάνω από 200 έτη ζωής, συνηγορούν ότι ο Ιώβ μάλλον έζησε την εποχή, κατά την οποία οι άνθρωποι ήταν, όπως και οι Πατριάρχες, μακροβιότατοι[563].

Το δεύτερο θέμα, το οποίο χρήζει ανάλυσης, είναι το είδος του βιβλίου. Πολλοί ερευνητές, εξαιτίας του θλιβερού περιεχομένου του, το χαρακτήρισαν, εσφαλμένα, ως δράμα και τραγωδία. Επίσης, εσφαλμένος είναι και ο χαρακτηρισμός του βιβλίου του Ιώβ ως έπους, καθώς κάτι τέτοιο

---

[563] Π.Ν. Τρεμπέλα, *Υπόμνημα εις τον Ιώβ*, έκδοση Β΄, Αθήνα, 1980, σελ. 5.

εκφεύγει των θρησκευτικών και θεολογικών ορίων του βιβλίου, δεδομένου ότι στο βιβλίο του Ιώβ γίνεται προσπάθεια να ανακαλυφθεί η αλήθεια σε ένα κεφαλαιώδες πρόβλημα του μονοθεϊσμού, ήτοι τον πνευματικό αγώνα, τον οποίο διεξάγει κάθε δίκαιος άνθρωπος ανεξαρτήτου εποχής. Εν τέλει, είναι σωστή η θεολογική άποψη, σύμφωνα με την οποία το βιβλίο του Ιώβ κατατάσσεται στη γνωμική ή διδακτική ποίηση, η οποία αποκαλείται και σοφιολογική, καθώς αποσκοπεί να διατυπώσει ηθικά διδάγματα, χρήσιμα στον ανθρώπινο βίο. Το βιβλίο αυτό δε εισήχθη στον Ισραήλ από τον σοφό Σολομώντα.

Οι κεντρικές ιδέες, τις οποίες διατύπωσαν οι τρεις φίλοι του Ιώβ είναι: α) ο Θεός δεν είναι άδικος, αλλά δίκαιος, β) τα εξαιρετικά δεινά, τα οποία υπέστη ο Ιώβ αποτελούν απόρροια κάποιων απόκρυφων εγκλημάτων και παρεκτροπών, και γ) αν ο Ιώβ επιστρέψει στον Θεό με ειλικρινή μετάνοια, τότε ο Θεός θα αποκαταστήσει ολοκληρωτικά στην προηγούμενη ευτυχισμένη κατάσταση τον Ιώβ. Στις τρεις αυτές θέσεις διακρίνεται το ιερατικό πάθος του Ελιφάζ, η μετριοπάθεια του Βαλδάδ και, τέλος, ο νεανικός παρορμητισμός του Σωφάρ. Πέραν, όμως, των τριών αυτών φίλων του Ιώβ, σημαντική είναι και η παρέμβαση του νέου Ελιούς, ο οποίος επιτιμά τον Ιώβ και τους τρεις φίλους του. τον Ιώβ τον επιτιμά, επειδή αντί να δικαιολογηθεί για τα παθήματά του, παρεκκλίνει και καταφέρεται με παράπονα εναντίον του Θεού[564]. Τους τρεις

---

[564] ό.π.

φίλους του Ιώβ, τούς επιτιμά, εξαιτίας των κατηγοριών τους, που εξαπέλυσαν εναντίον του φίλου τους Ιώβ. Παρ' όλ' αυτά, ο Ελιούς δεν κατόρθωσε να διευκρινίσει πλήρως το πρόβλημα των παθημάτων των δικαίων. Έτσι, ακούγεται δια λαίλαπας και νεφών η φωνή του Κυρίου, ο οποίος παραπέμπει τον Ιώβ να αντιληφθεί την παντοδυναμία και την πανσοφία του Κυρίου στη δημιουργία του κόσμου και των υπολοίπων δημιουργημάτων Του, στη δικαιοσύνη και την αγάπη Του για τον κόσμο και τον άνθρωπο, τονίζοντας ότι ο άνθρωπος είναι ανίκανος να εξιχνιάσει τις ανεξερεύνητες βουλές και ενέργειες του Θεού. Ο Ιώβ εκδηλώνει την ταπείνωση και την υπακοή προς τον Κύριο, αναγνωρίζοντας το εσφαλμένο και πεπλανημένο τρόπο σκέψης του.

Διαβάζοντας το βιβλίο του Ιώβ, ο αναγνώστης αντιλαμβάνεται ότι αυτό που απασχολεί τον θεόπνευστο συγγραφέα είναι γιατί ο δίκαιος και αθώος άνθρωπος πάσχει και γιατί το πλήθος των παθημάτων και των θλίψεων του είναι δυσανάλογο προς τα σχετικώς μικρά παραπτώματα και αμαρτήματά του. Αυτό που αξίζει να σημειωθεί είναι ότι υπάρχει σχέση μεταξύ της αμαρτίας και της θλίψης[565]. Υπάρχει σχέση μεταξύ του ηθικού και του φυσικού κακού. Επίσης, ο συγγραφέας του Ιώβ δεν αμφισβητεί ότι η θλίψη δύναται να αποτελεί και παιδαγωγικό μέσο, αποβλέποντας στον εξαγνισμό του ανθρώπου. Όμως, δεν ισχύει

---

[565] πρβλ. Παναγ. Ι. Μπρατσιώτη, *Εισαγωγή εις την Παλαιάν Διαθήκην*, Αθήναι, 1992, σελ. 277-292.

πάντα ο κανόνας ότι οι θλίψεις αποτελούν απόρροια της αμαρτίας, επαγόμενες, μάλιστα, και ποινές. Ο Ιώβ έπασχε, όχι για να τιμωρηθεί για κάποια αμαρτία του, ή για παιδαγωγικούς σκοπούς εκ μέρους του Θεού. Ο Ιώβ έπαθε προκειμένου να δοξασθεί το όνομα του Κυρίου. Στον πρόλογο του βιβλίου του Ιώβ, ο Σατανάς αναφέρεται στο ότι ο Ιώβ δεν αποτελεί ανιδιοτελή λάτρη του Θεού, αφού ο Θεός τού έχει δώσει όλα τα αγαθά της γης. Αν του στερήσει αυτά τα αγαθά θα εξακολουθεί ο Ιώβ να λατρεύει και να δοξάζει το όνομα του Κυρίου του; Η απάντηση σε αυτή την ερώτηση είναι ναι, όπως και έγινε. Ο Ιώβ εξακολουθούσε να λατρεύει και να δοξάζει το όνομα του Κυρίου, ακόμα και μετά τις συμφορές που τον βρήκαν, αποδεικνύοντας ότι, τελικά, ήταν ένας ανιδιοτελής λάτρης του ονόματος του Κυρίου. Αυτή είναι και η λύση στο θέμα των παθημάτων των δικαίων: να μην παρασυρθούν αυτοί, και να μην ξεχάσουν τη μεγαλοσύνη του Κυρίου τους, ακόμα και όταν η ζωή τους είναι δύσκολη και η καθημερινότητά τους δυσβάσταχτη. Αυτό αποδεικνύει και ο Ιώβ, ο οποίος εξακολουθούσε να απευθύνεται στο Θεό, όπως και πριν, που ήταν πλούσιος, υγιής και οικογενειάρχης[566].

Το βιβλίο του Ιώβ αποτελεί το κατ᾽ εξοχήν βιβλίο, το οποίο πραγματεύεται το θέμα της δοκιμασίας. Ο Ιώβ αναγνωρίζει, ότι η δοκιμασία δεν αποτελεί συνέπεια της αμαρτίας. Η θετική αξία της δοκιμασίας θα

πραγματοποιηθεί με το πάθος και την ανάσταση του Κυρίου, εξιλεωτική δύναμη της δοκιμασίας για χάρη των άλλων. Στο βιβλίο του Ιώβ η απάντηση φαίνεται να είναι ότι ο Θεός θα δώσει και με το παραπάνω ό,τι πήρε από τον Ιώβ και θα το κάνει σε αυτή τη ζωή. Στο ποιητικό τμήμα του βιβλίου του Ιώβ η γλώσσα του έχει σαφείς αναφορές από τα ουγγαρικά κείμενα, στα οποία απαντούν δυναμικές περιγραφές του Θεού. Το βιβλίο του Ιώβ αποτελείται από μια εισαγωγή και έναν επίλογο, γραμμένα σε πεζό λόγο και από ένα μεγάλο τμήμα σε ποιητική μορφή. Ο Σατανάς, ο οποίος δεν φαίνεται να ταυτίζεται με τον διάβολο, αλλά να είναι αντίπαλός του, λέει στον Θεό, ότι ο Ιώβ δεν θα τον υπακούει αν είναι λυπημένος. Ο Θεός δίνει εντολή να πειράξει τον Ιώβ. Έτσι, η δοκιμασία του Ιώβ είναι σαν ένα τέστ: κάτι τέτοιο αποτελεί καινοτομία για την Παλαιά Διαθήκη δεδομένου ότι εκείνη τη στιγμή η δοκιμασία αποτελούσε θεία τιμωρία της αμαρτίας, και ίσως να ήταν κάτι τέτοιο. Οι τρεις φίλοι του Ιώβ έρχονται και του λένε ότι πρέπει να αμάρτησε για να δέχεται τέτοια δοκιμασία. Ο Ιώβ επιμένει στην αθωότητά του. Μάλιστα, το γεγονός ότι ο Θεός θα μπορούσε να δοκιμάσει με τόσο άσχημο τρόπο έναν αθώο ενοχλεί τον Ιώβ, σε σημείο να θυμώσει με τον Θεό και ρωτά τον Παντοδύναμο να του απαντήσει. Ο Θεός του απαντά μέσα από μια καταιγίδα, λέγοντας αν θα μπορούσε ποτέ ο Ιώβ να καταδικάσει τον Θεό, παρ' όλο που το έκανε. Ο Ιώβ παραδέχεται ότι δεν συμπεριφέρθηκε σωστά, με το να θυμώσει με τον Θεό, προσπαθεί να τα βγάλει πέρα και μετανοεί. Ο

Θεός απευθύνεται στους φίλους του Ιώβ και ζητά από τον Ιώβ να προσευχηθεί για τη σωτηρία τους, ώστε να συγχωρεθούν τα αμαρτήματά τους. Στον επίλογο – γραμμένο σε πεζό λόγο - ο Ιώβ παίρνει πίσω πολλά περισσότερα από αυτά που κατείχε.

Στη συζήτηση για το πρόβλημα της δοκιμασίας[567] έχουμε να κάνουμε με κάτι το οποίο δεν είναι παροδικό, αλλά έχει να κάνει με τις αντιλήψεις μας για τη φύση του Θεού, τον σκοπό της ζωής και τη σχέση μεταξύ Θεού και ανθρώπων. Η βιβλική έκφραση αυτών βρίσκεται στο βιβλίο του Ιώβ, στο οποίο ανθρώπινες και θείες επόψεις σχετικές με το θέμα τίθενται σε πρώτο πλάνο. Το βιβλίο ανοίγει με μια εισαγωγή σε μορφή πρόζας, στην οποία ο Θεός επιτρέπει στον αντίπαλο να ελέγξει την πίστη του Ιώβ στέλνοντάς του θλίψη και δοκιμασίες. Έτσι, ο Ιώβ, ο οποίος ήταν άνθρωπος ευτυχισμένος και πλούσιος, βλέπει μέσα σε ένα μικρό χρονικό διάστημα να πλήττεται από όλες τις πλευρές. Χάνει τη γυναίκα του, τα παιδιά του, την περιουσία του, ασθενεί σωματικά και πνευματικά. Στο βιβλίο του Ιώβ διαφαίνεται η παραδοσιακή ανατολική αντίληψη, ότι για όλα αυτά τα δεινά θα ευθύνεται κάποια αμαρτία του Ιώβ. Αυτήν την αντίληψη προσπαθούν να διατηρήσουν οι φίλοι του Ιώβ, από το να φανούν συμπάσχοντες στο πρόβλημα του φίλου τους. Άλλωστε, για αυτούς το θέμα είναι πάρα πολύ απλό: ο Ιώβ έχει αμαρτήσει με αποτέλεσμα ο Θεός να τον

---

[567] R. K. Harrison, The Problem of Suffering and the Book of Job, *The Evangelical Quarterly* 25.1 (1953), σελ. 18-27.

τιμωρεί. Οι τρεις φίλοι είναι καταδικαστικοί απέναντι στις δοκιμασίες του Ιώβ. Μόνο ο Ελιχού δίνει μια διαφορετική εξήγηση στο ντόμινο των δοκιμασιών του Ιώβ, λέγοντας ότι αυτό μπορεί να είναι για το καλό του δοκιμαζόμενου. Ο Ιώβ προσπαθεί να δικαιολογήσει αυτή την άποψη του Ελιχού και με αυτό τον τρόπο να υπερασπιστεί τον Θεό. Ο Ιώβ κριτικάρεται για την έλλειψη πίστης και την ανικανότητα να ανταπεξέλθει στη φύση των πνευματικών δυνάμεων. Η δοκιμασία αυτή εισάγει τον Ιώβ σε μια νέα και βαθύτερη πνευματική σχέση με τον Θεό, βλέποντας με άλλο μάτι τη ζωή. Το βιβλίο κλείνει με αποκατάσταση του Ιώβ στην προηγούμενη οικογενειακή και περιουσιακή κατάστασή του, μαζί με πληθώρα ευλογιών.

Στο 35ο κεφάλαιο ο Ιώβ προσπαθεί να δώσει μια αληθινή θεολογική ώθηση, για να διευρύνει το θέμα από την ατομικότητα του Ιώβ στη γενικότητα[568]. Ο λόγος του παρουσιάζει μια πρόοδο, έστω και μικρή, υπό τη σκέψη ότι η δικαιοσύνη, έτσι όπως την αναζητά ο Ιώβ, σημαίνει, ότι ο καθένας λαμβάνει αυτό που του αξίζει. Ο Ιώβ θεωρεί, ότι ο Θεός δεν του φέρεται σωστά και αποζητά τη δικαιοσύνη, η οποία θα τον αποκαταστήσει στην προηγούμενη κατάσταση. Ο Ελιχού, από την άλλη πλευρά, θεωρεί, ότι το να εστιάσει κάποιος στον σκοπό της δικαιοσύνης, λειτουργεί σε όφελος των υπολοίπων. Το να ζει, λοιπόν, κάποιος

[568] D. J. A. Clines, Job 35, *World Biblical Commentary*, 18, Nashville, Thomas Nelson, 2003.

δίκαια δεν αποτελεί για τον Θεό απόδειξη ότι είναι δίκαιος, αλλά η αξία της δίκαιης ζωής έγκειται στην επίδραση που αυτή μπορεί να έχει πάνω σε άλλους ανθρώπους. Η δίκαιη συμπεριφορά περιλαμβάνει τη δικαιοσύνη, όχι από τη θεολογική, αλλά από την ανθρωπιστική πλευρά αυτής. Η δεύτερη άποψη του Ελιχού είναι, ότι ο Θεός στέλνει δοκιμασίες σε εκείνους τους ανθρώπους, οι οποίοι χρειάζονται βελτίωση. Το ότι οι άνθρωποι δοκιμάζονται αυτό δεν σημαίνει, ότι θα πρέπει να απελευθερωθούν από τις δοκιμασίες. Κι αυτό γιατί οι δοκιμαζόμενοι μπορεί να είναι αδύνατοι, ή μπορεί να είναι δοκιμαζόμενοι αθώοι μεν, αλλά αδιαφορούν για τη θεολογική διάσταση της δοκιμασίας. Φωνάζουν και κλαίνε για τη δοκιμασία τους, αλλά δεν επικαλούνται τον Θεό με αποτέλεσμα να κάνει την εμφάνισή του ένα είδος πρακτικού αθεϊσμού.

Ο Ελιχού ζητά να επαναπροσδιορίσει την έννοια της δικαιοσύνης υπό την έννοια του τι μπορώ να προσφέρω και όχι τι μπορώ να λάβω. Το δεύτερο σημείο ανάλυσης του Ελιχού, σχετικά με τη διάκριση του Θεού για το ποιοι θα σωθούν, όχι τόσο υπό την έννοια να σωθούν αυτοί που αξίζουν να σωθούν, όσο υπό την έννοια της άρνησης της σωτηρίας σε εκείνους που δεν αξίζει να σωθούν, αποτελεί ένα σοβαρό θεολογικό ερώτημα. Ο Πανάγαθος Θεός θα απολυτρώσει όλους, όσοι χρειάζονται τη λύτρωση, ή θα πρέπει να συνεργαστούν και οι άνθρωποι; Ο Ελιχού, ο οποίος βρίσκεται σε αντιδιαστολή με τον Ιώβ, μπορεί να έχει κάποια ίχνη θεολογικών ιδεών, αλλά πως αυτές οι ιδέες σχετίζονται με τον

Ιώβ; Σχετικά με την πρώτη του ιδέα, ότι η δικαιοσύνη δεν έχει να κάνει με την ατομικότητα του ανθρώπου, αλλά, κυρίως, με τους άλλους, δεν δύναται να αγγίξει τον Ιώβ[569]. Διότι ο Ιώβ πάντα ζούσε προσφέροντας στους άλλους, είτε για την οικογένεια, είτε για τους γείτονες ή τους συμπολίτες του. Επίσης, αναγνωρίζεται το γεγονός, ότι είναι άδικο αυτό που γίνεται σε βάρος του Ιώβ, σύμφωνα με τον πρόλογο του βιβλίου. Και οι δύο απόψεις του Ελιχού είναι άσχετες, τελικά, με το θέμα του Ιώβ. Σχετικά με τη δεύτερη ιδέα του Ελιχού, ότι ο Θεός δεν απαλλάσσει τους δοκιμαζόμενους, επειδή αυτοί μπορεί να είναι δίκαιοι, αδύναμοι ή αμελείς, ίσως να ταιριάζει στο θέμα του Ιώβ. Ο Ιώβ, καθ' όλη τη διάρκεια της δοκιμασίας του, απευθύνεται στον Θεό. Η διαφορά του Ιώβ με τους υπόλοιπους αναξιοπαθούντες είναι ότι ο Ιώβ καλεί τον Θεό γιατί πιστεύει ότι δεν του αξίζει τέτοια αντιμετώπιση. Γι' αυτό και ο Θεός δεν αρνείται να απαντήσει στον Ιώβ.

Στη συνάφεια των κεφ. 32ο – 37ο λαμβάνει χώρα ο εκτενής λόγος του Ελιχού. Ο λόγος του δεν διαφέρει από τους λόγους των δύο άλλων, καθώς ο Ελιχού δείχνει μια επηρμένη αυτοπεποίθηση στο να εκφράζει τις ιδέες του, και, μάλιστα, σε άψογη ποιητική μορφή. Ο Ελιχού στο σημείο αυτό δίδει μια απάντηση στον Ιώβ, του οποίου η σκέψη ήταν αντανακλαστική από τη δικαιοσύνη και την καλοσύνη του Θεού. Η απορία, την οποία

---

[569] πρβλ. Παναγ. Ι. Μπρατσιώτη, *Εισαγωγή εις την Παλαιάν Διαθήκην*, Αθήναι, 1992, σελ. 277-292.

εκφράζει ο Ιώβ[570] είναι ότι ο Θεός δεν λαμβάνει υπόψη του τις κραυγές όσων καταπιέζονται από τους εχθρούς τους. Δεν προσπαθούν να αναζητήσουν τον Θεό, ώστε να καταλάβουν την αιτία αυτής της πράξης Του. Αναρωτιούνται που είναι ο Θεός, όμως, κανένας δεν γνωρίζει που ακριβώς είναι. Η μεγάλη θλίψη τους θα τους οδηγήσει στο Θεό, καθώς ο Θεός είναι ο Δημιουργός τους και, για το λόγο αυτό, η θλίψη τους θα πρέπει να εξετασθεί από τον ίδιο τον Θεό. Πού, λοιπόν, μπορεί ο θλιμμένος άνθρωπος να αναζητήσει τον αληθινό Θεό; Το αιώνιο ερώτημα που θέτει ο Ιώβ, δηλαδή αν ο Θεός είναι δίκαιος και καλός, τότε γιατί αφήνει τους δίκαιους ανθρώπους να υποφέρουν, παραμένει ένα αναπάντητο ερώτημα. Η πιθανή απάντηση σε αυτό το ερώτημα θα μπορούσε να είναι, ότι μέσω των πόνων και των θλίψεων των δικαίων, ο Θεός παιδαγωγεί όλους τους ανθρώπους, δίκαιους και αδίκους. Επίσης, οι άνθρωποι θα πρέπει να μάθουν να μην απευθύνονται στο Θεό, μόνο όταν χρειάζονται κάτι, αλλά, απλώς, για να τον ευχαριστήσουν. Διότι ο Θεός διατηρεί στον άνθρωπο τη λογική του και ολόκληρο το είναι του ανθρώπου. Τέλος, ο Θεός ομιλεί στους τρεις φίλους και τους επιπλήττει. Το ότι ο Θεός αποκαθιστά τα αγαθά του Ιώβ στο διπλάσιο δεν αναιρεί το βασικό θέμα του βιβλίου: ότι η δοκιμασία δεν αποτελεί πάντα συνέπεια της αμαρτίας.

---

[570] D. J. A. Clines, *Job 35*, World Biblical Commentary, 18, Nashville, Thomas Nelson, 2003.

Το βιβλίο του Ιώβ περιλαμβάνει την έννοια της θεοδικίας (με την έννοια της κρίσης εκ μέρους του Θεού) σε όλο της το μεγαλείο. Η βασική έννοια, η οποία προκύπτει από το βιβλίο του Ιώβ, είναι ότι τελικά οι δοκιμασίες τις οποίες υπέστη ο Ιώβ δεν αποτελούσαν κάποια τιμωρία για κάποια αμαρτία του. Ο Θεός δεν είναι, ούτε ιδιότροπος, ούτε εκδικητικός. Το αποτέλεσμα της όλης δοκιμασίας του Ιώβ είχε ως συνέπεια την ολική πνευματική μεταβολή αυτού. Ο Ιώβ, μέσα από τις δοκιμασίες του, αποκόμισε μια νέα γνώση για τον Θεό, μια καινούργια προοπτική ζωής, η οποία επηρεάστηκε και κατευθύνθηκε από την αντίληψη της μη σημασίας του ανθρώπου μπροστά στο μεγαλείο του Θεού[571]. Ως γενικός κανόνας, η πνευματική ασθένεια και δοκιμασία είναι αποτέλεσμα της αντιπαράθεσης του συνειδητών και ασυνειδήτων δυνάμεων.

---

[571] ο.π.

Γ΄ ΤΜΗΜΑ

III. ΣΥΣΤΗΜΑΤΙΚΗ ΘΕΩΡΗΣΗ ΤΟΥ ΒΑΣΙΚΟΥ ΨΑΛΜΙΚΟΥ ΧΩΡΙΟΥ 42:4 & 42:11

«...ποῦ ἐστιν ὁ Θεός σου;»

III. 1. ΤΟ ΕΡΩΤΗΜΑ ΤΟΥ ΘΕΟΥ

Πολλές φορές οι θεολόγοι της Παλαιάς Διαθήκης βρίσκονται σε αμυντική θέση όταν μιλούν για τον Θεό[572] της. Το θέμα του Θεού της Π.Δ[573]. είναι αρκετά δύσκολο να ερμηνευτεί, ειδικότερα όταν έρχεται σε παραλληλισμό με τον Θεό της Κ.Δ. Μεταξύ του $1^{ου}$ και του $2^{ου}$ αιώνα π.Χ. ο **Θεός** **''έχασε'' το όνομά Του**. Συγκεκριμένα, οι Ιουδαίοι σταμάτησαν να χρησιμοποιούν το Γιαχβέ, ως όνομα του Θεού και άρχισαν να επικαλούνται τον Θεό με άλλα ονόματα, όπως Κύριος, Όνομα, Άγιος, η Παρουσία, ο Τόπος. Ακόμα και όταν το όνομα Γιαχβέ γραφόταν στα αρχαία ιερά κείμενα οι αναγνώστες διάβαζαν Αντονάι. Με την πτώση του Ναού, και σε σπάνιες λειτουργικές περιπτώσεις δεν διάβαζαν ή επικαλούνταν το Γιαχβέ, με αποτέλεσμα να ξεχαστεί ο τρόπος προφοράς του συγκεκριμένου ονόματος του Θεού. Η εγκατάλειψη του ονόματος του Θεού δεν έχει

---

[572] Yahweh and the God of Christian Theology, published in *On the Way to the Postmodern: Old Testament Essays 1967 – 1998*, Vol. 2, *JSOTSup*, 292, Sheffield Academic Press, 1998, σελ. 498 – 507.

[573] Αναφορικά με το θέμα του Θεού στην Π.Δ., βλ. David H. Michels, *Syncretism or Contextualization in the Psalms* (or What's this Canaanite stuff doing in God's book), 1995.

καμιά σημασία, σύμφωνα με τον **G. F. Moore**[574], και ούτε επηρέασε τα βασικά χαρακτηριστικά της ιουδαϊκής θρησκείας, η οποία από την αρχή της εμφάνισής της θεωρούσε τον Θεό ως παρόντα. Το όνομα με το οποίο ο Θεός είναι γνωστός συνδέεται σε κάποιο βαθμό με την εντύπωση, την οποία είχαν οι πιστοί για τον Θεό τους. Κάθε επίθετο, το οποίο αποδίδεται στο Θεό, δίνει έμφαση σε ένα και μόνο χαρακτηριστικό Του.

Ο **Bernard Anderson**[575] αναφέρει ότι σημασία στο όνομα του Θεού δεν έχει η γλωσσολογική αξία αυτού, αλλά οι ιστορικές σχέσεις και οι συσχετισμοί του. Ό,τι κι αν σήμαινε κάποτε, έλαβε τη συγκεκριμένη σημασία και το συγκεκριμένο περιεχόμενό του μέσα από την ιστορική εμπειρία του Ισραήλ. Το προσωπικό όνομα του Θεού είναι Γιαχβέ. Το όνομα αυτό είναι ξένο προς κάθε φυλή στη γη. Το γεγονός ότι ο Ισραήλ απευθυνόταν στο Θεό με ένα ξένο όνομα, όπως το Γιαχβέ, ίσως σημαίνει ότι το όνομα αυτό δόθηκε από κάποιος άλλους θεούς – συμμάχους του Γιαχβέ. Δηλαδή, με άλλα λόγια, το όνομα του Γιαχβέ δεν έχει ισραηλιτική προέλευση, οπότε αυτό μας οδηγεί στο συμπέρασμα ότι, είτε το όνομα αυτό δόθηκε στο Θεό των Ισραηλιτών από κάποια άλλη φυλή, χωρίς να γνωρίζουμε ποια είναι αυτή, είτε ότι το όνομα αυτό δηλώνει ότι από την πληθώρα των θεοτήτων και των ειδώλων, πάλι εκτός Ισραήλ, αναδείχθηκε

---

[574] G. F. Moore, *Judaism in the First Centuries of the Christian Era: The Age of Tannaim* (Cambridge, MA: Harvard University Press, 1927), I, σελ. 423.

[575] B. W. Anderson, Names of God, *IDB*, II, σελ. 407 – 417.

ένας και μοναδικός θεός, ο Γιαχβέ[576]. Επίσης, ένα άλλο πρόβλημα, το οποίο ανακύπτει είναι ότι το όνομα Γιαχβέ δεν χρησιμοποιείται ούτε μια φορά στην Κ.Δ., είτε επειδή αντικαταστάθηκε, είτε επειδή χάθηκε στο πέρασμα των αιώνων. Κάθε φορά που στην Π.Δ. γίνεται αναφορά στον Γιαχβέ, αυτή συνυπάρχει με το στοιχείο του ανθρωπομορφισμού. Έτσι, ο Γιαχβέ αγαπά, μισεί, ζηλεύει, θυμώνει και βιώνει αλλαγές συναισθημάτων. Τέτοιου είδους ανθρωπομορφισμοί δεν ήταν και πολύ ευπρόσδεκτοι, τόσο στους Ιουδαίους, όσο και στους Χριστιανούς. Ήδη, από τον 2ο αιώνα π.Χ. οι Ο΄ αφαίρεσαν από τη μετάφρασή τους αρκετούς ανθρωπομορφισμούς[577]. Το ίδιο έκανε και ο Φίλωνας[578]. Ο Γιαχβέ της Π.Δ. δεν αποτελεί ένα στατικό άχρονο Ων, αλλά βρίσκεται σε συνεχή διάδραση με τους ανθρώπους και τα ιστορικά γεγονότα.

---

[576] ο.π.

[577] Ένας τρόπος να εξηγηθούν οι ανθρωπομορφισμοί, είναι να θεωρηθεί ότι αυτοί δημιουργήθηκαν σε ένα πρώιμο στάδιο αποκάλυψης και αργότερα αντικαταστάθηκαν από πιο πνευματικές εκφράσεις. Μια άλλη σκέψη είναι να εκληφθούν αυτοί οι ανθρωπομορφισμοί ως μεταφορικές εκφράσεις. Η ένσταση για την πρώτη εξήγηση είναι ότι αυτοί οι ανθρωπομορφισμοί δεν χρησιμοποιούνται μόνο στα πρώιμα κείμενα της Π.Δ., αλλά και στα ύστερα, όπως είναι οι Προφήτες. Για τη δεύτερη εξήγηση η ένσταση έγκειται στο γεγονός ότι αν οι ανθρωπομορφισμοί αναφέρονται σε σημεία του σώματος του Θεού, τότε αυτοί δύναται να εκληφθούν ως μεταφορικές εκφράσεις, οι οποίες αναφέρονται στις ενέργειες του Θεού. Η ανθρωπομορφική γλώσσα της Π.Δ. αποτελεί τμήμα της βιβλικής αντίληψης για τον Θεό. θα πρέπει να εκτιμηθεί, όχι αρνητικά, αλλά θετικά ως ζωντανό στοιχείο της γνώσης του ανθρώπου για τον Θεό.

[578] Philo, Quod Deus immutabilis sit, XI.53, XIV.63, V.22 (Loeb edn, III, ρσελ. 37, 43, 21).

Σύμφωνα με την **Kirsten Nielsen**[579] στους Ψαλμούς ο Θεός προσαγορεύεται ως πρόσωπο, το οποίο δύναται να ακούσει τις προσευχές των ανθρώπων και να αντιδρά πραγματοποιώντας αυτές. Η αναφορά στο Θεό γίνεται με απρόσωπες εκφράσεις, όπως πέτρα, βράχος. Πολύ συχνά στην Παλαιά Διαθήκη γίνεται χρήση μεταφορικών εκφράσεων, συγκρίσεων, παραβολών και αλληγοριών. Αυτές οι εκφράσεις χρησιμοποιούνται για να περιγράψουν τον Θεό. Σημαντική είναι και η προσφορά του **Walter Brueggemann** αναφορικά με την ερμηνεία των μεταφορών στην Παλαιά Διαθήκη. Ο Brueggemann αναφέρει, ότι όταν οι μεταφορές είναι ουσιαστικό, τότε αυτές λειτουργούν ως μέσο, προκειμένου να προσεγγισθεί το υποκείμενο του ρήματος, το οποίο, συνήθως, δεν αναφέρεται. Η μεταφορά μπορεί να οδηγήσει σε παρανόηση αν δεν αναγνωρίσουμε ότι αυτή αναφέρεται στον Έναν και Μοναδικό Θεό[580]. Επίσης, όταν ο Ισραήλ χρησιμοποιεί τη μεταφορά «ο Γιαχβέ είναι ο *ποιμήν μου*», το ουσιαστικό «*ποιμήν*» είναι ξεκάθαρο, ότι αναφέρεται στον Γιαχβέ, παρ' όλο που ο Γιαχβέ δεν είναι στην πραγματικότητα ποιμένας. Ο Brueggemann αναφέρεται στην πληθώρα, στην ποικιλία των μεταφορικών εκφράσεων, αλλά και στην

---

[579] Kirsten Nielsen, The variety of Metaphors about God in the Psalter: Deconstruction and Reconstruction?, *Scandinavian Journal of the Old Testament*, vol. 16 no. 1, 2002, σελ. 151-159.

[580] Walter Brueggemann, *Theology of the Old Testament. Testimony, Dispute, Advocacy*, Minneapolis: Fortress Press, 1997, σελ. 230-231.

αναγκαιότητα των μεταφορών της Παλαιάς Διαθήκης. Το κοινό στοιχείο είναι ότι όλες οι μεταφορές αναφέρονται στον Γιαχβέ, όπου η αναφορά είναι στο πρόσωπο, όπου τότε «δημιουργεί», «υπόσχεται», «φέρνει», «διατάζει», «κυβερνά», «οδηγεί», «αγαπά», «είναι πιστός», «είναι κριτής», «είναι βασιλιάς», «είναι πολεμιστής», «είναι πατέρας», «είναι θεραπευτής», «επέχει τη θέση της μητέρας», «είναι ποιμένας»[581].

Στο βιβλίο των Ψαλμών ανακαλύπτουμε μια θεολογική θεματική. Η ερώτηση αν τελικά βρίσκει ο άνθρωπος καταφύγιο στον Θεό σήμερα έχει μια καθαρά τυπική χροιά. Δύο είναι οι διέξοδοι: ή καταφύγιο στο Θεό ή καταφύγιο στον Φαραώ. Όταν ο άνθρωπος αναζητά καταφύγιο στους βράχους (Ψαλμ. 104.18, Δευτ. 32.37), τότε ο Θεός είναι ο βράχος πάνω στον οποίο μπορούμε να στηριχθούμε. Ο Θεός είναι η ασπίδα των ανθρώπων ενάντια στους εχθρούς (Παρ. 30.5, Ναούμ 1.7, Ιωήλ 4.16). Η ανθρώπινη αυτή κατάσταση βρίσκει αναλογία και στα ζώα, τα οποία κρύβονται για προστασία στους βράχους. Η επιθυμία για εκδίκηση αποτελεί άλλο ένα μεγάλο κεφάλαιο στους Ψαλμούς. Εάν οι ψαλμικές προσευχές δεν είναι μόνο προσευχές αλλά και προφητεία τότε θα πρέπει το βιβλίο των

---

[581] Walter Brueggemann, *Theology of the Old Testament. Testimony, Dispute, Advocacy,* Minneapolis: Fortress Press, 1997, σελ. 268.: «...the substance of Israel's testimony concerning Yahweh, ..., yields a character who has a profound disjunction at the core of the Subject's life. ...». Αυτό, όμως, το οποίο αδυνατεί να δείξει με ακρίβεια ο Brueggemann είναι η σχέση μεταξύ των προσωπικών και απρόσωπων μεταφορών του Θεού.

Ψαλμών να ειδωθεί συνολικά. Επίσης, υπό την προοπτική της προφητικής άποψης των Ψαλμών δεν είναι δυνατόν να παραθεωρηθεί και το θέμα της μεσσιανικότητας αυτών[582].

Ο **James Kugel** αναφέρει, ότι πολύ συχνά αναφερόμαστε στο Θεό σαν να ήταν άνθρωπος, χαρακτηρίζοντας αυτό το φαινόμενο ως «παραλληλισμό», όπου τις περισσότερες φορές το δεύτερο τμήμα περιέχει πολύ περισσότερα στοιχεία από το πρώτο τμήμα, με αποτέλεσμα να γίνεται αυτός κατανοητός, κυρίως, από το δεύτερο τμήμα του[583]. Οι προσωπικές μεταφορές αφορούν στον Γιαχβέ. Η χρήση των προσωπικών και απρόσωπων μεταφορών του Θεού χρήζει μεγάλου ενδιαφέροντος, κυρίως, για το βιβλίο των Ψαλμών. Οι εξηγητές αρνούνται τις απρόσωπες μεταφορές ή τις μεταφράζουν μετατρέποντας αυτές σε προσωπικές. Όταν ο Θεός παρομοιάζεται με φωτιά, οι ερμηνευτές, συνήθως, αντιλαμβάνονται την εικόνα αυτή λέγοντας ότι ο Θεός είναι θυμωμένος. Επίσης πρόβλημα υπάρχει, όταν ο Θεός παρομοιάζεται με κάτι προσωπικό, όπου σε αυτή την περίπτωση καταβιβάζουμε τον Θεό στο επίπεδο του ανθρώπου.

---

582 C. H. Dodd & Donald Juel, *Messinic Exegesis: Christological Interpretation of the Old Testament in Early Christianity*, Philadelphia Fortress Press, 1988, and indem., *According to Scriptures*, London, James Nisbet and Co., 1952.
583 James Kugel, *The idea of Biblical Poetry*, (New Haven, 1981) σελ. 58.

Οι **θρηνητικοί Ψαλμοί** αποτελούν το κέντρο, όχι μόνο του εθνικού, αλλά και του ατομικού θρήνου. Διακρίνονται στους μικρούς σε έκταση πρώιμους θρήνους, ως συμπλήρωμα στις πατριαρχικές και ιστορικές αφηγήσεις, και στους μεγαλύτερους και ύστερους θρήνους σε μορφή πρόζας. Οι τελευταίοι, μάλιστα, διακρίνονται για τον ιδιαίτερο τύπο τους, καθώς αποτελούν τη λατρευτική παράδοση των θρηνητικών ψαλμών. Μοιάζουν με ποιήματα ή με τραγούδια, αλλά έχουν μια συγκεκριμένη δομή, σύμφωνα με την οποία ο ψαλμωδός απευθύνεται προς τον Θεό με έναν εισαγωγικό στίχο, ακολουθεί η παράθεση της αιτίας του θρήνου και ολοκληρώνεται με την ελπίδα ότι ο Θεός θα τον ακούσει και θα τον βοηθήσει. Η δομή αυτή δεν διαφέρει και πολύ αν ο θρήνος είναι ατομικός ή εθνικός[584]. Η σημασία των θρήνων έγκειται στο ότι αυτοί εξωτερικεύουν μια εσωτερική μεταβολή της ψυχολογίας του ανθρώπου. Αυτό το οποίο έχει σημασία σε έναν θρήνο είναι η ψυχολογική μεταβολή που επέρχεται στον άνθρωπο, εξαιτίας της δοκιμασίας την οποία υφίσταται. Η μετάπτωση αυτή του ανθρώπου γίνεται φανερή και στη δομή του εκάστοτε θρήνου, και έχει τις ρίζες της στη λειτουργία και τη χρήση του θρήνου. Επίσης, εξίσου σημαντικό συστατικό στοιχείο του θρήνου

---

[584] πρβλ. Claus Westermann, Genesis. *Biblischer Kommentar* I (Neukirchen – Vluyn, Neukirchener Verlag des Erziehungsvereins, 1968).

είναι η δοξολογία προς τον Θεό. Οι θρήνοι μετατρέπονται σε δοξολογία προς τον Θεό, εξαιτίας της σχέσης και της εμπιστοσύνης που τρέφουν οι Ισραηλίτες προς τον Θεό. Στην Π.Δ. ο θρήνος αντιπαρατίθενται στη δοξολογία. Όπως ο θρήνος είναι η γλώσσα της δοκιμασίας, έτσι και η δοξολογία είναι η δόξα της χαράς. Ένα άλλο χαρακτηριστικό του θρηνητικού ψαλμού είναι ότι αυτός διαθέτει τρεις διαστάσεις. Απευθύνεται προς τον Θεό, ως κατηγορία ή παράπονο προς τον Θεό. Εν συνεχεία απευθύνεται προς κάποιον άλλο άνθρωπο, συνήθως με τη μορφή παραπόνου, εναντίον κάποιου εχθρού και, τέλος, απευθύνεται και στον ίδιο τον θρηνούμενο, ατομικά ή ως κοινότητα. Από τη στιγμή που ο θρήνος έχει να κάνει με τη ζωή, ολόκληρη η υπόσταση του ανθρώπου εκφράζεται προς τις τρεις αυτές κατευθύνσεις. Ο τριπλός αυτός χαρακτήρας του θρήνου εκλαμβάνει την υπόσταση του ανθρώπου κοινωνικά και θεολογικά. Από κοινωνικής πλευράς, δεν νοείται άνθρωπος χωρίς τη συμμετοχή του σε κάποια κοινότητα και από θεολογικής πλευράς δεν νοείται άνθρωπος χωρίς να έχει σχέση – όποια κι αν είναι αυτή – με τον Θεό. Μεταφέροντας αυτήν την αντίληψη στα σύγχρονα δεδομένα, γίνεται κατανοητό ότι ένας θρήνος προϋποθέτει τη θεολογική, την ψυχολογική και, τέλος, την κοινωνική διάστασή του. Σε αυτές τις τρεις διαστάσεις κατανοείται η ύπαρξη του ανθρώπου. Κάτι τέτοιο γίνεται φανερό, ήδη, από τη δημιουργία του ανθρώπου στο βιβλίο της Γένεσης, όπου ο άνθρωπος νοείται ως μονάδα, αλλά και στη σχέση του με τον

Θεό[585]. Το ίδιο συμβαίνει και με το βιβλίο του Ιώβ, όπου οι δοκιμασίες σχετίζονται με τον Θεό, τον Ιώβ και τους φίλους του. Κοινό χαρακτηριστικό όλων των θρήνων, τόσο της κοινότητας, όσο και των ατομικών, είναι η διπλή διαβάθμισή τους. Στο πρώτο επίπεδο ανήκουν οι μικροί σε έκταση θρήνοι της πρώτης περιόδου, οι οποίοι απαντούν, συνήθως, σε αφηγήσεις. Στο δεύτερο επίπεδο ανήκουν οι θρήνοι, οι οποίοι απαντούν στους Ψαλμούς, τους Θρήνους, στα προφητικά βιβλία και τον Ιερεμία[586].

Λέχθηκε ότι η δοκιμασία δύναται να έχει και θετική πλευρά[587], όμως η **δοκιμασία, την οποία εκφράζει ο Ιερεμίας στο θρήνο του** δεν έχει καμιά θετική σημασία. Ο Ιερεμίας αδυνατεί να κατανοήσει για ποιο λόγο ο Θεός τον θέτει σε αυτή τη δοκιμασία και έτσι κατηγορεί τον Θεό. Μεταξύ της δοκιμασίας και του θανάτου του Ιησού και της δοκιμασίας των θρήνων του Ιερεμία υφίστανται τα άσματα του Πάσχοντος Δούλου του Δευτεροησαΐα. Στην περίπτωση του Ιησού η δοκιμασία ενός και μόνο ανθρώπου έχει θετική σημασία και προοπτική για όλο το ανθρώπινο γένος. Η δοκιμασία του Πάσχοντος Δούλου του Θεού είναι δοκιμασία με αντισταθμιστικά οφέλη. Τα οφέλη αυτά, βέβαια, τα απολαμβάνει ο άνθρωπος. Αυτή η

---

[585] Claus Westermann, Genesis. *Biblischer Kommentar* I (Neukirchen – Vluyn, Neukirchener Verlag des Erziehungsvereins, 1968), σελ. 245 κ. εξ.

[586] Στο σημείο αυτό σημαντικός είναι ο επιστημονικός διάλογος μεταξύ των Gunkel - Begrich, *Einleitung in die Psalmen* (1934).

[587] Βλ. κεφ. II.14. Ιώβ 35.10 της παρούσας μεταπτυχιακής εργασίας.

επαναστατική ιδέα απαντά μόνο στους θρήνους του μεσίτη και αναφέρεται στους Θρήνους του Ιερεμία, αλλά και του Πάσχοντος Δούλου του Θεού, προκειμένου να εκφρασθεί η κατάρρευση της κοινωνίας, του ναού και ολόκληρης της αυτοκρατορίας. Το μήνυμα των Κριτών πραγματοποιήθηκε. Ο Πάσχων Δούλος συνεχίζει το έργο των Προφητών, με τη διαφορά, ότι τώρα αυτό εκτείνεται σε όλα τα έθνη της γης και δεν περιορίζεται μόνο στους Ισραηλίτες. Η **θεολογική σημασία αυτού του είδους του θρήνου** βρίσκεται σε άμεση σχέση με τον ατομικό και τον εθνικό θρήνο. Κάτι τέτοιο είναι ευδιάκριτο στους Θρήνους του Ιερεμία. Στους **Θρήνους του Ιερεμία** γίνεται αντιληπτό, ότι η γλώσσα της δοκιμασίας, όπως αυτή χρησιμοποιείται στους ατομικούς θρήνους του βιβλίου των Ψαλμών, έχει επιρροή και στους Θρήνους του Ιερεμία. Στους Θρήνους του Ιερεμία υπάρχουν τα τρία στοιχεία των θρήνων των Ψαλμών, ήτοι: α) η κατηγορία εναντίον του Θεού, όπου ο Ιερεμίας εκθέτει την απογοήτευσή του ενώπιον του Θεού, β) το «εγώ» του θρήνου, στο οποίο εκφράζεται η μοναχικότητα του θρηνούντος και γ) ο θρήνος εναντίον των εχθρών, με την ελπίδα ότι ο Θεός θα παρέμβει υπέρ του Ιερεμία και εναντίον των εχθρών του. Επίσης, στους Θρήνους του ο Ιερεμίας μιλάει μέσω αυτών. Ο εχθρός του δεν είναι κάποιος προσωπικός εχθρός, αλλά εχθρός του λαού του Θεού.

Τέλος, αξίζει να γίνει αναφορά στο βιβλίο του **Ησαΐα ως θρήνος του Θεού**. Ο Θρήνος του Θεού είναι πολύ πιο πικρός από τον θρήνο οποιουδήποτε ανθρώπου, καθώς σχετίζεται με την κρίση, την οποία θα επιφέρει ο ίδιος ο Θεός επί του ανθρώπινου γένους. Κάτι παρόμοιο γίνεται αντιληπτό και στο βιβλίο του προφήτη **Ωσηέ**. Αυτοί οι Θρήνοι του Θεού εντείνονται στο βιβλίο του Ιερεμία. Βρίσκονται στη ίδια θέση με τους Θρήνους του Ιερεμία[588] και, ενώ, θα περίμενε κανείς να γίνεται ανακοίνωση της κρίσης, τελικά εμφανίζεται ένας θρήνος. Ο Θεός θρηνεί για την καταστροφή των ανθρώπων Του (Ησ. 12:7-13), αλλά είναι Αυτός που τους παρέδωσε στα χέρια των εχθρών τους. Είναι ακατανόητη η αντιπαράθεση της οργής του Θεού και της θλίψης Αυτού ενώπιον των ανθρώπων Του. Ο θρήνος του Θεού αποτελεί, όμως, μια σπάνια και έξω από τα όρια δυνατότητα ομιλίας του ίδιου του Θεού και ως τέτοια βρίσκει τη θέση της στην άσχημη και οδυνηρή αυτή κατάσταση.

Η **σημασία των θρήνων** έχει τις ρίζες της στο γεγονός ότι ο άνθρωπος, για τον οποίο η Π.Δ. κάνει λόγο, είναι πεπερασμένος. Στους θρήνους δεν εκφράζεται μόνο ο κίνδυνος, αλλά και η υπόσχεση του Θεού για βελτίωση των δύσκολων καταστάσεων. Πέραν, όμως, του ανθρώπου η Π.Δ., κάνει λόγο για τον Θεό και την υπόσχεσή Του στους καταπιεσμένους Ισραηλίτες ή για την ευσπλαχνία του Θεού σχετικά με τον θρήνο των Ισραηλιτών (Εξ. 3:7). Στον κλαυθμό τους οι καταπιεσμένοι δίνουν φωνή στην υπόσχεση του Θεού και ο Θεός ακούει αυτήν την κραυγή. Στους Ψαλμούς θεωρείται σημαντικό στοιχείο της

---

[588] βλ. 12:7-13, 15:5-9 και 18:13-17.

λατρείας και της λατρευτικής γλώσσας. Στην Π.Δ. δεν υπάρχει ούτε ένας στίχος, στον οποίο να απαντά απαγόρευση του θρήνου ή να εκφράζεται η αντίληψη, ότι ο θρήνος δεν έχει θέση στην ανθρώπινη ζωή. Στους Ψαλμούς η δομή των ατομικών θρήνων από τους θρήνους της ισραηλιτικής κοινότητας διαφέρει αρκετά[589].

Την πρώτη περίοδο ο θρήνος εκφράζει την καταπίεση των Ισραηλιτών, κάτω από την κυριαρχία ισχυρότερων εχθρών. Κατά τους χρόνους της αυτοκρατορίας υπήρχαν ειδικοί θρήνοι, οι οποίοι αναφέρονταν σε πολιτικές καταστροφές. Αυτοί οι θρήνοι διέφεραν από τους θρήνους εξαιτίας φυσικών καταστροφών. Ο **εθνικός θρήνος** εξαιτίας της πτώσης της Ιερουσαλήμ το 587 π.Χ. έλαβε μια ιδιαίτερη σημασία, καθώς μετά την καταστροφή του Ναού της Ιερουσαλήμ, ήταν ο μόνος τρόπος έκφρασης λατρείας προς τον Θεό. Στους μετά την εξορία χρόνους η απαγγελία του θρήνου έλαβε χαρακτήρα μετάνοιας (Έζρ. 9, Νεεμ. 9). Η θεολογική σημασία του εθνικού θρήνου βασίζεται στο ότι ο Θεός εκλαμβάνεται ως σωτήρας. Ο εθνικός θρήνος χαρακτηρίζεται και ως ''*θρήνος από τα βάθη της καρδιάς των ανθρώπων*'', για να έρθει σε αντίθεση με τον Θεό, ο Οποίος βρίσκεται στα ύψη. Αυτή η δομή χρησιμοποιείται, όταν ο θρήνος εμπεριέχει και παραβολικά στοιχεία. Μάλιστα, σε αυτό το αντιθετικό μοτίβο

---

[589] Emil Balla, *Das Ich der Psalmen*, (Göttingen Vandenhoeck und Ruprecht, 1942), Sigmund Mowinckel, *The Psalms in Israel's Worship*, (Oxford, Oxford University Press, 1962).

εθνικού θρήνου υπάρχουν οι βάσεις της ιστορικής συνείδησης του Ισραήλ[590]. Σημαντικό είδος θρήνου για τους Ισραηλίτες, είναι ο **θρήνος της ερήμου**[591]. Αυτό που χαρακτηρίζει τον θρήνο των περιπλανώμενων ανθρώπων είναι οι κατηγορίες που εξαπολύουν εναντίον του Θεού, αλλά και του Μωυσή. Οι κατηγορίες αυτές αναφέρονται σε καταστάσεις έκτακτης ανάγκης, όπως είναι η πείνα, η δίψα, η εξουθένωση, η απογοήτευση και η απελπισία. Όλες αυτές οι ιστορίες έχουν ένα κοινό χαρακτηριστικό: ο Θεός δεν τιμωρεί όσους κινήθηκαν εναντίον Του, αλλά τιμωρεί το λαό Του με πείνα, δίψα, εξουθένωση, απογοήτευση και απελπισία. Ο **ατομικός θρήνος** είναι τόσο παλιός, όσο και οι ιστορίες των Πατριαρχών[592]. Η **θεολογική σημασία των ατομικών θρήνων** είναι η δοκιμασία, την οποία υφίσταται ο θρηνών. Ο θρήνος αποτελεί τη γλώσσα της δοκιμασίας. Η έκφραση της δοκιμασίας ανεβάζει τη γλώσσα σε ένα υψηλότερο επίπεδο. Η ανθρώπινη δοκιμασία, όποια μορφή κι αν έχει, δεν επιδρά μόνο στον δοκιμαζόμενο. Η

---

[590] Claus Westermann, Vergegenwärtigung der Geschichte in den Psalmen, *Theologishe Bücherei* 24, (1964), σελ. 306-35.
[591] G. W. Coats, *Rebelion in the Wilderness: The Murmuring Motif in the Wilderness Tradition of the Old Testament* (Nashville, Abington Press, 1968).
[592] Ο θρήνος του Αβραάμ (Γεν. 15:2), ο θρήνος της Ρεβέκα (Γεν. 25:22, 27:46), ο θρήνος του παιδιού του Άγαρ (Γεν. 21:16) και ο πρώτος ατομικός θρήνος είναι ο θρήνος του Κάιν (Γεν. 4:13). Την περίοδο των Κριτών απαντούν ο θρήνος του Σαμψών (Κρ. 15:18). Την περίοδο των Βασιλειών έχουμε τον θρήνο της άκληρης Χάνας (Α΄ Βασ. 1) ή του άρρωστου βασιλιά (Ησ. 38). Στους Ψαλμούς οι ατομικοί θρήνοι αποτελούν βασικό συστατικό στοιχείο, όπως επίσης και στο βιβλίο του Ιώβ κυρίως στα κεφάλαια 3 και 29-31.

αληθινή λειτουργία του θρήνου είναι η ικεσία. Ο θρήνος αποτελεί το μέσο δια του οποίου κάποιος, στην προκειμένη περίπτωση ο Θεός, δύναται να τον πάρει μακριά. Με αυτή την προοπτική ο θρήνος αποτελεί μια μορφή κίνησης του ανθρώπου προς τον Θεό, μετατρέποντας αυτόν σε λατρεία[593].

Ο θρήνος φτάνει στο απόγειό του στο βιβλίο του Ιώβ. Ο Ιώβ παραδέχεται ότι έχει αμαρτήσει, όπως κάθε άνθρωπος, αλλά δεν έχει διαπράξει κάποιο έγκλημα τόσο μεγάλο και ειδεχθές, το οποίο να επισύρει όλες αυτές τις δοκιμασίες που του έχει στείλει ο Θεός. Πίσω από αυτή την παραδοχή βρίσκεται η αντίληψη, ότι οι μεγάλες δοκιμασίες έρχονται ύστερα από μεγάλες αμαρτίες. Όμως, ο Ιώβ διαχωρίζει τη θέση του από αυτή την αντίληψη. Αναγνωρίζει ότι οι δοκιμασίες, τις οποίες υφίσταται δεν αποτελούν τιμωρία εκ μέρους του Θεού, παρ' όλ' αυτά δηλώνει, ταυτόχρονα, και αδυναμία να κατανοήσει τον Θεό. Στην περίπτωση του Ιώβ ο θρήνος του αποτελεί την κυριότερη έκφραση ικεσίας του ανθρώπου προς τον Θεό. Ο θρήνος του Ιώβ είναι η έκφραση ενός πικρού παραπόνου εκ μέρους ενός ανθρώπου, ο οποίος είναι απελπισμένος και δεν έχει να στραφεί σε κανέναν άλλο συνάνθρωπο. Ο θρήνος του είναι σημαντικός σε έναν κόσμο, ο οποίος έχει απομακρυνθεί από τον Θεό. Η εξομολόγηση της αμαρτίας εκ μέρους του δοκιμαζόμενου και θρηνούντος ανθρώπου ή

---

[593] Claus Westermann, The Role of the Lament in the Theology of the Old Testament, *Interpretation: A Journal of Bible and Theology,* 1974, vol. XXVIII, σελ. 20- 38, βλ. ιδιαίτερα σελ. 32.

έθνους αποτελεί σημαντικό στοιχείο τόσο των ατομικών όσο και των εθνικών θρήνων. Βέβαια, υπάρχουν και θρήνοι, οι οποίοι περιλαμβάνουν δηλώσεις αθωότητας. Η εξομολόγηση της αμαρτίας διαφοροποιείται από την παύλεια θεολογία[594], σύμφωνα με την οποία η αμαρτία αποτελεί στοιχείο της ανθρώπινης κατάστασης και ότι η εξομολόγηση κάθε αμαρτίας αποτελεί έναν τρόπο προσέγγισης του Θεού[595].

Πρόσφατες έρευνες[596] σχετικά με το **θέμα του θρήνου στους Ψαλμούς** δείχνουν τη θεολογική ιδιαιτερότητα της πίστης και της λειτουργίας του Ισραήλ (εκκλησιαστική χρήση του βιβλίου των Ψαλμών). Ο **Walter Brueggemann** στο άρθρο του *The costly Loss of Lament,* αναλύει την απώλεια της ζωής και της πίστης, καθώς οι θρηνητικοί ψαλμοί δεν εκπληρώνουν πια την κοινωνική τους

---

[594] Σύμφωνα με την παύλεια θεολογία δεν νοείται θρήνος χωρίς εξομολόγηση της αμαρτωλής πράξης, στην οποία υπέπεσε ο άνθρωπος. Εάν ο θρηνών εμφανισθεί ενώπιον του Θεού θα εμφανισθεί ως ένοχος. Τέλος, υπάρχει άλλη μια κατηγορία θρήνων, γνωστών ως ''*θρήνος του μεσίτη*''. Ο θρήνος αυτός είναι μεν ατομικός, αλλά ο άνθρωπος που τον εκφράζει, θρηνεί για δοκιμασίες, τις οποίες αντιμετωπίζει ολόκληρο το έθνος και όχι αυτός ο ίδιος. Ο άνθρωπος αυτός θρηνεί όχι για τις δικές του δοκιμασίες, αλλά για δοκιμασίες, οι οποίες επηρεάζουν το έθνος. Ένα τέτοιο παράδειγμα αποτελεί ο θρήνος του Μωυσή, ο θρήνος του Ελισά, οι θρήνοι του Ιερεμία, καθώς επίσης και τα άσματα του Πάσχοντος Δούλου του Δευτεροησαΐα.
[595] Claus Westermann, The Role of the Lament in the Theology of the Old Testament, *Interpretation: A Journal of Bible and Theology,* 1974, vol. XXVIII, σελ. 20- 38, βλ. ιδιαίτερα σελ. 33.
[596] Walter Brueggemann, The costly loss of Lament, *JSOT* 36, 1986, σελ. 57 – 71.

λειτουργία. Ο **Westermann**[597] σημείωσε, ότι οι ψαλμοί αυτοί οδεύουν από την έκκληση στην ευχαριστία. Η κατάσταση ή η συμπεριφορά του ομιλητή αλλάζει, όταν ο Θεός κινητοποιείται για το καλό του ομιλητή. Επίσης, δείχνει ότι ο θρήνος επιλύεται ως απόδοση ενός ευχαριστήριου άσματος[598]. Με άλλα λόγια, ο ευχαριστήριος ψαλμός αποτελεί το επόμενο στάδιο του ψαλμού της έκκλησης. Ο Westermann αναφέρει, ότι ο θρήνος καταλήγει σε ευχαριστία. Η δοξολογία και η ευχαριστία κατανοούνται καλύτερα σε σχέση με την παρέμβαση του Θεού, σε αντίθεση με τον **Harvey H. Guthrie**, ο οποίος θεωρεί ότι η ευχαριστία και όχι ο έπαινος αποτελεί πρώιμο στάδιο της πίστης[599]. Ο **Westermann** είναι απρόθυμος να συζητήσει επί τη βάση της θρησκείας και της οπτικής του «Sitz im Leben»[600], χωρίς να διατυπώνει με καθαρότητα τη σχέση ανάμεσα στη δυναμική και τα δομικά χαρακτηριστικά. Από την άλλη πλευρά, ο Brueggemann (*The costly loss of Lament*, σελ.58) αναφέρει, ότι στους Ψαλμούς ο Ισραήλ κινείται από την εκφορά του λόγου του πόνου και του θυμού στην υποταγή αυτών στον Θεό και, τελικά, στη λειτουργική, ρητορική και συναισθηματική εγκατάλειψη. Όμως, θεωρεί εξίσου

---

[597] Claus Westermann, Praise and Lament in the Psalms, Atlanta: John Knox Press, 1981, σελ. 33 – 75.

[598] ό. π. σελ. 27 – 30.

[599] Harvey H. Guthrie, Theology as Thanksgiving, New York, Seabury Press, 1981, σελ. 18-19.

[600] Rolf Knierim, Old Testament Form Criticism reconsidered, *Interpretation* 27 (1973) σελ. 435 – 68 & Martin J. Buss, The Idea of «Sitz im Leben» - History and Critique, *ZAW* 1978, σελ. 157-170.

σημαντική και την οικονομική εγκατάλειψη[601], θεωρώντας ότι η μια εγκατάλειψη επιδρά αρνητικά στην άλλη, με αποτέλεσμα η απώλεια του θρήνου σε συνδυασμό με την οικονομική εγκατάλειψη να δημιουργεί ένα νέο είδος προβληματικής. Η ρηματική εκφορά του λόγου και η με πίστη υποταγή στο Θεό, αποτελούν τις αναγκαίες προϋποθέσεις της εγκατάλειψης, γιατί, μόνο τότε, δύναται να υπάρχει ευχαριστία – έπαινος και πράξεις γενναιότητας.

Ο **Claus Westermann** συνδέει του **θρήνους με τη σωτηρία**[602]. Η θεολογία της Π.Δ. δίνει μεγάλη σημασία στο γεγονός της απελευθέρωσης των Ισραηλιτών από την Αίγυπτο[603], επειδή ο Ισραήλ έχει εμπειρία της παρουσίας του Θεού κυρίως εξαιτίας της δύναμης της σωτηρίας. Στη Θεολογία ο Θεός γίνεται αντικείμενο έρευνας. Αλλά στην Π.Δ. ο λόγος του Θεού χαρακτηρίζεται από «*διαλογική σκέψη*»[604]. Το αντικείμενο της θεολογίας είναι το γεγονός μεταξύ του Θεού και του ανθρώπου. Όταν η δυτική θεολογία κάνει λόγο για τη σωτηρία του Θεού ή για τον Θεό, ο Οποίος σώζει, τότε ο Θεός συνδέεται αντικειμενικά με το γεγονός της

---

[601] Marie Augusta Neale, *A Socio –Theology of Letting go*, New York: Paulist Press, 1975

[602] Claus Westermann, The Role of the Lament in the Theology of the Old Testament (translated by Richard N. Soulen)......

[603] πρβλ. τις θεολογίες των Gerhard von Rad, *Theologie des Alten Testaments,* (München, Chr. Kaiser Verlag, 1957), Band II, Walter Zimmerli, *Grundriss der alttestamentlichen Theologie*, Theologische Wissenschaft 3,1. Kohlhammer, Stuttgart, 7. Ayflage, 1999, Th. C. Vriezen, *Theologie des Alten Testaments in Grundzuegen*, 1956.

[604] Martin Buber, *Das Dialogische Prinzip*, Heidelberg, 1973.

σωτηριολογίας. Η Π.Δ., όμως, δεν μπορεί να συνδέσει τον Θεό με την *σωτηριολογία*. Δύναται μόνο να κάνει λόγο για τις σωτήριες πράξεις του Θεού και ότι κάτι τέτοιο κάνει αναπόφευκτη τη συνομιλία μεταξύ Θεού και ανθρώπου. Αυτό έχει ως αποτέλεσμα την κραυγή του ανθρώπου σε κατάσταση άγχους και την ευχαριστήρια απάντηση του σωζόμενου ανθρώπου προς τον Θεό. Στην Π.Δ. το θέμα της δοκιμασίας καθώς και η κραυγή που προέρχεται από τα βάθη της καρδιάς του ανθρώπου, δηλαδή ο θρήνος[605], αποτελεί ένα αναπόφευκτο σημείο του τι συμβαίνει μεταξύ του Θεού και του ανθρώπου[606]. Προκειμένου να αναλυθεί σφαιρικά το θέμα του θρήνου, θα πρέπει να γίνει ένας διαχωρισμός του θρήνου, ο οποίος προέρχεται από τη θλίψη και του θρήνου εξαιτίας του θανάτου[607]. Η διαφορά τους έγκειται στο ότι ο θρήνος εκ της θλίψης έχει κατεύθυνση στο μέλλον, ενώ ο θρήνος εξαιτίας κάποιου θανάτου ''κοιτάει'' προς το παρελθόν. Στη Δύση, όμως, δεν χρησιμοποιείται η ίδια ορολογία, δεδομένου ότι τα εξωτερικά χαρακτηριστικά τους – όπως είναι το κλάμα και ο οδυρμός - δεν διαφέρουν. Στην εβραϊκή γλώσσα, όπως και σε άλλες αρχαίες γλώσσες, οι δύο αυτοί θρήνοι διαχωρίζονται και το λεξιλόγιο που

---

[605] Claus Westermann, The Role of the Lament in the Theology of the Old Testament, *Interpretation: A Journal of Bible and Theology,* 1974, vol. XXVIII, σελ. 20- 38.

[606] Claus Westermann, Struktur und Geschichte der Klage im Alten Testament, *ZAW* 6644-80 (1954).

[607] Hedwig Jahnow, Das hebräische Leichenlied, *BZAW* 36 (1923).

338

χρησιμοποιείται είναι διαφορετικό για τον κάθε ένα. Επίσης, στην Π.Δ. μόνο ο θρήνος εκ της θλίψης απευθύνεται προς τον Θεό. Το στοιχείο της κραυγής των Ισραηλιτών προς τον Θεό αποτελεί κύριο χαρακτηριστικό της ιστορίας τους, δεδομένων των δοκιμασιών και των καταστροφών, που υπέστησαν κατά τη διάρκεια της ιστορικής πορείας τους. Πέραν, όμως, των θρήνων της ισραηλιτικής κοινότητας εξαιτίας των δοκιμασιών και των καταστροφών, υπάρχει και ο ατομικός θρήνος εξαιτίας προσωπικών δοκιμασιών[608]. Το βιβλίο του Ιώβ[609] αποτελεί τον κατ' εξοχήν προσωπικό θρήνο στην Π.Δ.

Η βάση κατά την οποία ο ψαλμωδός λαμβάνεται σοβαρά υπόψη από τον Θεό είναι επειδή ο λόγος του πρώτου ακούγεται, έχει αξία και μεταδίδεται ως κάτι σημαντικό. Ο θρήνος, λοιπόν, προσδίδει ένα είδος δύναμης στον ψαλμωδό. Τι συμβαίνει, όμως, όταν ο θρήνος χάνει την αξία του και η πίστη εξαφανίζεται; Δύο είναι οι διαστάσεις μιας τέτοιας απώλειας: η μια προέρχεται από την απουσία του θρήνου, διότι ο ψαλμωδός δεν δύναται να μιλήσει ή η φωνή του είναι μόνο για έπαινο, και δοξολογία. Όταν απουσιάζει ο θρήνος, τότε ο άνθρωπος βρίσκεται σε κατάσταση ευημερίας. Μια προσέγγιση της ανωτέρω υπόθεσης είναι η θεωρία των αντικειμενικών σχέσεων[610]. Η θεωρία αυτή

---

[608] πρβλ. Ψαλμ. 130, 113.
[609] Claus Westermann, Der Aufbau des Buches Hiob, *BhTh* 23 (1956).
[610] Μια πειστική περίληψη της συγκεκριμένης θεωρίας δίνεται από τον Charles V. Gerkin, The living human document, Nashville: Abingdon, 1984, σελ. 82-96.

αντιδιαστέλλεται με άλλες ψυχολογικές θεωρίες, σύμφωνα με τις οποίες τα βίαια χαρακτηριστικά ενυπάρχουν στον άνθρωπο. Από την άλλη, η θεωρία των αντικειμενικών σχέσεων επισημαίνει, ότι τα βίαια χαρακτηριστικά προέρχονται έξω από τον άνθρωπο, από κάποιους εξωτερικούς παράγοντες, ανθρώπινους ή μη. Η θεωρία αυτή έχει ως βάση το ότι ο άνθρωπος πρέπει να σχετίζεται με την πραγματικότητα. Το αντεπιχείρημα σε αυτήν τη θεωρία δύναται να αναπτυχθεί με ισχυρά εγωιστικά χαρακτηριστικά[611]. Τέτοια χαρακτηριστικά αποκτά ο άνθρωπος, όταν έρχεται σε επαφή με άλλους ανθρώπους, όπως έρχεται ο ψαλμωδός απέναντι στον Θεό. Όπου υπάρχει θρήνος ο θρηνών παίρνει δύναμη από τον Θεό, με αποτέλεσμα ο πιστός να αναπτύξει μια εσωτερική δύναμη, προκειμένου να υπάρχει πίστη. Όταν, όμως, ο θρήνος απουσιάζει, αυτό το οποίο μένει στον πιστό να κάνει είναι ο έπαινος και η δοξολογία. Το αποτέλεσμα είναι η δημιουργία μιας κακής πίστης, η οποία βασίζεται στον φόβο και την

Περισσότερες πληροφορίες για τη συγκεκριμένη θεωρία προσφέρει επίσης η εξής ενδεικτική βιβλιογραφία: Otto Kernberg, *Objects Relations Theory and Clinical Psychoanalysis*, New York: Jason Aronson, 1976, του ιδίου, *Internal Word and External Reality*, New York: Jason Aronson, 1981, του ιδίου, *Objective Relation Theory and its Applications,* New York: Jason Aronson, 1981, Heinz Kohut, *The Analysis of the Self,* New York: International Universities Press, 1971, D.W. Winnicott, *The Maturational Processes and the Facilitating Theory, Therapy and the Self,* New York; Basic Books, 1971.

[611] D.W. Winnicott, *The Maturational Processes and the Facilitating Theory, Therapy and the Self,* New York; Basic Books, 1971 σελ.145.

ενοχή. Η απουσία του θρήνου κάνει τη θρησκεία δυνατή, μόνο ως «καταναγκαστική υπακοή» (coercive obedience).

Ο **Calvin** κατανοεί, από τη μια, ότι η απώλεια του θρήνου έχει να κάνει με την κατανόηση του ανθρώπινου εαυτού και, από την άλλη, με μια ριζοσπαστική κρίση του Θεού, ο Οποίος είναι ικανός και επιθυμεί και να ανταποκριθεί και να μην είναι μόνο μυητής[612]. Με αυτόν τον τρόπο γίνεται κατανοητό, ότι η γνώση του Θεού και ο άνθρωπος συνδέονται στενά μεταξύ τους[613]. Η δεύτερη απώλεια προκαλείται από το δύσκολο ερώτημα της **θεοδικίας**. Δεν γίνεται λόγος για κάποια εσωτερική ερώτηση αναφορικά με τον Θεό και την οντολογική σχέση που υπάρχει με το κακό. Ο **Brueggemann** αναφέρει, ότι στην Παλαιά Διαθήκη, ο Ισραήλ συνδέεται περισσότερο με θέματα δικαιοσύνης, παρά με θέματα του Θεού. Ο **Westermann** αναφερόμενος στο βιβλίο του Ιώβ λέει ότι αυτό περιέχει μεγάλα τμήματα κατηγοριών[614].

Ο θρήνος εμφανίζεται, όταν η υπολειτουργικότητα του ανθρώπου, φτάνει σε μη αποδεκτά και μη ανεκτά επίπεδα. Ο **θρήνος – παράπονο** δύναται να λάβει δύο διαφορετικές κατευθύνσεις. Από τη μια, το

---

[612] J. Calvin, Institutes of the Christian Religion, *Library of Christian Classics*, XX, ed. by John T. McNeil, Philadelphia, Westminster, 1960, σελ.35 – 39.

[613] Ford Lewis Battles, *God was accommodating himself to Human Capacity, Interpretation* ..., 1977, σελ.19 – 38, όπου γίνεται αναφορά για απόλυτη κυριαρχία του Θεού και ευημερία του Θεού για συγγένεια.

[614] *Claus Westermann, The Structure of the Book of Job, Philadelphia Fortress, 1981.*

παράπονο έχει ως αποδέκτη μεν τον Θεό είναι, όμως, εναντίον κάποιου γείτονα. Από την άλλη πλευρά, το παράπονο απευθύνεται στον Θεό, γιατί ο ψαλμωδός στρέφεται εναντίον του Θεού. Ο Ισραήλ, όμως, δεν μπορεί να στραφεί πουθενά αλλού, παρά μόνο στον ίδιο τον Θεό και με τις ίδιες κατηγορίες εναντίον Του[615]. Αυτό που είναι άξιο λόγου είναι, ότι ακόμα κι αν ο Ισραήλ θεωρεί ότι η δικαιοσύνη του Θεού έχει αποτύχει, εξακολουθεί να στρέφεται στον Θεό και δεν απομακρύνεται από Αυτόν. Και στις δύο περιπτώσεις έχουμε τον Γιαχβέ, ο Οποίος δεν απαντά και ο ψαλμωδός εμφανίζεται να μην αναλαμβάνει ποτέ την ευθύνη ή την ενοχή αυτής της δυσλειτουργίας, αλλά πάντα να ρίχνει την ευθύνη στην άλλη πλευρά (γείτονες – φίλοι – εχθροί – Θεός).

Το σίγουρο είναι ότι αυτοί οι ψαλμοί δεν ομιλούν καθαρά για ένα θεολογικό πρόβλημα, αλλά δεν αποτελούν και άσκηση κάθαρσης. Όλες οι απαιτήσεις και η απόδοση δικαιοσύνης απευθύνονται στον Θεό με τη μορφή ενός συστήματος, το οποίο υφίστατο στη γη και κατευθύνεται προς τον ουρανό με την πεποίθηση ότι πρέπει, μπορεί και υπάρχει η επιθυμία εκ μέρους του ανθρώπου να αλλάξει. Η συχνή χρήση αυτού του θρηνητικού ψαλμού έκανε το Ισραήλ να διατηρεί ζωντανό το ερώτημα περί δικαιοσύνης. Άλλωστε, το ερώτημα περί δικαιοσύνης είναι που ενεργοποιεί τους

---

[615] S. Terrien, *Job:Poet of Existence*, Indianapolis: Bobbs Merrill, 1971, σελ. 151.

Ισραηλίτες να φύγουν από την Αίγυπτο[616].
Στην πραγματικότητα ο θρήνος του Ισραήλ
ενεργοποιεί τον Γιαχβέ, ο Οποίος τους
παρακινεί να φύγουν από την Αίγυπτο και να
ξεκινήσει έτσι η ισραηλιτική ιστορία.

Ο θρήνος εισάγεται στην ιστορία[617]. Ο
Paul Hanson[618] δείχνει, ότι το δικαίωμα της
έκκλησης με τη μορφή θρήνου κάνει την
εμφάνισή του και στο νομικό – δικονομικό
υλικό του Ισραήλ (Εξ. 22.22 – 24), σύμφωνα
με το οποίο ο φτωχός μπορεί να θρηνήσει.
Καθώς ο θρήνος απευθύνεται στον Γιαχβέ
είναι ξεκάθαρο, ότι δεν αποτελεί μια
θρησκευτική χειρονομία, αλλά σχετίζεται
άμεσα με την κοινωνική διαδικασία. Όταν ο
θρήνος λειτουργεί ως νομική κατηγορία, ο
μάρτυρας της παράδοσης είναι ο Γιαχβέ, ο
οποίος ακούει και πράττει (Ψαλμ. 107.4-32).
Όταν απουσιάζει ο θρήνος, η θεοδικία δεν
υφίσταται[619]. Όταν ο θρηνητικός τύπος
επικρίνεται δεν μπορούν να εγερθούν
ερωτήματα περί δικαιοσύνης. Κι έτσι θα
πρέπει να τεθούν ερωτήσεις περί της
ερμηνείας του θανάτου, της ενοχής και της
έννοιας της δικαιοσύνης[620] και να μειωθούν οι

---

[616] Walter Brueggemann, The costly loss of Lament, *JSOT* 36, 1986, σελ. 63

[617] James Plastara, *The God of Exodus*, Milwankee :Bruce Publishing Company, 1966, σελ. 49 – 59, όπου γίνεται αναφορά στο ρόλο του θρήνου στην πίστη του Ισραήλ.

[618] Paul Hanson, *The Theological Significance of Contradiction within the Bool of Covenant, Canon and Authority*, ed. by George W. Coats and Burke O. Long, Phildelphia: Fortress, 1977, σελ. 110 – 131.

[619] James L. Creshaw, *Theodicy in the Old Testament*, Philadelphia:Fortress, 1983, σελ. 1-16.

[620] Paul Tillich, *Courage to be*, New Heaven, Yale University Press, 1952, σελ. 41 – 42.

αντίστοιχες της αγάπης. Όμως, τόσο η σημασία του θρήνου, όσο και η αγάπη, δεν άπτονται του κοινωνικού συστήματος, σχετικά με το ποια βιβλική πίστη λαμβάνεται, τελικά, υπόψη. Οι ερωτήσεις περί δικαιοσύνης εξαφανίζονται μέσα στην ευγένεια[621]. Ο Brueggemann αναφέρθηκε στο θρήνο βλέποντάς τον από δύο *πλευρές*: την ψυχολογική, η οποία αναφέρεται στις σχέσεις του αντικειμένου και την ανάπτυξη του εγώ και την κοινωνιολογική, η οποία αφορά τις δημόσιες – κοινωνικές περί δικαιοσύνης ερωτήσεις. Ο θρήνος σημειώνει κάτι πολύ σημαντικό σχετικά με τον Θεό: ο Θεός δύναται να υπάρχει σε κάθε πτυχή της ανθρώπινης ζωής[622]. Ο Brueggemann καταλήγει με μια αναφορά στον 39ο Ψαλμό, ο οποίος αναφέρεται ως *παράκληση προς τον Γιαχβέ*, μπερδεύοντας, όμως, και άλλες έννοιες, όπως το ότι θεωρεί, σύμφωνα με τον συγκεκριμένο Ψαλμό, ότι ο Θεός πρέπει να δράσει πριν ο προσευχόμενος σταματήσει να προσεύχεται. Επίσης, μπερδεύει την έννοια της ευγένειας και της σιωπής με την έννοια του πότε ο άνθρωπος θα απευθύνει παράκληση προς τον Θεό[623].

---

[621] M. Cuddihy, *The Ordeal of Civility*, New York: Basic Books, 1974, και Elias Norbert, *Power and Civility*, New York, Panthon Books, 1982.

[622] W. Brueggemann, A shape for Old Testament Theology, I, Structure Legitimation *CBQ* 47, 1985, σελ. 28 – 46 & II, Embrace of Pain, *CBQ* 47, 1985, σελ. 395 – 415. Σε αυτά τα άρθρα κάνει λόγο για την ένταση μεταξύ της παντοδυναμίας και του πάθους του Θεού, συναισθήματα τα οποία αποτελούν και πρόβλημα όσον αφορά τη θεώρηση της θεολογίας της Παλαιάς Διαθήκης.

[623] Robert Alter, *The Art of Biblical Poetry*, New York, Basic Books, 1985, σελ. 67 – 73, ο οποίος και αυτός είδε την εικόνα

Σύμφωνα με τον **P. G. Nelson**[624] ένα άλλο μεγάλο θεολογικό πρόβλημα των Ψαλμών είναι η σύνδεση αυτών με την **προσευχή**. Η προσευχή γίνεται προκειμένου να επιτύχει ο άνθρωπος κάτι. Πολλές φορές, όμως, δεν προσευχόμαστε σύμφωνα με τη θέληση του Θεού (Ησ. 55.8-9). Ο Θεός είναι ο Δημιουργός του κόσμου και έχει όλη τη δύναμη να απαντήσει στις προσευχές των ανθρώπων. Ο Ιησούς δίνει έναν τύπο προσευχής στον Κήπο της Γεσθημανής (Μάρκ. 14.36). Ο ίδιος θεολόγος αναφέρει τρεις τρόπους, με τους οποίους ο Θεός αφήνει τα γεγονότα να εξελιχθούν[625]. Αυτοί οι τρόποι είναι οι εξής: α) όταν κάποιος ζητά κάτι και η φυσική ροή των γεγονότων οδηγεί σε αυτό, τότε ο Θεός αφήνει να εξελιχθεί η φυσική πορεία των γεγονότων, β) αν η φυσική ροή των πραγμάτων οδηγεί σε ένα συγκεκριμένο γεγονός, τότε ο Θεός παρεμβαίνει και οδηγεί την κατάσταση σε ένα άλλο σημείο με έναν θαυμαστό τρόπο και γ) μπορεί να παρέμβει σε ένα πρότερο χρονικό σημείο, πριν από κάποιο

της κίνησης από τη σιωπή στο λόγο. πρβλ. Erhard Gerstenberger, *Der Klagende Mensch: Probleme biblischer Theologie*, ed. by Hans Walter Wolff, München, Chr. Kaiser Verlag, 1971, σελ. 64 και σελ. 72, όπου έδειξε ότι ο θρήνος αποτελεί πράξη ελπίδας.

[624] P. G. Nelson, *Unanswered Prayer*, 2007, (το συγκεκριμένο άρθρο υπάρχει στον ιστότοπο: www.theologicalstudies.org.uk.).

[625] P. G. Nelson, *God's Control over the Universe*, Latheronwheel, Caithness: Whittles, σελ.39-43.

συγκεκριμένο γεγονός, και να αλλάξει τη ροή των πραγμάτων (Πρ. 27ο κεφ.). Όμως, ο Θεός έχει προικίσει τον άνθρωπο με την ελεύθερη βούληση. Ο Θεός επιθυμεί να τον λατρεύουν και να τον υπακούουν οι άνθρωποι (Δευτ. 6.4-5), όμως, σπάνια απαντά στις προσευχές απευθείας, υπό την έννοια ενός θαυμαστού τρόπου και δεν το κάνει αυτό, διότι με αυτόν τον τρόπο είναι σαν να εκβιάζει την πίστη των ανθρώπων, με αποτέλεσμα να μην έχει καμιά σημασία η ελεύθερη βούληση του ανθρώπου (Β. Κορ. 5.7). Ο Θεός σέβεται την ανθρώπινη ελευθερία, με αποτέλεσμα να μην δίνει στον άνθρωπο, συνεχώς, αυτό που του ζητάει αμέσως. Το ότι ο Θεός σέβεται την ελευθερία κάθε ανθρώπου σημαίνει, ότι δύναται να πραγματοποιήσει την προσευχή κάποιων ανθρώπων. Δηλαδή, ο Θεός μπορεί να ανταποκριθεί στην προσευχή κάποιου ανθρώπου, ο οποίος ανήκει σε διαφορετικό έθνος, ή πίστη. Επίσης, ο άνθρωπος μπορεί να προσεύχεται, όχι για τον εαυτό του, αλλά για κάποιον τον οποίο θέλει να σωθεί. Ο Θεός χρησιμοποιεί διαφορετικούς τρόπους για να προσεγγίσει ανθρώπους. Από τη μια, ενθαρρύνει τους πιστούς, με το να ανταποκρίνεται στις προσευχές τους και, από την άλλη, βάζει σε πειρασμό τους πιστούς, με το να μην ανταποκρίνεται στις προσευχές τους. Με τον ίδιο τρόπο αντιμετωπίζει και τους άπιστους. Από τη μια, ενθαρρύνει τους πιο άπιστους να μετανιώσουν με το να τους κάνει τη ζωή τους δύσκολη, όταν αυτοί αμαρτάνουν. Και, από την άλλη πλευρά, τους αφήνει να ευημερήσουν με τις δικές τους δυνάμεις. Άρα, οι τρόποι που χρησιμοποιεί ο

Θεός διαφέρουν πολύ από τους τρόπους των ανθρώπων (Ησ. 55.8-9).

Ο **Gerald T. Sheppard**[626] αναφέρει, ότι ο άνθρωπος, όταν προσεύχεται, ζητά κάτι από το Θεό (Ψαλμ. 2.81, 27.7), ή αναμένει απάντηση από τον Θεό (34.4, 118.5, 119.6, 138.3). Η προσευχή στην Π.Δ. έχει την έννοια του διαλόγου μεταξύ του Θεού και των ανθρώπων της Π.Δ. και αργότερα με τους προφήτες. Όταν ο άνθρωπος επικοινωνεί με τον Θεό ονομάζεται προσευχή, ενώ όταν ο Θεός απαντά τότε ονομάζεται προφητεία. Αυτό το οποίο αξίζει να αναφερθεί είναι κατά πόσο η προσευχή στο αρχαίο Ισραήλ αποτελούσε απλό καθήκον ή ήταν μια δημιουργική πράξη, η οποία απαιτούσε κατάλληλη ψυχολογική προετοιμασία[627]. Τόσο στην Παλαιά Διαθήκη, όσο και την Καινή Διαθήκη ο Θεός προτρέπει τον άνθρωπο να προσεύχεται σωστά, γιατί δεν αρκεί μόνο η προσευχή. Επίσης, τίθεται το ερώτημα της χρησιμότητας της προσευχής εκ μέρους του ανθρώπου και της απάντησης εκ μέρους του Θεού, δεδομένου ότι ο Θεός γνωρίζει τι μέλλει γενέσθαι (Ψαλμ. 139.4). Όσον αφορά τους Ψαλμούς αυτό που πρέπει να σημειωθεί είναι, ότι όσες φορές κι αν αμφισβητήσει ο άνθρωπος τον Θεό, ο Θεός είναι Αυτός που έχει τη δύναμη να αλλάξει

---

[626] Gerald T. Sheppard, Theology and the Book of Psalms, Interpretation, vol. XLVI, No. 2, April 1992.

[627] Walter Bruegemann, *Israel's Praise, Doxology against Ideology*, Philadelphia: Fortress Press, του ίδιου, *The Message of the Psalms*, Atheological Commentary, Mineapolis, Augsburg Publishing House, 1984), Robert Davidson, *Wisdom and Worship*, Philadelphia Trinity Press International, 1990.

την κατάσταση. Ακόμα οι Ψαλμοί περιέχουν τη βιβλική αποκάλυψη αναφορικά με την εμπιστοσύνη στο Θεό.

Η μελέτη του **Hermann Gunkel**[628] με βάση την μορφο – ιστορική μέθοδο, σχετικά με την προϊστορία των Ψαλμών τερματίζεται με τους ατομικούς θρήνους των Ψαλμών, οι οποίοι δεν θεωρούνται λειτουργικοί και, μάλιστα, δύναται να χρησιμοποιηθούν οποιαδήποτε ώρα, είτε για ευχαριστία προς τον Θεό, είτε σε κάποια θρησκεία, είτε σε κάποια λειτουργική στιγμή. Οι προσευχές μαρτυρούν τις απαντήσεις και τις παρεμβάσεις του Θεού, κυρίως, όταν γίνονται από την κοινότητα. Χαρακτηριστικό των προσευχών που απαντούν στην Παλαιά Διαθήκη είναι ότι αυτές ακούγονται και από φίλους και από εχθρούς. Στους Ψαλμούς η προσωποποίηση του εχθρού σαν ζώο είναι αρκετά προσφιλής, ιδιαίτερα όταν πλήττονται πόλεις, άνθρωποι ή το έθνος (Ψαλμ. 22.12 ,22.16, 27.6). Στους ισραηλιτικούς χρόνους οι ξένοι και οι βάρβαροι θεωρούνταν εκ φύσεως εχθροί. Εχθρός, όμως, κατά τους Ψαλμούς δύναται να είναι κάποιος γνωστός ή φίλος[629]. Οι δημόσιες προσευχές, οι οποίες αναφέρονται σε ανώνυμους εχθρούς

---

[628] Hermann Gunkel, *The Psalms, A Form- critical Introduction*, trans. T. M. Horner, Philadelphia. Fortress Press, 1967, σελ. 19-20.

[629] Norman Gottwald, *The Hebrew Bible: A Socio-literary Introduction*, Philadelphia: Fortress Press, 1985. σελ. 537-41, για περισσότερες πληροφορίες για το θέμα των εχθρών Gerald T. Sheppard, Enemies and the Politics of Prayer in the book of Psalms, in: *Politics of Exegesis: Essays in Honor of Norman Gottwald*, ed. O. Jobling, ΣΕΛ. Day, and G. T. Sheppard, New York, The Pilgrim Press, 1991, σελ. 61-82.

χρησιμοποιούνται διαχρονικά. Η ποιητική αμφισημία και η ανωνυμία του εχθρού διασφαλίζουν τη διαχρονικότητα της χρήσης της προσευχής. Μια σύγχρονη θεολογική πρόκληση θα ήταν να ανακαλύψουμε το ρόλο του θυμού αυτών των προσευχών[630]. Για θεολογικούς λόγους το πρώτο πράγμα, το οποίο αξίζει να αναλυθεί είναι το είδος των επιγραφών, ακόμα και όσων προστέθηκαν αργότερα[631]. Οι επιγραφές υποδηλώνουν γεγονότα από τη ζωή του Δαβίδ. Οι Ψαλμοί θεωρούνται ως «το μάτι του Θεού». Άξιο λόγου θεωρείται το γεγονός, ότι η σχέση του Δαβίδ με τις προσευχές των Ψαλμών δίνει έναν πατριαρχικό τόνο στις παλαιότερες παραδόσεις. Από άλλες συλλογές Ψαλμών της Αρχαίας Εγγύς Ανατολής γνωρίζουμε ότι ο 1ος στίχος κάθε Ψαλμού αποδίδει τον αληθινό του τίτλο, ο οποίος διαφοροποιείται από την επιγραφή του κάθε Ψαλμού[632].

III. 4. ΤΟ ΘΕΜΑ ΤΗΣ ΚΑΤΑΡΑΣ

Ήδη, από το 3ο κεφάλαιο της Γένεσης εισέρχεται η αμαρτία μέσα στον κόσμο. Στο 4ο κεφάλαιο της Γένεσης η δολοφονία του Άβελ από τον αδελφό του Κάιν, δημιουργεί ένα γένος βαρβάρων. Στο 6ο κεφάλαιο η

---

[630] M. M. Fortune, *My God, My God, Why Have you Forsaken Me?*, Spinning a sacred Yarn: Women speak from the pulpit, New York, Pilgrim Press, 1982, σελ.65-71.
[631] James L. Mays, The David of the Psalms, *Interpretation* 40, 1986, σελ.143-55.
[632] Gerald Wilson, The Catalogues of Hymnic Incipits, in the Editing of the Hebrew Psalter, Chico: Scholars Press, 1985, σελ. 25-61.

συνεύρεση των υιών του Θεού με τις κόρες των ανθρώπων αποτελεί μέγιστη αμαρτία. Ο Νώε μετά τον κατακλυσμό θεωρείται ο νέος Αδάμ. Είναι αυτός από τον οποίο θα ξαναγεννηθεί η ανθρωπότητα, απαλλαγμένη από την αμαρτία. Είναι δίκαιος, σωστός οικογενειάρχης και υπάκουος στον Θεό. Ο πύργος της Βαβέλ, τέλος, δείχνει τη μωρία των ανθρώπων. Όμως, τελικά, χωρίς την ευλογία του Θεού, η ανθρωπότητα είναι καταδικασμένη. Θεωρώντας το βιβλίο της Γένεσης συνολικά αξίζει να σημειωθεί ότι τα 11 πρώτα κεφάλαια βάζουν τις βάσεις για την ιστορία των Πατριαρχών και την αποδοχή αυτών στο ρόλο για τον οποίο έχουν κληθεί. Όσοι νέοι αναγνώστες θελήσουν να μελετήσουν τη Γένεση οφείλουν να έχουν κατά νου ότι το κείμενο είναι ιδιαίτερα δύσκολο όσον αφορά το περιβάλλον αναφοράς του καθώς και το ιστορικό γίγνεσθαί του.

Η σημιτική ρίζα >rr απαντάται στη νότια αραβική, την αιθιοπική, την ακκαδική και την εβραϊκή γλώσσα. Στην ακκαδική γλώσσα η λέξη araru απαντά με δύο και με τρεις ρίζες: α) **araru**, δηλαδή *καταρώμαι* μαζί με τα παράγωγα arru που σημαίνει καταριέμαι και ariru που σημαίνει τον ιερέα, ο οποίος εξαπολύει τις κατάρες, καθώς επίσης και τις λέξεις arratu και erretu, οι οποίες σημαίνουν *κατάρα*. β) araru II που σημαίνει *τρέμω, καίω* και γ) arau III που σημαίνει *σαπίζω*. Το αραβικό arra που σημαίνει *υποκινώ* ενώθηκε με την ακκαδική ρίζα araru II και μαζί σημαίνουν *κατάρα*. Η αιθιοπική ρίζα arar που σημαίνει *ντροπή, αίσχος* μεταβλήθηκε στην ακκαδική ρίζα araru. Στην Π. Δ. απαντάται πιο συχνά στην Καλ διάθεση (39 φορές). Επίσης, 14 φορές απαντούν και άλλοι τύποι της ίδιας διάθεσης. Στη Νιφάλ διάθεση και την Οφείλ απαντούν μόνο μια φορά. Στην Πιαίλ διάθεση απαντούν 7 φορές. Στην ακκαδική γλώσσα απαντά το araruI σε εκφράσεις όπως «*ο θεός Α και ο θεός Β καταράστηκαν ....*». Μια τέτοια πρόταση αποτελεί έμμεση πρόκληση προς τις γνωστές θεότητες. Όσον αφορά τη σημασία της ακκαδικής λέξης σημαίνει καταρώμαι. Όταν αντικείμενο του ρήματος «καταρώμαι» είναι κάποιο ανθρώπινο πρόσωπο, το ρήμα αυτό δεν απαντά τόσο συχνά. Όταν ο εχθρός ή ο πατέρας σου σε καταριέται αυτό φέρνει ατυχία. Το ίδιο συμβαίνει και με τις κατάρες του βασιλιά. Όταν υπάρχει ένα υποτακτικό πρόσωπο, ως αντικείμενο και ο κύριος αυτού, ως υποκείμενο του ρήματος araru, τότε η έννοια του *καταρώμαι* αντιδιαστέλλεται με την έννοια του *ασεβώ*. Η λέξη araru έχει την έννοια της κατάρας, όταν ένα πρόσωπο, το οποίο έχει εξουσία, όπως είναι ο Θεός, οι βασιλιάδες, οι γονείς, εξαπολύει μια κατάρα. Τα ουσιαστικά araru και erretu απαντούν σε τυπικές κατάρες, οι οποίες εκστομίζονται ή είναι γραπτές. Τέτοιες κατάρες τρομάζουν τους ανθρώπους, όταν εκστομίζονται από γονείς ή από κάποιον θεό. Συνώνυμα ουσιαστικά είναι και οι λέξεις araru και manitu σε συγκεκριμένη χρήση. Και οι δύο λέξεις απαντούν άπαξ. Εκτός από την εβραϊκή ρίζα >rr υπάρχει και ο ειδικός τύπος της παθητικής μετοχής της Καλ διάθεσης, η οποία δημιουργείται από τον τύπο arur-. Συντακτικά θεωρείται ονομαστική πρόταση, η οποία εισάγεται με το arur- ως κατηγορούμενο ακολουθούμενο από αντικείμενο, το οποίο δύναται να είναι, είτε αντωνυμία δεύτερου ή τρίτου προσώπου ενικού ή πληθυντικού αριθμού, είτε κάποιο πρόσωπο ή πράγμα. Ο τύπος αυτός μπορεί να διευρυνθεί μέσω της αιτιολόγησης της κατάρας ή μέσω του περιεχομένου της κατάρας. Κατάρα του Θεού έχουμε προς τον αδελφοκτόνο Κάιν και τον όφι.

Η κατάρα[633], ως λέξη, κρύβει μέσα της ιδιαίτερη δύναμη. Αυτό συμβαίνει, όταν αναφέρεται στην εξουσία κάποιου προσώπου, όπως των γονέων ή του βασιλιά, καθώς και στην παντοδυναμία του Θεού. Σε αρχαία κείμενα υπάρχει και η έννοια της κατάρας του Γιαχβέ. Αυτή η εικασία επαυξάνεται και από ένα άλλο χωρίο στο 28ο κεφάλαιο του Δευτερονομίου, όπου απαντούν κατάρες, οι οποίες δεν εντάσσονται σε κάποιο συγκεκριμένο τύπο. Υποκείμενο στους τύπους της Καλ διάθεσης είναι ο Θεός και αναφέρονται σε ιερείς, οι οποίοι δεν υπηρετούν σωστά τα καθήκοντά τους και είναι καταραμένοι. Οι Ο΄ μεταφράζουν το arur με το *επικαταράσθαι*. Συνήθως, όμως, με το ρήμα αυτό αποδίδεται το qillel, το οποίο απαντάται, κυρίως, σε δευτεροκανονικά βιβλία. Στο περιβάλλον της Παλαιάς Διαθήκης αντιδιαστέλλεται ο τύπος της

---

[633] πρβλ. Victor P. Hamilton, *The Bokk of Genesis: chapters 1-17,* William B. Eerdmans Publishing Company, Grand Rapids, Michigan, 1990, James McKeown, *Genesis,* William B. Eerdmans Publishing Company, Grand Rapids, Michigan, 2008.

κατάρας όταν κάποιος καταριέται κάποιον με τον τύπο της κατάρας και την περιγραφή των ενεργειών αυτής. Αυτό συμβαίνει διότι δεν υπάρχει ένας συγκεκριμένος τεχνικός όρος για την κατάρα στην Παλαιά Διαθήκη.

Η έννοια της κατάρας[634], από τα αρχαϊκά χρόνια, ήταν συνδεδεμένη με μαγικές καταστάσεις. Θεωρείται προσωπικός τρόπος εκδίκησης των εχθρών, ειδικά για τους πολιτισμούς της Αρχαίας Εγγύς Ανατολής. Μάλιστα, η κατάρα θεωρείται αντίθετη με το νόμο. Η σύμφωνη με το νόμο κατάρα ήταν, μόνο, αυτή που εκστόμιζε ο Θεός. Και ο Θεός καταριέται τους κακούργους, τους επίορκους, όσους δεν ακολουθούν το θέλημά Του. Η κατάρα κάνει την εμφάνισή της όχι μόνο στον ιδιωτικό και στο δημόσιο δίκαιο, αλλά και στο θρησκευτικό, με τη μορφή της διατήρησης ενός όρκου, ή ενός συμβολαίου, τη διατήρηση δημόσιων και θρησκευτικών μνημείων. Η κατάρα μπορεί να έχει ως αποδέκτη ένα και μόνο πρόσωπο, αλλά και μια ολόκληρη κοινότητα. Ο τύπος arur της κατάρας έκανε αρκετά νωρίς την εμφάνισή του στο ισραηλιτικό δίκαιο. Θεωρήθηκε θεμέλιος λίθος για τη μη καταπάτηση του όρκου καθώς και για μια ήσυχη και σίγουρη διαβίωση. Ο Ισραήλ διαθέτει επίσης και σύμβολα αλλά και κατάρες, οι οποίες εκστομίζονται και από τον

---

[634] Σχετικά με το θέμα της κατάρας στους Ψαλμούς, βλ. John J. Owen, The Imprecatory Psalms, Bibliotheca Sacra, 1856, σελ. 551- 563 και Edward A. Park, The Imprecatory Psalms viewed in the light of the southern rebellion, Bibliotheca Sacra,19, 1862 σελ. 165 – 210.

Γιαχβέ[635]. Η κατάρα κάνει αρκετά έντονη την παρουσία της στην Παλαιά Διαθήκη. Έχει να κάνει με την προσωπική ζωή, τη θρησκευτική, την ηθική, την κοινωνική, το δίκαιο, το θέλημα του Θεού, το εμπόριο. Πολλές φορές οι ισραηλίτες ζητούν τη βοήθεια του Γιαχβέ μέσω κειμένων ή ψαλμών σχετικών με τις κατάρες, προκειμένου να υπερνικήσουν τον εχθρό.

Αντίθετο της κατάρας είναι η **ευλογία**, η οποία στην Π. Δ. έχει την έννοια του δώρου, του σχετικού με τη ζωή. Ένα δώρο, το οποίο δύναται να δεχθούν μόνο οι ζωντανές υπάρξεις. Τα άψυχα αντικείμενα αγιάζονται από την παρουσία του Θεού, αλλά δεν ευλογούνται. Η ευλογία λαμβάνει, πολλές φορές, την έννοια της αφθονίας, της ευημερίας, της ειρήνης και της γονιμότητας. Απαντάται, όμως, και η ευλογία του αδυνάτου προς τον ισχυρό, η οποία έχει ιδιαίτερη σημασία. Στην Π.Δ. η ευλογία του Ισραήλ είναι η ευλογία του Θεού προς τον Αβραάμ (Γεν. 12,3), καθώς και η προέκταση της εν λόγω ευλογίας με την ενανθρώπηση του Υιού του Θεού και την δια αυτού σωτηρία του κόσμου. Ακόμα, απαντούν και ευλογίες για την ισχυροποίηση του ονόματος (Γεν. 12,2), για τη διατήρηση του ονόματος και για αναρίθμητους απογόνους (Γεν. 15,5). Ευλογία θεωρείται και η εύρεση τόπου για μόνιμη εγκατάσταση. Στις ευλογίες του Δευτερονομίου διακηρύσσεται το θέλημα του Θεού και αγιάζεται η λατρευτική πράξη. Οι

---

[635] Γένεση 15,17, βλ. N. Lohdink, Die Landverheissung als Eid, *SBS* 28.1967

προφήτες δέχονται ένα άλλο είδος ευλογίας, παρ' όλο που δείχνουν ένα ιδιαίτερο ενδιαφέρον για τις τιμωρίες και τις κατάρες, προκειμένου να επαναφέρουν στην τάξη τον λαό τους. Οι θείες τιμωρίες προέρχονται από την αμαρτία του ανθρώπου που προκαλεί την οργή του Θεού. Όσο φοβερές, όμως κι αν είναι, σκοπό έχουν να διαπαιδαγωγήσουν τον αμαρτωλό άνθρωπο και, κυρίως, να τον συνετίσουν και να τον επαναφέρουν στην οδό της αγιότητας και στη σωστή οδό του Θεού. Το βέβαιο, πάντως, είναι, ότι ένα τέτοιο έργο απαιτεί περισσότερη αγάπη και ευσπλαχνία προς τον τιμωρούμενο, παρά μίσος και οργή για την τελουμένη αμαρτία. Η ευλογία, ως πράξη, προέρχεται από τον Θεό και κατευθύνεται προς όλα τα δημιουργήματά Του. Οι ευλογίες υπερτερούν αριθμητικά έναντι των τιμωριών, οι οποίες επί του συνόλου της Π.Δ. δεν ξεπερνούν τις 15. Χαρακτηριστικό όλων των ευλογιών του Θεού είναι, ότι εισάγονται με τον τύπο: *«ηυλόγησεν ο Θεός λέγων...»*. Πέραν του εισαγωγικού αυτού τύπου στις ευλογίες απαντώνται και μια σειρά ρημάτων, δηλωτικά της αύξησης, της αφθονίας, της ευτυχίας κλπ. Τέτοια ρήματα, σε γενικές γραμμές, είναι το «αυξάνεσθε» και «πληνθύνεσθε». Η ευλογία του ανθρώπου είναι η πιο ολοκληρωμένη.

Εκ πρώτης όψεως, η κατάρα και η τιμωρία φαίνεται να έχουν την ίδια έννοια και σημασία. Όμως υπάρχουν αρκετές διαφορές μεταξύ τους. Όσον αφορά τις τιμωρίες, υπάρχουν τιμωρίες, οι οποίες ειπώθηκαν από τον Θεό, όπως επίσης και αυτές που ειπώθηκαν από τους ανθρώπους καθώς, τέλος, οι τιμωρίες προς τα έμψυχα και οι τιμωρίες προς τα άψυχα όντα. Στην εκφώνηση των τιμωριών είτε αυτές εκφέρονται από τον Θεό είτε από τον άνθρωπο δεν αναφέρεται ρητά το ρήμα «τιμωρώ», κατ᾽ αντιστοιχία προς το «ευλογώ» των ευλογιών. Ακόμα άξιο παρατηρήσεως είναι ότι οι τιμωρίες έχουν συγκεκριμένο παραλήπτη και δεν είναι συγκεντρωτικές ή περιληπτικές, όπως επί παραδείγματι η ευλογία του Θεού προς το ανθρώπινο γένος, όπου ενώ αναφέρει μόνο το όνομα του Αδάμ, η συγκεκριμένη ευλογία αφορά σε ολόκληρο το ανθρώπινο γένος. Οι τιμωρίες του $3^{ου}$ και $4^{ου}$ κεφαλαίου ανήκουν στην ιαχβική πηγή.

Έτερη σημαντική μεταβολή, προερχομένη από την παρακοή των Πρωτοπλάστων, αποτελεί η εισδοχή του θανάτου στον κόσμο. Ο θάνατος δεν αποτελεί την τιμωρία του Θεού προς τον άνθρωπο, αλλά αποτέλεσμα της παρακοής του ζεύγους των Πρωτοπλάστων, αποτελώντας, πλέον, αναπόσπαστο κομμάτι της ζωής του ανθρώπου. Όμως, ακόμα και σε αυτό το έσχατο σημείο, ο Θεός δεν αφήνει τον άνθρωπο αβοήθητο, διότι υπάρχει **ελπίδα σωτηρίας**, για την οποίαν έχει προνοήσει ο Θεός[636]. Η αναφορά στον θάνατο επιτελεί, επίσης, ακόμα έναν σκοπό: να εξοικειωθεί ο άνθρωπος με το γεγονός του θανάτου ώστε να αποφεύγονται φοβερά συναισθήματα που τον ακολουθούν, τα οποία πάντα ανησυχούν τον άνθρωπο κάθε εποχής και κάθε οικονομικής

---

[636] βλ. N. Lohdink, Die Landverheissung als Eid, *SBS* 28.1967

και κοινωνικής τάξης. Οι τιμωρίες έχουν άμεση σχέση με την ενοχή. Η **κατάρα**[637] είναι ανεξάρτητη από την ενοχή. Η κατάρα έχει κατά κάποιο τρόπο σωφρονιστικό χαρακτήρα. Η ευλογία επιβραβεύει μια συμπεριφορά ή μια πράξη, ή δίνεται ως δώρο όταν δίνεται από τον Θεό. Η τιμωρία είναι συνακόλουθη μιας άδικης ή άτιμης πράξης, η οποία προκαλεί ενοχές και τύψεις. Ο άνθρωπος μπορεί να αυτοτιμωρηθεί, δεν μπορεί, όμως, να αυτοκαταραστεί. Όπως, επίσης, δεν είναι δυνατόν και να αυτοευλογηθεί. Σκοπός της τιμωρίας είναι να επαναφέρει το δίκαιο και την τάξη στον κόσμο. Ενθαρρυντικό χαρακτηριστικό κάθε γεγονότος που επιφέρει τιμωρία από τον Θεό είναι η εξαίρεση ενός ατόμου, μιας οικογένειας, οι οποίοι ξεχωρίζουν για τις ηθικές τους αξίες. Στην Π.Δ. ευλογίες και κατάρες δίνονται από τον Θεό, αλλά και από τους ανθρώπους. Τιμωρία, όμως, δίνεται μόνο από τον Θεό. Η τιμωρία σε συνδυασμό με κάποια κατάρα, όπως στην περίπτωση του Κάιν, δίνεται και πάλι μόνο από τον Θεό. Στην περίπτωση των Πρωτοπλάστων υπάρχει μόνο τιμωρία, που ισοδυναμεί με την εκδίωξή τους από τον Παράδεισο. Μέσα, όμως, στον Παράδεισο είχε προηγηθεί η ευλογία όλων των ζωντανών οργανισμών και του ανθρώπου. Ευλογία, η οποία ίσχυσε, τελικά, και έξω από τον Παράδεισο,διότι αν δεν

---

637 πρβλ. Victor P. Hamilton, *The Bokk of Genesis: chapters 1-17,*William B. Eerdmans Publishing Company, Grand Rapids, Michigan, 1990, James McKeown, *Genesis,* William B. Eerdmans Publishing Company, Grand Rapids, Michigan,2008.

ίσχυε, τότε ολόκληρο το ανθρώπινο γένος και όλη η πλάση θα είχαν σβήσει.

Σε αντίθεση με την ευλογία **στην κατάρα αποφεύγεται η χρήση του ονόματος του Θεού**[638]. Η χρήση της κατάρας εδράζεται στην *πεποίθηση ότι για τη δύναμη των ίδιων των λέξεων με τις οποίες εκφωνείται*[639], καθώς και στη θεοκεντρική σκέψη της Π.Δ., η οποία δεν μπορεί να νοηθεί ανεξάρτητα από τον Θεό ως απόλυτο κυρίαρχο του κόσμου. Έτσι, παρουσιάζεται και εκείνος να χρησιμοποιεί την κατάρα, επιφέροντας δυστυχία στον ανθρώπινο βίο[640]. Δια της κατάρας ο άνθρωπος ανατίθεται στον Θεό προκειμένου να λάβει από εκείνον την τιμωρία της παραβίασης των συμφωνηθέντων. Συγχρόνως, ο Θεός προσκαλείται δι' αυτής να αναλάβει την υπεράσπιση του δικαίου, ιδιαίτερα όταν αυτό αφορά στον περιούσιο λαό Του. Στο σημείο αυτό οι εκφραστικοί τύποι που χρησιμοποιούνται, κυρίως στους Ψαλμούς, χαρακτηρίζονται από ιδιαίτερη σκληρότητα, που προκαλεί το *σύγχρονο αναγνώστη*[641].

Ο **Alex Luc** αναφέρεται στο φαινόμενο των ψαλμικών κατάρων, οι οποίες

---

[638] Αθανασίου Γ. Παπαρνάκη, *Η επίκληση του ονόματος του Θεού στην Παλαιά Διαθήκη*, Εκδόσεις Π. Πουρναρά, Θεσσαλονίκη, 2006.

[639] S. H. Blank, The curse, blasphemy, the spell, and the oath, *HUCA* 23 (1950-51), σελ. 73 κ. εξ.

[640] πρβλ. J. Clintz, Divine and human curses, *JBQ* 28 (2000), σελ. 87-92, και N. Levine, The curse and the blessing: narrative discourse syntax and literary form, *JSOT* 27 (2002), σελ. 189-199.

[641] A. Luc, Interpreting the curses in the Psalms, *JETS* 42 (1999) σελ. 394-410 και J. N. Day, The imprecatory Psalms and Chrstian ethics, *BS* 159 (2002), σελ. 166-186.

περιπλέκουν τη χρήση αυτών στα κείμενα της Καινής Διαθήκης ως αποδεικτικά κείμενα[642]. Προηγούμενες μελέτες δεν έδωσαν βάση στις κατάρες, οι οποίες αναφέρονται, κυρίως, στα προφητικά κείμενα. Κατά την εξέταση του προφητικού ρόλου του ψαλμωδού, τα παράλληλα των κατάρων στους προφητικούς λόγους και η κειμενική βάση των ψαλμικών κατάρων, έχει ως αποτέλεσμα αυτές να θεωρηθούν ως εξαγγελίες της προφητικής δικαιοσύνης. Ο όρος «ψαλμοί κατάρων» δεν υπονοεί ένα νέο είδος ψαλμού, αλλά αναφέρεται σε ψαλμούς, οι οποίοι περιέχουν έναν ή περισσότερους στίχους με κατάρες. Οι κατάρες αποτελούν την επιθυμία του ψαλμωδού για θεία τιμωρία των εχθρών του. Συνήθως, εκφράζονται με τη μορφή δήλωσης δικαιοσύνης (Ψαλμ. 55.15) ή δήλωσης σε προστακτική έγκλιση (Ψαλμ. 59.11) ή με τη χρήση και των δύο ανωτέρω τύπων, όπως γίνεται στον 109ο Ψαλμό.

Ο **Chalmers Martin** αναφέρει ότι μόνο 18 ψαλμοί περιέχουν το στοιχείο της κατάρας[643]. Όμως ο υπολογισμός του είναι πολύ συντηρητικός, καθώς ο **R. M. Benson** κάνει λόγο για 39 Ψαλμούς, τους οποίους χαρακτηρίζει ως απειλητικούς Ψαλμούς[644], ενώ ο **Willem A. Van Gremeren** αναφέρει 24 Ψαλμούς, εκ των οποίων οι 6 δεν περιέχουν

---

[642] Alex Luc, Interpreting the Curses in the psalms, *JETS, 42:3*, 1999, σελ. 395-410.
[643] Chalmers Martin, Imprecations in the Psalms, *Classical Evangelical Essays in Old Testament Interpretation*, (ed. By Walter C. Kaiser, Jr.; Grand Rapids: Baker, 1972), σελ. 113.
[644] R. M. Benson, *War Songs of the Prince of Peace*, London, 1901, quoted in John W. Wenham, The Goodness of God (Downers Grove: IVP, 1974), σελ. 149, n.2.

καμιά δήλωση κατάρας[645]. Στο βιβλίο των Ψαλμών υπάρχουν 28 Ψαλμοί, οι οποίοι περιέχουν έναν ή περισσότερους στίχους με κατάρες (54.5, 45.5, 11.6, 36.11). Τα στοιχεία της τιμωρίας, τα οποία εμπεριέχουν κατάρες, δύναται να περιέχουν ντροπή, φυσική πρόκληση πόνου, θάνατο, πρόκληση κακής τύχης για μέλη οικογένειας. Άξιο ανάλυσης είναι οι κατάρες του $109^{ου}$ Ψαλμού, στον οποίο ο ψαλμωδός καταφέρεται εναντίον των εχθρών του[646], το θέμα της κατάρας ως τμήμα θρηνητικής προσευχής του ψαλμωδού. Ο **Erich Zenger** αναφέρει, ότι αυτοί οι Ψαλμοί είναι ποιητικές προσευχές, οι οποίες διαχωρίζονται από τα παράπονα και οποιοδήποτε άλλου είδους κείμενο[647]. Παρ' όλ' αυτά, δεν δύναται να υπάρξει ταύτιση, ώστε όλες οι κατάρες να έχουν τη μορφή

---

[645] Willem A. Van Gremeren, *Psalms*: in Expositor's Bible Commentary (Grand Rapids: Zondrevan, 1991, σελ. 5.832.

[646] για περισσότερες πληροφορίες πρβλ. Hans – Joachim Kraus, *Psalms 60 – 150* (transl. H. C. Oswald; Minneapolis: Augsburg, 1989, σελ. 338, Leslie C. Allen, *Psalms 101 – 150* (WBC; Waco, TX: Word, 1983), σελ. 72-73, C. M. Cherian, *Attitude to Enemies in the Psalms*, Biblebhashyam 8, 1982, σελ. 115. Όσοι δεν αποδέχονται αυτή την ερμηνεία εξαιτίας της έλλειψης κάποιου λεκτικού στοιχείου, το οποίο να παραπέμπει σε κατάρα, παρά το ότι υπάρχει και γίνεται κατανοητή η διάθεση του ψαλμωδού για κάτι τέτοιο πρβλ. Α. A. Anderson, *The Book of Psalms* (NCB; Grand Rapids: Eerdmans, 1972), 2:758, Martin J. Ward, *Psalm 109: Davids Poem of Vengeance*, Andrews University Seminary Studies 18 (1980), σελ. 164, J. Carl Laney, *A fresh look at the imprecatory Psalms*, Bibliotheca Sacra 138, (1981), σελ. 37-38, Derek Kidner, *Psalms 73-150*, London: IVP, 1975), ΣΕΛ. 389.

[647] Erich Zenger, *A God of Vengeance? Understanding the Psalms of Divine Wrath*, (transl. L. M. Maloney; Louisville, KY: Westminster John Knox, 1994) σελ. 78.

κάποιου είδους προσευχής[648]. Επίσης, η κατάρα δεν αποτελεί ξεχωριστό στοιχείο των θρηνητικών ψαλμών, παρά το ότι θεωρούνται έτερο είδος ψαλμού[649]. Υπάρχουν 60 Ψαλμοί, οι οποίοι χαρακτηρίζονται ως θρηνητικοί, αλλά μόνο οι μισοί από αυτούς και ίσως και ακόμα λιγότεροι εμπεριέχουν κατάρες. Αναφορικά με το θέμα των κατάρων στους Ψαλμούς η προσέγγιση αυτών είναι τριπλή. Ένας αριθμός ερμηνευτών θεωρεί ότι οι κατάρες εκφράζουν τα συναισθήματα του ψαλμωδού ενώπιον του Θεού. Αυτή η πρώτη προσέγγιση βασίζεται στη σκληρή γλώσσα, την οποία χρησιμοποιεί ο ψαλμωδός, προκειμένου να εκφράσει τα προσωπικά συναισθήματα, προερχόμενα από αφόρητους σωματικούς πόνους και σατανικές δυνάμεις[650]. Ο **Sigmund Mowinckel**, πολύ συχνά, ερμηνεύει τους εχθρούς ως ανθρώπινα όντα, δίνοντας, με αυτό τον τρόπο, ακόμα μεγαλύτερη βαρύτητα στις κατάρες που εξαπολύει ο ψαλμωδός κατά των εχθρών του[651]. Ο **Peter C. Craigie** προτείνει ότι η μνησικακία και η έχθρα δεν δύναται να εξαγνιστούν επειδή κάνουν την εμφάνισή τους στα ιερά κείμενα, ή επειδή αποτελούν

---

[648] Για παράδειγμα, οι Ψαλμοί 68ος και 104ος είναι ύμνοι, ο 119ος Ψαλμός είναι ψαλμός της σοφίας, και οι Ψαλμοί 11ος και 129ος χαρακτηρίζονται ως Ψαλμοί της εμπιστοσύνης.

[649] Claus Westermann, *Praise and the Lament in the Psalms* (Atlanta: John Knox, 1981), σελ. 52-54.

[650] Fredrik Lindstroem, *Interpretations of illness in the individual complaint Psalms* (Stockholm: Almqvist and Wiksell International. 1994 καθώς και η κριτική αυτού του έργου από τον Michael L. Barre, *Critical Review of Books in Religion,* 1996, Atlanta: Scholars, 1997, σελ. 156-158.

[651] S. Mowinckel, *The Psalms in Israel's Worship*, New York: Abingdon, 1962, 2.7, σελ.49 & σελ. 51-52.

φυσιολογική αντίδραση του ψαλμωδού[652]. Ένας άλλος ερμηνευτής ο **William L. Holladay** αναφέρει, ότι οι κατάρες εκφράζουν ένα διαφορετικό πνεύμα, το οποίο γίνεται, εν μέρει, κατανοητό από την Π.Δ. και όχι από την Κ.Δ., εξαιτίας του ότι η πρώτη κατανοεί την ανθρώπινη φύση ως κάτι μη – θείο, χωρίς να διαχωρίζεται ο αμαρτωλός από την αμαρτία[653]. Η δεύτερη προοπτική είναι να εξεταστούν αυτές οι κατάρες υπό το φως των προφητικών εξαγγελιών, κυρίως, ως θείες εξαγγελίες και όχι ως έκφραση προσωπικών συναισθημάτων. Ο **C. H. Spurgeon** θεωρεί τις κατάρες ως είδος προειδοποίησης προς τους εχθρούς του Θεού[654]. Της ίδιας άποψης είναι και ο **Herbert Lockyer,** ο οποίος θεωρεί ότι είναι καλύτερο να εκληφθούν οι κατάρες όχι ως τέτοιες, αλλά ως προβλέψεις των αδυνάτων[655]. Η νεότερη έρευνα αναγνωρίζει την προφητική φύση των Ψαλμών, παρά το ότι δεν δίνει μια σαφή εξήγηση για τον ρόλο της προστακτικής στα χωρία εκείνα που εμπεριέχουν κατάρες.

Η τρίτη προσέγγιση αναγνωρίζει τη σχέση μεταξύ των κατάρων και ενός προ - βιβλικού πλαισίου. Ο **J. Carl Laney** πιστεύει,

---

[652] Peter C. Craigie, *Psalms 150* (WBC; Waco, TX: Word, 1983), σελ. 41, καθώς και C. S. Lewis, *Reflections on the Psalms*, London: Geoffrey Bles, 1958, σελ. 22 & 25.

[653] William L. Holladay, *Long ago God spoke: How Christians may hear the Old Testament today*, (Minneapolis: Augsburg, 1995), σελ. 302 & 308, W. Graham, *The Psalms*, London: Pickering & Inglis, 1950, σελ. 77-79.

[654] C. H. Spurgeon, *The Treasury of David* (Pasadena, TX: Pilgrim, repr. 1983), σελ. 168 & 174.

[655] Herbert Lockyer Jr., *Psalms: A Devotional Commentary* (Grand Rapids: Kregel, 1993), σελ. 446-447.

ότι η θεωρία της διαθήκης, η οποία παρέχεται από την διαθήκη του Αβραάμ, αποτελεί το θεμελιώδες στοιχείο, πάνω στο οποίο στηρίζεται η υπόθεση, ότι οι κατάρες των Ψαλμών δύναται να εκφράζονται και σε προστακτική. Μάλιστα, αναφέρεται ότι ο Δαβίδ έχει κάθε δικαίωμα να εκφράζει κατάρες εναντίον των εχθρών του Ισραήλ[656]. Παρ' όλ' αυτά, ο συγκεκριμένος ερευνητής δεν είναι σε θέση να εξηγήσει σε ποια βάση άλλοι ψαλμωδοί χρησιμοποιούν τις κατάρες στους ψαλμούς τους. Ο **Allan M. Harman** εξετάζει τη διαθηκική βάση των κατάρων, αναφερόμενος, τόσο στη διαθήκη του Αβραάμ, όσο και του Μωυσή. Αναφέρει, επίσης, ότι οι κατάρες των διαθηκών έχουν ενσωματωθεί στην υμνολογία του Ισραήλ[657]. Η έννοια της διαθηκικής ιδέας στο θέμα της ερμηνείας των κατάρων του Ψαλμού αποτελεί βάση ενός γενικότερου ερμηνευτικού πλαισίου.

Αναλύοντας τις **κατάρες των Ψαλμών** θα πρέπει να λαμβάνεται υπόψη η προφητική φύση των Ψαλμών, η γλώσσα των κατάρων και η αγιογραφική τους βάση. Η γλώσσα και το περιεχόμενο των κατάρων δεν διαφέρουν πολύ από τον λόγο των προφητικών, ειδικά όταν αυτοί εξαπολύουν

---

[656] J. Carl Laney, A fresh look at the imprecatory Psalms, *Bibliotheca Sacra 138*, 1981, σελ. 41-42.

[657] Για να στηρίξει τη γνώμη του χρησιμοποιεί μερικούς ψαλμούς ως παράδειγμα, όπως είναι ο 5ος και ο 109ος. Όμως όταν χρησιμοποιεί ως παράδειγμα τον 137ο Ψαλμό βασίζει τις κατάρες αυτού του ψαλμού σε δύο προφητικά κείμενα, του Ωσηέ 13.16 και Ησαΐα 13.16 πρβλ. Allan M. Harman, The continuity of the Covenant Curses in the Imprecations of the Psalms , *RTR* 54/2, 1995, σελ. 66-67 και σελ. 72.

την τιμωρία των ανυπάκουων. Η προσέγγιση αυτή – οι κατάρες ως προφητική δικαιοσύνη – θα μπορούσε να στηριχθεί στον προφητικό ρόλο των ψαλμωδών, στα παράλληλα των κατάρων με τους προφητικούς λόγους, όπως αυτοί εμφανίζονται έξω από το βιβλίο των Ψαλμών και τέλος, να δοθεί η βιβλική βάση αυτών των κατάρων.

Όσον αφορά τον **προφητικό ρόλο των ψαλμωδών**, θα πρέπει να εξετασθεί αυτός σε σχέση με τους λόγους της κρίσης. Αυτό που προτείνεται είναι η κατανόηση των κατάρων ως προφητική κρίση. Το ότι οι συγγραφείς των Ψαλμών έγραψαν τους Ψαλμούς αυτό δεν σημαίνει ότι δεν μπορεί ταυτόχρονα ή παράλληλα να έχουν κι άλλους ρόλους, όπως αυτό του προφήτη. Από τον Αβραάμ και τον Μωυσή μέχρι τους προφήτες μετά την Έξοδο, το προφητικό μήνυμα εκφράζεται με μια ποικιλία τρόπων και μορφών: οράματα της σωτηρίας ή της δικαιοσύνης, παραβολές, ύμνοι, προσευχές και θρήνοι[658]. Η προφητική φύση των Ψαλμών και τα παράλληλα των προφητικών λόγων και των Ψαλμών προκάλεσαν το ενδιαφέρον στη σύγχρονη ερμηνευτική αυτών. Ο **Raymond J. Tournay** αναφέρει, ότι η προφητική διάσταση του κανονικού Ψαλτηρίου έχει αμεληθεί στη σύγχρονη έρευνα των Ψαλμών και πρόκειται, μάλιστα, για μια διάσταση, την οποία αναγνωρίζει η

---

[658] J. Lindblom, *Prophecy in Ancient Israel*, Philadelphia: Fortress, 1976, σελ.155-156.

ιουδαιο – χριστιανική παράδοση[659]. Ο προφητικός ρόλος του ψαλμωδού αναγνωρίζεται και στα κείμενα της Κ.Δ. Δεν θεωρούνται μόνο οι Δαβιδικοί Ψαλμοί ως προφητικοί, αλλά και πολλοί άλλοι Ψαλμοί, οι οποίοι περιέχουν κατάρες, αλλά μεταφράζονται και ερμηνεύονται ως προφητικοί λόγοι, οι οποίοι αφορούν στη ζωή και το έργο του Χριστού[660]. Μάλιστα, δεν είναι λίγες οι φορές, όπου ο Δαβίδ χαρακτηρίζει ο ίδιος τον εαυτό του προφήτη, λέγοντας «*το πνεύμα του Κυρίου μίλησε μέσα από μένα*»[661]. Μια σημαντική ένδειξη για την προφητική λειτουργία των Ψαλμών είναι ότι αυτοί χρησιμοποιούνται για να μεταφερθούν θεία οράματα στους ανθρώπους, πράξη κοινή και για τους προφήτες[662]. Πολλές φορές, τα οράματα στους Ψαλμούς εισάγονται με τον

---

[659] Raymond J. Tournay, Seeing and Hearing God with the Psalms: The Prophetic Liturgy of the Second Temple in Jerusalem, Sheffield: *JSOT*, 1991, σελ. 31 – 32.

[660] Ψαλμ. 41.9 ο οποίος έχει παράλληλα στο Ιωάν. 13.18 και Ματθ. 26.23-24, και ο Ψαλμ. 35.19 ο οποίος έχει παράλληλα στο Ιωάν. 15.25.

[661] Β΄ Σαμ. 23.2, Α΄ Χρον. 22.8 και 28.6. Επίσης, ο Δαβίδ χαρακτηρίζεται και ως ο «άνθρωπος του Θεού» (Νεεμ. 12.24 και 12. 36), όπως και οι προφήτες.

[662] Υπάρχουν 15 Ψαλμοί, οι οποίοι περιέχουν ένα ή περισσότερα οράματα του Θεού. Ο 89ος Ψαλμός περιέχει ίσως το μεγαλύτερο όραμα στο βιβλίο των Ψαλμών καθώς εκτείνεται στους στίχους 3-4 και 19 – 37. Ο 90ος Ψαλμός περιέχει το μικρότερο όραμα, το οποίο περιορίζεται σε ένα και μοναδικό στίχο (στίχ. 3). Τα υπόλοιπα θεία οράματα στους Ψαλμούς απαντούν ως εξής: 2.69, 12.5, 46.10, 50.5-23, 60.68, 68.22-23, 81.6-16, 82.27, 91.14-16, 95.8-11, 105.15, 110.1, 110.4 και τέλος 132.11-18. Από τους ανωτέρω Ψαλμούς 4 (συμπεριλαμβανομένου και του 2ου Ψαλμού) έχουν ως συνθέτη τον Δαβίδ, 3 τον Ασάφ, 1 τον Μωυσή, 1 τους υιούς Κορρέ και 1 τον Ήθαν τον Ερζαΐτη. Τα περισσότερα από τα οράματα περιέχουν λόγια ευλογίας.

τρόπο που εισάγονται οι προφητείες[663]. Οι **προφητείες της κρίσης,** υπό το φως του προφητικού ρόλου του ψαλμωδού με τη μορφή προφητικής έκφρασης, αποτελούν ένα σημαντικό στοιχείο σύγκρισης των κατάρων. Ο όρος «*προφητεία κρίσης*» χρησιμοποιείται για να καλύψει το ευρύ πεδίο των μελλοντικών δηλώσεων του ψαλμωδού, συμπεριλαμβανομένου και της μοίρας των αδυνάτων.

Σχετικά με τα **παράλληλα των κατάρων με τους προφητικούς λόγους** αξίζει να σημειωθεί, ότι η πρόκληση της ψαλμικής κατάρας συνδέεται με τη λεγόμενη «*γλώσσα της επιθυμίας*», ώστε να στηριχθεί η ιδέα της κατάρας ως είδος προφητικής κρίσης. Προκειμένου να αναλυθεί η συγκεκριμένη υπόθεση σε σχέση με τους Ψαλμούς, θα πρέπει να ερμηνευθούν τα παράλληλα, τα οποία απαντούν στα άλλα βιβλία της Παλαιάς Διαθήκης χωρισμένα σε δύο κατηγορίες. Η μεν πρώτη κατηγορία θα περιλαμβάνει τα κείμενα εκείνα, τα οποία απευθύνονται στον Θεό σε δεύτερο πρόσωπο, η δε δεύτερη τα κείμενα, τα οποία δεν αναφέρονται ευθέως στον Θεό[664].

---

[663] πρβλ. Ψαλμ. 12.5, 110.1, 50,16 και 60.6.

[664] Αυτά τα κείμενα είναι τα εξής:

Ψαλμικό κείμενο	**Παράλληλο ψαλμικό κείμενο**
Ψαλμ. 55.15	Ψαλμ. 55.12-19
Ψαλμ. 12.3	Ψαλμ. 12.46
Ψαλμ. 54.5	Ψαλμ. 54.34
Ψαλμ. 68.12	Όλος ο 68ος Ψαλμός
Ψαλμ. 104.35	Ψαλμ. 104.31-35
Ψαλμ. 119.78	Όλος ο 119ος Ψαλμός
Ψαλμ. 129.58	Όλος ο 129ος Ψαλμός

Το **αποκαλυπτικό άσμα του Ησαΐα στο 26ο κεφάλαιο** περιλαμβάνει κατάρες στο μέσο του επαίνου προς τον Θεό για την καθολική νίκη του Θεού και την τιμωρία των αδυνάτων[665]. Οι εξομολογήσεις και οι Θρήνοι του Ιερεμία προσφέρουν κάποια σημαντικά παράλληλα[666]. Η **προσωπική δοκιμασία των προφητών και η ομοιότητα των θρήνων με τους ψαλμικούς θρήνους,** φαίνεται να αποτελεί μια κυκλική αιτιολογία του πως χρησιμοποιεί ο Ιερεμίας τα παράλληλά του, προκειμένου να ρίξει φως στις ψαλμικές κατάρες. Προκειμένου να κατανοηθούν οι Θρήνοι του Ιερεμία και κατά ακολουθία οι ψαλμικοί θρήνοι, θα πρέπει να αναγνωριστεί ο δημόσιος ρόλος των προφητών, δηλαδή, ο ρόλος τους ως αντιπροσώπου του Θεού μπροστά σε κοινό. Ακόμα κι όταν εμφανίζονται με τη μορφή ιδιωτικών διαλόγων ή προσευχών, οι προφητικοί λόγοι εμπερικλείουν ένα μήνυμα για την κοινότητα. Γι' αυτή τη σημαντική διάσταση των προφητικών θρήνων ή προσευχών κάνει λόγο ο **Mark S. Smith**[667], ο οποίος υποστηρίζει ότι οι Θρήνοι του Ιερεμία πάνε πέρα από την

---

[665] Ησ. 26.11.

[666] Στο χωρίο 11.20 ο προφήτης καλεί απεγνωσμένα τον Θεό, όταν πρόκειται να αντιμετωπίσει τον θάνατο. Στον Ιερεμία υπάρχουν χωρία, στα οποία ο πιστός ζητώντας τη βοήθεια του Θεού καταριέται τους διώκτες του (Ιερ. 17.18). Στο αμέσως επόμενο κεφάλαιο στον 21ο στίχο προκαλεί ενδιαφέρον το γεγονός ότι ο συγγραφέας ζητά την τιμωρία των εχθρών χρησιμοποιώντας γλώσσα παρόμοια με εκείνη των κατάρων που απαντούν στους Ψαλμούς. Εδώ σημειώνεται ειδικότερα η γλωσσική σχέση του Ιερ. 18.21, με τη γλώσσα του 109ου Ψαλμού.

[667] Mark S. Smith, *The Laments of Jeremiah in their Contexts*, Atlanta: Scholars, 1990, σελ. xx-xxi, 63-66.

προφητική νομιμότητα, λειτουργώντας στο γενικότερο πλαίσιο των Γραφών, προκειμένου να αναγγείλουν την κρίση του Γιαχβέ στους ανθρώπους και, με αυτό τον τρόπο, να δείξουν την ενοχή των εχθρών. Οι Θρήνοι, παρ' όλο, που παρουσιάζονται με τη μορφή προσευχών ενώπιον του Θεού, αποτελούν δημόσιες αναφορές στην κρίση, παρά ιδιωτικές αναφορές. Κατά τον ίδιο τρόπο, θα πρέπει να ερμηνευθούν και οι κατάρες στους ψαλμικούς θρήνους. Μάλιστα, ακόμα κι αν ειδωθεί από την πλευρά της χρήσης στην καθημερινότητα του Ισραήλ αυτή η εκδοχή της δημόσιας διάστασης των Ψαλμών έχει, ήδη, επισημανθεί στις ψαλμικές μελέτες[668].

Τέλος, όσον αφορά στο θέμα της βιβλικής βάσης των κατάρων, εκτός από την ομοιότητα της γλώσσας[669], η έρευνα θα πρέπει να εστιάσει στις ψαλμικές κατάρες επί τη βάση των βιβλικών κειμένων, καθώς και στην εξουσία, που αυτά εκπέμπουν. Εκτός από τις κατάρες, βασικό μέλημα του ψαλμωδού αποτελεί η κοινωνική δικαιοσύνη στο Ισραήλ και το πεπρωμένο του Θεού ανάμεσα στους ανθρώπους του Ισραήλ, οι οποίοι περιστοιχίζονται από εχθρικά έθνη. Το στοιχείο αυτό αποτελεί βασική πρακτική και της παλαιοδιαθηκικής προφητείας. Οι διαθήκες αποτελούν, χωρίς αμφιβολία, τη βιβλική βάση των κατάρων, όταν θίγονται τα

---

[668] M. O' Connor & Bruce K. Watke, *An Introduction to Biblical Hebrew Syntax*, Winona Lake, IN: 1990, σελ. 569.
[669] Όσον αφορά την ομοιότητα της γλώσσας αυτή αναφέρεται στην προφητεία της κρίσης και στις ψαλμικές κατάρες.

θρησκευτικά και, ταυτόχρονα, τα εθνικά συμφέροντα του Ισραήλ[670].

---

[670] Η κατάρα του Ψαλμού 58.6-7 αναφέρεται εναντίον αυτών που κυριαρχούν άδικα καθώς και αυτών που διοικούν με γνώμονα τη βία. Στον Ψαλμ. 79.6 και 79.12 υπάρχουν κατάρες, οι οποίες εξαπολύονται εναντίον του λαού του Θεού, προκειμένου να καταστραφούν οι άνθρωποι του Θεού και το αίμα αυτών να χυθεί στο νερό. Το ενδιαφέρον του ψαλμωδού στρέφεται στην επιθυμία για δόξα του Θεού, κυρίως επειδή οι εχθροί του Ισραήλ δεν αγαπούν τον Θεό του και τον κατηγορούν ότι δεν μπορεί να τους προσφέρει προστασία. Οι Ψαλμοί 109 και 137 αποτελούν πολύ καλό παράδειγμα κυρίως για την πολύ σκληρή γλώσσα τους. Στον 109ο Ψαλμό ο Δαβίδ ζητά από το Θεό να τιμωρήσει τις οικογένειες των κακών. Στον 137ο Ψαλμό ο κατακτητής γελοιοποιεί το όνομα του Θεού, υπονοώντας ότι η καταστροφή της Ιερουσαλήμ αποτελεί απόδειξη της δύναμης κάποιου θεού, ο οποίος είναι ανώτερος από τον Θεό του Ισραήλ. Στο 13ο κεφάλαιο του Ησαΐα γίνεται λόγος για ένα όραμα ενάντια στη Βαβυλώνα, σύμφωνα με το οποίο ο προφήτης προλέγει την πτώση αυτής, εξαιτίας κάποιας άλλης ανώτερης δύναμης. Οι καταστροφές, τις οποίες προξένησαν οι Βαβυλώνιοι στους άλλους λαούς θα γυρίσουν εναντίον τους.

III. 5. ΤΟ ΘΕΜΑ ΤΟΥ ΚΑΚΟΥ

Ο **Melvin Tinker**[671] κάνει λόγο για την κατανόηση, εκ μέρους του ανθρώπου, της θέσης που δύναται να έχει η δοκιμασία στον κόσμο του Θεού. Πολλοί, ίσως, σκεφθούν ότι η αιτία για την ύπαρξη της δοκιμασίας στον κόσμο είναι η ύπαρξη του κακού σε αυτόν. Άλλοι, ίσως, θεωρήσουν ότι η αιτία της δοκιμασίας δύναται να είναι κάποιος μεταφυσικός ή και βιολογικός λόγος. Την άποψη ασπάσθηκαν οι **C. S. Lewis**[672] και **Stephen T. Davis**[673], οι οποίοι θεωρούν, ότι η **ύπαρξη της δοκιμασίας και του πόνου συνδέεται με την πτώση του ανθρώπου, την πτώση των αγγέλων**. Οι Γερμανοί θεολόγοι ασπάζονται την ιδέα της *ανταπόδοσης (Vergeltung)*[674], όπου ως αιτία του κακού εκλαμβάνεται κάποια ηθική αιτία με μια συνακόλουθη ηθική συνέπεια. Πίσω, όμως, από το γιατί υπάρχει και ένα άλλο ερώτημα, ποιος ο λόγος ύπαρξης της δοκιμασίας στον κόσμο του Θεού. Αυτή την άποψη ασπάστηκε και **John Hick**[675].

Ο **Reginald S. Luhman**[676], αναφέρει ότι ένα από τα μεγαλύτερα προβλήματα του

---

[671] Melvin Tinker, Purpose in Pain? – Teleology and the problem of evil, *Themelios* 16.3, (April/Mai 1991), σελ. 15-18.

[672] C. S. Lewis, *The Problem of Pain* (Fountain, 1976).

[673] S. T. Davis, Free Will and Evil in *Encountering Evil*, σελ. 69-73.

[674] C. H. Dodd, *The Epistle of Paul to the Romans* (Fontana, 1968), σελ. 47-50.

[675] John Hick, *Evil and a God of Love* (Fontana, 1979).

[676] Reginald S. Luhman, Belief in God and the Problem of Suffering, *The Evangelical Quarterly* 57.4 (1985), σελ. 327-348.

ανθρώπου είναι η **ύπαρξη του κακού και η αδικαιολόγητη δοκιμασία**. Πολλές φορές τίθεται το δίλημμα, αν ο Θεός επιθυμεί να απομακρύνει το κακό από τη γη, αλλά όταν αυτό δεν είναι εφικτό, τότε ο Θεός δεν μπορεί να είναι παντοδύναμος και αν δεν μπορεί να απομακρύνει το κακό από τη γη, τότε δεν είναι πάν-καλος. Σε πάρα πολλές θρησκείες υπάρχει η έννοια της δυαρχίας. Η έννοια του καλού και του κακού, του φωτός και του σκότους, της δικαιοσύνης και της αδικίας. Οι θεϊστές θεωρούν ότι η ύπαρξη του κακού είναι σε αρμονία με την παντοδυναμία και την καλοσύνη του Θεού. Κάθε τέτοια προσπάθεια ονομάζεται *θεοδικία*, λέξη σύνθετη από τις λέξεις «Θεός» και «δίκη» και έχει την έννοια της κρίσης του Θεού, της απόδοσης δικαιοσύνης εκ μέρους του Θεού[677]. Το

---

[677] Ο Reginald S. Luhman (Belief in God and the Problem of Suffering, *The Evangelical Quarterly* 57.4 (1985), σελ. 327-348) η **θεοδικία του Αυγουστίνου**, η οποία βασίζεται στην παραδοσιακή ερμηνεία της Βίβλου. Ο Θεός δημιούργησε έναν λίαν καλό κόσμο, στον οποίο τοποθέτησε το πρώτο ανθρώπινο ζεύγος, οι οποίοι ήταν κατ' εικόνα και καθ' ομοίωσίν Του. Ο Αδάμ και η Εύα ήταν σε αρμονία με τον Θεό, με τα ζώα και μεταξύ τους. Τους είχε δοθεί το δώρο της ελεύθερης βούλησης, το οποίο τελικά χρησιμοποίησαν για να μην υπακούσουν στον Θεό. Αποτέλεσμα αυτής της ανυπακοής ήταν να σπάσει ο δεσμός μεταξύ του ανθρώπου και του Θεού, των ανθρώπων μεταξύ τους, αλλά και του ανθρώπου με το υπόλοιπο φυσικό περιβάλλον, συμπεριλαμβανομένων των ζώων και των φυτών. Ο Αυγουστίνος αφήνει να εννοηθεί ότι ο άνθρωπος ευθύνεται για ένα μεγάλο ποσοστό των δοκιμασιών, τις οποίες υφίσταται. Αυτό που δεν μπορεί να εξηγήσει είναι οι φυσικές καταστροφές και οι δοκιμασίες των ζώων. (πάντως συγκριτικά με τους ανθρώπους τα ζώα δοκιμάζονται πολύ λιγότερο.). Ο καθηγητής John Hick, στο έργο του *Death and Eternal Life*, (Collins/ Fount, 1979), σελ. 165) βασίζει το έργο του στον εκκλησιαστικό Πατέρα Ειρηναίο, κάνοντας λόγο

πρόβλημα του κακού είναι ευρέως διαδεδομένο να διαχωρίζεται σε δύο κατηγορίες: το φυσικό και το ηθικό. Το **φυσικό κακό** σχετίζεται με καταστροφές εξαιτίας φυσικών φαινομένων, ενώ το ηθικό κακό είναι αυτό, το οποίο οδηγεί συνήθως στις δοκιμασίες. Το **ηθικό κακό** αποτελεί μη ηθική επιλογή των ανθρώπων. Χρησιμοποιούν την ελευθερία τους αρνητικά, δημιουργώντας πόνο και δεινά σε άλλους ανθρώπους. Τις φυσικές καταστροφές είναι πιο δύσκολο να τις δικαιολογήσει ο άνθρωπος από ότι τα ηθικά κακά.

III. 6. ΤΟ ΘΕΜΑ ΤΗΣ ΔΟΚΙΜΑΣΙΑΣ

Ο **Jones Edgar**[678] αναφέρει, ότι όπου γίνεται λόγος για δοκιμασία προϋποτίθεται κάποια αμαρτία. Ο προφητικός τύπος της

για τη θεοδικία του Ειρηναίου. Ο άνθρωπος, εξ αρχής, δεν βρισκόταν σε απόλυτη αρμονία με τον εαυτό του, τη φύση και τον Θεό, αλλά αναπτύχθηκε σε κάποιο ανώτερο στάδιο από αυτό των ζώων, θεωρώντας ότι θα μπορούσε να γίνει όμοιος του Θεού. Ο Θεός επιθυμούσε η ανθρωπότητα να φτάσει σε ένα άριστο επίπεδο αρμονίας με τον εαυτό της, με τη διαφορά ότι κάτι τέτοιο θα ήταν και η αποκλειστική επιθυμία των εκπροσώπων του ανθρώπινου γένους. Το μεγαλύτερο πρόβλημα αυτής της θεοδικίας είναι το μέγεθος και η ένταση του κακού που υπάρχει στον κόσμο. Το κακό είναι ανεκτό μόνο στην περίπτωση που κάτι καλό θα προκύψει από αυτό. Ο Hick θεωρεί ότι η θεοδικία θα λειτουργούσε μόνο εάν κάθε άνθρωπος ήταν καλός και έτσι πήγαιναν όλοι στον παράδεισο. Η άποψη ότι όλοι μπορούν να σωθούν (*universalism*)είναι προβληματική, βλ. Reginald S. Luhman, Belief in God and the Problem of Suffering, *The Evangelical Quarterly* 57.4 (1985), σελ. 327-348.

[678] Jones Edgar, Suffering in the Psalter: A Study of the problem of Suffering in the book of Psalms, *The Congregational Quarterly*, Jan. 1956, vol. XXXIV, No. 1.

αμαρτίας, όπως αυτός απαντά στον 37ο Ψαλμό, σύμφωνα με τον οποίο όπου υπάρχει **δοκιμασία υπάρχει και αμαρτία** και γίνεται αντιπαράθεση του καλού και του κακού. Επίσης, κάνει λόγο για τη θεία πειθαρχία. Ο προφητικός τύπος της αμαρτίας οδηγεί στη δοκιμασία. Όλες οι αμαρτίες οδηγούν στη δοκιμασία. Ο ψαλμωδός αποδίδει την αρρώστιά του στον Γιαχβέ. Αποκαλύπτεται ο **προσωπικός πυρήνας της αμαρτίας**. Στον τελευταίο στίχο ο ψαλμωδός κάνει λόγο για ανταπόδοση. Η ορθόδοξη θεωρία, ότι το καλό πάντα υπερισχύει και το κακό τιμωρείται, δεν γίνεται αντιληπτό με το παράδειγμα ενός κακού ανθρώπου, ο οποίος τιμωρείται. Μερικοί κακοί άνθρωποι επιβιώνουν και μερικοί καλοί άνθρωποι δοκιμάζονται και υποφέρουν. Ο ψαλμωδός πιστεύει ότι τελικά ο Θεός ενδιαφέρεται για το καλό, τιμωρεί το κακό και προωθεί τη δικαιοσύνη του καλού στις μελλοντικές γενεές. Ο ψαλμωδός πιστεύει, ότι ένα προσωρινό πρόβλημα διευθετείται άμεσα. Η ιδέα της αμαρτίας προωθείται και υπονοεί μια άνοδο από την τιμωρητική στην πειθαρχημένη μετάφραση της δοκιμασίας[679]. Ο **O. E. Osterley** αναφερόμενος στη **μαγικο – θρησκευτική προσέγγιση**, κάνει λόγο για τα όρια μεταξύ της θρησκευτικής και της μαγικής σκέψης σε αυτές τις κοινωνίες, οι οποίες είναι πολύ συγκεχυμένες[680]. Στους Ψαλμούς γίνεται

---

[679] W. E. Barns, *The Psalms*, 2 volumes, 1932, II, σελ. 257.
[680] O.E. Osterley, Hebrew Religion, 2nd edition, 1937, σελ. 71. Για την ύπαρξη της μαγικής σκέψης και πρακτικής στο Ψαλτήρι βλ. A. Guillaume, *Prophecy and Divination*, 1937,

αντιδιαστολή του καλού και του κακού[681]. Αναφορικά με το θέμα της δοκιμασίας υπάρχει κάποια σχέση μεταξύ της **δοκιμασίας και της μυθολογίας**. Στους Ψαλμούς υπάρχουν αρκετά χωρία, στα οποία ο ποιητής μεταφέρεται από την ιστορία της μάχης με τον δράκο στην υπόσχεση του Γιαχβέ και του βασιλείου του[682]. Ο **H. W. Robinson**, κάνει λόγο για την **αντιπροσωπευτική δοκιμασία** στους **Ψαλμούς**[683]. Ο ψαλμός περιγράφεται ως μια απλή, γραφική και δυναμική κατάσταση του δοκιμαζόμενου, ο οποίος εμπιστεύεται τον Θεό.

Ο **Alastair McEwen**[684] αναφέρει ότι η **δοκιμασία αποτελεί ανθρώπινη εμπειρία**. Το θέμα της δοκιμασίας αγγίζει τον άνθρωπο είτε ατομικά είτε συλλογικά. Πώς, όμως, ανταποκρίνεται ο λαός του Θεού στις δοκιμασίες; Απάντηση σε αυτό το ερώτημα δίνεται από τα ίδια τα κείμενα, και, κυρίως, από το βιβλίο των Ψαλμών. Το θέμα της δοκιμασίας απαντά, κυρίως, στους θρηνητικούς και παραπονετικούς Ψαλμούς. Αυτοί οι δύο τύποι Ψαλμών περιέχουν είτε ατομικές είτε συλλογικές δοκιμασίες. Κάθε τύπος Ψαλμού αποκαλύπτει και ένα στοιχείο

σελ. 259 και C.C. Keet, *A liturgical Study of the Psalter*, 1928, σελ. 143.

[681] O. E. Osterley, *A fresh Approach to the Psalms*, 1937, σελ. 283.

[682] N. H. Snaith, *Studies in the Psalter*, 1934, σελ. 99.

[683] H. W. Robinson, *The Psalmists*, ed. D. C. Simpson, 1926, σελ. 84 και C. A. Briggs, *I. C.C. Commentary on the Psalms*, 1906-7, σελ. 190.

[684] Alastair McEwen, The Suffering of God's Servants in the Psalms, *Vox Reformata, 67, November 202, σελ. 3-23.*

της φύσης της δοκιμασίας. Η δοκιμασία μπορεί να είναι φυσική[685]. Στη **φυσική δοκιμασία** ο Ψαλμωδός κάνει αναφορά σε σημεία του σώματος, τα οποία πονούν. Η φυσική δοκιμασία του σώματος δεν ήταν αποτέλεσμα γηρατειών, ούτε αποτελούσε συνέπεια κακού τρόπου ζωής. Η δοκιμασία αυτή προερχόταν από τον Γιαχβέ, κάτι που το αναγνωρίζει και ο ίδιος ο ψαλμωδός. Το ερώτημα που τίθεται είναι, γιατί ο Γιαχβέ ταλανίζει κάποιον πιστό του; Η απάντηση μπορεί να είναι εξαιτίας της αμαρτίας, η οποία έχει εισβάλει στη ζωή του ψαλμωδού, ή εξαιτίας κάποιας αμαρτίας, η οποία δεν έχει εξομολογηθεί. Αν, όμως, το πρόβλημα ήταν η εξομολόγηση ή όχι της αμαρτίας, τότε το πρόβλημα της δοκιμασίας των ανθρώπων του Θεού θα είχε λυθεί ολοκληρωτικά.

Είναι ξεκάθαρο ότι οι άνθρωποι του Θεού εξακολουθούν να υποφέρουν και να δοκιμάζονται εξαιτίας των εχθρών τους[686]. Στους Ψαλμούς υπάρχουν αναφορές σχετικά με την κλήση του Θεού προς εκείνους, οι

---

[685] Ο 32ος και 38ος Ψαλμός αντανακλούν τη φυσική δοκιμασία εξαιτίας της αμαρτίας. Ο ψαλμωδός αναφέρεται στις προηγούμενες δοκιμασίες του και προσπαθεί να βρει απαντήσεις. Στον 32ο Ψαλμό γίνεται λόγος για το ότι οι άνθρωποι του Θεού υποφέρουν σωματικά, ως επακόλουθο κάποιας μη εξομολογούμενης αμαρτίας. Στον 38ο Ψαλμό υπάρχει η κραυγή κάποιου ανθρώπου του Θεού, ο οποίος υποφέρει σωματικά. Η αρρώστια είναι δύσκολη και άγρια και επιδρά στο σώμα, τόσο εσωτερικά όσο και εξωτερικά. Ο Craigie αναφέρει, ότι η δοκιμασία μπορεί να μην οφείλεται σε κάποια αμαρτία και, ίσως, ο ψαλμωδός να έσφαλε όσον αφορά στην αιτία της δοκιμασίας (Peter C. Craigie, *Psalms 1 – 50*, (Waco, Texas: Word Books, 1983), σελ. 303.). Επίσης, γίνεται αντιληπτό ότι όλες οι δοκιμασίες δεν κρύβουν πίσω τους κάποια αμαρτία.

[686] πρβλ. Ρωμ. 8.35, Β΄ Θεσ. 1.6, Α΄ Πέτρ. 3.14, Ιωάν. 15.20.

οποίοι προκαλούν τις δοκιμασίες και τα προβλήματα στους ανθρώπους του Θεού. Ο 6ος Ψαλμός κάνει λόγο για **τη μοίρα των εχθρών του ψαλμωδού**. Αυτή η δήλωση φωτίζει την αρνητική συμπεριφορά των δοκιμαζόμενων εναντίον των εχθρών τους[687]. Η **δοκιμασία μπορεί να φέρει κατάρα** στα χείλη των δοκιμαζόμενων δίνοντας με αυτόν τον τρόπο τη δυνατότητα για την εξαγωγή πολλών και διαφορετικών συμπερασμάτων[688]. Οι **κραυγές δοκιμασίας**[689] κατανοούνται περισσότερο από τις κραυγές εκδίκησης. Συχνά αυτό αντανακλά ένα κατηγορηματικό ενδιαφέρον, το οποίο στρέφεται στην τιμή του Θεού. Στον 79ο Ψαλμό γίνεται λόγος για τη δικαιοσύνη, η οποία θα πρέπει να κατευθύνεται προς τον ίδιο τον δοκιμαζόμενο άνθρωπο και όχι προς κάθε άνθρωπο γενικά. Όσοι ταλαιπωρούνται στα χέρια των εχθρών, ταλαιπωρούνται και δοκιμάζονται με άδικο τρόπο και η δοκιμασία τους έχει μεγαλύτερη ένταση. Τέλος, τα λόγια των αρών πρέπει να κατανοηθούν και να ερμηνευθούν σύμφωνα με το λογοτεχνικό ύφος στο οποίο είναι γραμμένα. Ο **Kidner** εκτός από τις κραυγές δοκιμασίας κάνει λόγο για για τους προπηλακισμούς, οι οποίοι έχουν

---

[687] για καλύτερη μετάφραση και ερμηνεία του τελευταίου στίχου του 6ου Ψαλμού πρβλ. New King James Version cf. The New Jerusalem Bible, καθώς και Mitchell Dahood, *Psalms 1-50* (Garden City, New York; Doubleday & Company, Inc. 1965), σελ. 37.

[688] Πρβλ. 58ο και 59ο Ψαλμό.

[689] Για την κατανόηση των κραυγών δοκιμασίας πρβλ. Derek Kidner, *Psalm 1-72: An Introduction and Commentary on Books I and II of the Psalms* (London: Inter – Varsity Press, 1973), σελ. 25-32.

το δικό τους ύφος, και στους οποίους ο τρόμος δύναται να στοιβαχτεί πάνω σε άλλον τρόμο, προκειμένου να εκφράσει την αίσθηση του ομιλητή για το αίσχος και έτσι να μην προβεί ο ομιλητής σε κατάρες[690]. Οι εκφράσεις δοκιμασίας, οι οποίες απαντώνται στους Ψαλμούς σκοπό έχουν να αγγίξουν τον συναισθηματικό κόσμο των ανθρώπων. Επίσης, ο Kidner, θέλοντας να εξηγήσει τη φύση της κατάρας στους Ψαλμούς, σημειώνει ότι οι κατάρες θα πρέπει να λαμβάνονται υποθετικά, όπως άλλωστε και τα προφητικά οράματα[691]. Οι δοκιμαζόμενοι θέλουν ο Γιαχβέ να στραφεί ενάντια στους εχθρούς τους. Επικαλούνται τον Γιαχβέ για αυτό τον σκοπό, προκειμένου να επικρατήσει η δικαιοσύνη στο βασίλειό του[692]. Παρακαλούν τον Γιαχβέ χρησιμοποιώντας συναισθηματική γλώσσα, η οποία κλιμακώνεται με την αναφορά στα διαβολικά έργα των εχθρών.

Εκτός από τη σωματική – φυσική δοκιμασία, η οποία μπορεί να προέρχεται από τον Γιαχβέ, υπάρχει και η **συναισθηματική δοκιμασία**, η οποία εντοπίζεται στην απώλεια κάποιας φιλικής σχέσης. Ο φυσικά δοκιμαζόμενος ταλανίζεται και από τη συναισθηματική δοκιμασία, την οποία του προκαλούν οι φίλοι του, οι οποίοι αντί να βοηθούν τον δοκιμαζόμενο φίλο τους,

---

[690] Ένα τέτοιο παράδειγμα απαντά στο βιβλίο του Ιερεμία 20.15-17.

[691] Derek Kidner, *Psalm 1-72: An Introduction and Commentary on Books I and II of the Psalms* (London: Inter – Varsity Press, 1973), σελ. 27-30. Κάτι παρόμοιο απαντά στο βιβλίο του Ιερεμία 8.7-10.

[692] Ιωνά 3.4, 3.10.

ενισχύουν τη δοκιμασία του με πικρόχολα σχόλια. Στη συναισθηματική δοκιμασία κάνει την εμφάνισή της και η έννοια του εχθρού, ο οποίος δεν είναι άλλος από κάποιον παλιό φίλο, που έχει μετατραπεί σε πικρόχολο σχολιαστή. Ο ψαλμωδός υποφέρει τώρα και σωματικά και ψυχικά – συναισθηματικά.

Ένα άλλο θέμα που εγείρεται σχετικό με την ύπαρξη της δοκιμασίας και του κακού στον κόσμο είναι κατά πόσο η δοκιμασία είναι ή δεν είναι ηθική. Με άλλα λόγια, η δοκιμασία είναι μια έννοια αποδεκτή για τον κόσμο του Θεού; Δηλαδή, όλα τα είδη της δοκιμασίας είναι δημιούργημα του κακού ή του εκπεσόντος αγγέλου; Και, τέλος, υπάρχει περίπτωση κάποια δοκιμασία να έχει έστω και κάποια θετικά αποτελέσματα, όπως έγινε π.χ. με την περίπτωση του Ιώβ, ή όλες ανεξαιρέτως οι δοκιμασίες είχαν, έχουν και θα έχουν μόνο αρνητικά αποτελέσματα; Την πιο ενδελεχή έρευνα την έχει κάνει ο **Karl Barth**[693], ο οποίος ακολουθώντας τα χνάρια του Αυγουστίνου σχετικά με την έννοια του κακού (*privation boni*) εξισώνει το κακό με το μηδέν (das *Nichtige*) διακρίνοντας την *αδύνατη πιθανότητα* καθώς και την *οντολογική α-πιθανότητα*. Με άλλα λόγια, αυτό που προτείνεται είναι ότι, τελικά, η δοκιμασία κρίνεται ως ηθικά μη αποδεκτή, λαμβάνοντας και υπόψη την τελεολογική θέση της Κ.Δ. επί του θέματος[694]. Ο εχθρός

---

[693] Karl Barth, *Church Dogmatics* III:3 (T. & T. Clark), σελ. 289-363.

[694] Στην τελεολογική άποψη της Κ.Δ. συνάπτεται η θεολογία του σταυρού πρβλ. P. T. Forsyth, *The Justification of God* (Duckworth, 1916), J. Moltmann, *The Crucified God*

αποτελεί ένα ακόμα σημείο τριβής στη **δοκιμασία** του ψαλμωδού. Πάνω στην υπάρχουσα σωματική δοκιμασία ο Θεός επιβάλλει και άλλη μια δοκιμασία, την **ψυχολογική, η οποία προέρχεται από το στόμα πρώην φίλων και νυν εχθρών**. Αυτή η τυπολογία υπάρχει σε αρκετούς Ψαλμούς[695].

Η έννοια της δοκιμασίας, σε πιο περιορισμένο βαθμό απαντά και στο περιβάλλον της **Κ.Δ. όπου δεν υπάρχουν αρκετές αναφορές σχετικά με τη συναισθηματική δοκιμασία**, δεδομένου ότι η Κ.Δ. με την ιστορία της λύτρωσης και τα γεγονότα αυτής, προσφέρουν ένα καλύτερο συναισθηματικό υπόβαθρο στους δοκιμαζόμενους ανθρώπους. Παρ' όλ' αυτά, οι άνθρωποι της Κ.Δ. δεν ήταν εντελώς απαλλαγμένοι από τις δοκιμασίες[696]. Στη συναισθηματική δοκιμασία, η οποία απαντά στην Κ.Δ., ανήκει και η **δοκιμασία του θανάτου**[697]. Η Καινή Διαθήκη δίνει μια πιο ισορροπημένη άποψη σχετικά με τη δοκιμασία του θανάτου. Χαρακτηριστική

(London, 1975) και A. E. McGrath, *The Enigma of the Cross* (Hodder, 1987) ιδιαίτερα στο κεφ. 5.

[695] Εκτός του 41ου Ψαλμού, στον οποίο γίνεται σαφής αναφορά στους εχθρούς, οι οποίοι «πειράζουν» τον ψαλμωδό, κάτι παρόμοιο έχουμε και στο Α΄ Σαμ. 1.5 – 7, όπου έχουμε την δοκιμασία της Χαννά, η οποία δοκιμάζεται εξαιτίας της ακληρίας της. Η φίλη της η Πενιχά, η οποία βέβαια, δεν είναι η αιτία της ακληρίας της Χαννά, αντί να συμπαρασταθεί στη φίλη της, επιτείνει τη δοκιμασία της.

[696] Η έννοια της συναισθηματικής δοκιμασίας υπάρχει και για τους ανθρώπους της Καινής Διαθήκης είτε σε ατομικό επίπεδο, είτε σε επίπεδο κοινότητας, πρβλ. Φιλ. 4.4-7, Ρωμ. 8.35-37.

[697] πρβλ. Φιλ. 1.21-23, Β΄ Τιμ. 1.10.

είναι η αναφορά του Παύλου στην προς Φιλιππησίους Επιστολή (1:27), στην οποία γίνεται λόγος για αρρώστια μέχρι θανάτου. Όμως, ο Θεός δείχνει έλεος στον δοκιμαζόμενο άνθρωπο. Στο τμήμα αυτό περιγράφεται ξεκάθαρα η συναισθηματική φόρτιση του Παύλου. Ο θάνατος για τους χριστιανούς δεν έχει πάντα θετική όψη, όπως είχε εννοηθεί στην Παλαιά Διαθήκη. Ο **John Calvin** αναφέρει ότι όσοι ζουν εν Χριστώ είναι ευτυχισμένοι και ελπίζουν για την ουράνια δόξα[698]. Τόσο για τους χριστιανούς όσο και για τον Παύλο ο θάνατος εξακολουθεί να είναι εχθρός[699].

Επανερχόμενοι στο περιβάλλον της Π.Δ., σημαντική δοκιμασία μετά τη φυσική και τη συναισθηματική, είναι η **δοκιμασία του θανάτου**. Ο **Brueggemann** αναφέρει, ότι αν ο Γιαχβέ επιτρέπει τον θάνατο του ομιλητή, ο Γιαχβέ θα χάσει έναν δικό του μάρτυρα[700]. Για τον Ψαλμωδό ο πρόωρος θάνατος αποτελεί πρόβλημα[701], και όχι ο θάνατος από γηρατειά[702]. Επίσης, δεν είναι

---

[698] John Calvin, *Commentaries on the Epistles of Paul the Apostle to the Philippians, Colossians and the Thessalonians*, John Pringle, trans. and ed. (Grand Rapids: William B. Eerdmans Publishing Company, 1948), σελ. 82.

[699] Όπως περιγράφεται στην Α΄ Κορ. 15.26.

[700] Walter Brueggemann, *Theology of the Old Testament – Testimony, Dispute, Advocacy* (Mineapolis: Fortress Press, 1997), σελ. 398.

[701] Ψαλμ. 88:3-8, 39:13.

[702] πρβλ. τον θάνατο του Αβραάμ, ο οποίος πέθανε σε μεγάλη ηλικία (Γεν. 25:7) όπως και ο Ιώβ (42:17), σε αντίθεση με τα λόγια του 102ου Ψαλμού, όπου παραπονιέται ο ψαλμωδός ότι ο Θεός τον παίρνει στο μέσον της ζωή του (στίχ. 23 – 24). Αυτό που επιθυμεί ο ψαλμωδός είναι μια ζωή πλήρης ημερών, στη διάρκεια της οποίας θα εγκωμιάζει τον Θεό.

λίγες οι φορές, όπου ο θάνατος συνδέεται με την έννοια της δικαιοσύνης[703]. Ο άδικος άνθρωπος θα έχει έναν άσχημο θάνατο. Ο θάνατος των Πατριαρχών, όπως και του Δαβίδ, συμβαίνει σε πλήρη αρμονία με τον Θεό. Έννοιες, οι οποίες συνδέονται με τον θάνατο είναι η ύπαρξη της μετά θάνατο ζωής και ο «φόβος θανάτου». Φοβερός και τρομακτικός είναι ο θάνατος στα χέρια των εχθρών, όπως αναφέρει στη συνέχεια ο ψαλμωδός. Ένας αφύσικος θάνατος, όπως και ένας πρόωρος θάνατος, πάντα προκαλούσε αρνητικά συναισθήματα[704]. Η Καινή Διαθήκη παρέχει πληροφορίες σχετικά με τις κραυγές των δοκιμαζόμενων για δικαιοσύνη εκ μέρους του Θεού. Οι δοκιμαζόμενοι στους Ψαλμούς καλούν τον Θεό για δικαιοσύνη ενάντια στους εχθρούς τους, όπως άλλωστε και οι δοκιμαζόμενοι άνθρωποι του Θεού στην Καινή Διαθήκη[705]. **Στους Ψαλμούς γίνεται λόγος για κάποιο είδος ανακούφισης των παθών των δοκιμαζόμενων. Η έκκληση των δοκιμαζόμενων εισακούστηκε από τον Θεό και θα φέρει την ανακούφιση σε όσους υποφέρουν. Όταν οι δοκιμασίες εδράζονται πάνω σε αμαρτωλές συμπεριφορές, τότε ο σωφρονισμός εκ μέρους του Θεού για την ανυπακοή είναι η τιμωρία και το πάθος των ανθρώπων. Η ομολογία της αμαρτίας, όπως χαρακτηριστικά αναφέρεται στον 32ο Ψαλμό, μπορεί να αποτελεί και τρόπο ανακούφισης των ανθρώπων από τις**

---

[703] Ψαλμ. 39:11 –13.
[704] Ian W. Provan, *1 and 2 King* (Peabody, Massachusetts: Henrikson Publishers, 1995), σελ. 35.
[705] Λουκ. 18:6-8ᵃ, Αποκ. 6:10.

δοκιμασίες. Στους Ψαλμούς όταν οι δοκιμασίες προέρχονται από τους διώκτες ή τους εχθρούς των ανθρώπων του Θεού, ως αιτία κάποιας αμαρτίας, τότε ο Θεός εισακούει τις προσευχές των ανθρώπων του και η ανακούφιση δεν αργεί να κάνει την εμφάνισή της[706]. Το μοναδικό μέτρο ανακούφισης από τις δοκιμασίες είναι η υπόσχεση εκ μέρους του Θεού, ότι το μαρτύριο και όλες οι δυσκολίες γρήγορα θα αποτελούν παρελθόν. Στους *παραπονετικούς* Ψαλμούς δεν υπάρχει άμβλυνση της δοκιμασίας, *αλλά αλλαγή του τόνου του Ψαλμού. Συχνά αυτοί οι Ψαλμοί καταλήγουν σε κάποιο θετικό στοιχείο.* Ο Brueggemann αναφέρει, *ότι υπάρχει κάποια δράση ή αντίδραση στο ποίημα μεταξύ των δύο στοιχείων, η οποία μπορεί να αποτελούσε μια «μύχια πνευματική» εμπειρία, ή, κυρίως, να πρόκειται για κάποια ορατή πράξη από κάποια μέλη της κοινότητας*[707].

Ο **Richard Bauckham**[708] και ο **H. M. Relton**[709] κάνουν λόγο για το *δόγμα του δοκιμαζόμενου Θεού*, το οποίο θα παίξει ένα σημαντικό ρόλο στη θεολογία. Η ιδέα ότι ο Θεός δεν δύναται να υποφέρει θεωρείται αξιωματική ιδέα στη χριστιανική θεολογία, ήδη από τους πρώτους Πατέρες της

---

[706] Αποκ. 6:11, Λουκ. 18:7-8, Β΄ Θεσ. 1:6-10.

[707] Walter Brueggemann, *The Message of the Psalms*, (Mineapolis: Augsburg Publishing House, 1984), σελ. 57

[708] Richard Bauckham, Only the Suffering God can help-divine possibility in modern theology, *Themelios* 9.3 (April 1984), σελ. 6-12.

[709] H. M. Relton, *Studies in Christian Doctrine* (London: Macmillan, 1960), σελ. 79.

Εκκλησίας. Από το 1890 υπήρχαν θεολόγοι στην αγγλική θεολογία, οι οποίοι συμφωνούσαν σε ένα δόγμα σχετικό με τη *θεία δοκιμασία*[710]. Κατά τη διάρκεια αυτού του αιώνα η ιδέα του *δοκιμαζόμενου Θεού* έκανε την εμφάνισή της σε πολλές θεολογικές παραδόσεις[711]. Ο Ρώσος θεολόγος **Nicolas Berdyaev**[712] απορρίπτει την απάθεια υπέρ ενός δόγματος *"τραγικού"* σε συνάρτηση με τη θεία ζωή. Γερμανοί θεολόγοι, ανάμεσά τους και ο **Emil Bruner**[713], εγκατέλειψαν το φιλοσοφικό δόγμα της *θείας απάθειας* προκειμένου να καταλήξουν σε μια πιο βιβλική ιδέα για τον Θεό. Την πιο σημαντική παρατήρηση την έκανε ο θεολόγος **Jürgen Moltmann**[714], ο οποίος θεωρεί ότι η **θεία δοκιμασία** *σχετίζεται* στενά όχι μόνο με το **πρόβλημα της θεοδικίας και το σταυρό,** αλλά και με **τη φύση της Αγίας Τριάδας.** Το θέμα της *θείας απάθειας*[715] αποτελούσε

---

[710] πρβλ. F. W. Dillistone, *The Christian Understanding of Atonement*, (Welwyn: James Nisbet, 1968), σελ. 243-6.

[711] D. D. Williams, *Interpreting Theology 1918-1952*, (London: SCM Press, 1952), σελ. 113-7.

[712] N. Berdyaev, *The Meaning of History*, (ET: London: Geoffrey Bles, 1939).

[713] Emil Bruner, *The Christian Doctrine of God: Dogmatics I* (London: Lutterworth, 1949), σελ. 268 & 294.

[714] J. Moltmann, *The Trinity and the Kingdom of God*(ET: London: SCM Press, 1981), όπως επίσης και στο άρθρο του The Crucified God and Apathetic Man, in *The Experiment Hope* (ET: London: SCM Press, 1975), σελ. 69-84.

[715] Το θέμα της *θείας απάθειας* συνδέεται με τις εξής παραμέτρους. Η πρώτη παράμετρος αναφέρεται στον Θεό των προφητών, σύμφωνα με την οποία όταν γίνεται λόγος στη σύγχρονη θεολογία, νοείται ως κατανόηση της έννοιας του Θεού υπό την επιρροή του ελληνικού φιλοσοφικού θεϊσμού (βλ. **T. E. Pollard**, The Impassibility of God, *SJT 8* (1955), σελ. 353-64), και ιδιαίτερη η επιρροή της *μη μεταβλητότητας* και της *απάθειας*. Ο Ιουδαίος θεολόγος

Abraham Heschel (**A. Heschel**, *The Prophets* (New York / Evanston: Harper & Row, 1962), μελετώντας τους Προφήτες ανέπτυξε τη θεολογία του *Θείου Πάθους*. Ο Heschel κατάφερε να αναγνωρίσει στους Προφήτες μια διαφορετική διάσταση κατανόησης του Θεού από αυτή που είχαν κατανοήσει οι Έλληνες. Χρησιμοποίησε τον όρο *pathos* αντί για την ελληνική λέξη *apatheia*, προκειμένου να περιγράψει το ενδιαφέρον του Θεού για τον κόσμο. Στους ανθρωπομορφισμούς (*anthropopathims*) της Π.Δ. ο Θεός διαθέτει αισθήματα και αισθάνεται υπεύθυνος απέναντι στο ανθρώπινο γένος. Ο Heschel εκλαμβάνει τον Θεό ως συμμετέχοντα στα ανθρώπινα, ως ο Θεός, ο Οποίος δείχνει ενδιαφέρον για τον άνθρωπο και τον κόσμο. Αυτό το ενδιαφέρον το θεωρεί ως θείο πάθος, με αποτέλεσμα ο Θεός να έχει την ανάγκη του ανθρώπου (**A. Heschel**, *The Prophets* (New York / Evanston: Harper & Row, 1962), σελ. 235.). Η δοκιμασία του Θεού είναι τμήμα του πάθους του Θεού, καθώς είναι απογοητευμένος από την απιστία των ανθρώπων, πονάει και προσβάλλεται από την έλλειψη ανταπόκρισης των ανθρώπων στην αγάπη του. Μάλιστα, τόσο ο Heschel, όσο και ο Pollard θεωρούν, ότι το θείο πάθος αντανακλά στο πάθος των προφητών (**A. Heschel**, *The Prophets* (New York / Evanston: Harper & Row, 1962), σελ. 109-13, και **T. E. Pollard**, The Impassibility of God, *SJT 8* (1955), σελ. 353-64). Οι ιδέες του Heschel ακολουθήθηκαν και από άλλους θεολόγους (βλ. **E. S. Gerstenberger & W. Schrage**, *Suffering* (ET: Nashville: Abingdon, 1980), σελ. 98-102) και έγιναν δεκτές με ιδιαίτερο ενθουσιασμό από τον Moltmann (**J. Moltmann & P. Lapide**, *Jewish Monotheism and Christian Trinitarian Doctrine* (ET: Philadelphia: Fortress Press, 1981), σελ. 47-9). Δεύτερη παράμετρος αποτελεί η έννοια του Θεού ως Θεού της προσωπικής αγάπης. Σύμφωνα με αυτή την παράμετρο, πολύ συχνά, γίνεται λόγος για την προσωπική αγάπη του Θεού, αναλογικά με την προσωπική αγάπη του ανθρώπου, θεωρώντας ότι κάτι τέτοιο είναι ανοικτό σε ένα ενδεχόμενο δοκιμασίας. Η παραδοσιακή θεολογία κατανοεί την αγάπη του Θεού ως μονόδρομη σχέση, στην οποία ο Θεός ασκεί τη φιλανθρωπία του στον κόσμο, χωρίς όμως να υπάρχει η δυνατότητα ή ο κίνδυνος να επηρεαστεί από τα δημιουργήματά του (βλ. **J. K. Mozley**, *The Impassibility of God: A Survey of Christian Thought* (Cambridge: CUP, 1926), σελ. 159.). Η ιδέα ότι εάν ο Θεός είναι αγάπη, τότε θα πρέπει και να υποφέρει, αποτελεί χαρακτηριστικό γνώρισμα της Αγγλικής και Ουαλικής θεολογικής παράδοσης (βλ. **W. H. Vanstone**, *Love's Endeavour, Love's Expence* (London: Darton, Longman &

ελληνική φιλοσοφική κληρονομιά στην πρώτη εκκλησιαστική θεολογία. Ο μεγάλος

Todd, 1977). Η υπόθεση ότι η αληθινή αγάπη είναι τρωτή στη δοκιμασία, ο Moltmann θεωρεί ότι η απάθεια του Θεού κάνει τον Θεό ανώτερο του ανθρώπου (βλ. **J. Moltmann**, *The Crucified God* (ET: London: SCM Press, 1974), σελ. 222). Κάνει λόγο για έναν Θεό, ο Οποίος είναι ανίκανος να υποφέρει, καθώς είναι ένα Ων, το οποίο δεν δύναται να παρεμβαίνει στον κόσμο. Η δοκιμασία και η αδικία δεν τον επηρεάζουν. Και επειδή είναι τέλεια ''αναίσθητος'' δεν δύναται να επηρεαστεί από οτιδήποτε. Το είδος της δοκιμασίας, το οποίο απασχολεί τον άνθρωπο συνδέεται με την έννοια της ευσπλαχνίας. Η δοκιμασία της ανθρώπινης προσωπικής αγάπης δύναται να οδηγήσει όχι μόνο στη *θεολογία του σταυρού*, αλλά και στην τριαδική ερμηνεία της θείας δοκιμασίας. Τρίτη παράμετρος είναι ο εσταυρωμένος Θεός, σύμφωνα με την οποία η αγγλική παράδοση εξέλαβε το σταυρό ως το κεντρικό σημείο της αποκάλυψης του Θεού. Ο σταυρός αποτελεί την έκφραση της δοκιμασίας (βλ. **J. K. Mozley**, *The Impassibility of God: A Survey of Christian Thought* (Cambridge: CUP, 1926), σελ. 146-9 & 153). Τέλος, ως τελευταία παράμετρος της θείας απάθειας νοείται η θεία δοκιμασία και θεοδικία. Η άποψη αυτή προσπαθεί να δικαιολογήσει την ανθρώπινη δοκιμασία. Ίσωςείναι δυνατό να δικαιολογήσουμε το Θεό (θεοδικία). Ο θεϊσμός δεν μπορεί να εξηγήσει τη δοκιμασία, χωρίς να τη δικαιολογήσει. Όπως, επίσης, και ο αθεϊσμός δεν μπορεί να εξακολουθεί να υφίσταται με μοναδικό επιχείρημα τη δοκιμασία, η οποία υπάρχει, χωρίς την επιθυμία του Θεού για δικαιοσύνη στον κόσμο. Ο εσταυρωμένος Θεός μοιράζει τη δοκιμασία, με αποτέλεσμα ο δοκιμαζόμενος Θεός να είναι ο ανθρώπινος Θεός, ο οποίος πάσχει, συμπάσχει (βλ. **J. Moltmann**, *The Crucified God* (ET: London: SCM Press, 1974), σελ. 219-227). Ο Moltmann θεωρεί, ότι η θεία σταθερότητα μαζί με τη δοκιμασία βοηθά στο να μετατραπεί ο χαρακτήρας της δοκιμασίας. Επίσης, χωρίς την ανάσταση ο σταυρός θα ήταν μια απλή τραγωδία και τίποτα παραπάνω. Η ανάσταση είναι η υπόσχεση του Θεού για απελευθέρωση από τη δοκιμασία. Στο σταυρό όλη η ανθρώπινη δοκιμασία εκλαμβάνεται σε συνδυασμό με την τριαδική ιστορία (βλ. **J. Moltmann**, *The Crucified God* (ET: London: SCM Press, 1974), σελ. 278). Για τους Έλληνες, η δοκιμασία υπονοεί αδυναμία του ανθρώπου και την αστάθεια του χαρακτήρα του. Το πάθος του σταυρωμένου Θεού συνδέεται με την έννοια της αληθινής αγάπης.

ελληνιστής θεολόγος **Φίλωνας** προετοίμασε τον οδό, προκειμένου να γίνει κατανοητός ο Θεός του Ισραήλ[716]. Οι Έλληνες Εκκλησιαστικοί Πατέρες είδαν αυτή τη θεολογική κίνηση με σκεπτικισμό, θεωρώντας ότι με αυτόν τον τρόπο κινδυνεύει η εσωτερική απάθεια της θείας φύσης. Με το να θεωρηθεί ότι ο Θεός είναι απαθής δεν δίνεται η καθολική έννοια της θείας απάθειας. Μάλιστα, υπάρχει και πρόβλημα στη χρήση της αγγλικής ορολογίας (*apathy, impassibility, passive - apatheia, pathos, pathein*). Για τους Έλληνες (οι οποίοι εκλαμβάνουν την απάθεια, ως έλλειψη πάθους, οπότε ο Θεός δεν δύναται να έχει ούτε θετικά αλλά ούτε και αρνητικά συναισθήματα ή αισθήματα), ο Θεός δεν μπορεί να είναι απαθής, δεν μπορεί να επηρεάζεται από άλλους, όπως, επίσης, δεν δύναται να υποφέρει, διότι είναι αυτοδύναμος, αυτό-οριζόμενος και ανεξάρτητος από οποιοδήποτε ανθρώπινο πάθος, ακόμα κι αυτό της απάθειας. Η ελληνική λέξη *πάθος (pathos)* δεν συμπεριλαμβάνεται στην *θεία απάθεια* και έχει την έννοια τόσο της δοκιμασίας, όσο και του συναισθήματος του *πάθους,* είτε πρόκειται για θετικά είτε για αρνητικά φορτισμένο συναίσθημα. Η δοκιμασία έρχεται ως σημάδι αδυναμίας, όμως κάτι τέτοιο δεν είναι δυνατό να ισχύει για τον Θεό, ο Οποίος είναι πάνω και πέρα από κάθε είδος

---

[716] J. C. McLelland, *God the Anonymous: A Study in Alexandrian Philosophical Theology* (Cambridge, Mass.: Philadelphia Patristic Foundation, 1967), σελ. 37-40.

αδυναμίας. Η *θεία απάθεια* είναι συνδεδεμένη με τον χρόνο και με το υλικό. Όμως, ο Θεός είναι αιώνιος, πάνω από κάθε έννοια χώρου και χρόνου, και, τέλος, είναι ασώματος και άυλος, δηλαδή πνεύμα. Δεν υπόκειται σε καμιά αλλαγή του χώρου ή του χρόνου, καθώς Αυτός είναι ο δημιουργός και του χώρου και του χρόνου. Είναι τέλειος, και κατά συνέπεια η οποιαδήποτε αλλαγή είναι χωρίς νόημα[717].

Το ότι ο Θεός μπορεί να είναι απαθής, δεν σημαίνει ότι μένει το ίδιο απαθής απέναντι στην πορεία της ανθρωπότητας. Οι Έλληνες Πατέρες δεν είχαν καμιά αμφιβολία ότι ο Θεός αγαπούσε τον κόσμο, τον οποίο ο Ίδιος δημιούργησε. Αυτή η αγάπη του Θεού φαίνεται στη φιλάνθρωπη συμπεριφορά του απέναντι στο ανθρώπινο γένος. Επίσης, υπάρχουν και Πατέρες, οι οποίοι πίστευαν ότι ο Θεός δύναται να υποφέρει για τη σωτηρία του ανθρώπινου γένους, όπως έγινε άλλωστε με τον Ιησού Χριστό[718]. Παρά το γεγονός ότι υπάρχει μια αντι- ανθρωπομορφική κίνηση στη σχετική αυτή παράδοση, ενυπάρχει,

---

[717] R. B. Edwards, The Pagan Doctrine of the Absolute Unchangeableness of God, *Religious Studies 14* (1978), σελ. 305-13.

[718] Για περισσότερες πληροφορίες σχετικά με τις αναφορές του Γρηγορίου του Θαυματουργού για τη *θεία απάθεια* βλ. J. K. Mozley, *The Impassibility of God: A Survey of Christian Thought* (Cambridge: CUP, 1926), σελ. 63-72, C. E. Gunton, *Yesterday and Today: A Study of Continuities in Christology* (London: Darton, Longman and Todd, 1983), σελ. 95, J. C. McLelland, *God the Anonymous: A Study in Alexandrian Philosophical Theology* (Cambridge, Mass.: Philadelphia Patristic Foundation, 1967), σελ. 141-2. Σχετικά με το θέμα της απάθειας στην πατερική θεολογία βλ. W. Elert, *Der Aussage der altkirchlichen Christologie* (Berlin: Lutherische Verlaghaus, 1975).

όμως, και μια ιδέα ανθρωπομορφικότητας όσον αφορά στο θέμα της θείας απάθειας. Ακόμα, θα πρέπει να σημειωθεί ότι υπάρχει επίσης μια σύγχρονη κίνηση, σύμφωνα με την οποία αναγνωρίζονται στοιχεία πραγματικά στο πατερικό δόγμα της *θείας απάθειας*. Η γενική αντίληψη της θείας και ανθρώπινης απάθειας ως ηθικής ιδέας προϋποθέτει μια ηθική σταθερότητα. Η αγάπη του Θεού είναι απαθής με την έννοια ότι αυτή είναι ελεύθερη, γενναιόδωρη, και δίνεται χωρίς προϋποθέσεις. Η αγάπη του Θεού δεν είναι καταναγκαστική και το σημαντικότερο δεν προκαλεί[719].

III. 7. ΤΟ ΘΕΜΑ ΤΟΥ ΕΧΘΡΟΥ

Ο **Mowinckel**[720] κατανοεί τον **εχθρό ως εργάτη του κακού**, ως υπεύθυνο για την αρρώστια του ψαλμωδού. Επίσης, είχαν καταβληθεί προσπάθειες για να κατανοηθεί η έννοια των εχθρών υπό το φως των κοινωνικο – οικονομικών συνθηκών. Ο **Gerstenberger**[721] αναφέρει, ότι οι εχθροί μπορεί να είναι και άνθρωποι της ίδιας φυλής. Τότε, οι θρήνοι θα χρησιμοποιούνται σε τυπικά προκειμένου να επανέλθει η αρμονία στη φυλή και να επανενταχθεί ο «εχθρός» μέσα στη φυλή – οικογένεια. Σύμφωνα με τον

---

[719] βλ. M. Jarrett – Kerr, *The Hope of Glory* (London: SCM Press, 1952) ιδιαίτερα το 2ο κεφ.

[720] S. Mowinckel, *Psalmenstudien*, Amsterdam: Verlag P. Schippers, 1961.

[721] E. Gerstenberger, *Psalms: Part 1: With an Introduction to Cultic Poetry*, Grand Rapids, Eerdmans, 1987.

Erhard S. Gerstenberger[722] το βιβλίο των Ψαλμών κάνει εκτενή αναφορά στους εχθρούς[723], κάνοντας έτσι πολλούς να προτιμούν να αφήνουν εκτός του βιβλίου τα κείμενα με τις σχετικές αναφορές, προκειμένου με αυτόν τον τρόπο να υπάρξει ένα καθαρά προσευχητικό βιβλίο. Όμως, ακόμα και ο Χριστός, ο οποίος δίδαξε την αγάπη, θέτοντάς την μάλιστα ως κορωνίδα των αξιών, δεν αρνήθηκε την ύπαρξη των εχθρών και της εχθρότητας[724]. Το πρόβλημα του εχθρού αποτελεί το κέντρο των ηθικών ιδεών της Π.Δ. Πώς ήρθε το κακό στον κόσμο; Γιατί οι άνθρωποι μισούν ο ένας τον άλλον; Γιατί οι Ισραηλίτες εξωτερικεύουν την κακία με την εχθρότητα; Αναφερόμενοι, γενικά, στην Π.Δ. οι συγγραφείς γνωρίζουν πολλούς τρόπους εχθρότητας και κακίας σε όλα τα κοινωνικά επίπεδα. Κοινός τόπος όλων των συγγραφέων της Π.Δ. είναι ότι οι εχθροί και οι κακοποιοί είναι δημιουργοί της κακοήθειας. Προκαλούν τον θάνατο και δρουν ως υπεύθυνοι αντιπρόσωποι του κακού. Εχθρός είναι όποιος εκπληρώνει πράξεις καταστροφικές[725]. Ακόμα, και ο Θεός δύναται να θεωρηθεί ότι είναι εχθρός[726]. Οι γειτονικοί λαοί των Ισραηλιτών ήταν εχθροί αυτών. Οι Φιλισταίοι αποτελούσαν τους

---

[722] Erhard S. Gerstenberger, *Enemies and Evildoers in the Psalms, Horizons in Biblical Theology. An International Dialogue*, vol. 4 (Dec. 1982) , σελ. 61 – 77.
[723] O. Keel, *Feinde und Gottesleugner,* Stuttgart; Katholisches Bibelwerk, 1969.
[724] L. Schottroff & W. Stegemann, *Jesus von Nazareth – Hoffnung der Armen,* Stuttgart: Kohlhammer 1978.
[725] Γεν. 27 κ. εξ. , Α΄ Σαμ. 18 κ.εξ.
[726] βλ. Ιώβ 19:11, Ησ. 63:10.

εχθρούς των Ισραηλιτών τον 10° αιώνα π.χ., μετά οι Βαβυλώνιοι[727] τον 6° αιώνα π.Χ.

Οι αναφορές των εχθρών στους Ψαλμούς είναι συχνές, ακόμα και σε προσωπικά παράπονα. Ο προσευχόμενος εκφράζεται εναντίον των κακών. Είναι μια κραυγή, η οποία προέρχεται από τα βάθη της καρδιάς του[728]. Ο 38ος Ψαλμός κάνει λόγο για την προσευχή των ασθενών[729]. Οι εθνικοί θρήνοι περιέχουν αναφορές για τους εχθρούς[730]. Στους εθνικούς θρήνους υπάρχουν περισσότερες ιστορικές αναμνήσεις και ευθεία κατηγορία προς τον Θεό από ότι στους ατομικούς θρήνους. Ο βασιλιάς ήταν ο υπέρτατος φύλακας της δικαιοσύνης και ο εκδικητής όλων των αδικημένων[731]. Συνήθως, τέτοιες δηλώσεις γίνονταν εκ μέρους του βασιλιά την ημέρα της στέψης[732]. Όλα τα παράπονα που απαντούν στη Βίβλο εκφράζονται στο κατώτατο επίπεδο ύπαρξης. Οι καταπιεσμένοι άνθρωποι, οι οποίοι έρχονται αντιμέτωποι με τον θάνατο, προσπαθούν να κερδίσουν την εύνοια του Θεού. Η περιγραφή της καταστροφής σε όλους αυτούς τους σχετικούς Ψαλμούς δίνει μια βίαιη εικόνα της άμεσης σωτηρίας από τον Θεό[733]. Μόνο ο Θεός

---

[727] Α΄ Σαμ. 13 κ.εξ., Β΄ Βασ. 24 κ. εξ.

[728] Ψαλμ. 130:1.

[729] K. Seybold, Das Gebet des Kranken im Alten Testament, *BWANT 99*, Stuttgart: Kohlhammer, 1973.

[730] Ψαλμ. 44ος, 74ος, 83ος, 89ος.

[731] Ψαλμ. 45:3-7, 72:9-11.

[732] Οι Ψαλμοί 2 και 110 αποτελούν αντιπροσωπευτικό παράδειγμα τέτοιων δηλώσεων την ημέρα της στέψης του βασιλιά.

[733] Ψαλμ. 22:6-8, 38:3-8, 44:9-16, 89:38-45.

δύναται να αποκαταστήσει τη δικαιοσύνη, να επαναφέρει την υγεία και την καλή τύχη. Όμως, αυτό σύμφωνα με τις αρχαίες δοξασίες, μπορεί να γίνει μόνο αν υπερνικηθούν οι δυνάμεις του κακού[734]. Με την πάροδο του χρόνου το θέμα του εχθρού παίρνει άλλη μορφή και διάσταση. Η **σχέση μεταξύ φίλου και εχθρού είναι περίπλοκη.** Ο άνθρωπος της Π.Δ. είχε να αντιμετωπίσει τις δυο αυτές παραμέτρους κάτω από εντελώς διαφορετικές συνθήκες. Ο αρχαίος άνθρωπος βίωνε και ζούσε σε μια κοινωνία ενοποιημένων ενοτήτων και η ηθική σκέψη ξεκινούσε από αυτές τις κοινωνικές ενότητες. Τα άτομα λάμβαναν μέρος σε αυτές τις μεγάλες κοινωνικές ενότητες, χωρίς, όμως, να έχουν τη δυνατότητα, με εξαίρεση, ίσως, τον βασιλιά, να κατευθύνουν τη μοίρα τους[735]. Η εχθρότητα αποτελεί κοινωνικό φαινόμενο, ακόμα και αν αφορά μόνο σε μεμονωμένα άτομα ή ξεκινά από μεμονωμένα άτομα. Αυτό συμβαίνει, γιατί η εχθρότητα έχει στην πραγματικότητα κοινωνικές συνέπειες. Επίσης, το πρόβλημα του εχθρού και της εχθρότητας είναι άμεσα συνυφασμένο με το θέμα του κοινωνικού ανταγωνισμού ή της ανταγωνιστικής δομής κάθε κοινωνίας. Οι συνθέτες των Ψαλμών γνώριζαν πολύ καλά τη

---

[734] E. S. Gerstenberger & W. Schrage, *Suffering*, Nashville: Abingdon, 1980, σελ. 15.

[735] H. W. Robinson, The Hebrew Concept of Corporate Personality, in: Werden und Wesen des Alten Testaments, *BZAW* 66, 1936, σελ. 49 κ. εξ.

δομή της κοινωνίας τους καθώς και τις ανταγωνιστικές δυνάμεις που υπήρχαν[736].

Ο **T. R. Hobbs** και ο **P. K. Jackson**[737] αναφέρουν, ότι η εχθρότητα κάνει αρκετά συχνά την εμφάνισή της στους Ψαλμούς. Με τον όρο **εχθρός** δύναται να εννοηθεί ο **αλλοδαπός, ο ιερόσυλος**. Τα βιβλικά κείμενα συμβολίζουν με χαρακτηριστικό τρόπο τον εχθρό με φοβερά ζώα και διαβολικά όντα. Η αναφορά των Ψαλμών σε εχθρούς, τις περισσότερες φορές, γίνεται, χωρίς την ύπαρξη κάποιου ονόματος. Ο εχθρός στους Ψαλμός αποτελεί αντικείμενο χλεύης και μίσους, και αυτό που επιθυμεί ο ψαλμωδός για τον εχθρό είναι ο θάνατος και η καταστροφή του. Η έννοια του εχθρού προέρχεται από αγώνες ανάμεσα σε ομάδες, λαούς και έθνη. Έχουν γραφθεί αρκετά για την έννοια του εχθρού στους Ψαλμούς. Ο **Duhm**[738] αναφέρει, ότι η έννοια του **εχθρού αποτελεί κατάλοιπο της εποχής μετά την εξορία** και ερμηνεύει την αντιδικία μεταξύ ψαλμωδού και εχθρού θεολογικά. Οι **Lind**[739],

---

[736] S. Mowinckel, *He that Cometh*, Nashville:Abingdon, 1955, F. Stolz, Stukturen und Figuren im Kult von Jerusalem, *BZAW* 118, 1970, O. H. Steck, Friedensvorstellungen im Alten Jerusalem, *ThSt* 11, Zürich: Theologischer Verlag, 1972.

[737] T. R. Hobbs & P. K. Jackson, The Enemy in the Psalms, *A Journal of Biblical Theology*, vol. 21, 1991.1, σελ. 22-29.

[738] B. Duhm, *Die Psalmen*, Tübingen, J.C.B. Mohr, 1922.

[739] M. Lind, *Yahweh is a Warrior: The Theology of Warfare in Ancient Israel*, Scottdale, PA: Herald Press, 1980.

Craigie[740], **Barrett**[741] και **Swartley**[742] δεν αναφέρονται τόσο στους Ψαλμούς, όσο στη μάχη και τον πόλεμο γενικότερα στα χρόνια της Π. Δ.

Ο **G. von Rad**[743] στηρίζει την ανάλυσή του σε διηγήσεις της δευτερονομιστικής ιστορίας και της Πεντατεύχου και δεν αναφέρει τίποτα για τους ψαλμούς. Ο **H.J. Kraus**[744] κάνει έναν διαχωρισμό των εχθρών, διακρίνοντας αυτούς σε προσωπικούς εχθρούς και σε εχθρούς – μυθικές δυνάμεις. Αυτά που αναφέρει ο Kraus είχαν ειπωθεί προηγουμένως από τον Birkeland[745]. Ο **Birkeland** χρησιμοποιεί τον όρο «πρότυπο/ υπόδειγμα» στον οποίο προσδίδει διαφορετική έννοια και αξία από τον Kraus. Ο Birkeland αντιτίθεται σε δύο τάσεις. Η πρώτη, η οποία κάνει την εμφάνισή της μια δεκαετία πριν το δικό του έργο και πρεσβεύει ότι οι εχθροί ήταν γραμματείς της μετά – εξορίας εποχή, ίσως μάλιστα, να προέρχονται από την εποχή των Μακκαββαίων (και αυτή ήταν και η πιο

---

[740] P.C. Craigie, *The Problem of War in the Old Testament*, Grand Rapids: Eerdmans, 1978.

[741] L. Barrett, *The Way of God Fights: War and Peace in the Old Testament*. Kitschener: Herald Press, 1987.

[742] W. M. Swartley, *Slavery, Sabbath, War and Women: Case Studies in Biblical Interpretation*, Scottdale: PA:Herald Press.

[743] G. von Rad, *Der heilige Krieg im Alten Israel*, 2nd edition, Göttingen: Vandenhoeck and Rupprecht.

[744] H. - J. Kraus, Die Psalmen [Biblische Kommentar 15], Neukirchen: Verlag des Erziehungsvereins, και επίσης στο έργο του Theology of the Pslams, ETr. Minneapolis: Augsburg, 1986, σελ. 125.

[745] Στη διατριβή του το 1936 την οποία αναθεώρησε το 1955, βλ. H. Birkeland, *The Evildoers in the Book of Psalms*, Oslo: J. Dybwad, 1955.

επικρατέστερη άποψη κατά τον Duhm). Αναφέρει ότι δεν χρειάζεται να μετατεθούν οι Ψαλμοί τόσο αργά χρονολογικά. Η δεύτερη άποψη έβλεπε τους Ψαλμούς ως λατρευτικό προϊόν[746]. Ο Birkeland διαφωνεί λέγοντας, ότι ο εχθρός στους Ψαλμούς δεν είναι άλλος από τα εχθρικά έθνη, τα οποία καταφέρονταν εναντίον του Ισραήλ, με σκοπό να τον βλάψουν, να τον κατακτήσουν ή να τον εξολοθρεύσουν. Ο Birkeland επίσης δεν αναγνωρίζει στοιχεία της *μορφο-ιστορικής κριτικής* στους Ψαλμούς, όπως ο Kraus. Θεωρεί ότι οι Ψαλμοί είναι αποτέλεσμα τριών παραγόντων: α) ο ψαλμωδός, β) οι συγκεκριμένες ιστορικές συνθήκες υπό τις οποίες συντίθεται ένας ψαλμός (μάχη, νίκη, θάνατος, αρρώστεια), και, τέλος, γ) η δομή της ισραηλιτικής κοινωνίας (*social pattern*). Οι τρεις αυτοί παράγοντες οδηγούν στη δημιουργία ενός στερεοτυπικού εχθρού, ο οποίος παραμένει αναλλοίωτο για όλα τα είδη των Ψαλμών (προσωπικός θρήνος, εθνικός θρήνος, βασιλικός ψαλμός για νίκη). Σύμφωνα με τη θέση του Birkeland όλοι οι εχθροί είναι οι αλλοδαποί, δηλαδή όλοι όσοι είναι εκτός Ισραήλ. Σε μετέπειτα μελέτες του βιβλίου των Ψαλμών η θέση του Birkeland αποσιωπήθηκε, δεδομένης και της αδιαφορίας αυτού εκ μέρους του Kraus. Παρ' όλ' αυτά, σήμερα από μεθοδολογικής πλευράς, οι απόψεις του Birkeland αξίζουν μια δεύτερη ευκαιρία. Από την άλλη μεριά, έκανε μια ορθή διάκριση μεταξύ του «είδους»

---

[746] βλ. αναλυτικά B. Duhm, *Die Psalmen*, Tübingen, J.C.B. Mohr, 1922, η οποία μυθοποιεί τους εχθρούς.

και της ευχαριστίας, σημειώνοντας ότι η στερεότυπη γλώσσα χρωστάει την πρωτοτυπία της σε κάτι άλλο διαφορετικό των Ψαλμών, γι' αυτό και δικαιολογεί την ομοιότητα του εχθρού σε διαφορετικά είδη Ψαλμών. Υπάρχει, όμως, και η άποψη κατά τον Birkeland σχετικά με κάποιο κοινωνικό πρότυπο για την εικόνα του εχθρού. Ο **G. Widengren**[747] συνέκρινε τους μεσοποταμιακούς με τους ισραηλιτικούς θρηνητικούς Ψαλμούς και παρά το ότι υπήρχαν κάποια παράλληλα δεν υπήρξε σοβαρή απόδειξη σύγχυσης των εχθρών με τους δαίμονες.

Επειδή οι Ψαλμοί δεν αποτελούν στείρο φιλολογικό είδος της Π.Δ. η **φύση του εχθρού στους Ψαλμούς δεν είναι στερεότυπη**. Εχθρικές φιγούρες απαντούν και στην Πεντάτευχο, αλλά και στο Δευτερονόμιο. Επίσης, στα προφητικά βιβλία γίνεται λόγος για οράματα εναντίον των εθνών, τα οποία προσφέρουν καταλόγους με εχθρούς[748]. Στους Ψαλμούς απαντά και **ο εκτός συνόρων εχθρός, ο αλλοδαπός**[749]. Το

---

[747] G. Widengren, *Accadian and Hebrew Psalms of Lamentation as Religious Documents: A Comparative Study.* Uppsala: Almqvist &Wiksells, 1936.

[748] D. L. Christensen, *The Transformation of the War oracle in Old Testament Prophesy*, Missoula, Scholars Press, 1975, και O. Keel, *The Symbolism of the Biblical World: Ancient Near Eastern Iconography and the Book of Psalms*, Etr. New York, Seabury, 1978 σελ. 61-110.

[749] Σε μια περιγραφή του Ηροδότου για τους Πέρσες (Herodotus Book, 1:134), όπου γίνεται αντιληπτό ότι οι λιγότερο τιμωρημένοι είναι και οι πιο απομακρυσμένοι, οι ξένοι, οι αλλοδαποί, κάτι που ήταν εξίσου συνηθισμένο και για το περιβάλλον της Αρχαίας Εγγύς Ανατολής (αυτή η άποψη εξετάστηκε από τον **Mario Liverini**, *The Ideology of*

διαφορετικό και το ξένο τρομάζουν[750]. Ο **εχθρός είχε και την έννοια του ιερόσυλου**. Σε μια εποχή κατά την οποία τα ιερά και ο ναός αποτελούσαν τα πιο σημαντικά επίγεια στοιχεία της παρουσίας του Θεού, η οποιαδήποτε καταστροφή τους μετέτρεπε, αυτομάτως, τον ιερόσυλο σε εχθρό. Επίσης, η επίθεση εναντίον μιας χώρας, ο θάνατος γυναικών και παιδιών αποτελούσαν στοιχεία εχθρικών πράξεων. Βέβαια, κατά τη διάρκεια πολέμων αυτά τα φαινόμενα ήταν συχνότατα. Οι εχθροί του Ιούδα ήταν εχθροί τόσο του λαού του Ιούδα όσο και του Θεού του Ιούδα, δηλαδή του ενός και μοναδικού Θεού. Μισούσαν τον Γιαχβέ (Ψαλμ. 74:4, 83:1) και τον αποκαλούσαν αδύναμο (Ψαλμ. 9:4, 11:1-

---

the Assyrian Empire- Power and Propaganda: A Symposium on Ancient Empires ed. M. Larsen, Copenhagen Akademisk Verlag, 1979, σελ. 297, αλλά και στο έργο του T. R. Hobbs, *A Time for War: Introduction to Warfare in the Old Testament*, Wilmington, Glazier, 1989).

[750] Μάλιστα, το να υπηρετείς κάποιον ξένο σε χώρα που δεν ήταν δική τους, αποτελούσε εξευτελισμό (Ιερ. 5:19). Η ίδια άποψη εκφράζεται και στον Ψαλμό 137:4, στον οποίο γίνεται λόγος να υπηρετεί κάποιος τον Γιαχβέ σε μια ξένη χώρα. Ο Ψαλμός 149 προσφέρει μια αντίθεση μεταξύ της πίστης, που ενθαρρύνει την ευχαριστία στον Θεό(με τραγούδι, χορό και όργανα, βλ. στίχ. 1-3) και των εθνών, τα οποία θα νικηθούν, θα συρρικνωθούν και θα κριθούν (στίχ. 7-9). Από τον Ψαλμό αυτό γίνεται φανερό ότι ο εχθρός είναι κάποιος ξένος. Την ίδια υπόθεση συναντούμε και στον Ψαλμό 144.7 και 144.11, όπου η προσευχή για απαλλαγή από τον εχθρό ισοδυναμεί με την ελευθερία του έθνους. Ο Ψαλμός 79:1-7 κάνει λόγο για ειδωλολάτρες, έθνη, βασίλεια και γείτονες, οι οποίοι κάνουν τον λαό του Ισραήλ να υποφέρει. Τέλος ο Ψαλμός 83.1-18 οι εχθροί του Θεού προσωποποιούνται στα γειτονικά του Ισραήλ, έθνη, όπως Εδώμ, Μωάβ, Γκεμπάλ, Αμών, Αμάλεκ, Φιλισταίοι, Τύριοι και Ασσύριοι. Επίσης, αξίζει να σημειωθεί ότι κάποια από τα γειτονικά εχθρικά έθνη αποτελούν «παιδιά του Λωτ». Με άλλα λόγια αλλοδαποί θεωρούνται όλοι όσοι για κάποιο λόγο αποκόπηκαν από το Ισραήλ.

6, 11:37, 17:8-13) ή δαίμονα (Ψαλμ. 22:16, 53:4, 140:1). Η πιο σαφής αναφορά παγανιστικού χαρακτήρα του εχθρού δίνεται στους Ψαλμ. 74:4-8 και 79:1-7. Η γλώσσα αυτών των Ψαλμών αποδίδει την πραγματικότητα.

Ως **μη ανθρώπινος εχθρός** νοούνταν τα **ζώα**, τα οποία τα χρησιμοποιούσαν, για να δηλώσουν το κουράγιο, τη δύναμη, την προστασία και αποτελούσαν εθνικά εμβλήματα (λιοντάρι, αετός, αρκούδα). Η προσωποποίηση, όμως, ενός ζώου ως εχθρού είναι μια αποκρουστική εικόνα και έχει ανεπιθύμητα χαρακτηριστικά. Μερικές φορές, μάλιστα, ο εχθρός παίρνει την εικόνα των εντόμων και ασθενειών. Τυπικά χαρακτηριστικά αυτού του είδους εχθρού απαντά στους Ψαλμούς 68:30 και 74:18-19. Το **λιοντάρι** αποτελεί τον πιο συνήθη συμβολισμό του εχθρού. Ο συγκεκριμένος τύπος εχθρού διαθέτει όλα τα αρνητικά χαρακτηριστικά του λιονταριού (επιθετικό, φθονερό, χωρίς οίκτο, σαρκοφάγο πρβλ. Ψαλμ. 7:2,17:11-12, 57:4, 91:13). Το **σκυλί** αποτελεί, επίσης, συμβολισμό του εχθρού (πρβλ. Ψαλμ. 59:6, 59:14, 22:16, 7:2, 22:16 - 21, 80:12 – 16). Έτερος συμβολισμός του εχθρού αποτελεί ο **αγριόχοιρος** (πρβλ. Ψαλμ. 80:8 – 13), το **φίδι** (πρβλ. Ψαλμ. 58:3-5, 91:13) και τα **έντομα**, ειδικότερα όσα τσιμπούν (πρβλ. Ψαλμ. 118:12). Εκτός του συμβολισμού των ζώων ως εχθρών, σπάνια εμφανίζεται το **αγκάθι** (πρβλ. Ψαλμ. 118:10), το **άχυρο** και η **σκόνη** (πρβλ. Ψαλμ. 35:5,83:16), ο **καπνός** και το **λιωμένο κερί** (πρβλ. Ψαλμ. 68:1-2). Επίσης, ο εχθρός παρομοιάζεται με την **ασθένεια** (πρβλ. Ψαλμ. 91:3 και 91:6).

Άλλο είδος εχθρού είναι ο **παραπλανητικός εχθρός**, με κύρια χαρακτηριστικά την εξαπάτηση, την παραπλάνηση, την απρόκλητη συνωμοσία εναντίον αθώων και τίμιων ανθρώπων. Το είδος αυτό του εχθρού μπορεί να είναι ανθρώπινο μπορεί και όχι. Ο **Bernard De Geradon**[751], αναφέρει ότι η ανθρωπολογία της Π.Δ. αποτελείται από τρεις φυσικές ζώνες: τα μάτια / καρδιά, τα οποία έχουν να κάνουν με τη θέληση, τα αυτιά / στόμα, τα οποία αναφέρονται στην έκφραση της θέλησης και, τέλος, τα χέρια / πόδια, τα οποία σχετίζονται με την πραγματοποίηση της θέλησης. Σε έναν φυσιολογικό άνθρωπο αυτές οι τρεις ζώνες βρίσκονται σε αρμονία. Όταν διαταράσσεται αυτή η αρμονία, τότε ο άνθρωπος αρχίζει να παραπλανά και να κάνει κακό σε άλλους ανθρώπους, με αποτέλεσμα να γίνεται εχθρός. Βέβαια αυτή η συμφορά δεν συμβαίνει κατά τύχη, αλλά είναι προσχεδιασμένη ως επί το πλείστον. Αυτό το είδος εχθρού είναι κοινός τόπος στους Ψαλμούς.

Ο **φαύλος εχθρός** στους Ψαλμούς θέλει να πάρει τη ζωή του ψαλμωδού και, συνεχώς, συνωμοτεί εναντίον του (Ψαλμ. 37). Έχοντας, λοιπόν, τόση κακία στην καρδιά είναι αδύνατον ο εχθρός να μην εκφράσει και να μην πράξει το κακό (Ψαλμ. 5:9). Η

---

[751] Bernard De Geradon, L' home a l' image de Dieu: Approche Nouvelle a la lumiere de l' anthropologie du sens commun, Nouvelle revue Theologique, 1958, 11, σελ. 681-95.

σύγκριση της γλώσσας και των δοντιών ως μέσων καταστροφής είναι αρκετά συνηθισμένη (Ψαλμ. 64:3-4), εξαιτίας του ότι και ο νους και η καρδιά έχουν προσχεδιάσει το κακό (Ψαλμ. 64:5-6, 120:2-4, 140:3).

Στους **προφήτες απαντά ο εχθρός που σαρκάζει και τρομάζει**, όπως η γυναίκα που γεννάει[752]. Η ομοιότητα και η μονοτονία της εικόνας του ψαλμωδού κατά τον Birkeland αποτελεί κοινωνικό στερεότυπο μοναδικό για ο αρχαίο Ισραήλ. Αυτό το οποίο αξίζει να σημειωθεί είναι, ότι όλες αυτές οι εικόνες αντιπροσωπεύουν αρχέτυπα[753]. Η αντιπαράθεση γίνεται μεταξύ καλού και κακού, μεταξύ ιερού και ανίερου, μεταξύ αθώου και ενόχου, μεταξύ αλήθειας και ψεύδους. Οι σκοποί ενός εχθρού είναι, πάντα, άτιμοι[754]. Ο **McKay** αναφέρει, ότι ο λαός του Ισραήλ κληρονόμησε τα βίαια αισθήματα από τους γειτονικούς του λαούς. Η καρδιά της Π.Δ. βρίσκεται στη διαφοροποίηση του Γιαχβέ και του Ισραήλ από τους γειτονικούς λαούς του[755]. Ο **R. E. Murphy**[756] αναφέρει ότι υπάρχει τρόπος να αναγνωρισθεί ο εχθρός. Η έννοια του εχθρού αποτελεί μια ανθρώπινη

---

[752] Σε μια εποχή κατά την οποία η διαφοροποίηση των δύο φύλων ήταν πιο απόλυτη και έντονη, η εικόνα της γυναίκας σε τοκετό είναι όντως τρομακτική) και απαντά μια μόνο φορά στους Ψαλμούς (48:6) στη θέα της Σιών.

[753] H. Dieckmann, The Enemy Image, Quadrant, *Journal of C.G.Jung Foundation*, Fall, 1984, σελ. 61-69.

[754] S. Keen, *Faces of the Enemy: Reflections of a Hostile Imagination*, San Francisco, Harper and Row, 1987.

[755] J. N. McKay, *Violence: Right or Wrong?* Waco, TX: Word Books, 1973.

[756] R. E. Murphy, *The Psalms – Job*, Philadelphia: Fortress Press, 1977.

πραγματικότητα, την οποία κανείς δεν μπορεί να αποφύγει.

III. 8. ΤΟ ΘΕΜΑ ΤΗΣ ΕΛΠΙΔΑΣ

Ο **D. R. Denton**[757] αναφέρει, ότι η **έννοια της ελπίδας** αποτελεί την πιο πολυχρησιμοποιημένη έννοια στη θεολογική επιστήμη. Η ανάλυση της ελπίδας είναι εξίσου σημαντική και για την Π.Δ. αλλά και για την Κ.Δ. Όσον αφορά την Π.Δ. η ελπίδα αποτελεί χαρακτηριστικό γνώρισμα του ανθρώπου, καθώς ανήκει στη φύση του ανθρώπου. Στην Π.Δ. γίνεται σαφές, ότι η ελπίδα έχει τις ρίζες της στο Θεό. Για τους Ισραηλίτες η ελπίδα δεν ήταν κάτι αόριστο ή αβέβαιο. Δεν αποτελούσε κάποια επιθυμία ή σκέψη, κι αυτό γιατί υπήρχε ο Γιαχβέ. Ο Θεός αποτελεί τη βάση της ελπίδας, εξαιτίας της σωτηρίας και της διαθήκης του με το Ισραήλ. Η βάση της ελπίδας για το Ισραήλ αποτελεί και την υπαρκτή σχέση μεταξύ του Ισραήλ και του Θεού[758]. Ο Θεός ήταν Αυτός, ο Οποίος έβγαλε τους ανθρώπους του από την σκλαβιά. Είναι πιστός και δεν αποτυγχάνει στις υποσχέσεις Του. Οι Ισραηλίτες ανήκουν στο Θεό και, ακριβώς επειδή είναι άξιος εμπιστοσύνης, μπορούν να ελπίζουν στο Θεό τους.

Ο **P. S. Minear**[759] προτείνει, ότι η πραγματική ελπίδα ενώνει τα δύο τμήματα

---

[757] D. R. Denton, The biblical basis of Hope, (χ.χ., χ.τ.).

[758] H. W. Robinson, *The Religious Ideas of the Old Testament* (London, 1959), σελ. 186, C. F. D. Moule, The Meaning of Hope, *FBBS* 5, (Philadelphia, 1963), σελ. 24.

[759] P. S. Minear, Hope, *IDB* 2 (1962), σελ. 640.

της Διαθήκης, δηλαδή τους Ισραηλίτες από τη μια πλευρά και τον Θεό από την άλλη. Οι προφήτες αναφέρουν, ότι οι άνθρωποι του Θεού είναι «φυλακισμένοι της ελπίδας» (Ζαχ. 9:12), αφού είναι αιχμάλωτοι και περιμένουν τον Θεό να τους σώσει. Ο Θεός θα τους σώσει, εξαιτίας της Διαθήκης που έχει κάνει με τους Ισραηλίτες και την έχει σφραγίσει με το αίμα Του (Ζαχ. 9:11). Αυτή η Διαθήκη επιβεβαιώνει τη φροντίδα και τη σωτηρία που τους προσφέρει ο Θεός. Η Π.Δ. αποκαλύπτει ότι ο Θεός αποτελεί τη βάση της ελπίδας, εξαιτίας της φύσης Του και των ιδιοτήτων Του. Η ακλόνητη αγάπη του Γιαχβέ δεν διακόπτεται ποτέ, το έλεός Του δεν έχει τέλος. Η **πηγή της ελπίδας** είναι ο ίδιος ο Θεός. Ο 130ος Ψαλμός αναφέρει, ότι «περιμένει τον Κύριο και ελπίζει για το λόγο Του» γνωρίζοντας, ότι υπάρχει συγχώρεση. Μετά ζητά από τον Ισραήλ να ελπίσει στον Κύριο (130:9)[760]. Ο Ισραήλ μπορεί να έχει εμπιστοσύνη στην ελπίδα, την οποία του προσφέρει ο Γιαχβέ. Η ελπίδα αποτελεί χαρακτηριστικό γνώρισμα του Θεού, καθώς αποτελεί εμπιστοσύνη στις ιδιότητές του[761].

Στην **Κ.Δ.** η έννοια της ελπίδας απαντά, κυρίως, στις Επιστολές του Παύλου. Στην **προς Ρωμ. 15:9-12** γίνεται λόγος για την ελπίδα, την οποία χρησιμοποιεί ο

---

[760] W. Zimmerli, Man and His Hope in the Old Testament (SBT 2/20, London, 1971), σελ.7, C. Westermann, Das Hoffen im Alten Testament, *Forschung am Alten Testament* (Munich, 1964), σελ. 221-226, E. Hoffmann, Hoffnung, *Theologisches Begriffslexikon zum Neuen Testament* (2 vols., Wupertal, 1965), 1, σελ. 722.
[761] H. Bardtke, Hoffnung, *RGG* 3 (1959), σελ. 415-416.

Απόστολος στην προσευχή αυτή, προκειμένου να γεμίσει τους αναγνώστες με χαρά και ειρήνη. Ο Θεός αποτελεί τη βάση της ελπίδας, σε Αυτόν στον Οποίο στηρίζεται εξ' ολοκλήρου η ελπίδα. Ο Θεός αποτελεί την αρραγή βάση της ελπίδας, προσφέροντας έτσι μια βεβαιότητα στους ανθρώπους[762]. Στην **Α΄ προς Τιμ. 6:17** ο Τιμόθεος αναφέρει ότι δεν πρέπει να εναποθέσουν τις ελπίδες τους στα πλούτη, αλλά στον Θεό. Κι αυτό προέρχεται από χωρίο της Π.Δ. (Παρ. 11:28), όπου ο άνθρωπος δεν πρέπει να στηρίζεται στα πλούτη, καθώς τα πλούτη αποτελούν θεμέλιο της άμμου, και έτσι δεν πρόκειται να στηρίξουν καμιά ελπίδα. Ο Θεός είναι ο μόνος, στον Οποίο μπορούν να στηρίξουν την ελπίδα τους[763]. Η ίδια αναφορά απαντά επίσης στην **Β΄ Κορινθ. 1:10** όπως και στην **προς Εβραίους 10:23**. Στις **Επιστολές του Ιωάννη** γίνεται μια και μοναδική αναφορά στο θέμα της ελπίδας (Α΄ Ιωάν. 3:3)[764]. Σημαντικές είναι οι αναφορές από τις **Πράξεις των Αποστόλων** (26:6 και 24:15). Το περιεχόμενο αυτής της θείας προσδοκίας είναι η έκφραση όπως δίνεται από τον ίδιο τον Θεό, στον οποίο βασίζεται η βεβαιότητά μας και η σιγουριά μας. Μια τέτοια υπόσχεση δεν μπορεί να αποτύχει.

---

[762] C. K. Barrett, *A Commentary on the Epistle to the Romans* (Black's New Testament Commentaries, London, 1962), σελ. 272.

[763] Πρβλ. Α΄ Τιμ. 4:10, όπου αναφέρεται ότι εναποθέσαμε τις ελπίδες μας στον Θεό, ο Οποίος είναι ο σωτήρας όλων των ανθρώπων, ιδιαίτερα όσων πιστεύουν.

[764] A. Plummer, The Epistle of St. John (*CBSC*, Cambridge, 1954), σελ. 122.

Στενά συνδεδεμένο με **το θέμα της ελπίδας είναι το θέμα των υποσχέσεων του Θεού**, καθώς ό,τι υπόσχεται ο Θεός είναι σίγουρο ότι θα λάβει χώρα στο μέλλον. Ο Αβραάμ το πιστεύει αυτό, καθώς του υποσχέθηκε ο Θεός, ότι θα γίνει ο πατέρας ενός μεγάλου έθνους. Σε αυτή την υπόσχεση επιδεικνύει πίστη, όπως χαρακτηριστικά αναφέρει ο Απόστολος Παύλος[765], η οποία συνδέεται με την ελπίδα, ότι αυτό θα πραγματοποιηθεί. Ο Αβραάμ ελπίζει, γιατί μπορεί να εμπιστευτεί τον Θεό και επειδή η υπόσχεση ήταν πολύ συγκεκριμένη[766]. Αυτή η θεία υπόσχεση προς τον Αβραάμ αποτελεί το σημείο εκκίνησης στην προς Εβραίους 6:13-20. Η ελπίδα δίνει τη δυνατότητα να διατηρηθεί η πίστη του ανθρώπου αρραγή. Η παρουσία του Θεού αποτελεί μια δυναμική συμμετοχή στο θέμα της ελπίδας μας προς τον Θεό[767]. Οι υποσχέσεις του Θεού αποτελούν τη βάση της ελπίδας. Η ελπίδα των πιστών δεν περιορίζεται στο παρελθόν, αλλά εκτείνεται, κυρίως, προς το μέλλον[768]. Η αιώνια ζωή προβάλλεται ως ένα αντικείμενο ελπίδας.

Τόσο στην Κ.Δ., όσο και την Π.Δ. ο Θεός αποτελεί τη βάση της ελπίδας. Ανάμεσα στην ελπίδα της Π.Δ. και της Κ.Δ. υπάρχει μια σημαντική διαφορά: η σωτηρία του Θεού

---

[765] Ρωμ. 4:13-25.

[766] C. E. B. Cranfield, *The Epistle of the Romans*, (2 vols., *ICC*, Edingburgh, 1975-78), σελ. 245-6.

[767] F. F. Bruce, *Commentary on the Epistle to the Hebrews* (*NICNT*, London, 1964), σελ. 131.

[768] πρβλ. Τίτ. 1:2, J. N. D. Kelly, *A Commentary of the Pastoral Epistles*, Black's New Testament Commentaries (London, 1963), σελ. 227, H. J. A. Bouman, The Christian Hope, *Concordia Theological Monthly* 26 (1955), σελ. 245.

γίνεται αντιληπτή μέσα από ένα νέο φως, σύμφωνα με τον θάνατο και την ανάσταση του Κυρίου. Αυτά τα δύο γεγονότα στην ιστορία της σωτηρίας κάνουν, ακόμα, πιο αρραγή τη βάση της ελπίδας του Θεού. Ο θάνατος του Χριστού αποτελεί τη βάση για μια καινούργια έξοδο και εγκαθιδρύει την καινούργια διαθήκη. Η ελπίδα του Χριστού βασίζεται πάνω στην ελπίδα του Θεού, αλλά έχει τις ρίζες της στο Χριστό, ο Οποίος ήρθε στη γη για να κάνει τη σωτηρία πραγματικότητα[769].

---

[769] Παραδόξως αυτή η αλήθεια φαίνεται να ανήκει στην παύλεια σκέψη, η οποία αρμόζει πλήρως στο σημαντικό ρόλο, που παίζει η εξιλέωση στη διδασκαλία του Παύλου. Μερικοί, θεωρούν ότι ο εξιλεωτικός θάνατος του Χριστού απεικονίζεται ως βάση της ελπίδας. Η προς Ρωμαίος Επιστολή αποτελεί την πιο σταθερή βάση για τη διδασκαλία της δικαιοσύνης στη διδασκαλία του Παύλου. Στη συγκεκριμένη Επιστολή εμφανίζεται περισσότερο από οποιοδήποτε άλλο κείμενο η λέξη «ελπίδα», καθώς απαντάται 17 φορές σε σύνολο 84 φορών. Μάλιστα από τις 17 φορές τις 13 απαντά το ουσιαστικό ελπίς μόνο του. Επίσης, τα 2/3 των εμφανίσεων της λέξης γίνονται στα 8 πρώτα κεφάλαια, όπου ο Παύλος ξεκαθαρίζει τι σημαίνει ευαγγέλιο. Η επιχειρηματολογία του Παύλου ξεκινάει από τη δικαιοσύνη περνάει από την αγιοποίηση και τη μελλοντική δόξα για να καταλήξει στην πνευματική ζωή, δείχνοντας έτσι την εξέλιξη της χριστιανικής ζωής και τις μεγάλες αλήθειες, οι οποίες έχουν ως βάση τη δικαιοσύνη. Η ελπίδα της δοξασμένη εκπλήρωσης προέρχεται απευθείας από την εξιλέωση. Η περιγραφή της αιώνιας ζωής ως μελλοντική πραγματικότητα δεν αρνείται την ύπαρξη της παρούσας κατάστασης, αλλά μέλημα του Παύλου είναι η πλήρης κατανόηση της εκπλήρωσης. Αυτό περιγράφεται ως ελπίδα, η οποία θα παραμείνει ως αντικείμενο της ελπίδας έως εκείνο τον καιρό, δηλ. την μελλοντικής πραγματικότητας. Στην προς Κολοσσαείς Επιστολή ο Παύλος δίνει μια καταπληκτική περιγραφή του προσώπου και του έργου του Χριστού. Ο Χριστός βρίσκεται μεταξύ του Θεού και του ανθρώπου. Η συμφιλίωση, την οποία κατορθώνει ο Χριστός, έχει κοσμικό μέγεθος και μέτρο. Όποιοι ήταν ενάντια στο Θεό, τώρα ο

Χριστός τούς συμφιλιώνει με το θάνατό Του. Ο Παύλος ξεκινά από αυτό το σημείο, προκειμένου να αναφερθεί στο σκοπό της συμφιλίωσης μεταξύ του ανθρώπου και του Θεού. Η μελλοντική άποψη της ελπίδας είναι ξεκάθαρα το μήνυμα ''αναμένοντας την ευλογημένη ελπίδα, την εμφάνιση της δόξας του μεγάλου Θεού και του Σωτήρα Ιησού Χριστού'' (Τίτ. 2:13). Η επεξηγηματική φράση μετά τη λέξη ''ελπίδα'' εξαγγέλλει το περιεχόμενό της, αποτελώντας προσθήκη (E. K. Simpson, *The Pastoral Epistles* (London, 1954), σελ. 108.). Η φαινομενική βάση της χριστιανικής ελπίδας στην Κ.Δ. είναι η ανάσταση του Χριστού (G. B. Caird, The Christological Basis of Christian Hope, *The Christian Hope (Theological Collection* 13, London, 1970*)*, σελ. 9). Το πιο ξεκάθαρο *παράδειγμα απαντά στην Α΄ Πέτρου 1:3, όπου ο συγγραφέας ευλογεί τον Θεό επειδή ξαναγεννηθήκαμε σε μια καινούργια ζωντανή ελπίδα μέσω της ανάστασης του Ιησού. Η αναγέννηση έλαβε χώρα εξαιτίας της ανάστασης του Χριστού* (J. N. D. Kelly, *The Epistles of Peter and of Jude (Black's New Testament Commentaries,* London, 1969*)*, σελ. 48). Αυτή η καινούργια ζωή συνοδεύεται επίσης από ελπίδα. Η ελπίδα δεν προέρχεται από το μυαλό του ανθρώπου, αλλά προέρχεται από τις υποσχέσεις του Θεού. Η ελπίδα βασίζεται στον Θεό. Οι αλήθειες της Π.Δ. επαναλαμβάνονται στην Κ.Δ. και κυρίως στις Πράξεις των Αποστόλων και στην προς Εβραίους Επιστολή. Η ελπίδα έχει τις ρίζες της στην ανάσταση του Χριστού. **Κεντρικός άξονας της *θεολογίας της ελπίδας*** είναι η σταύρωση και η ανάσταση του Ιησού Χριστού. Αυτό το μοναδικό στην ιστορία γεγονός, αποτελεί τη σημαντικότερη δήλωση του Θεού για την εκπλήρωση των υποσχέσεών Του απέναντι στο λαό Του. Όμως, η ανάσταση του Χριστού δεν αποτελεί το τέλος των υποσχέσεων του Θεού. Με την ανάσταση δηλώνεται, ότι το νόημα του Χριστού θα το ανακαλύψει ο άνθρωπος στην πορεία του μέσα στο χρόνο. Ο **Moltmann** πιστεύει ότι την αληθινή αποκάλυψη δύναται ο άνθρωπος να τη βρει μόνο υπό το φως της εσχατολογίας. Επίσης, στρέφει την προσοχή του στην ιδέα της «***προοδευτικής αποκάλυψης***», όπως αυτή λαμβάνει χώρα σε ολόκληρη την Βίβλο. Η προοδευτικότητα της αποκάλυψης του Χριστού γίνεται υπό το φως της ανάπτυξης της σωτηρίας, σύμφωνα με το θείο σχέδιο. Ο αληθινός σκοπός αυτής της «*θεολογίας της ιστορίας της σωτηρίας*» είναι ότι η αποκάλυψη βλέπει και προς την ιστορία, αλλά και προς την εσχατολογία. Έτσι γίνεται *προοδευτική αποκάλυψη.* Το θέμα, όμως, είναι κατά πόσο η αποκάλυψη αποτελεί ερμηνεία της υπαρκτής ζωής στην πορεία της ιστορίας ή απλώς η αποκάλυψη αποτελεί τις ρίζες και την κατεύθυνση αυτής της προόδου της ιστορίας. Η *θεολογία της ιστορίας* ως ερμηνεία της ιστορίας ακολουθεί την ελληνική σκέψη, σύμφωνα με την οποία η πραγματικότητα του κόσμου, ή στην προκειμένη περίπτωση η πραγματικότητα της ιστορίας βλέπει τον Θεό να αντανακλάται στον κόσμο ή την ιστορία. Με αυτό τον συλλογισμό, η αποκάλυψη ολοκληρώνεται όταν ολοκληρώνεται και η ιστορία. Από την άλλη, η εσχατολογία ενδιαφέρεται για την ολοκλήρωση της αποκάλυψης και όχι για την εκπλήρωση των υποσχέσεων. Εν συνεχεία ο Moltmann κάνει λόγο για τη θετική έκβαση των υποσχέσεων του Θεού (στο κεφάλαιο υπό τον τίτλο «Υπόσχεση και Ιστορία»). Στο κεφάλαιο αυτό ο Moltmann προσπαθεί να εντοπίσει τη σχέση της υπόσχεσης με την ιστορία. Συνδυάζει την υπόσχεση με την εκπλήρωση της αποκάλυψης του Θεού. Η απάντηση του Παύλου στο θέμα της παρουσίας του αιώνιου είναι η εσχατολογική παρουσία του μέλλοντος. Ο θάνατος δεν αποτελεί παρελθόν αλλά ένας διαφορετικός – μπορεί και αρνητικός - τρόπος συμμετοχής στη ζωή. Ο Moltmann αναφέρεται επίσης και στις φιλοσοφίες τις σχετικές με το θάνατο του Θεού. Μια αθεϊστική προσέγγιση στην ανάσταση, όταν προσπαθούμε να την προσδιορίσουμε ιστορικά, υπαρξιακά ή ουτοπιστικά, δεν απαιτεί την ιδέα του Θεού ως τον απαραίτητο παράγοντα. Όταν η ιστορική επιστήμη, οι ιδέες του κόσμου και η ίδια μας η ύπαρξη μπορούν να αποδείξουν ότι ο Θεός της ανάστασης έχει πεθάνει, τότε εγείρεται η αναγκαιότητα της δήλωσης ότι ο Θεός, ο Οποίος ανέστησε τον Ιησού από τους νεκρούς, είναι ο Θεός των υποσχέσεων. Ο Moltmann είναι σίγουρος ότι η θεολογία των υποσχέσεων αποτελεί την απάντηση σε κάθε ερώτημα σχετικά με τον Ιησού Χριστό. Το μέλλον του Ιησού Χριστού, ακόμα κι αν είναι ένα θέμα προς διερεύνηση, δεν αποτελεί αβεβαιότητα. Είναι το μέλλον της ενάρετης ζωής, της ζωής και της βασιλείας του Θεού. Το ενάρετον του Θεού είναι η πίστη του Θεού στις υποσχέσεις και τους νόμους, που ο Ίδιος έδωσε στους ανθρώπους. Η αμαρτία δεν έχει πεδίο δράσης και είναι το απόλυτο τίποτα. Το ενάρετον, λοιπόν, δεν αποτελεί μόνο δώρο του Θεού, αλλά και δύναμη που δίνει ο Θεός στον άνθρωπο, για να επιτελέσει το έργο του. (βλ. Jurgen Moltmann, *Theology of Hope: On the Ground and the Implications of a Christian Eschatology*, SCM Press, London, 1967)

IV. ΣΥΜΠΕΡΑΣΜΑΤΑ

Συνισταμένη όλων των θεμάτων, όπως αυτά αναλύθηκαν στο τρίτο τμήμα της παρούσας εργασίας με τίτλο «Συστηματική θεώρηση του βασικού ψαλμικού χωρίου και των παραλλαγών αυτού», καθώς και η κεντρική ιδέα του βασικού ψαλμικού χωρίου 42:4 «... *ποῦ ἐστιν ὁ θεός σου;*...» αποτελεί η μονοθεΐα, ως απάντηση στην ειδωλολατρία και το ειδωλολατρικό περιβάλλον της Π.Δ. Πριν από οποιαδήποτε ανάλυση της έννοιας της ειδωλολατρίας, θα πρέπει να λυθεί το πρόβλημα του ορισμού αυτής, δεδομένου ότι ο όρος δύναται να σημαίνει όχι μόνο τη λατρεία των ειδώλων, αλλά και τη λατρεία των ξένων θεών. Ήδη, από τον Δεκάλογο γίνεται λόγος για την καταπολέμηση της ειδωλολατρίας, αφού η δεύτερη εντολή αναφέρεται στη λατρεία των ειδώλων[770]. Στην ισραηλιτική σκέψη μια παγανιστική θεότητα παρουσιάζεται στο είδωλό της (Έξ. 20:23, 32:31, Λευ. 19:4, Ιησ. Ν. 24:14, Β΄ Βασ. 17:29, 19:18). Σε πολλές περιπτώσεις οι συγγραφείς της Π. Δ. δεν διακρίνουν μεταξύ της λατρείας άλλων θεών, της λατρείας των ειδώλων και της λατρείας του Κυρίου, ο οποίος απεικονίζεται σε είδωλα. Η θρησκευτική σημασία της ειδωλολατρίας εξαπλώνεται στη θεία λατρεία προς κάθε ον, το οποίο δεν είναι ο αληθινός Θεός. Το δημιούργημα, συνήθως, αντιπροσωπεύεται από κάποια εικόνα ή είδωλο. Η έννοια της ειδωλολατρίας εκτείνεται όχι μόνο στο

---

[770] Εξ. 19:1-20:26.

είδωλο, αλλά και στο δημιούργημα που αντιπροσωπεύει, με αποτέλεσμα οι άνθρωποι να αποδίδουν σε αυτό θείες τιμές. Λατρεύουν το δημιούργημα και τον άνθρωπο που το δημιούργησε, αλλά όχι τον Έναν και Αληθινό Δημιουργό, τον Δημιουργό των πάντων. Οι πιστοί αυτού του είδους ήταν τριών ειδών: στην πρώτη κατηγορία ανήκαν οι άνθρωποι, οι οποίοι λατρεύονταν ως θεοί και τους αποδίδονταν τιμές στα αγάλματά τους, όπως είναι για παράδειγμα ο Δίας. Στη δεύτερη κατηγορία ανήκαν όσοι πίστευαν, ότι όλος ο κόσμος είναι θεός, με αποτέλεσμα να λατρεύουν όλον τον κόσμο, καθώς και κάθε τμήμα αυτού χωριστά, δηλαδή τον αέρα, το νερό, τη φύση. Τέλος, υπήρχαν και οι οπαδοί της πλατωνικής φιλοσοφίας, η οποία έκανε λόγο για έναν υπέρτατο θεό, ως αιτία όλων των πραγμάτων. Κάτω από αυτόν τον υπέρτατο θεό υπήρχαν άλλες θεότητες, οι οποίες εκπροσωπούσαν τη δημιουργία και τη θειότητά του. Κάτω από αυτές τις θεότητες υπήρχε άλλη κατηγορία θεοτήτων, οι ψυχές των ουρανίων σωμάτων, και κάτω από αυτές οι δαίμονες, οι οποίοι ήταν αέρινα πνεύματα. Στο κατώτερο επίπεδο υπήρχαν οι ανθρώπινες ψυχές, οι οποίες θα ζούσαν είτε στον κόσμο των θεών είτε στον κόσμο των δαιμόνων. Σε όλες αυτές τις κατηγορίες θεοτήτων αποδίδονταν θείες τιμές.

Ο πιο κοινά **χρησιμοποιούμενος όρος στη μετάφραση των Ο΄**, για να δηλώσει τον όρο idol είναι η λέξη «εδώλιον», η οποία απαντά 100 φορές. Η χρήση της λέξης αυτής δηλώνει ακόμα το στοιχείο του εξευτελισμού στην περιγραφή ενός ειδώλου. Ο Παύλος αντανακλά αυτή τη διδασκαλία, τόσο στην προς Ρωμαίους Επιστολή 1:18-32[771], όσο και στην Α΄ Προς Κορινθίους Επιστολή 12:2[772], καθώς αναφέρει, ότι η λατρεία των ειδώλων αποτελεί και σφάλμα και άκαιρη ματαιότητα[773]. Η περιγραφή των ειδώλων

---

[771] «[18] Ἀποκαλύπτεται γὰρ ὀργὴ Θεοῦ ἀπ᾽ οὐρανοῦ ἐπὶ πᾶσαν ἀσέβειαν καὶ ἀδικίαν ἀνθρώπων τῶν τὴν ἀλήθειαν ἐν ἀδικίᾳ κατεχόντων, [19] διότι τὸ γνωστὸν τοῦ Θεοῦ φανερόν ἐστιν ἐν αὐτοῖς· ὁ γὰρ Θεὸς αὐτοῖς ἐφανέρωσε. [20] τὰ γὰρ ἀόρατα αὐτοῦ ἀπὸ κτίσεως κόσμου τοῖς ποιήμασι νοούμενα καθορᾶται, ἥ τε ἀΐδιος αὐτοῦ δύναμις καὶ θειότης, εἰς τὸ εἶναι αὐτοὺς ἀναπολογήτους, [21] διότι γνόντες τὸν Θεὸν οὐχ ὡς Θεὸν ἐδόξασαν ἢ εὐχαρίστησαν, ἀλλ᾽ ἐματαιώθησαν ἐν τοῖς διαλογισμοῖς αὐτῶν, καὶ ἐσκοτίσθη ἡ ἀσύνετος αὐτῶν καρδία· [22] φάσκοντες εἶναι σοφοὶ ἐμωράνθησαν, [23] καὶ ἤλλαξαν τὴν δόξαν τοῦ ἀφθάρτου Θεοῦ ἐν ὁμοιώματι εἰκόνος φθαρτοῦ ἀνθρώπου καὶ πετεινῶν καὶ τετραπόδων καὶ ἑρπετῶν. [24] Διὸ καὶ παρέδωκεν αὐτοὺς ὁ Θεὸς ἐν ταῖς ἐπιθυμίαις τῶν καρδιῶν αὐτῶν εἰς ἀκαθαρσίαν τοῦ ἀτιμάζεσθαι τὰ σώματα αὐτῶν ἐν αὐτοῖς, [25] οἵτινες μετήλλαξαν τὴν ἀλήθειαν τοῦ Θεοῦ ἐν τῷ ψεύδει, καὶ ἐσεβάσθησαν καὶ ἐλάτρευσαν τῇ κτίσει παρὰ τὸν κτίσαντα, ὅς ἐστιν εὐλογητὸς εἰς τοὺς αἰῶνας· ἀμήν. [26] Διὰ τοῦτο παρέδωκεν αὐτοὺς ὁ Θεὸς εἰς πάθη ἀτιμίας. αἵ τε γὰρ θήλειαι αὐτῶν μετήλλαξαν τὴν φυσικὴν χρῆσιν εἰς τὴν παρὰ φύσιν, [27] ὁμοίως δὲ καὶ οἱ ἄρσενες ἀφέντες τὴν φυσικὴν χρῆσιν τῆς θηλείας ἐξεκαύθησαν ἐν τῇ ὀρέξει αὐτῶν εἰς ἀλλήλους, ἄρσενες ἐν ἄρσεσι τὴν ἀσχημοσύνην κατεργαζόμενοι καὶ τὴν ἀντιμισθίαν ἣν ἔδει τῆς πλάνης αὐτῶν ἐν ἑαυτοῖς ἀπολαμβάνοντες. [28] Καὶ καθὼς οὐκ ἐδοκίμασαν τὸν Θεὸν ἔχειν ἐν ἐπιγνώσει, παρέδωκεν αὐτοὺς ὁ Θεὸς εἰς ἀδόκιμον νοῦν, ποιεῖν τὰ μὴ καθήκοντα, [29] πεπληρωμένους πάσῃ ἀδικίᾳ, πορνείᾳ, πονηρίᾳ, πλεονεξίᾳ, κακίᾳ, μεστοὺς φθόνου, φόνου, ἔριδος, δόλου κακοηθείας, [30] ψιθυριστάς, καταλάλους, θεοστυγεῖς, ὑβριστάς, ὑπερηφάνους, ἀλαζόνας, ἐφευρέτας κακῶν, γονεῦσιν ἀπειθεῖς, [31] ἀσυνέτους, ἀσυνθέτους, ἀστόργους, ἀσπόνδους, ἀνελεήμονας· [32] οἵτινες τὸ δικαίωμα τοῦ Θεοῦ ἐπιγνόντες, ὅτι οἱ τὰ τοιαῦτα πράσσοντες ἄξιοι θανάτου εἰσίν, οὐ μόνον αὐτὰ ποιοῦσιν, ἀλλὰ καὶ συνευδοκοῦσι τοῖς πράσσουσι».

[772] « [2] οἴδατε ὅτι, ὅτε ἔθνη ἦτε, πρὸς τὰ εἴδωλα τὰ ἄφωνα ὡς ἂν ἤγεσθε ἀπαγόμενοι.».

[773] πρβλ. Α΄ Θεσ. 1:9-10, Πρ. 14:15, Α΄ Ιωάν. 5:21, όπου τα είδωλα αντιπαραβάλλονται με τον ζωντανό Θεό.

διανθίζεται και από άλλους εξευτελιστικούς χαρακτηρισμούς, όπως το ότι είναι «ακάθαρτα», «αδύναμα», και «κενά». Οι ισραηλίτες δεν έπρεπε, απλά, και μόνο να αποφεύγουν την ειδωλολατρία. Η γλώσσα, η οποία χρησιμοποιείται είναι «σκληρή», καθώς πρέπει, ολοσχερώς, «να απεχθάνονται και να αποστρέφονται τους γήινους θεούς» (Δευτ. 7:25). Η προσπάθεια των Ισραηλιτών να αντισταθούν στην παγανιστική πίεση ήταν να συμβιβάσουν τη θρησκεία τους με την ειδωλολατρία. Κάτι τέτοιο φαίνεται ξεκάθαρα στο βιβλίο του Δανιήλ, όπου αποφεύγεται το πλούσιο ειδωλολατρικό γεύμα του βασιλιά (1ο κεφ.). Μετά ακολουθεί το επεισόδιο του Δανιήλ και των τριών φίλων του, οι οποίοι αρνούνται να λατρέψουν το χρυσό άγαλμα του βασιλιά (3ο κεφ.), καθώς και η άρνηση του Δανιήλ να προσευχηθεί στον βασιλιά (6ο κεφ.). Σύμφωνα με το βιβλίο του Δανιήλ αυτού του είδους τα γήινα βασίλεια θα δώσουν τη θέση τους στη βασιλεία του ενός αληθινού Θεού (2:44, 4:3, 4.34, 6:26 και 7ο κεφ.). Κύριο χαρακτηριστικό της ειδωλολατρίας είναι η αμαρτωλή ζωή. Σε αντίθεση με τη θρησκεία των γειτόνων η θρησκεία του Ισραήλ απαγόρευε τη χρήση των εικόνων[774]. Στο Δευτερονόμιο (4:12-18) ο Θεός επιλέγει να κάνει γνωστό τον εαυτό Του με τα λόγια και όχι με την εικόνα. Στον Ησαΐα (40:18 και 40:25) αιτιολογεί, γιατί το απαράμιλλο το Κυρίου αποδίδει σε όλες τις αντιπροσωπευτικές φόρμες απεικόνισης του

---

[774] Εξ. 20:4-5, 34:17, Λευ. 19:4, 26:1, Δευτ. 4:15-19, 4:25, 5:8, Ιερ. 10:3-5, 11:10-13.

θείου ανεπάρκεια. Σε πολλές περιπτώσεις το έθνος αποτυγχάνει να διατηρήσει τη δεύτερη εντολή (ο χρυσός μόσχος Εξ. 32-34, το είδωλο του Μιχαία στους Κριτές 17-18, και ο ταύρος του Ιεροβοάμ στο Α΄ Βασιλειών 12:28-34).

Η ειδωλολατρία από θεολόγους του 20ου αιώνα ορίζεται ως κάτι απόλυτο. Ο **Reinhold Niebuhr**[775], προσπαθώντας να δώσει τον ορισμό της ειδωλολατρίας φτάνει στο σημείο να περιγράψει την αμαρτία. Η έννοια της αμαρτίας χαρακτηρίζεται από το ότι δίνει αξία σε κάτι που δεν αξίζει, αντικαθιστώντας, ταυτόχρονα, τον Θεό. Αυτό άλλωστε αποτελεί τόσο το δυνατό, όσο και το αδύνατο σημείο της. Η έννοια της ειδωλολατρίας περιλαμβάνει όλα τα είδη της αμαρτίας: καταπάτηση του νόμου, ανομία, ανηθικότητα, απουσία της αγάπης. Προκειμένου να γίνει κατανοητή η έννοια της ειδωλολατρίας θα πρέπει να αναζητηθεί η σχέση της ειδωλολατρίας με τα είδωλα, τι περιλαμβάνει η κατηγορία της ειδωλολατρίας και ποια είναι η σχέση αμαρτίας και ειδωλολατρίας.

Η λατρεία ενός και μόνο Θεού κατακλύζει ολόκληρη τη Βίβλο. Ο μονοθεϊσμός φαίνεται, ότι αποτέλεσε το σημείο εκκίνησης όλων των θρησκευτικών συστημάτων, ακόμα και αυτών του ανιμισμού, του τοτεμισμού και του φετιχισμού. Η λατρεία της φύσης, η λατρεία

---

[775] Reinhold Niebuhr, *The Nature and Destiny of Man, vol. 1: Human Nature*, in London, 1941 reprinted Westminster / John Knox Press, 1997, σελ. 137-138 και 178.

των προγόνων, η λατρεία των ηρώων εμπεριέχουν και ψυχολογικά στοιχεία πέρα από τα θρησκευτικά. Πάντα υπήρχε η πίστη, ότι πάνω από τον άνθρωπο υπάρχει μια δύναμη, στην οποία ο άνθρωπος βασίζεται για το κακό και το καλό. Ο πολυθεϊσμός αποτελεί σύγχυση των θρησκευτικών συστημάτων. Η πρώτη ειδωλολατρική αναφορά της Βίβλου απαντά στο Γεν. 31:19, όπου η Ραχήλ κλέβει τα είδωλα του πατέρα της. Επίσης, θα πρέπει να αναφερθεί το ειδωλολατρικό περιβάλλον του ισραηλιτικού λαού στην Π.Δ.

Ο **Norman L. Geisler**[776] κάνει λόγο για έναν πρώιμο μονοθεϊσμό, ο οποίος απαντά, ήδη, από το βιβλίο της Γενέσεως. Ο 1^{ος} στίχος της Γεν. «ΕΝ ἀρχῇ ἐποίησεν ὁ Θεὸς τὸν οὐρανὸν καὶ τὴν γῆν.» είναι καθαρά μονοθεϊστικός. Όλοι οι Πατριάρχες (Αβραάμ, Ισαάκ, Ιακώβ) αντανακλούν έναν πρώιμο μονοθεϊσμό (Γεν. 12-50), σύμφωνα με τον οποίο ο Ένας και Μοναδικός Θεός δημιούργησε τον κόσμο και για τον λόγο αυτό είναι διαφορετικός από αυτόν. Άλλωστε, αυτό αποτελεί και το βασικό χαρακτηριστικό, τόσο του θεϊσμού, όσο και του μονοθεϊσμού. Επίσης, ο Norman L. Geisler αναφέρει, ότι εκτός από το βιβλίο της Γενέσεως και το βιβλίο του Ιώβ αντανακλά μια προ-μωσαϊκή εποχή, κατά την οποία υφίσταται ο μονοθεϊσμός. Το βιβλίο του Ιώβ κάνει λόγο για έναν παντοδύναμο προσωπικό Θεό[777], ο οποίος δημιούργησε τον κόσμο[778] και τον

---

[776] Norman L. Geisler, Primitive Monotheism, *Christian Apologetics Journal*, vol. 1, No. 1, (Spring 1998), σελ. 1-5.
[777] Ιώβ 5:17, 6:14, 8:3, 1:7-8.
[778] Ιώβ 38:4.

κυβερνά[779]. Για τον μονοθεϊσμό της Π.Δ. κάνει λόγο και **το 1ο κεφάλαιο της προς Ρωμαίους Επιστολή,** η οποία αναφέρεται στον ανιμισμό και τον πολυθεϊσμό[780]. Ο **W. Schmidt**[781] ασχολήθηκε με τον πρώιμο μονοθεϊσμό, όπως και ο **James Frazer**[782]. Ο τελευταίος διατύπωσε την υπόθεση, σύμφωνα με την οποία οι θρησκείες κινήθηκαν από τον ανιμισμό, μέσω του πολυθεϊσμού στον ενοθεϊσμό και, τελικά, στον μονοθεϊσμό. Παρ' όλ' αυτά, υπάρχουν αρκετά στοιχεία, τα οποία οδηγούν στην υπόθεση ενός πρώιμου μονοθεϊσμού, όπως αυτός εμφανίζεται στο βιβλίο της Γενέσεως. Τα στοιχεία αυτά λαμβάνονται τόσο από το βιβλίο της Γενέσεως, όσο και το βιβλίο του Ιώβ, καθώς και από τις πινακίδες της Έμπλα[783], και

---

[779] Ιώβ 42:1-2.

[780] Ρωμ. 1:19-25.

[781] Πρβλ. W. Schmidt, *Primitive Revelation* (St. Louis, MO: B. Herder, 1939).

[782] James Frazer, *The Golden Bough*, (London: Macmillan, 1890, 1912 2nd ed.).

[783] Το 1968 μια ομάδα Ιταλών αρχαιολόγων υπό τις οδηγίες του Paolo Matthiae του Πανεπιστημίου της Ρώμης, στην περιοχή της βόρειας Συρίας άρχισε να φέρνει στο φως πάνω από 20.000 πήλινες πινακίδες Ακκαδικής προέλευσης. Η Ακκαδία ήταν στην αρχαιότητα περιοχή της Μεσοποταμίας. Σε αυτές τις πλάκες υπάρχουν αναφορές του βασιλιά της Ebla, η οποία βρισκόταν στην βόρεια Συρία και χρονολογούνται γύρω στα 2.500 – 2.250 π.Χ. Στις πινακίδες της Ebla αναφέρονται εμπορικές συναλλαγές και γίνονται αναφορές σε πόλεις της εποχής εκείνης. Μάλιστα, περιέχεται η αρχαιότερη αναφορά της Ιερουσαλήμ (χρονολογείται πριν από τον Αβραάμ και αναφέρεται ως «Σαλήμ» - βλ. Γέν. 14:18). Επίσης, αναφέρονται τα ονόματα των πόλεων Σόδομα και Γόμορρα καθώς επίσης και οι υπόλοιπες πόλεις που αναφέρονται στη Γένεση 14:2 και, μάλιστα, με την ίδια σειρά με την οποία αναγράφονται στο συγκεκριμένο εδάφιο της Γένεσης (Σόδομα, Γόμορρα, Αδαμά, Σεβωείμ και Σηγώρ). Αυτό είναι πολύ σημαντικό, δεδομένου ότι υπήρξαν

κάποια προ-φιλολογικά κείμενα διαφόρων φυλών[784].

Το ερώτημα, το οποίο ανακύπτει είναι, **γιατί τελικά ο Θεός επιτρέπει τέτοια παρέκκλιση από την αλήθεια.** Όμως, δεν μπορεί να δοθεί ικανοποιητική απάντηση σε αυτό το ερώτημα καθώς αποτελεί το αιώνιο πρόβλημα του ανθρώπου. Το μόνο που δύναται να ειπωθεί είναι ότι όλος ο κύκλος της αμαρτίας, ο οποίος ανακυκλώνεται με την τιμωρία, τη μετάνοια και τη συγχώρεση εκ μέρους του Θεού, αποτελεί την ευκαιρία για

πολλοί μελετητές, οι οποίοι θεωρούσαν ότι τα Σόδομα και τα Γόμορρα δεν υπήρξαν ποτέ, και ότι πρόκειται περί μυθικών πόλεων. Επίσης, αναφέρονται διάφορα ονόματα, γεγονός που δείχνει ότι την εποχή εκείνη (~2.300 π.Χ.) και σε εκείνη την περιοχή ήταν πολύ κοινή η χρήση ονομάτων, όπως Αβραάμ, Ισμαήλ, Δαβίδ, Ισραήλ, Ησαύ και Σαούλ. Υπάρχουν, επίσης, αναφορές σε φόρο υποτελείας, που πλήρωνε ο βασιλιάς πόλης της Μάρη στον βασιλιά της Ebla. Το ύψος του φόρου υποτελείας άγγιζε τα 11.000 κιλά ασημιού και τα 880 κιλά χρυσού (Α' Βασιλέων 10:14 & Β' Χρονικών 9: 13: «*Το βάρος δε του χρυσίου, το οποίον ήρχετο εις τον Σολομώντα κατ' έτος, ήτο εξακόσια εξήκοντα εξ τάλαντα χρυσίου*»). Τέλος, στις πινακίδες της Ebla αναφέρεται και η Ουρ ως μια πόλη μέσα στην επικράτεια της Χαρράν. Στη Γένεση αναφέρει: «[27] Αὗται αἱ γενέσεις Θάρα· Θάρα ἐγέννησε τὸν Ἄβραμ καὶ τὸν Ναχὼρ καὶ τὸν Ἀρράν, καὶ Ἀρρὰν ἐγέννησε τὸν Λώτ. [28] καὶ ἀπέθανεν Ἀρρὰν ἐνώπιον Θάρα τοῦ πατρὸς αὐτοῦ ἐν τῇ γῇ, ᾗ ἐγεννήθη, ἐν τῇ χώρᾳ τῶν Χαλδαίων. [29] καὶ ἔλαβον Ἄβραμ καὶ Ναχὼρ ἑαυτοῖς γυναῖκας· ὄνομα τῇ γυναικὶ Ἄβραμ Σάρα, καὶ ὄνομα τῇ γυναικὶ Ναχὼρ Μελχά, θυγάτηρ Ἀρρὰν καὶ πατὴρ Μελχὰ καὶ πατὴρ Ἰεσχά. [30] καὶ ἦν Σάρα στεῖρα καὶ οὐκ ἐτεκνοποίει. [31] καὶ ἔλαβε Θάρα τὸν Ἄβραμ υἱὸν αὐτοῦ καὶ τὸν Λὼτ υἱὸν Ἀρράν, υἱὸν τοῦ υἱοῦ αὐτοῦ, καὶ τὴν Σάραν τὴν νύμφην αὐτοῦ, γυναῖκα Ἄβραμ τοῦ υἱοῦ αὐτοῦ, καὶ ἐξήγαγεν αὐτοὺς ἐκ τῆς χώρας τῶν Χαλδαίων πορευθῆναι εἰς γῆν Χαναὰν καὶ ἦλθον ἕως Χαρρὰν καὶ κατῴκησεν ἐκεῖ. [32] καὶ ἐγένοντο πᾶσαι αἱ ἡμέραι Θάρα ἐν γῇ Χαρρὰν διακόσια πέντε ἔτη, καὶ ἀπέθανε Θάρα ἐν Χαρράν.» (Γέν. 11:27-32).
[784] Norman L. Geisler, Primitive Monotheism, *Christian Apologetics Journal*, vol. 1, No. 1, (Spring 1998), σελ. 2.

τον Θεό για κρίση και έλεος. Αυτό που συμβαίνει με την ειδωλολατρία στον Ισραήλ είναι, ότι αυτή έχει περισσότερη το χαρακτήρα δεισιδαιμονίας, παρά περιφρόνησης προς τον Γιαχβέ. Στην αρχαία Αίγυπτο το κεφάλι του ταύρου συνδέεται με το κεφάλι του θεού, λαμβάνοντας με αυτόν τον τρόπο θεία μορφή. Το ίδιο συμβαίνει και με τους άλλους θεούς των Αιγυπτίων, δεδομένου ότι ο Τοτ απεικονιζόταν με τη μορφή ενός πτηνού, ο Αμών με τη μορφή κριού, ο Όρος με τη μορφή γερακιού, ο Άνουβης με τη μορφή τσακαλιού κ.ο.κ.

Αιτίες της ειδωλολατρίας κατά την Π.Δ. είναι η αλαζονεία, η σκλήρυνση της καρδίας, ο αρνητικός χαρακτήρας του ανθρώπου. Η ειδωλολατρία είναι χαρακτηριστικό των εχθρών[785] κάθε εποχής, καθώς την εποχή της Π. Δ. οι εχθροί ήταν κατακτητές και πίστευαν στα είδωλα. Σήμερα η ανθρώπινη εχθρότητα είναι πολυεπίπεδη και πιο βαθιά. Σε όλες τις εκφάνσεις της ζωής του ο άνθρωπος συναντά διαφόρων ειδών εχθρούς, οι οποίοι εχθρεύονται την εργασία, την οικογένειά, την πρόοδό του.

Η ειδωλολατρία, λοιπόν, αποτελεί τη μεγαλύτερη αμαρτία του ανθρώπινου γένους. Κατά τη Σοφία Σειράχ (14:27) η ειδωλολατρία αποτελούσε την πηγή πολλών αμαρτιών. Οι παγανιστικοί ναοί αποτελούσαν τόπους διαφόρων αθέμιτων δραστηριοτήτων. Η ιερή πορνεία ήταν σύνηθες φαινόμενο στις

---

[785] Ο Donald M. Williams σημειώνει ότι οι τύποι των εχθρών της Παλαιάς Διαθήκης είναι διαφορετικοί από τους σημερινούς πρβλ. Donald M. Williams, *Psalms 73-150*, Dallas, TX: Word, 1989, σελ. 290 – 291.

λατρείες της Αρχαίας Εγγύς Ανατολής[786], αποτελώντας σημαντικό πρόβλημα για τον Ισραήλ από τη στιγμή που μπήκε στη γη της επαγγελίας[787]. Ένα πρόβλημα, το οποίο επικρατούσε, ήδη, στο βασίλειο του Ιούδα και του Ισραήλ, από την εποχή του διαχωρισμού του ενιαίου βασιλείου από τον Ιεροβοάμ (Α´ Βασ. 14:24, Β´ Βασ. 23:7). Μάλιστα, ο Ιεροβοάμ ήταν αυτός, ο οποίος επανέφερε την ειδωλολατρία στο δικό του βασίλειο. Σύμφωνα με το Εξ. 34:11-16 η εξόντωση των αυτοχθόνων της χώρας είχε διαταραχθεί, έτσι ώστε οι Ισραηλίτες το απέφευγαν στην πράξη. Στο Δευτερονόμιο 23:17 απαγορεύεται η ιερή πορνεία για τον λαό του Ισραήλ (Αμ. 2:7). Αποτελούσαν κοινό τόπο στην Αρχαία Εγγύς Ανατολής τα όργια στις ειδωλολατρικές τελετές. Στο βιβλίο του Ωσηέ (14:12-14) υπάρχει αναφορά σε τέτοιου είδους δραστηριότητες, όπου στην κορυφή υπάρχει παγανιστικό ιερό, στο οποίο αντιπαρατίθενται οι ιερές πόρνες. Άλλες σχετικές αναφορές στην Π. Δ. απαντούν στους Αρ. 25:1, τον Ησ. 57:3, τον Ιερ. 2:20, 3:6[788]. Η περιγραφή της λατρείας του χρυσού μόσχου δύναται να θεωρηθεί ως αρχέτυπο τέτοιων γεγονότων (32ο κεφ. της Εξόδου). Οι Ψαλμοί δημιουργούν ένα πορτραίτο του Ισραήλ υπό την παρουσία του Γιαχβέ, σύμφωνα με τον

---

[786] Mark S. Smith, *The Origins of Biblical Monotheism: Israel's Polytheistic Background and the Ugaritic Texts.* Oxford and New York: Oxford University Press, 2001.
[787] Αρ. 25:1, Κρ. 2:17.
[788] επίσης πρβλ. Β´ Μακ. 6:4-5, Κρ. 21:19-23.

τύπο του G. Von Rad[789], αλλά ταυτόχρονα παρουσιάζει και μια εικόνα του θείου στην ανθρωπότητα. Η θεολογία του Ψαλτηρίου συνδέεται με την πνευματικότητα του κειμένου. Η θεολογία του Ψαλτηρίου προέρχεται από τον οίκτο, την αμφιβολία και τα παράπονα του ψαλμωδού. Ο ψαλμωδός, όπως και οι προφήτες, είναι αιχμάλωτος της παρουσίας του κρυφού Θεού. Το μοτίβο της παρουσίας του Γιαχβέ αποτελεί την οργανική δύναμη της θεολογίας[790]. Τα βιβλικά εβραϊκά όταν αναφέρονται στο πρόσωπο του Γιαχβέ δεν αναφέρονται αποκλειστικά στην λατρευτική παρουσία αυτού[791].

Σύμφωνα με τον **Brian S. Rosner[792] η κεντρική θεολογική αρχή στη Βίβλο είναι η διάψευση της ειδωλολατρίας**[793]. Στη Βίβλο η ειδωλολατρία επισύρει βαρύτατες κατηγορίες, καθώς ο ειδωλολάτρης δέχεται βαρύτατες ποινές και η ίδια η ειδωλολατρία[794] την πιο σκληρή πολεμική της. Βασικό στοιχείο της ισραηλιτικής ζωής ήταν η πρώτη εντολή, η οποία άγγιζε κάθε πτυχή της ζωής

---

[789] G. von Rad, Israel before Yahweh (Israel's Answer) in Old Testament Theology, I, σελ. 355.

[790] πρβλ. W. I. Wolverton, The Psalmist's Belief in God's Presence, *CJT,* IX, (1963), σελ. 82-94, J. C. Murray, The Biblical Problem: The Presence of God, in *The Problem of God* (New Haven, Conn. 1964), σελ. 10-11.

[791] A. R. Johnson, Aspects of the use of the term Panim in the Old Testament, in Festschrift O. Eissfeldt (Halle, 1947), σελ. 155-159.

[792] Brian S. Rosner, The Concpet of Idolatry, *Themelios* 24.3, (May 1999), σελ. 21-30.

[793] Moshe Halbertal & Avishai Margalit, *Idolatry*, Harvard University Press, 1992, σελ. 10.

[794] Edward M. Curtis, Idol, Idolatry, *Anchor Bible Dictionary* 3:376 – 381, Doubleday Image, 1992.

τους. Η ειδωλολατρία αποτελεί τη χειρότερη έκφραση μη πίστης στο Θεό και για τον λόγο αυτό ο ειδωλολάτρης δέχεται την πιο βαριά θεία τιμωρία του[795]. Οι βασιλιάδες χαρακτηρίζονται ως καλοί ή κακοί από το αν εισάγουν θεούς στο βασίλειό τους. Αναφορές για την ειδωλολατρία υπάρχουν και στην Κ. Δ.[796]. Το **θεολογικό υπόβαθρο της ειδωλολατρίας είναι η ζήλια του Θεού**. Η άποψη ότι η ειδωλολατρία ξυπνά τη ζήλια του Θεού έχει στέρεες βάσεις στην Π. Δ.. Μάλιστα, όλες οι αναφορές της Πεντατεύχου, όταν αναφέρονται στη ζήλια του Θεού, έχουν να κάνουν με τα είδωλα. Η λατρεία ενός ειδώλου στην Ιερουσαλήμ[797] χαρακτηρίζεται ως το πρόσωπο, το οποίο προκαλεί τη ζήλια[798] στον Θεό. Η πεποίθηση ότι ο Θεός ζηλεύει, με αποτέλεσμα να λαμβάνει αυστηρά μέτρα, έχει βαθιές ρίζες στην Παλαιά Διαθήκη. Η ζήλια του Θεού βασίζεται στην αγάπη Του για εκείνους, που θα απολυτρώσει με μεγάλο κόστος, και τον παρακινεί να κρίνει τον λαό του (Ναούμ 1:2). Στην Π. Δ. υπάρχει πληθώρα κειμένων, στα οποία η ζήλια του Θεού καταστρέφει τους άπιστους μεταξύ των ανθρώπων[799]. Επίσης, υπάρχει κοινή στρατηγική καταπολέμησης των ειδώλων ως

---

[795] Λευ. 26:27-33, Αρ. 33:51-56, Δευτ. 29:16-18.
[796] Πρ. 7:41-43, 17:31, Ρωμ. 1:18-23, Γαλ. 5:19-21, Εφ. 5:5 – 6, Α΄ Πέτρ. 4:3 –5, Αποκ. 2:20-23, 14:9-11, 16:1-2, 19:20,21:8, 22:15.
[797] Εξ. 8:3.
[798] Εξ. 16:38, 16:42, 23:25.
[799] Δευτ. 6:12-15, Ιησ.Ν. 24:19-20, Ψαλμ. 78:-63, Σοφ. 1:18, ακόμα, και η προειδοποίηση στην Α΄ Κορ. 10:22 επιβεβαιώνει αυτήν τη διδασκαλία.

αδύναμα και απατηλά[800]. Οι αναφορές αυτές δηλώνουν τη φθαρτή φύση των ειδώλων, την ανθρώπινη καταγωγή τους και τη μικρή διάρκεια της ζωής τους. Επίσης, στις αναφορές αυτές καταγράφεται το γεγονός ότι η λατρεία των ειδώλων οδηγεί τον άνθρωπο στην απογοήτευση και την ντροπή όσων τα εμπιστεύονται, με πιο χαρακτηριστικό παράδειγμα το Αβ. 2:18-19, καθώς εμπεριέχονται όλα τα ανωτέρω χαρακτηριστικά.

Η πιο κοινότοπη ιδέα σχετικά με την ειδωλολατρία στην Π.Δ. **είναι αυτή των συζυγικών σχέσεων**. Κοινός τόπος είναι η ιδέα ότι ο Ισραήλ είναι νυμφευμένος με τον Θεό, και αποτελεί την άπιστη σύζυγό του. Ο προδομένος σύζυγος επιθυμεί και την εκδίκηση, αλλά και να την κερδίσει πίσω. Ο Ωσηέ περιγράφει την ειδωλολατρία ως πορνεία και ο Ιεζεκιήλ ως νυμφομανή σύζυγο.

Το έτερο μοντέλο, σύμφωνα με το οποίο **παρουσιάζεται η ειδωλολατρία είναι το πολιτικό μοντέλο, το οποίο απαντά κυρίως στους προφήτες**. Ο Θεός εμφανίζεται ως βασιλιάς και ο λαός του ως οι πολίτες του βασιλείου του. Ο Θεός εκλαμβάνεται ως σύζυγος, ο οποίος επιθυμεί την αποκλειστική αγάπη και αφοσίωση της συζύγου του. Ως βασιλιάς επιθυμεί την εμπιστοσύνη στην ικανότητά του να προστατεύει αυτούς για τους οποίους

---

[800] Κύρια παραδείγματα αποτελούν οι Ψαλμοί 115:4-8, 145:15-18, τα λόγια του Ελιζά (Α΄ Βασ. 18:27), η προσευχή του Εζεκίου (Ησ. 37:17-20, Β΄ Βασ. 19:16-19) και κυρίως οι προφήτες (Αβ. 2:18-19, Ιερ. 14:22, 10:3-4, Ησ. 44:9-20, Ωσ. 8:4-6).

ενδιαφέρεται, για αυτό απαιτεί να τον υπηρετούν. Η αποθέωση των ανθρώπινων ηγετών δημιούργησε αυτά τα δύο μοντέλα ειδωλολατρίας. Όταν οι Ισραηλίτες ζητούσαν βασιλιά (Α΄ Σαμ. 8ο κεφ.) ο Σαμουήλ ήταν δυσαρεστημένος και προσευχήθηκε στον Κύριο. Ο Κύριος απαντά ανακουφιστικά (Α΄ Σαμ. 8:7-9) συγκρίνοντας την άρνησή τους για τη βασιλεία του Θεού με την άρνησή του στην ειδωλολατρία. Οι **προφήτες Ησαΐας, Ιερεμίας και Ιεζεκιήλ** καταγγέλλουν τη συνθήκη του Ισραήλ με την Ασσυρία και την Αίγυπτο με μοναδική αιτιολογία, ότι αυτοί οι λαοί ήταν ειδωλολατρικοί. Στον Ησαΐα 31:1-3 ο προφήτης επιπλήττει το ισραηλιτικό έθνος για τη συνθήκη με την Αίγυπτο. Η εμπιστοσύνη στην Αίγυπτο εκλαμβάνεται ως τύπος θεοποίησης. Από τότε που ο Θεός είναι ο βασιλιάς του Ισραήλ, το έθνος υποτίθεται ότι θα πρέπει να ζητά προστασία μόνο από τον Θεό. Στην ίδια τακτική ο Ιερεμίας 2:17-19 περιγράφει τη συνθήκη μεταξύ των Αιγυπτίων και των Ασσυρίων ως εγκατάλειψη από τον Θεό. Το έθνος είναι ένοχο για την ειδωλολατρία επειδή αναζήτησε βοήθεια και σωτηρία όχι από τον Θεό, αλλά από κάποιον άλλο. Οι συνθήκες περιγράφονται με οικείους όρους προερχομένους από την συζυγική ορολογία[801].

Ο Brian S. Rosner[802] αναφέρεται στην **απληστία ως έκφανση της ειδωλολατρίας.**

---

[801] πρβλ. Ιεζ. 16:26, 16:28.
[802] Brian S. Rosner, *Greed, the second Idolatry: The Origin and Meaning of a Pauline Metaphor*, Grand Rapids: Eerdmanns, 2007.

Αυτή η άποψη απαντά και στην Κ. Δ.[803]. Στο κατά Ματθαίου 6:24 δίνεται μια ξεκάθαρη ιδέα για το τι είναι η λατρεία του Μαμμωνά. Οι άπληστοι είναι ισοδύναμοι των ειδωλολατρών, εξαιτίας του ότι αγαπούν, εμπιστεύονται και υπηρετούν το χρήμα, είναι χαρακτηριστική αναφορά στο Ευαγγέλιο του Ματθαίου. Μάλιστα, στην Κ. Δ. χρησιμοποιούνται και συνώνυμες της ειδωλολατρίας λέξεις, όπως είναι η «πλεονεξία», και η «φιλαργυρία»[804]. Πάρα πολλά κείμενα κάνουν αναφορές για το ότι οι πλούσιοι εμπιστεύονται μόνο τα πλούτη τους και τους προειδοποιούν, ότι θα πρέπει να εμπιστεύονται τον Θεό. Σημαντικό παράδειγμα αποτελεί το 12ο κεφάλαιο του Ευαγγελίου του Λουκά, στο οποίο ο ευαγγελιστής προειδοποιεί ενάντια σε όλες εκείνες τις ενέργειες, οι οποίες δίνουν μεγάλη σημασία στην κατοχή αγαθών, ως μέσο προστασίας. Κάτι παρόμοιο απαντά στην Α΄ Τιμ. Επιστολή του Παύλου (6:17), όπου ο πλούσιος δεν πρέπει να εμπιστεύεται τα πλούτη του, αλλά τον Θεό. Η προς Εβραίους 13:5-6 ενθαρρύνει τους αναγνώστες να μην αγαπούν το χρήμα, υποδηλώνοντας ότι η πίστη στο Θεό αποτελεί την εναλλακτική πρόταση σε ότι αφορά την ασφάλεια που δίδουν τα χρήματα στον άνθρωπο. Κάτι παρόμοιο απαντάται και στο Ευαγγέλιο του Ιωάννη 8:30-36, αλλά και στο 6ο κεφάλαιο της προς Ρωμαίους Επιστολής. Σύμφωνα με

---

[803] Κολοσσαείς 3:5 Εφεσίους 5:5 Ματθαίου 6:24 Λουκά 16:14. Εκτός των 4 ανωτέρω σημείων αξίζει να αναφερθούν και η προς Ρωμ. 16:18 καθώς και η προς Φιλιπ. 3:19.
[804] πρβλ. Λουκ. 16:14, Α΄ Τιμ. 3:3, 6:10, Β΄ Τιμ. 3:2.

την ιουδαϊκή ηθική, η οποία βασίζεται και στην προς Ιούδα Επιστολή 8:6 το να αγαπά ο άνθρωπος το χρήμα αποτελεί ανυπακοή στις εντολές του Θεού και σκλαβώνει τον άνθρωπο.

Τέλος, στο **βιβλίο της Αποκάλυψης** γίνεται λόγος για το δωμάτιο του θρόνου από το οποίο ο Θεός κυβερνά τον κόσμο, καθώς και για 12 γέροντες, οι οποίοι φορούν κορώνες και κάθονται, επίσης, σε θρόνους, και οι οποίοι κυβερνούν τον ουράνιο κόσμο για λογαριασμό του Θεού. Το βιβλίο της Αποκάλυψης δεν φείδεται πολιτικών εικόνων, προκειμένου να περιγράψει με λόγια κατανοητά για τον άνθρωπο, τον τρόπο διακυβέρνησης του κόσμου. Στην Αποκάλυψη ο Θεός κυβερνά εναντίον της ρωμαϊκής αυτοκρατορίας, της πιο δυναμικής παρουσίας του αρχαίου κόσμου, αντιπροσωπεύοντας τις πολιτικές και θρησκευτικές δυνάμεις, αναζητώντας το απόλυτο και την ύπατη θεία εξουσία σε όλο τον κόσμο. Κάνει λόγο για τη θρησκεία, η οποία περιλαμβάνει και το θεοποιημένο αυτοκράτορα, αλλά και τους παραδοσιακούς θεούς της Ρώμης, εκφράζοντας με αυτόν τον τρόπο την πολιτική αφοσίωση με όρους θρησκευτικής λατρείας[805]. Η Αποκάλυψη εκπροσωπεί μια εναλλακτική, θεοκεντρική άποψη του κόσμου, καθώς αναφέρεται τόσο στη λατρεία, όσο και τον ανταγωνισμό μεταξύ των εξουσιών. Στο κείμενο της Αποκάλυψης απαντούν όροι όπως «υπηρετώ» και

---

[805] βλ. Richard Bauckham, *The Book of Revelation*, Cambridge University Press, 1993.

«λατρεύω», προκειμένου να δοθούν σαφείς αποδείξεις για την ειδωλολατρία και τους οπαδούς αυτής. Ακόμα και σε τελετουργικά κείμενα αυτοί οι όροι αναφέρονται στην ειδωλολατρία, παρά στη λατρεία του Θεού. Όταν, λοιπόν, χρησιμοποιούνται αυτοί οι όροι, τότε δεν γίνεται απλή αναφορά, αλλά περιγράφεται ξεκάθαρα, όχι μόνο η σχέση, αλλά και η ολοκληρωτική υποταγή των ανθρώπων σε έτερους θεούς (Κρ. 10:6, 10:10, 10:13). Βέβαια, είναι πολύ δύσκολο να απλοποιηθεί το θέμα της ειδωλολατρίας της Π.Δ. καταβιβάζοντας αυτό σε μια απλοποιημένη φόρμουλα. Τόσο το συζυγικό, όσο και το πολιτικό μοντέλο παίζουν σημαντικό ρόλο στην κατανόηση της ειδωλολατρίας. Το μοναδικό κοινό στοιχείο είναι ότι και στα δύο μοντέλα υπάρχει το χαρακτηριστικό της αποκλειστικότητας. Στο συζυγικό μοντέλο ο σύζυγος ζητά την αποκλειστικότητα της συζύγου, με αντάλλαγμα την υπακοή αυτής[806]. Στο πολιτικό μοντέλο η αποκλειστικότητα αναφέρεται στη δυνατότητα της πολιτικής εξουσίας να προστατεύει και να προσφέρει στους πολίτες ένα ήρεμο πολιτικό περιβάλλον, σε αντάλλαγμα την υπακοή και την εμπιστοσύνη του λαού. Η ειδωλολατρία, λοιπόν, αποτελεί επίθεση στα αποκλειστικά δικαιώματα του Θεού απέναντι στον Ισραήλ.

---

[806] βλ. Richard Bauckham, *The Book of Revelation*, Cambridge University Press, 1993.

ΒΙΒΛΙΟΓΡΑΦΙΑ
Α. ΠΗΓΕΣ

1. D. Dr. Alfred Ralphs, *Η Παλαιά Διαθήκη (Septuaginta)*, Ελληνική Βιβλική Εταιρεία.
2. K. Elliger & W. Rudolph, *Biblia Hebraica Stuttgartencia*, Deutsche Bibelgesellschaft.

Β. ΒΟΗΘΗΜΑΤΑ

1. Abba R., (1962), For His Name's Sake, in Name, *IDB*, III.
2. Achard R. Martin, (1963), Remarks sur le Psaume 22, *VCaro* 65.
3. Ackroyd P. R., (1991), *The Chronicler and His Age*, (Sheffield,).
4. Adhare Jeev, (1988), *The Word of God, Agony and Anguish: The Psalmist in his Sufferings*, vol. XVII, No 104.
5. Ahlström G. W., (1962), Die Königsideologiein Israel, *ThZ* 18.
6. Ahlström G. W., (1959), *Psalm 89. Eine Liturgie aus dem Ritual des leidenden Königs*, C. W. K. Gleerup, Lund.
7. Albertz Reiner, (1978), Persönliche Frömmigkeit und offizielle Religion, *Calwer Theologischen Monographien 9*, Stuttgart Calwer Verlag.
8. Alden Robert L., (1978), Chiastic Psalms (II): A Study in the Mechanics of Semitic Poetry in Psalms 51-100, *Journal of the Evangelical Society*, 21.

9. Allen Leslie C., (1973), Micah's Social Concern, *Vox Evangelica* 8.

10. Allen Leslie C., (1983), *Psalms 101 – 150* (WBC; Waco, TX: Word,).

11. Allston William P., (1991), The inductive argument from evil and the human cognitive condition, *Philosophical Perspectives* 5.

12. Alter Robert, (1985), *The Art of Biblical Poetry*, New York, Basic Books.

13. Anders – Richards D., (1968), *The Drama of the Psalms*, Darton, Longman and Todd, London.

14. Anderson A. A., 1972, *The Book of Psalms* (NCB; Grand Rapids: Eerdmans).

15. Anderson B. W., Names of God, *IDB*, II.

16. Anderson B. W., (1983), *Out of the Depths*, rev. ed. (Philadelphia: Westminster Press,).

17. Anderson G. A., (1991), *The Praise of God as a Cultic Event*, in G.A. Anderson & S. M. Olyan, eds., Priesthood and Cult in Ancient Israel, (Sheffield,).

18. Anderson G. W., (1962), *The Psalms*, Peake's Commentary on the Bible, ed. M. Black and H. H. Rowley, Nelson, London.

19. Aquinas Thomas, Summa Theologiae, ia 2,3, transl. Timothy Mc Dermott, New Dominican translation of the Summa Theologiae (London: Eyre &

Spottiswoode, and New York: McGraw – Hill, 1964).

20. Armstrong D. M. & Malcolm Norman, (1984), *Consciousness and Causality: A Debate on the Nature of Mind*, (Oxford: Basil Blackwell).

21. Assmann J., (1975), *Hymnen und Gebete* (Zürich,).

22. Auvray P., (1957), *Les Psaumes, Introduction a la Bible*, ed. A. Robert et A. Feuillet, Desclee, Tournai.

23. Baillet M., (1982), Qumran, Grotte 4, III (4 Q 482-4 Q 520), *Discoveries in the Judean Desert*, VII (Oxford).

24. Balentine S. E., (1989), Prayers for Justice in the Old Testament Theodicy and Theology, *CBQ* LI.

25. Balla Emil, (1942), *Das Ich der Psalmen*, (Göttingen Vandenhoeck und Ruprecht).

26. Bardtke H., (1959), Hoffnung, *RGG* 3.

27. Bardtke H., (1969,1990), *Liber Psalmorum*, (Biblia Hebraica Stuttgartensia, ed. K. Ellinger and W. Rudolph, Stuttgart, ως επανέκδοση του κειμένου, το οποίο είχε εκδώσει το 1931 ο P. Kahle, Biblia Hebraica, ed. by R. Kittel, Göttingen).

28. Barnes Jonathan, (1972), *The Ontological Argument* (London: Macmillan).

29. Barns W. E., (1932), *The Psalms*, 2 vol.

30. Barre Michael L., (1997), *Critical Review of Books in Religion*, 1996, Atlanta: Scholars.

31. Barrett C. K., (1962), *A Commentary on the Epistle to the Romans* (Black's New Testament Commentaries, London.

32. Barrett L., (1987), *The Way of God Fights: War and Peace in the Old Testament,* Kitschener: Herald Press.

33. Barth C., (1961), Einfuehrung in die Psalmen, *BiblStud* 32.

34. Barth C., (1966), *Introduction to the Psalms*, Schriber's/ Blackwell, New York/ Oxford trans. by R. A. Wilson from Einführung in die Psalmen (Biblische Studien, 32) Neukirchener Verlag, Neukirchen (1961).

35. Barth Karl, *Church Dogmatics* (T. & T. Clark).

36. Barton John, *Joel & Obadiah: a Commentary,* Old Testament Library, Westminster John Knox, 2001.

37. Barton J., (1984), *Reading the Old Testament: Method in Biblical Study*, Philadelphia: Westminster Press.

38. Barton J., (May 1963), The Unity of Isaiah: Evidence from chapters 36-39, *Bulletin of the Evangelical Theological Society* 6.2.

39. Battles Ford Lewis, (1977), God was accommodating himself to Human Capacity.

40. Bauckham Richard, (April 1984), Only the Suffering God can help- divine possibility in modern theology, *Themelios* 9.3.

41. Bauckham Richard, (1993), *The Book of Revelation*, Cambridge University Press,.

42. Becker J., (1966), *Israel deutet seine Psalmen. Urform und Neuinterpretation in den Psalmen*, Katholisches Bibelwerk, Stuttgart.

43. Beckwith Roger T., (1955), The Early History of the Psalter, *Tyndale Bulletin* 46.1.

44. Belo Fernando, (1981), *A materialist reading of the Gospel of Mark* (trans. Matthew J. O' Connell; Maryknoll: Orbis Books).

45. Benson R. M., (1974), *War Songs of the Prince of Peace*, London, 1901, quoted in John W. Wenham, The Goodness of God (Downers Grove: IVP).

46. Bentham Jeremy, *Introduction to the Principles of Morals and Legislation*

47. Berdyaev N., (1939), *The Meaning of History*, (ET: London: Geoffrey Bles,).

48. Bergmann Michael, (2001), Sceptical theism and Rowe's new evidential argument from evil, *Nous*, 35.

49. Berlin Adele, (1985), *The Dynamics of Biblical Parallelism*.

50. Bernhardt K. – H., (1960), Das Problem der altorientalischen Königsideologie im Alten Testament. Unter besonderer Berücksichtigen der Geschichte der Psalmenexegese dargestellet und kritisch gewürdigt, *VT Supplements*, VIII.

51. Berry George R., (Oct. 1914), The Titles of the Psalms, *JBL*, vol. 33, No. 3.

52. Bewer J. A., (1962), *The Literature of the Old Testament*, 3rd edn. Completely revised by E. G. Kraeling, Columbia University Press, New York / London.

53. Beyerlin W. et al., eds., (1975), *Religionsgeschichtliches Textbuch zum Alten Testament* (Göttingen).

54. Beyerlin W., (1970), Die Rettung der Bedrängten in den Feindpsalmen den Einzelnen auf institutionelle Zusammenhänge untersucht, *FRLANT*, 99 Göttingen Vandehoeck and Rupprecht.

55. Beyerlin W., (1973), Kontinuität beim berichteten Lobpreis in Eizelnen, in *Alter Orient und Altes Testament*, Festschrift K. Elliger (Kevelaer).

56. Beyerlin Walter, (1970), *Die Rettung der Bedrängten in den Feindpsalmen der Einzelnen auf institutionelle Zusammenhänge untersucht*, (Göttingen: Vandenhoeck und Ruperecht).

57. Bic M., (1959), Das erste Buch des Psalters. Eine Thronbesteigungsfestliturgie, in *The Sacral Kingship / La Regalita Sacra (Supplements to Numen*, IV), Brill, Leiden.

58. Birkeland H., (1955), *The Evildoers in the Book of Psalms*, Oslo: J. Dybwad.

59. Bjondalen A. J., (1984), *Some Aspects of the Nordic Tradition – historical Psalm Research since Engnell*: Limitations and Possibilities in The Productions of Time: Tradition History in Old Testament Scholarship, ed. K. Jeppesen & B. Otzen (Sheffield).
60. Blank S. H., (1950-51), The curse, blasphemy, the spell, and the oath, *HUCA* 23.
61. Blenkinsopp J., (1963), Stylistics of Old Testament Poetry, *Biblica* 44.
62. Blocher Henri, (1987), The Analogy of Faith, in the Study of Scripture, *Scottisch Bulletin of Evangelical Theology* 5.
63. Boadt Laurence, *Reflections on the Study of Hebrew Poetry today*, (x.x., χ.τ.).
64. Bonhoeffer Dietrich, (1970), *Psalms: The Prayer Book of the Bible*, trans. James H. Burtness, (Mineapolis: Augsburg Publishing House).
65. Bonnard P., (1960), *Le Psaltieur selon Jeremie,* Les Editions du Cerf, Paris (1).
66. Bouman H. J. A., (1955), The Christian Hope, *Concordia Theological Monthly* 26.
67. Brennan J. P., (1980), Psalms 1-8: Some Hidden Harmonies, *BTB*, X.
68. Briggs C. A., (1906-7), I. C.C. Commentary on the Psalms.

69. Bright John, (1977),*The authority of the Old Testament,* (Nasville: Abingdon Press).

70. Broyles C. Craig, (1987), *Conflict of Faith and Experience in the Psalms: A Form – Critical Theological Study*, Sheffield Academic Press.

71. Bruce F. F., (1964), Commentary on the Epistle to the Hebrews, *NICNT* (London).

72. Bruegemann Walter, (1988), *Israel's Praise: Doxology against Idolatry and Ideology* (Philadelphia: Fortress Press).

73. Bruegemann Walter, (1982), *Praying the Psalms*, (Winona, Minn: Saint Mary's Press).

74. Bruegemann Walter, (1985), Psalm 109: Three times ''Steadfast Love'', *Word and World* 5.

75. Bruegemann Walter, (1980), Psalms and the Life of Faith: A suggested typology of Function, *JSOT* 17.

76. Bruegemann Walter, (1986),The costly loss of Lament, *JSOT* 36.

77. Bruegemann Walter, (1977), The Formfulness of Grief, *Int* 31.

78. Bruegemann Walter, (1984), *The Message of the Psalms*, (Mineapolis: Augsburg Publishing House).

79. Bruegemann Walter, (1997), *Theology of the Old Testament – Testimony, Dispute, Advocacy* (Mineapolis: Fortress Press).

80. Brueggemann Walter, (1985), A shape for Old Testament Theology, I, Structure Legitimation, *CBQ* 47.

81. Brueggemann Walter, (1985), A shape for Old Testament Theology, II, Embrace of Pain, *CBQ* 47.

82. Brueggemann Walter, (1991), Bounded by Obedience and Praise: The Psalms as Canon, *JSOT*, L.

83. Bruegemann Walterm (2000), 1 & 2 Kings, Smith & Helwys Commentary, Smith & Helwys.

84. Bruner Emil, (1949), *The Christian Doctrine of God: Dogmatics* I (London: Lutterworth).

85. Buber Martin, (1973), *Das Dialogische Prinzip*, Heidelberg.

86. Budde K., (1882), Das hebraeische Klagelied, *ZAW* 2.

87. Burke O. Long, (1976), Recent Field Studies in Oral Literature and the Question of Sitz im Leben, *Semeia* 5.

88. Burrows M., (1946), *An Outline of Biblical Theology* (Philadelphia, Westminster).

89. Buss M. J. & Arens A., ((1961)), *Die Psalmen im Gottesdienst des Alten Bundes. Eine Untersuchung zur Vorgeschichte des christlichen Psalmengesanges*, Paulinus – Verlag, Trier.

90. Buss M. J., (1978), The Idea of «Sitz im Leben» - History and Critique, *ZAW*.

91. Buss M. J., (1964), The Meaning of "Cult" and the Interpretation of the Old Testament, *JBR* 21.

92. Buss M. J., (1963), The Psalms of Asaph and Korah, *JBL* 82.

93. Buss M. J., (1974), The Study of Forms, Old Testament Form Criticism ed. by John H. Hayes (*Trinity University Monograph Series in Religion* 2, San Antonio: Trinity University Press.

94. Buttenweiser Moses, (1969), *The Psalms, The Library of Biblical Studies*, with a prolegomenon by Sarna Nahum M. (1938) Rpt. New York: KTAV Publishing House).

95. Caird G. B., (1970), *The Christological Basis of Christian Hope, The Christian Hope* (Theological Collection 13, London).

96. Calvin J., (1948), *Commentaries on the Epistles of Paul the Apostle to the Philippians, Colossians and the Thessalonians*, John Pringle, trans. and ed. (Grand Rapids: William B. Eerdmans Publishing Company).

97. Calvin J., (1960), Institutes of the Christian Religion, Library of Christian Classics, XX, ed. by John McNeil T., Philadelphia, Westminster.

98. Calvin J., Institutes, Prefatory Address to King Francis of France

99. Caquot A., (1978), Israelite Perceptions of Wisdom and Strength in the Light of the Ras Sharma Texts, in *Israelite Wisdom*, Festschrift S.

Terrien, ed. J. G. Gammie et al. (Missoula, Mont.).

100.   Caquot A., (1959), Le psaume 47 et la royaute de Yahwe, *Revue d' Histoire et de Philosophie Religieuses* 39.

101.   Castellino G., (1955), *Libro dei Salmi* (La Sacra Biblia), Marietti, Turrin / Rome.

102.   Ceresco A. R., (1990), The Sage in the Psalms, in *The Sage in Israel and the Ancient Near East*, ed. J. G. Gammie and L. G. Perdue (Winona Lake, Ind.).

103.   Chafe Eric T., (1985), Luther's Analogy of Faith, in the Study of Scripture, *Scottisch Bulletin of Evangelical Theology* 24.

104.   Chalmers Martin, (1972), *Imprecations in the Psalms* (ed. By Walter C. Kaiser, Jr.; Grand Rapids: Baker).

105.   Cherian C. M., (1982), Attitude to Enemies in the Psalms, *Biblebhashyam* 8.

106.   Childs B. S., (1992), *Biblical Theology of the Old and New Testaments*, (Minneapolis).

107.   Childs B. S., (1979), *Introduction to the Old Testament as Scripture*, Philadelphia: Fortress Press.

108.   Christensen D. L., (1975), *The Transformation of the War oracle in Old Testament Prophesy*, Missoula, Scholars Press.

109.   Churchland Paul & Haldane J., (1988), Folk Psychology and the Explanation of Human Behaviour, I &II in *Proceedings of the Aristotelian Society*, supplementary vol. 62.

110.   Clark David, (), The Song of Vineyard: Love, Lyric and Comic Ode? A Study of Oral and Discourse Features of Isaiah 5.1 – 7 in *Discourse Perspectives on Hebrew Poetry in Scriptures*.

111.   Claudel, (1963), Les Psaumes. Courants et problemes actuels d' exegese, *Ami du Clerge* 73.

112.   Clements Ronald, (1976), *A Century of Old Testament Study* (London: Lutterworth).

113.   Clement R.E., (1989), Deuteronomy, (Old Testament Guides), Sheffield: Sheffield Fortress Press.

114.   Clifford Richard J., (1980), Rhetorical Crtiticism in the Exegesis of Hebrew Poetry, *SBLSP* (Chico, Calif.: Scholars Press).

115.   Clines D. J. A., David M. Gunn & Alan J. Hauser, (1982), *Art and Meaning: Rhetoric in Biblical Literature* (Sheffield; Sheffield Academic Press).

116.   Clines D. J. A., (1995), *Interested Parties: Ideology of Writers and Readers of the Hebrew Bible* (Sheffield Academic Press).

117.	Clines D. J. A., (2003), Job 35, *World Biblical Commentary*, 18, Nashville, Thomas Nelson.
118.	Clines D. J. A., (1967), Psalm Research since 1955: I. The Psalms and the cult, *Tyndale Bulltetin* 18.
119.	Clines D. J. A., (1969), Psalm Research since 1955: II The literary genres, *Tyndale Bulltetin* 20.
120.	Clines D. J. A., (χ.χ.), The Parallelism of Greater Precision: Notes from Isaiah 40 for a Theory of Hebrew Poetry in: *Directions in Biblical Hebrew Poetry*.
121.	Clintz J., (2000), Divine and human curses, *JBQ* 28.
122.	Cloete Walter, (1989), Versification and Syntax in Jeremiah 2-25: Syntactical Constraints in Hebrew Colometry (*SBLDS*; Atlanta: Scholar's Press).
123.	Coats G. W., (1968), *Rebelion in the Wilderness: The Murmuring Motif in the Wilderness Tradition of the Old Testament* (Nashville, Abington Press).
124.	Collins Terence, (1978), Line – Forms in Hebrew Poetry.
125.	Cooke G. A., (1961), The Israelite King as Son of God, *ZAW* 73.
126.	Cooper A. M., (1983), The Life and Time of King David according to the Book of Psalms in *The Poet and the Historian: Essays in Literary and Historical Criticism ...*, ed. R. E. Friedman (Chico, Calif.).

127.	Coppens J., *Etudes recentes sur le psautier*, Le Psautier 1-71.
128.	Coppens J., (1959), Les apports du Psaume CX (Vulg. CIX) a l' ideologie royale Israelite, in *The Sacral Kingship*.
129.	Coppens J., (1961), Les Psaumes 6 et 41 dependent- ils du Livre de Jeremie?, *HUCA* 32 σελ. 217 -226.
130.	Craigie P. C., (1983), Psalms 1-50, *World Biblical Commentary*, vol. 19 (Waco Texas: World Books).
131.	Craigie P.C., (1978), *The Problem of War in the Old Testament*, Grand Rapids: Eerdmans.
132.	Cranfield C. E. B., (1975, 1979), *A Critical and Exegetical Commentary on the Epistle to the Romans* (ICC; 2 vols; Edingburgh: T.& T. Clark).
133.	Creshaw James L., (1983), *Theodicy in the Old Testament*, Philadelphia: Fortress.
134.	Croft S. J. L., (1987), *The Poor in the Psalms, in The Identity of the Individual in the Psalms*, *JSOTSup* XLIV (Sheffield).
135.	Cross F. M., (1950), Notes on a Canaanite Psalms in the Old Testament, *BASOR*, CXVII.
136.	Crumpacker Mary C., (1981), Formal Analysis and the Psalms, *JETS* 24, No. 1.

137.   Cuddihy M., (1974), *The Ordeal of Civility*, New York: Basic Books.

138.   Curtis Edward M., (1992), Idol, Idolatry, *Anchor Bible Dictionary* 3:376 – 381, Doubleday Image.

139.   D. G. Spriggs, (1974), *Two Old Testament Theologians* (London, SCM).

140.   Dahood M., (1976), Hebrew Poetry, *IDB* Suppl.vol.

141.   Dahood M., (1965), Psalms 1-50 (Garden City, New York; Doubleday & Company, Inc.).

142.   Dahood M., (1966,1968), Psalms I, II (*Anchor Bible*), 2 vols., Doubleday, Garden City, New York.

143.   Davidson R., (1990), *Wisdom and Worship* (California).

144.   Davidson Robert, (1990), *Wisdom and Worship*, (Philadelphia Trinity Press International).

145.   Davies G. Henton, (1970), Gerhard von Rad Old Testament Thelogy, in *R. B. Laurin, Contemporary Old Testament Theologians* (London, Marshall, Morgan & Scott).

146.   Davies Paul, (1987), *The Cosmic Blueprint*,(London: Heinemann).

147.   Davies Paul, (1992), *The Mind of God*, (London: Simon and Schuster).

148.   Davis S. T., Free Will and Evil in Encountering Evil.

149.   Day J. N., (2002), The imprecatory Psalms and Chrstian ethics, *BS* 159.

150.   de Calaisse – Walford Nancy L., (1977), *Reading from the Beginning*.

151.   de Fraine J., (1956), Peut – on parler d'un veritable sacerdoce du roi en Israel?, *Ephemerides Theologicae Lovanienses* 32.

152.   de Geradon Bernard, (1958), L' home a l' image de Dieu: Approche Nouvelle a la lumiere de l' anthropologie du sens commun, *Nouvelle revue Theologique*, 11.

153.   de Moore J. C., (1986), Fundamentals of Ugaritic and Hebrew Poetry, *UF*, XVIII (Neukirchen – Vluyn).

154.   de Vaux R., (1961), *Ancient Israel, Its Life and Institutions*, trans. by J. McHugh, Darton, Longman and Todd, London.

155.   de Vaux R., (1964), Le roi d' Israel, vassal de Yahve, in Melanges Eugene Tisserant I, *Bibliotheca Apostolica Vaticano, Citta del Vaticano*.

156.   de Vries J., (1989), *1 and 2 Chronicles* (Grand Rapids).

157.   de Wette W. M. L., (1813), *Biblische Dogmatik des Alten und Neuen Testaments, der Kritische Darstellung der Religionslehre des*

Hebraismus, des Judentums und Urchristentums (Berlin, Realschulbuchhandlung).

158.   Deist F. E., (1986), The writer, his text and his audience, in *Deist*, F.E. & Voster, WS, eds. Words from afar, Cape Town: Tafelberg.

159.   Delekat L., (1967), *Asylie und Schutzorakel am Zionheiligtum* (Leiden: E. J. Brill).

160.   Dentan R. C., (1968), *The Knowledge of God in Ancient Israel*, (New York). **Denton D. R., The biblical basis of Hope, (χ.χ., χ.τ.).**

161.   Descamps A., (1962), Les genres litteraires du Psautier. Un etat de la question, in *R. De Langhe (ed.), Le Psautier. Se origins. Ses problemes litteraires. Son influence*, Publications Universitaires / Institut Orientaliste, Louvain.

162.   Descamps A., (1959), Pour un classement litteraire des Psaumes, *Melanges Bibliques rediges en l' honneur de Andre Robert, Bloud et Gay*, Paris.

163.   Dieckmann H., (Fall, 1984), The Enemy Image, Quadrant, *Journal of C.G.Jung Foundation.*

164.   Diels – Kranz, (1960- 1961), *Die Fragmente der Vorsokratiker*, 3 τόμοι, 10. Aufl., Berlin.

165.   Dillistone F. W., (1968), *The Christian Understanding of Atonement*, (Welwyn: James Nisbet).

166. Dodd C. H. & Juel Donald, (1952), *According to Scriptures*, London, James Nisbet and Co.

167. Dodd C. H. & Juel Donald, (1988), *Messinic Exegesis: Christological Interpretation of the Old Testament in Early Christianity*, Philadelphia Fortress Press.

168. Dodd C. H., (1968), *The Epistle of Paul to the Romans*, (Fontana).

169. Donner H., (1967), Ugaritismen in der Psalmenforschung, *ZAW*, LXXIX.

170. Dov Lerner Berel, (2000), Interfering with divinely imposed suffering, *Religious Studies*, 36.

171. Dreissler A., (1963), *Die Psalmen erläutert* (Die Welt der Bibel), 3 vols., Patmos, Düsseldorf.

172. Drijvers, (1965), *The Psalms. Their Structure and Meaning*, Herder, Freiburg / Burn and Oates, London.

173. Duff Archibald, (1886), Jeremiah, the Prophet of personal Codliness: A Study in Hebrew Religion, *Bibliotheca Sacra* 43, No. 172.2.

174. Duhm B., (1922), *Die Psalmen*, Tübingen, J.C.B. Mohr.

175. Eaton J. H., (1967), *The Psalms* (Torch Bible Commentary), SCM, London.

176. Eaton J.H., (1979), *Tradition and Interpretation*.

177.	Edgar Jones,(Jan. 1956), Suffering in the Psalter: A Study of the problem of Suffering in the book of Psalms, *The Congregational Quarterly*, vol. XXXIV, No. 1.

178.	Edwards R. B., (1978), The Pagan Doctrine of the Absolute Unchangeableness of God, *Religious Studies* 14.

179.	Eichrodt W., (1961), *Theology of the Old Testament* (London, SCM).

180.	Eissfeldt O., (1964), *Einleitung in das Alte Testament*, New York, Harper & Row, 3 Aufl.

181.	Elert W., (1975), *Der Aussage der altkirchlichen Christologie* (Berlin: Lutherische Verlaghaus.

182.	Engnell I., (1970), The Book of Psalms in *Critical Essays on the Old Testament* (London).

183.	Erman A. & Ranke H., (1923), *Aegypten*,

184.	Ewing A. G., (1961), *Prospects for Metaphysics*, (London).

185.	F. Horst, (1954), Die Kennzeichen den hebraeischen Poesie, *ThR* 21.

186.	Fabry H. – J., (1986), 11QPs und die Weisung des Herrn, Festschrift H. Gross, *Biblische Beiträge* III, (Stuttgart).

187.	Falkenstein A. & von Soden W., (1953), *Sumerische und akkadische Hymnen und Gebete.*

188.	Farmer H. H., (1942), *Towards Belief in God*, (London S. C. M. Press).

189.	Fensham F. C., (1971), The Covenant as Giving Expression to the Relation between Old and New Testament, *Tyndale Bulletin* 22.

190.	Fillion L. Cl., (1925) , La sainte Bible commentee, τόμ. III, Έκδοση 7$^\eta$.

191.	Fisch Harold, (1988), *Poetry with a purpose* (Bloomington: Indiana University Press,). Adersen Francis I. & Freedman David Noel, (1980), Hose, *Anchor Bible*, vol.24, Garden City, Doubleday.

192.	Flew Antony, (1961), *Hume's Philosophy of Belief*, (London: Routledge & Kegan Paul, and New York: Humanities Press,).

193.	Fohrer G., (1968), *Introduction to the Old Testament*, initiated by E. Sellin, Abingdon Press, Nashville / New York.

194.	Fohrer G., (1961), Remarks on the Modern Interpretation of the Prophets, *JBL* 80.

195.	Fohrer G., (1961), Tradition und Interpretation im Alten Testament, *ZAW* 32 σελ. 1-30, Hoffmann Hans Werner, (1970), Form – Funktion – Intention, *ZAW* 82.

196.	Forsyth P. T., (1916), *The Justification of God* (Duckworth).

197.	Fortune M. M., My God, (1982), *My God, Why Have you*

Forsaken Me?, Spinning a sacred Yarn: Women speak from the pulpit, New York, Pilgrim Press.

198.   Fowler Henry T., (1897),The Chronological Position of Joel among the prophets, *JBL,* vol. 16, No. 1/2.

199.   Frazer James, (1890, 1912, 2nd ed.), *The Golden Bough,* (London: Macmillan).

200.   Fretheim Terence, *First and Second Kings,* Westminster Knox Press, Louisville, Kentucky, 1999.

201.   Fuller Daniel, (1978), Biblical Theology and the Analogy of Faith, in *Unity and Diversity in New Testament Theology: Essays in Honor of George E. Ladd* (ed. Robert A. Guelich; Grand Rapids: Eerdmans).

202.   Fullerton K., (1929), The Strophe in Hebrew Poetry and Psalm 29, *JBL* 48.

203.   Moeller H., (1932), Der Strophenbau der Psalmen, Z*A*W 50.

204.   Garbini Giovanni, (1988), *History and Ideology in Ancient Israel* (trans. John Bowden; London: SCM Press.

205.   Gazelles H., (1961), *Une relecture du Psaume XXIX?, A la recontre du Dieu,* Memorial Albert Gelin, Editions Xavier Mappus, Le Puy.

206.   Geisler Norman L., (Spring 1998), Primitive Monotheism, *Christian Apologetics Journal,* vol. 1, No. 1.

207.   Gelin A., (1959), La question des "relectures" bibliques a l' interieur d' une tradition nivante, Sacra Pagina, Miscellanea Biblica (*Bibliotheca Ephemeridum Theologicatum Lovanensium* XII) Gabalda Paris i.

208.   Gellman Jerome I., (1997), *Experience of God and the Rationality of Theistic Belief* (Ithaca NY: Cornell University Press).

209.   Gerkin Charles V., (1984), *The living human document,* Nashville: Abingdon.

210.   Gerleman G., (1951), The Song of Deborah in the light of Stylistics, *VT* 1.

211.   Gerstenberger E. S. & Schrage W., (1980), *Suffering* (ET: Nashville: Abingdon).

212.   Gerstenberger E. S., (1971), *Der bittende Mensch: Bittritual und Klegelied des Einzelnen im Alten Testament* (Habilitationsschrift, Heidelberg).

213.   Gerstenberger E. S., anah II, TWAT VI.

214.   Gerstenberger E. S., (1971), *Der Klagende Mensch, Probleme biblischer Theologie*, ed. by Hans Walter Wolff (München: Chr. Kaiser Verlag).

215.   Gerstenberger E. S., (Dec. 1982), Enemies and Evildoers in the Psalms, *Horizons in Biblical*

Theology. An International Dialogue, vol. 4.

216.   Gerstenberger E. S., (1988), *Psalms Part I with an Introductions to cultic poetry*, William B. Eerdmans Publishing Company, Grand Rapids, Michigan, vol. XIV, eds. Rolf Knierim & Gene M. Tucker,

217.   Gerstenberger E. S., (1987), *Psalms: Part 1: With an Introduction to Cultic Poetry*, Grand Rapids, Eerdmans.

218.   Gerstenberger E. S., (1974), *The Psalms, Old Testament Form Criticism*, ed. by John H. Hayes (San Antonio: Trinity University).

219.   Gese Hartmut, (1972), Die Entstehung der Büchereinteilung des Psalters, in *Wort und Gottesspruch, Festschrift J. Ziegler*, ed. J: Schreiner (Würzburg).

220.   Gordis Robert, (1971), *The Social Background of Wisdom Literature, Poets, Prophets and Sages* (Bloomington: Indiana University).

221.   Gottwald Norman, (1983), *The Bible and Liberation: Political and Social Hermeneutics* (ed. Norman K. Gottwald; Maryknoll, NY: Orbis Books).

222.   Gottwald Norman, (1985), *The Hebrew Bible: A Socio-literary Introduction*, Philadelphia: Fortress Press.

223.   Gottwald Norman, (1980), *The Tribes of Yahweh: A Sociology of the*

Religion of Liberated Israel 1250-1050 B.C.E. (London: SCM Press).

224.   Goulder M. D., (1990), *The Prayers of David (Psalms 51-72),* (Sheffield).

225.   Goulder M. D., (1982), *The Psalms of Korah*, Sheffield.

226.   Goulder M. D., (1982), *The Psalms of the Songs of Korah*, (Sheffield: JSOT Press).

227.   Graham W., (1950), *The Psalms*, London: Pickering & Inglis.

228.   Gray J., (1956) , The Hebrew Conception of the Kingship of God, *VT* 6.

229.   Gray J., (1961), The Kingship of God in the Prophets and Psalms, *VT* 11.

230.   Grenshaw J., (1983), Introduction: The Shift form Theodicy to Anthropodicy, in *Theodicy in Old Testament*, ed. By J. Grenshaw (Philadelphia).

231.   Grenshaw J., (2001), *The Psalms: An Introduction*, Eerdmans, Grand Rapids.

232.   Gressmann H., (1926), The Psalmists, Oxford: Oxford University Press.

233.   Grüssemann Frank, ($\chi.\chi.$), Zur Formgeschichte von Hymnus und Danklied in Israel., *WMANT* 32, (Neukirchen: Neukirchener Verlag).

234.   Guilding A., (1952), Some Obscured Kubrics and Lectionary in the Psalter, *JTS* Ns 3.

235.   Guillaume A., (1937), *Prophecy and Divination*.

236.   Guller Stephen A., (1979), *Parallelism in Early Hebrew Poetry*.

237.   Gunkel H.– Begrich J., (1998), *An Introduction to the Psalms*, trans. by James D. Nogalski, Macon, GA: Mercer University Press, (German ed. 1933).

238.   Gunkel H.– Begrich J., (1933), *Einleitung in die Psalmen. Die Gattungen der religioesen Lyrik Israels*, Vandenhoeck and Ruprecht, Goettingen.

239.   Gunkel H., (1926), *Die Psalmen* (Handkommentar zum Alten Testament, II, 2), Vandenhoeck und Ruprecht, Göttingen.

240.   Gunkel H., (1933), *Die Psalmen übersetzt und erklärt*, (Göttingen).

241.   Gunkel H., (1903), Psalms 42 and 43: An Interpretation, *Biblical World* 21.

242.   Gunkel H., (1967), *The Psalms: A Form – Critical Introduction*, Introduction by James Muilenburg, trans. by T. M. Horner, Philadelphia: Fortress Press, (German ed. 1927).

243.   Gunton C. E., (1983), *Yesterday and Today: A Study of Continuities in Christology* (London: Darton, Longman and Todd).

244.   Güterbock H. G., (1970), Musical Notation in Ugarit, *Revue d'*

assyriologie et d' archeologie orientale, LXIV.

245.   Guthrie H. H., (1966), *Israel's Sacred Songs. A Study of Dominant Themes*, Seaburt Press, New York.

246.   Guthrie H. H., (1981), *Theology as Thanksgiving*, New York, Seabury Press.

247.   Halbertal Moshe & Margalit Avishai, (1992), *Idolatry*, Harvard University Press.

248.   Hamilton Victor P., *The Book of Genesis: chapters 1-17,* William B. Eerdmans Publishing Company, Grand Rapids, Michigan, 1990.

249.   Hanson Paul, (1977), *The Theological Significance of Contradiction within the Bool of Covenant, Canon and Authority*, ed. by George W. Coats and Burke O. Long, Phildelphia: Fortress.

250.   Harman Allan M., (1995), The continuity of the Covenant Curses in the Imprecations of the Psalms, *RTR* 54/2.

251.   Harrison R. K., (1953), The Problem of Suffering and the Book of Job, *The Evangelical Quarterly* 25.1.

252.   Harrison Wilfrid (ed.), (1948), *A Fragment on Government and an Introduction to the Principles of Morals and Legislation* (Oxford: Basil Blackwell).

253.   Henshaw T., (1963), *The Writtings. The Third Division of the*

Old Testament Canon, Allen & Unwin, London.

254.   Herbert A. S., (Jan. 1965), Our Present Understanding of the Psalms, *London Quarterly and Holborn Review.*

255.   Heschel Abraham, (1962), *The Prophets* (New York / Evanston: Harper & Row).

256.   Hick J. H., (1970), *Arguments fort he Existence of God*, McMillan and Co Ltd.

257.   Hick J. H., (1979), *Death and Eternal Life*, (Collins/ Fount)

258.   Hick J. H., (1979), *Evil and a God of Love* (Fontana).

259.   Hill Edmund, (1985), *Nine Sermons of Saint Augustinus on the Psalms*, London, Longmans, Green and Co.

260.   Hillers D.R., (1984), Micah: A Commentary on the Book of the Prophet Micah, (Hermeneia), Philadelphia: Fortress Press.

261.   Hobbs T. R. & Jackson P. K., (1991), The Enemy in the Psalms, *A Journal of Biblical Theology,* vol. 21, 1.

262.   Hobbs T. R. & Jackson P. K., (1991), The Enemy in the Psalms, *BTB* XXI.

263.   Hobbs T. R., (1989), *A Time for War: Introduction to Warfare in the Old Testament*, Wilmington, Glazier).

264. Hoelscher G., (1920), Elemente arabischer, syrischer und hebraeischer Metrik, *ZAWBeih* 34.

265. Hoffmann E., (1965), Hoffnung, *Theologisches Begriffslexikon zum Neuen Testament* (2 vols., Wupertal), 1.

266. Holladay William L., (1995), *Long ago God spoke: How Christians may hear the Old Testament today*, (Minneapolis: Augsburg).

267. Holm – Nielsen S., (1960), The Importance of Late Jewish Psalmody for the Understanding of Old Testament Psalmodic Tradition, *ST* 14.

268. Hossfeld Frank – Lothar & Zenger Erich, (1993), *Dia Psalmen I, Psalms 1-50*, Wuerzburg: Echter Verlag.

269. Howard – Snyder Daniel, (1996), *The argument from inscrutable evil,* in: idem (ed.) The Evidential Argument from Evil (Bloomington IN: University of Indiana Press).

270. Howard David M. Jr., *Der Psalter in Judentum und Christentum(χ.χ.,χ.τ.)*.

271. Howard David M. Jr., *Neue Wege der Psalmenforschung(χ.χ.,χ.τ.)*.

272. Howard David M. Jr., (1999), Recent Trends in *Psalms Studies, The Face of Old Testament Studies: A Survey of Contemporary Approaches* (Grand Rapids: Baker).

273.   Howard David M. Jr., *The Shape and shaping of the Psalter*.

274.   Howard David M. Jr., (1997), *The Structure of Psalms 93-100*,

275.   Hubbard D. A., (1966), The Wisdom Movement and Israel's Covenant Faith, *Tyndale Bulletin* 17.

276.   Jackson Jared J. & Kessler Maritn (eds.), (1974), Rhetorical Criticism: *Essays in Honor of James Muilenburg* (Pittsburgh Theoretical Monograph Series:1; Pittsburgh: Pickwick Press).

277.   Jahnow Hedwig, (1923), Das hebräische Leichenlied, *BZAW* 36.

278.   Jarrett – Kerr M., (1952), *The Hope of Glory* (London: SCM Press).

279.   Jauss H. R., (1982), *Towards an Aesthetik of Reception*.

280.   Jeremias J., (1987), Das Königtum Gottes in den Psalmen, *FRLANT* CXLI (Göttingen).

281.   Jeremias J., (1971), Lade und Zion: Zur Entstehung der Ziontradition, in *Probleme biblischer Theologie, Festschrift G. Von Rad*, ed. H. – W. Wolff (Munich).

282.   Johnson A. R., (1947), Aspects of the use of the term Panim in *The Old Testament, in Festschrift Eissfeldt O.* (Halle).

283.   Johnson A. R., (1956-1957), Old Testament Exegesis, Imaginative and unimaginative, *ExpT* 68.

284.   Johnson A. R., (1955), *Sacral Kingship in Ancient Israel*, Cardiff: University of Wales Press,

285.   Johnson A. R., (1951), *The Old Testament and the modern Study*.

286.   Johnson John F., (March 1973), Analogia Fidei as hermeutical principle, *The Springfielder*, vol. XXXVI, No. 4.

287.   Jonker L. C., (1993), Text in a multidimensional exegetical approach, *Scriptura*, 46.

288.   Jonston T., (1943), A Note on Kant's Criticism of the Arguments for the Existenceof God, in *Australian Journal of Philosophy*.

289.   Kahle P., (1921), Die ueberlieferte Aussprache des Hebraeischen und die Punktation der Masoreten, *ZAW* 39.

290.   Kaiser Walter C. Jr, (Spring 1991), Hermeneutics and the Theological Task, 1 *Trinity Journal* 12:1.

291.   Kant Immanuel, (1788), *Critique of Practical Reason*, transl. L. W. Beck (New York: Liberal Arts Press, 1956).

292.   Kant Immanuel, (1947), *Fundamental Principles of the Metaphysics of Morals,* transl. H. J. Paton, The Moral Law, (London: Hutchinson).

293.   Kapelrud A. S., (1963), Nochmals Jahwä malak, *VT.*

294.	Kapelrud A. S., (1965), Scandinavian Research in the Psalms after Mowinckel, *Annual of the Swedisch Theological Institute* 4.

295.	Keel O., (1969), *Feinde und Gottesleugner*, Stuttgart; Katholisches Bibelwerk.

296.	Keel O., (1978), *The Symbolism of the Biblical World: Ancient Near Eastern Iconography and the Book of Psalms*, Etr. New York, Seabury.

297.	Kee-Leu O., (1973), *Die Welt der altorientalischen Bildsymbolik und das Alte Testament: Das Beispiel der Psalmen* (Cologne).

298.	Keen S., (1987), *Faces of the Enemy: Reflections of a Hostile Imagination*, San Francisco, Harper and Row.

299.	Keet C.C., (1928), *A liturgical Study of the Psalter*.

300.	Kelly J. N. D., (1963), *A Commentary of the Pastoral Epistles*, Black's New Testament Commentaries (London).

301.	Kelly J. N. D., (1969), *The Epistles of Peter and of Jude* (Black's New Testament Commentaries, London).

302.	Kenny Anthony, (1969), *The Five Ways*, (London: Routledge & Kegan Paul).

303.	Kernberg Otto, (1981), *Objective Relation Theory and its*

Applications, New York: Jason Aronson.

304. Kernberg Otto, (1981), *Internal Word and External Reality*, New York: Jason Aronson.

305. Kernberg Otto, (1976), *Objects Relations Theory and Clinical Psychoanalysis*, New York: Jason Aronson.

306. Kessler Martin & Ridderbos Nic. H., (1976), Response to Luis Alonso Schökel, The Poetic Structure of Psalm 42 – 43, *JSOT* 1.

307. Kidner Derek, (1973), *Psalm 1-72: An Introduction and Commentary on Books I and II of the Psalms* (London: Inter – Varsity Press).

308. Kidner Derek, (1973), *Psalms 1-72, The Tyndale Old Testament Commentaries* (London: Inter Varsity Press).

309. Kidner Derek, (1975), *Psalms 73-150*, (London: IVP).

310. Kim Y. & van Rooy H. F., (2000), Reading Psalm 78 multidimensionally: the textual dimension, *Scriptura* 74.

311. Kirkpatrick A.F., (1951), *The Book of Psalms*, The Cambridge Bible for Schools and Colleges, vol. 16 (1902; Rpt. Cambridge; Cambridge University Press,).

312. Knierim Rolf, (1973), Old Testament Form Criticism reconsidered, *Int* 27.

313.   Knight Douglas, (1974), The Understanding of Sitz im Leben in Form Criticism, *SBLSP* I.

314.   Kohut Heinz, (1971), *The Analysis of the Self*, New York: International Universities Press. Winnicott D.W., (1971), *The Maturational Processes and the Facilitating Theory, Therapy and the Self*, New York; Basic Books.

315.   Kovacs Brian W., (1974), Is there a Class- Ethic in Proverbs?, *Essays in Old Testament Ethics*, ed. by James L. Crenshaw & John Willis (New York: Ktav).

316.   Kraft C. F., (1938), *The Strophic Structure of Hebrew Poetry as illustrated in the first Book of Psalter*.

317.   Kramer S. N., (1959), Sumerian Literature and the Bible, *AnOr*, XII.

318.   Kraus H. – J., (1970), *Die Biblische Theologie: Ihre Geschichte und Problematik*, (Neukirchen Vluyn, Neukirchener Verlag).

319.   Kraus H. – J., (1978), *Die Psalmen*, Biblischer Kommantar Altes Testament, 5th ed., (Neukirchen – Vluyn: Neukirchener Verlag).

320.   Kraus H. - J., (1992), *Theology of the Psalms*, Continental Commentaries Series, Augsburg Fortress Publishers.

321.   Kraus H. – J., (1968), *Vom Leben und Tod in den Psalmen: Eine*

Studie zu Calvis Psalmen – Commentar, in Festschrift H. Thielicke, ed. B. Lohse (Tübingen).

322.	Kraus H. –J., (1972), Der Lebendige Gott, in *Biblische – theologische Aufsätze,* (Neukirchen).

323.	Kraus H.– J., (1989), *Psalmen,* 1. Teilband, Psalmen 1-59, 6. Auflage, Neukirchener Verlag.

324.	Kraus H.– J., (1989), *Psalms 60 – 150,* (transl. H. C. Oswald; Minneapolis: Augsburg.

325.	Kreuzer S., (1994), Vergeltung, *Bibeltheologisches Woerterbuch,* Styria, Graz.

326.	Kroeze J. H., (1963), Some Remarks on recent Trends in the Exegesis of the Psalms, Die Ou-Testamentiese Werkgemeenskap in *Suid- Afrika: Studies on the Psalms, Pro Rege- Pers Beperk,* Potschefstroom.

327.	Kselman John S., (1980), Design and Structure in Hebrew Poetry, *SBLSP* (Chico, Calif.: Scholars Press).

328.	Kselman John S., (1982), *Why have you abandoned me? A Rhetorical Study of Psalm 22, Art and Meaning: Rhetoric in Biblical Literature,* ed. David J. Cline, David M. Gunn and Alan J. Hauser, (Sheffield: JSOT Press).

329.	Kugel James L., (1981), *The Idea of Biblical Poetry: Parallelism and its History*, (New Haven: Yale University Press).

330.   Kugel James, (1981), *The idea of Biblical Poetry*, (New Haven).

331.   Kuhl C., ((1961)), *The Old Testament. Its Origins and Composition*, Oliver and Boyd, Edinburgh / London.

332.   Kuhn T. S., (1970), *The Structure of Scientific Revolutions*, 2nd edn (Chicago and London: University of Chicago Press).

333.   Kuschke A., (1956), Altbabylonische Texte zum Thema "Der leitende Gerechte", *TLZ*, LXXXI.

334.   Lagrange R. Garrigou, (1934-36), *God, His Existence and His Natura*, transl. Dom Bede Rose (St Louis, Mo., and London: Herder).

335.   Laney J. Carl, (1981), A fresh look at the imprecatory Psalms, *Bibliotheca Sacra* 138.

336.   Lenman James, (2000), Consequentialism and cluelessness, *Philosophy and Public Affairs* 29,

337.   Leslie John, (1989), *Universes*, London: Routledge.

338.   Levine N., (2002), The curse and the blessing: narrative discourse syntax and literary form, *JSOT* 27.

339.   Lewis C. S., (1958), *Reflections on the Psalms*, London: Geoffrey Bles.

340.   Lewis C. S., (1976), *The Problem of Pain* (Fountain).

341.	Lewis H. D., (1951), *Morals and Revelation* (London).
342.	Lewis H. D., (1947), *Morals and the New Theology*, (London).
343.	Lind M., (1980), *Yahweh is a Warrior: The Theology of Warfare in Ancient Israel*, Scottdale, PA: Herald Press.
344.	Lindblom J., (1976), *Prophecy in Ancient Israel*, Philadelphia: Fortress.
345.	Lindstroem Fredrik, (1994), *Interpretations of illness in the individual complaint Ps*alms (Stockholm: Almqvist and Wiksell International).
346.	Lipinski E., (1963), Yahweh malak, *Biblica* 44.
347.	Liverini Mario, (1979), *The Ideology of the Assyrian Empire-Power and Propaganda: A Symposium on Ancient Empires*, ed. M. Larsen, Copenhagen Akademisk Verlag.
348.	Lockyer Herbert Jr., (1993), *Psalms: A Devotional Commentary* (Grand Rapids: Kregel).
349.	Lohdink N., (1967), Die Landverheissung als Eid, *SBS* 28.
350.	Lohdink N., (1967), The Inerrancy and the Unity of Scripture, *Modern Biblical Studies*, ed. D. J. McCarthy and W. B. Callen, Bruce Company, Milwaukee.
351.	Luc Alex, (1999), Interpreting the curses in the Psalms, *JETS* 42.

352.	Luhman Reginald S., (1985), Belief in God and the Problem of Suffering, *The Evangelical Quarterly* 57.4.

353.	Lys D., (1959), *Nephesh: Histoire de l'ame dans la revelation d' Israel* (Geneve).

354.	Maag V., (1960), Malkut Yhwh, *VT Supplements* 7.

355.	Mackie J. L., (1982), *The Miracle of Theism*, Oxford: Clarendon Press.

356.	Manatti M. et E. de Solms, (1966), *Les Psaumes,* 4 vols., (Cahiers de la Pierre-qui- Vire, 26-29), Desclee De Bruges.

357.	Mand F., (1958), Die Eigenständigkeit der Danklieder des Psalter als Bekenntnislieder, *ZAW* 70.

358.	Martens E. A., (1981), *Plot and Purpose in the Old Testament* (Leicester), which it was also published in North America's God's Design: A Focus on Old Testament Theology,(Grand Rapids, Baker).

359.	Matthews W. R., (1962), Theism, *Encyclopaedia Britanicca*, XXII, 50.

360.	Mays J. L., (1986), The David of the Psalms, *Int*, XL.

361.	Mays James L., (1986), The David of the Psalms, *Int* 40.

362.	McCloskey H. J., (1960), God and Evil, *The Philosophical Quarterly,* 39, repr. in Nelson Pike (ed.), (1964), God and Evil,

(Englewood Cliffs NJ: Prentice – Hall).

363.	McCullough W. S., (1956-1957), Israel's Kings, sacral and otherwise, *ExpT* 68.

364.	McCullough W. S., Psalms, (1955), *The Interpreters of Bible,* iv, Abingdon Press, Nashville, New York.

365.	McCurdy James F., (1875), Recent Critical Treatment of the Psalter, *Bibliotheca Sacra.*

366.	McDermott U.S. Leufold, (1969), Worship Music in Ancient Israel: Its Meaning and Purpose, CJT, XV.

367.	McEwen Alastair, (November 2002), The Suffering of God's Servants in the Psalms, *Vox Reformata* 67.

368.	McGrath A. E., (1945), *Does God exist?,* (London: Macmillan).

369.	McGrath A. E., (1987), *The Enigma of the Cross* (Hodder).

370.	McKay J. N., (1973), *Violence: Right or Wrong?* Waco, TX: Word Books.

371.	McKeating Henry, *The Book of AMOS, HOSEA, and MICAH,* New York: The Syndics of the Cambridge University Press, 1971.

372.	McKenzie J. L., (1974), *A Theology of the Old Testament,* (Garden City, Doubleday).

373.	McKeon James, *Genesis,* William B. Eerdmans Publishing

Company, Grand Rapids, Michigan, 2008.

374.	McLelland J. C., (1957), Covenant Theology – A Re-Evaluation, *CJT* 3.

375.	McLelland J. C., (1967), God the Anonymous: A Study in *Alexandrian Philosophical Theology* (Cambridge, Mass.: Philadelphia Patristic Foundation).

376.	McPake John L., (1996), The Reception of the Theology of Karl Barth in Scotland, *Tyndale Bulletin* 47.1.

377.	Meyer R., (1965, 1967), *Einleitung in das Alte Testament*, 2 vols., M. Hueber, Muenchen.

378.	Michel D. H., (1956), Studien zu den sogennanten Thronbesteigungspsalmen, *VT* 6.

379.	Michels D. H., (1995), *Syncretism or Contextualization in the Psalms* (or What's this Canaanite stuff doing in God's book), Mill John Stuart, An Examination of Sir William Hamilton's Philosophy (3rd Ed, London).

380.	Mill John Stuart, (1957), *Theism*, (The Library of Liberal Arts N. 64, The Bobbs – Merill Company Inc., Indianapolis – New York).

381.	Miller P. D. Jr., (1986), *Interpreting the Psalms* (Philadelphia).

382.	Miller P. D. Jr., (1983), Trouble and Woe: Interpreting the Biblical Laments, *Int* XXVII.

383.	Miller Patrick D. Jr., (1994), *The Theological Significance of Biblical Poetry, Language, Theology and The Bible*: Essays in Honour of James Barr, ed. Samuel Balentine and John Barton (Oxford: Clarendon Press).

384.	Miller P.D, (1990), Deuteronomy, (Interpretation), Louisville:John Knox Press.

385.	Miller Patrick D. Jr., (1983), Trouble and Woe: Interpreting the Biblical Laments, Int, 37.

386.	Minear P. S., (1962), Hope, *IDB* 2, σελ. 640.

387.	Mitchell David C., (1977), *The Message of the Psalter*.

388.	Moltmann J. & Lapide P., (1981), *Jewish Monotheism and Christian Trinitarian Doctrine* (ET: Philadelphia: Fortress Press).

389.	Moltmann J., (1974), *The Crucified God* (ET: London: SCM Press).

390.	Moltmann J., (1981), *The Trinity and the Kingdom of God* (ET: London: SCM Press).

391.	Moltmann J., (1967), *Theology of Hope: On the Ground and the Implications of a Christian Eschatology,* (SCM Press, London).

392. Moore G. E., (1903), The Naturalistic Fallacy, in *Principia Ethica*.

393. Moore G. F., (1927), *Judaism in the First Centuries of the Christian Era: The Age of Tannaim* (Cambridge, MA: Harvard University Press).

394. Moore Stephen D., (1989), *Literary Criticism and the Gospels: The theoretical Challenge* (New Haven: Yale University Press).

395. Morgenstern J., (1964), The Cultic Settings of the ''Enthronement Psalms'', *HUCA* 35.

396. Most W. G., (1967), A Biblical Theology of Redemption in a Covenant Framework, *CBQ* 29.

397. Moule C. F. D., (1963), *The Meaning of Hope*, (Philadelphia).

398. Mowinckel S., (1955), *He that Cometh*, Nashville: Abingdon.

399. Mowinckel S., (1956), Marginalien zur Hebraeischen Metrik, *ZAW* 68.

400. Mowinckel S., (1955), Psalm Criticism between 1900 and 1935, *VT* 5.

401. Mowinckel S., (1961), *Psalmenstudien*, Amsterdam: Verlag P. Schippers.

402. Mowinckel S., (1962), *The Psalms in Israel's Worship I-II*, trans. D. R. Ap- Thomas (Oxford & New York).

403.   Mowinckel S., (1950), Zum Problem der hebraeischen Metrik: *Bertholet - Festschrift*.

404.   Mozley J. K., (1926), *The Impossibility of God: A Survey of Christian Thought* (Cambridge University Press).

405.   Muirhead J. H., (1932), *Rule and End in Ethics,* (Oxford).

406.   Murphy R. E., (1962), A consideration of the classification ''Wisdom Psalms'', *VTS* 9.

407.   Murphy R. E., (1939), A New Classification of Literary Forms of Psalms, *CBQ* 21.

408.   Murphy R. E., (1980), The Faith of the Psalmist, *Int*, XXXIV.

409.   Murphy R. E., (1977), *The Psalms – Job*, (Philadelphia: Fortress Press).

410.   Murray J. C., (1964), The Biblical Problem: The Presence of God, in *The Problem of God* (New Haven, Conn.).

411.   Neale Marie Augusta, (1975), *A Socio –Theology of Letting go*, New York: Paulist Press.

412.   Nelson P. G., *God's Control over the Universe*, Latheronwheel, Caithness: Whittles.

413.   Nelson P. G., (2007), *Unanswered Prayer*, (από τον ιστότοπο: **www.theologicalstudies.org.uk**.)

414.   Newman John Henry, (1903), *An Essay in aid of a Grammar of*

Assent, Longmans, Green and Co., London.

415.   Niebuhr Reinhold, (1997), *The Nature and Destiny of Man, vol. 1: Human Nature*, (London, 1941 reprinted Westminster / John Knox Press).

416.   Nielsen Kirsten, (2002), The variety of Metaphors about God in the Psalter: Deconstruction and Reconstruction?, *Scandinavian Journal of the Old Testament*, vol. 16 no. 1.

417.   Nielsen Kirsten, (1978), *Yahweh as Prosecutor and Judge*, (Sheffield: University of Sheffield).

418.   Nilsson M. P., (1977), *Ιστορία της αρχαίας ελληνικής θρησκείας*, μτφρ. Αικατ. Παπαθεμοπούλου, εκδ. Παπαδήμα, Αθήνα.

419.   Norbert Elias, (1982), *Power and Civility*, New York, Panthon Books.

420.   Noth M., (1950), Gott, König, Volk im AT, *ZTK* 47.

421.   Noth M., (1948), *Ueberlieferungsgeschichte des Pentateuch*.

422.   O' Connor M. P. & Watke Bruce K., (1990), *An Introduction to Biblical Hebrew Syntax*, Winona Lake.

423.   O' Connor M. P., (1980), *Hebrew Verse Structure* (Winona Lake, Ind: Eisenbrauns).

424.   Oeming M., (1987), *Gesamtbiblische Theologien der Gegenwart* (Stuttgart, W. Kohlhammer 2nd ed.).

425.   Ogden Graham S & Deutsch Richard R., *A Promise of Hope – a Call to Obedience: a Commentary on the Books of Joel and Malachi,* International Theological Commentary, Eerdmans/Hansel 1987.

426.   Olley John W., (1999), Trust in the Lord" Hezekiah, Kings and Isaiah, *Tyndale Bulletin*, 50.1.

427.   Osterley O. E., (1937), *A fresh Approach to the Psalms*.

428.   Osterley O.E., (1937), *Hebrew Religion*, 2nd edition.

429.   Owen John J., (1856), The Imprecatory Psalms, *Bibliotheca Sacra*.

430.   Owen P. O., (1965), The Moral Argument for Christian Theism, George Allen & Unwin, Ltd, London.

431.   Paley William, (1802), *Natural Theology or Evidences of the Existence and Attributes of the Deity*.

432.   Palmquist Stephen, (2000), *Kant's Perspectival Foundation for Critical Theology*, Part II of Kant's Critical Religion, Aldershot: Ashgate.

433.   Pannier E., (χ.χ.), Psaumes (Livres des), εν Dictionnaire de la Bible, F. Vigoroux, τόμ. 5.

434.   Park Edward A., (1862), The Imprecatory Psalms viewed in the

light of the southern rebellion, *Bibliotheca Sacra,*19.

435.	Patton J. H., (1944), *Canaanite Parallels in the Book of Psalms.*

436.	Payne Barton J., (1962), *The Theology of the Old Testament,* (Grand Rapids, Zondervan).

437.	Pease Arthur Stanley, (1907), Notes on St. Jerome's Tractates on the Psalms, *JBL*, vol. 26, No. 2.

438.	Pereboom Derek, Free will, evil and divine providence, in Andrew Chignell and Andrew Dole (eds), (2005), God and Ethics of Belief: *New Essays in Philosophy of Religion* (Cambridge: Cambridge University Press).

439.	Pereboom Derek, (2005), *The problem of evil,* William E. Mann (ed.) The Blackwell Guide to the Philosophy of Religion (Oxford: Blackwell).

440.	Perowne J. J. S., (1976), *The Book of Psalms,* (1878, Rpt. Grand Rapids: Zondervan Publishing House).

441.	Petersen David & Richards Kent, (1992), *Interpreting Hebrew Poetry* (Mineapolis: Forttress).

442.	Pfeiffer R.H., *Introduction to the Old Testament* (New York: Harper and Row, 1948).

443.	Philo, *Quod Deus immutabilis sit,* XI.53, XIV.63, V.22 (Loeb edn, III, σελ. 37, 43, 21).

444.	Pietersma A., (1980), David and the Greek Psalms, *VT*.

445.	Pike Nelson, (1965), Divine Omniscience and voluntary action, *Philosophical Review*, 74.

446.	Plantiga A., (1967), *God and other Minds*, (Ithaca, N.Y.: Cornell University Press).

447.	Plantiga A., (1974), *God, Freedom and Evil*, (New York NY: Harper & Row).

448.	Plantiga A., (1986), On Ockham's Way of Out, *Faith and Philosophy*, 3.

449.	Plastara James, (1966), *The God of Exodus*, Milwankee: Bruce Publishing Company).

450.	Plummer A., *The Epistle of St. John* (CBSC, Cambridge, 1954).

451.	Pohling James N., *An Exegetical Summary of Joel,* SIL International, 2003.

452.	Pollard T. E., (1955), The Impassibility of God, *SJT* 8.

453.	Poythress Vern S., (1978), Structuralism and Biblical Studies, *JETS* 21/3.

454.	Preus Robert D., (1990) The Unity of Scripture, *Concordia Theological Quarterly* 54.

455.	Pritchard J. B. ed., (1969), *Ancient Near Eastern Texts Relating to the Old Testament* (Princeton).

456.	Pritchard James B., ed., (1969), *Ancient Near East Texts*, 3rd ed. (Princeton: Princeton University Press).

457.   Provan Ian W., (1995), *1 and 2 King* (Peabody, Massachusetts: Henrikson Publishers).

458.   Quine W. V., (1960), *Word and Object*, (Cambridge, Mass.: MIT Press).

459.   Raabe P. R., (1990), *Psalms Structures: A Study of Psalms with Refrains* (Sheffield).

460.   Rashdall Hastings, (1919), *Atonement in Christian Theology* (London: Macmillan).

461.   Rashdall Hastings, (1907), *The Theory of Good and Evil*, (Oxford: Clarendon Press).

462.   Rawley H. H., (1940), The Structure of Psalm 42/43, *Biblica* 21.

463.   Reindl J., (1969), *Das Angesicht Gottes im Sprachgebrauch des Alten Testaments* (Leipzig,).

464.   Relton H. M., (1960), *Studies in Christian Doctrine* (London: Macmillan).

465.   Rhodes A. B., (1960), *Psalms* (Layman's Bible Commentaries), SCM, London.

466.   Ricoeur Paul, (1975), Biblical Hermeneutics, *Semeia* 4.

467.   Ricoeur Paul, (1974), *Conflict of Interpretation* (Evaston: Northwestern University).

468.   Ricoeur Paul, (1970), *Freud and Philosophy* (New Heaven: Yale University).

469.   Ricoeur   Paul,   (1976), *Interpretation Theory* (Fort Worth: Texas Christian University).

470.   Ridderbos J., *De Psalmen vertaald en verklaard* (Commentaar op het Oude Testament), 2 vols., (so far published Ps. 1-106).

471.   Ridderbos N. H. N, (1960), De huitige stand van het onderzoek der Psalmen, *Gereformeerd Tehologisch Tijdschrift* 60.

472.   Ringgren   H.,   (1963), *Israelitische Religion*, Kohlhammer, Stuttgart.

473.   Ringgren H., (1985), The Use of the Psalms in the Gospels, in *The Living Text, Festschrift E. W. Saunders*, ed. D. E. Groh and R. Jewett, (London).

474.   Robert A., (1939), Le Psaume CXIX et les Sapientaux, *Revue Biblique* 48.

475.   Robinson H. W., (1936), The Hebrew Concept of Corporate Personality, in: Werden und Wesen des Alten Testaments, *BZAW* 66.

476.   Robinson H. W., (1926), *The Psalmists*, ed. D. C. Simpson.

477.   Robinson H. W., (1959), *The Religious Ideas of the Old Testament* (London).

478.   Rodd C. S., (1963, 1964), *Psalms 1-72, 73-150*, 2 vols. Epworth Press, London.

479.   Rosenthal E. I. J., (1958), Some Aspects of the Hebrew Monarchy, *JJS* 9.

480.   Rosner Brian S., (2007), *Greed, the second Idolatry: The Origin and Meaning of a Pauline Metaphor*, Grand Rapids: Eerdmanns.

481.   Rosner Brian S., (May 1999), The Concpet of Idolatry, *Themelios* 24.3

482.   Ross W. D., (1939), *Foundations of Ethics,* (Oxford: Clarendon Press).

483.   Rowe William, (1979), The problem of evil and some varieties of atheism, American Philosophical Quarterly 16, repr. in *Howard – Snyder Evidential Argument from Evil*

484.   Russel Bruce, Defenseless, in *Howard – Snyder Evidential Argument from Evil*.

485.   Russell Bertrand & Copleston F. C., (1964), *A Debate on the Existence of God*, originally broadcast by the British Broadcasting Corporation, 1948 and included in John Hick (ed.) The Existence of God (New York: Macmillan).

486.   Russell Bertrand & Copleston F. C., (1957), *The Existence of God – A Debate*, in Russell, Why I am not a Christian, (London: Allen & Unwin, μόνο στην αγγλική έκδοση).

487.   Russell Bertrand, (1954)*Human Society in Ethics and Politics*, London: Allen & Unwin.

488.   Sabourin L., (1964), Un classement litteraires des Psaumes, Desclee de Brouwer, Bruges (*Sciences Ecclesiastiques*, 16.

489.   Sanders A., (1985), More Psalms of David, in *The Old Testament Pseudepigrapha*, ed. J. H. Charlesworth, I (Garden City, N.Y.).

490.   Sawyer John F. A., (2001), *The role of reception theory, reader – response criticism and/or impact History in the study of the Bible: Definition and Evaluation*, Lancaster University, U.K.

491.   Schmidt H. H., (1974), Schöpfung, Gerechtigkeit und Heil, in *Altorientalische Welt der alttestamentliche Theologie* (Zürich).

492.   Schmidt H., (1928), *Das Gebet des Angeklagten im Alten Testament*, (Giesen: Alfred Töpelmann).

493.   Schmidt H., (1955), Jahwe und die Kulttradition von Jerusalem, *ZAW* 67.

494.   Schmidt W., (1961), Königtum Gottes in Ugarit und Israel (*BZAW*, 80), Töpelmann, Berlin.

495.   Schmidt W., (1939), *Primitive Revelation* (St. Louis, MO: B. Herder).

496.   Schnall Ira M., (2007), Sceptical Theism and moral skepticism, *Religious Studies*, 43, Cambridge University Press.

497.   Schökel L. Alonso, (1963), *Estudios de Poetica Hebrea*, Juan Flores, Barcelona.

498.   Schökel L. Alonso, (1972), The Inspired Word: Scripture in the light of language and literature, trans. by Francis Martin, Herder & Herder, New York.

499.   Schökel Luis Alonso, (1988), *A manual of Hebrew Poetics (χ.τ.)*.

500.   Schökel Luis Alonso, (1976), Psalm 42/43: A Response to Ridderbos and Kessler (*JSOT* 1).

501.   Schökel Luis Alonso, (1976), The Poetic Structure of Psalm 42 – 43, *JSOT* 1.

502.   Schottroff L. & Stegemann W., (1978), *Jesus von Nazareth – Hoffnung der Armen*, Stuttgart: Kohlhammer.

503.   Scobie Charles H. H., (Nov. 1991), The Structure of Biblical Theology, *Tyndale Bulletin*, 42.2.

504.   Sendrey A., (1969), *Musik in Ancient Israel* (London).

505.   Seybold K., (1973), Das Gebet des Kranken im Alten Testament, *BWANT* 99, Stuttgart: Kohlhammer.

506.   Albertz R., (1978), Persönliche Frömmigkeit und offizielle Religion: Religionsinterner Pluralismus in Israel und Babylon, *Calver Theologische Monographien*, IX.

507.   Sheppard Gerald T., (1991), Enemies and the Politics of Prayer in

the book of Psalms, in: *Politics of Exegesis: Essays in Honor of Norman Gottwald*, ed. O. Jobling, P. Day, and G. T. Sheppard, New York, The Pilgrim Press.

508.　　Sheppard Gerald T., (April 1992), Theology and the Book of Psalms, *Int* vol. XLVI, No. 2,

509.　　Sievers E., *Metrische Studien* I (1901), II (1904/05), III (1907).

510.　　Simpson E. K., (1954), *The Pastoral Epistles* (London).

511.　　Smart J. J. C. & Haldane J. J., (1996), *Atheism and Theism*, Blackwell Publishers, U.S.A.

512.　　Smart J. J. C., (1993), Why Philosophers Disagree'', in *Jocylyne Couture and Kai Nielsen* (eds), *Reconstructing Philosophy: New Essays in Metaphilosophy*, (Calgary, Alberta: University of Calgary Press).

513.　　Smart J. J. C., (1973), *An outline of a system of utilitarian ethics, in J. J. C. Smart and Bernard Williams Utilitarianism: For and Against* (Cambridge: Cambridge University Press).

514.　　Smart J. J. C., *Ethics, Persuasion and Truth* (London: Routledge and Kegan Paul).

515.　　G. E. Moore, (1903), *Principia Ethica*, (Cambridge: Cambridge University Press).

516.　　Smart J. J. C., (1987), Space – Time and Individuals, in Essays Metaphysical and Moral: Selected

Philosophical Papers, Oxford, Basil Blackwell.

517.   Smart J. J. C., (1955), The Existence of God, in *New Essays in Philosophical Theology*, ed. Flew and MacIntyre (London: S. C. M. Press, and New York: Macmillan).

518.   Smith John E., (1968), *Experience and God*, (New York and London: Oxford University Press).

519.   Smith M. S., (1988), Seeing God' in the Psalms: The Background of the Beatific Vision in the Hebrew Bible, *CBQ*, L.

520.   Smith Mark S., (1990), *The Laments of Jeremiah in their Contexts*, Atlanta: Scholars.

521.   Smith Mark S., (2001), *The Origins of Biblical Monotheism: Israel's Polytheistic Background and the Ugaritic Texts*. Oxford and New York: Oxford University Press.

522.   Smith N. Kemp (ed.), (1947), *Dialogues Concerning Natural Religion*, (Edinburgh: Nelson).

523.   Smith N. Kemp, (1923), *A Commentary to Kant's Critique of Pure Reason*, 2nd ed. (London: Macmillan).

524.   Smith N. Kemp, (1935), *Introduction to Hume's Dialogues concerning Natural Religion* (Oxford: Clarendon Press).

525.   Smith N. Kemp, (1931), Is Divine Existence Credible?,

Proceedings of the British Academy,
17.
526.	Snaith N. H., (1934), *Studies in the Psalter, (χ.τ.).*
527.	Snaith N. H., (1933), The Triennial Cycle and the Psalter, *ZAW* , LI.
528.	Spurgeon C. H., (1983), *The Treasury of David* (Pasadena, TX: Pilgrim, repr.).
529.	Stamm J. J., (1955), Ein Vierteljahrhundert Psalmenforschung, *ThR* 23.
530.	Steck H., (1972), Friedensvorstellungen im Alten Jerusalem, *ThSt* 11, Zürich: Theologischer Verlag.
531.	Stedman Ray C., (1969), *A Song of Confidence, Folksongs of Faith, Psalms 42/43*, No. 2, PBC Library.
532.	Stolz F., Stukturen und Figuren im Kult von Jerusalem, *BZAW* 118, 1970.
533.	Stuhlmueller Carrol, (1983), Psalms 1, in *Old Testament Message*, 21, Wilmington, Del: Michael Glazier.
534.	Swartley W. M., *Slavery, Sabbath, War and Women: Case Studies in Biblical Interpretation,* Scottdale: PA: Herald Press.
535.	Sweeney A. Marvin, (2007), I & II Kings: A Commentary, OTL, Westminster, John Knox.

536.	Swinburne Richard, (1989), *Responsibility and Atonement* (Clarendon Press).

537.	Swinburne Richard, (1994), *The Christian God*, Clarendon Press, Oxford.

538.	Szörenyi A., (1961), *Psalmen und Kult im Alten Testament. Zur Formgeschichte der Psalmen*, Sankt Stafen Gesellschaft, Budapest.

539.	Tate Marvin E., (Summer, 1984), The Interpretation of the Psalms, *Review and Expositor*, 81.

540.	Tate W. R., (1991), *Biblical Interpretation: an integrated approach*. Peabody: Hendrickson.

541.	Taylor John B., (1998), And He shall Purify: An Exposition of Malachi, Ch. 2 & 3, *ANVIL*, vol. 15, No. 1.

542.	Taylor Richard, (1963), *Metaphysics*, (Englewood Cliffs, N. J., and London: Prentice – Hall).

543.	Tennant F. R., (επανεκδ. 1968), *Philosophical Theology*, vol I-II, (Cambridge University Press, 1928 και 1930).

544.	Terrien S., Job: (1971), *Poet of Existence*, Indianapolis: Bobbs Merrill.

545.	Terrien S., (1978), *The Elusive Presence* (San Francisco).

546.	Terrien S., (1970), The Omphalos Myth and Hebrew Religion, *VT*, XX, (χ.τ.).

547.   Terrien S., (2003), *The Psalms: Strophic Structure and Theological Commentary*, William B. Eerdmans Publishing Company, (Grand Rapids, Michigan / Cambridge, U.K.).

548.   Terrien S., (1993), Wisdom in the Psalter, in In Search of Wisdom: *Essays in Memory of John G. Gammie*, ed. L. G. Perdue et al. Louisville).

549.   Thompson John Alexander, (1956), *The Book of Joel*, ed. G.A. Buttrick, IB, vol. VI, New York: Abingdon Press.

550.   Tillich Paul, (1952), *Courage to be*, New Heaven, Yale University Press.

551.   Timothy (ed.), (1989), *Summa Theologiae: A concise Translation* (London: Methuen).

552.   Tinker Melvin, (April/Mai 1991), Purpose in Pain? – Teleology and the problem of evil, *Themelios* 16.3.

553.   Torrey C. C., (1898), The Prophesy of Malachi, *JBL*, vol. 17, No. 1, Part I.

554.   Tournay Raymond J., (1991), *Seeing and Hearing God with the Psalms: The Prophetic Liturgy of the Second Temple in Jerusalem*, Sheffield: JSOT Press.

555.   Triselton A. C., (1974), The Supposed Power of Words in the Biblical Writings, *JTS* 25.

556.   van der Ploeg J. M., (1966), Reflexions sur les genres litteraires des Psaumes, in *Studia Biblical et Semitica Theodoro Christiano Vriezen...dedicata*, H. Veenman en Zonen, Wageningen.

557.   van Gremeren Willem A., (1991), Psalms, in *Expositor's Bible Commentary* (Grand Rapids: Zondrevan.

558.   Veugelers P., (1965), Le Psaume LXXII, poeme messianique? *Ephemerides Theologicae Lovanienses* 41.

559.   von Cölln D. G. C., (1836), *Biblische Theologie*, 2 vols. (Leipzig, J. A. Barth).

560.   von Rad Gerhard, (χ.χ.), *Der heilige Krieg im Alten Israel*, 2nd edition, Göttingen: Vandenhoeck and Rupprecht.

561.   von Rad Gerhard, Israel before Jahweh (Israel's Answer) in *Old Testament Theology*, I.

562.   von Rad Gerhard, (1957), *Theologie des Alten Testaments*, (München, Chr. Kaiser Verlag).

563.   von Rad Gerhard, (1993, 7th Impression), *Wisdom in Israel*, trans. by James D. Martin, SCM Press & Trinity Press International, (1972).

564.   von Reventlow H., (1967), Psalm 8, *Poetica* 1.

565.   Vriezen Th. C., (1956), *Theologie des Alten Testaments in Grundzuegen*.

566.	Ward Martin J., ((1980)), Psalm 109: Davids Poem of Vengeance, *Andrews University Seminary Studies* 18.

567.	Watson Wilfred G.E., (1986), *Classical Hebrew Poetry (χ.τ.)*.

568.	Watson Wilfred G.E., (1994), *Traditional Techniques in Classical Hebrew Verse.*

569.	Watts D. J. W., (1965), Yahweh Malak Psalms, *Theologische Zeitschrift* 21.

570.	Watts James W., (1992), *Psalm and Story: Inset Hymns in Hebrew Narrative* (Sheffield: JSOT Press).

571.	Webb Clement, (1919), *Divine Personality and Human Life,* (London: George Allen & Unwin LTD,).

572.	Webb Clement, (1919), *God and Personality*, (London: George Allen & Unwin LTD).

573.	Weiser A., (1959), *Die Psalmen,* (Das Alte Testament Deutsch, 14/15), Vandenhoeck und Ruprecht, Göttingen.

574.	Weiser A., (1962), *The Psalms*, SCM, London.

575.	Weiser A., (1950), Zur Frage nach den Beziehung der Psalmen zum Kult: Die Darstellung der Theophanie in den Psalmen and im Festkult, in *Festschrift Alfred Bertholet*, ed. W. Baumgartner et al., J. C. B. Mohr, Tübingen.

576.   Weiser Artur, (1962), *The Psalms*, trans. Herbert Hartwell, Philadelphia: Westminster Press.

577.   Weiss M., (1961), Wege der neuen Dichtungswissenscahft in ihrer Anwendung auf die Psalmenfprschung (Methodologische Bemerkungen, dargelegt am Beispiel von Psalmen XLVI), *Biblica* 42.

578.   Westermann C., (1964), *Das Hoffen im Alten Testament, Forschung am Alten Testament* (Munich).

579.   Westermann C., (1965), *Das Loben Gottes in den Psalmen*, Vandenhoeck and Ruprecht, Göttingen (1961, 2nd ed., trans. by K. R. Crim, The Praise of God in the Psalms, John Knox Press, Richmond, Virginia).

580.   Westermann C., (1959), *Der Psalter*, Quell, Stuttgart.

581.   Westermann C., (1968), *Genesis. Biblischer Kommentar I* (Neukirchen – Vluyn, Neukirchener Verlag des Erziehungsvereins).

582.   Westermann C., (1981), *Praise and Lament in the Psalms*, trans. by Keith R. Crim & Richard N. Soulen, John Knox Press, Atlanta.

583.   Westermann C., (1954), Struktur und Geschichte der Klage im Alten Testament, *ZAW* Bd. 66.

584.   Westermann C., (1965), The Praise of God in the Psalms, (Richmond: John Knox).

585.   Westermann C., (1974), The Role of the Lament in The Theology of the Old Testament, *Int* 28.

586.   Westermann C., (1981), *The Structure of the Book of Job*, Philadelphia Fortress.

587.   Westermann C., (1964), Vergegenwärtigung der Geschichte in den Psalmen, *Theologishe Bücherei* 24.

588.   Westermann C., (1964), Zur Sammlung der Psalter: Forschung am Alten Testament, *ThB* 24.

589.   Whitrow G. J., (1959), *The Structure and Evolution of the Universe*, 2nd edn, London: Hutchinson.

590.   Whybray R. N., (1962), Some Historical Limitations of Hebrew Kingship, *Church Quarterly Review* 163.

591.   Whybray R. N., (1974), The Intellectual Tradition in the Old Testament, *BZAW* CXXXV (Berlin and New York).

592.   Widengren G., (1936), *Accadian and Hebrew Psalms of Lamentation as Religious Documents: A Comparative Study.* Uppsala: Almqvist &Wiksells.

593.   Widengren G., (1957), King and Covenant, *JSS* 2.

594.   Widengren G., (1955), *Sakrales Königtum im AT und im Judentum*, Kohlhammer, Stuttgart.

595.	Widerker David, (1991), A Problem for the Eternity Solution, *International Journal for Philosophy Religion*, 29.

596.	Williams D. D., (1952), *Interpreting Theology 1918-1952*, (London: SCM Press).

597.	Williams Donald M., (1989), Psalms 73-150, Dallas, TX: Word.

598.	Williams W. G., (1957), Liturgical Aspects in Enthronment Psalms, *Journal of Bible and Religion* 25.

599.	Wilson G. H., (1992), The Shape of the Book of the Psalms, *Int*, XLVI.

600.	Wilson Gerald H., (1985), *The Editing of the Hebrew Psalter*, Yale Dissertation.

601.	Wilson Gerald, (1985), *The Catalogues of Hymnic Incipits*, in the Editing of the Hebrew Psalter, Chico: Scholars Press.

602.	Wilson Ian, (1992), Divine Presence in Deuteronomy, *Tyndale Bulletin* 43.2.

603.	Windelband W.– Heimsoeth H., (1982), *Εγχειρίδιο Ιστορίας της Φιλοσοφίας*, (μτφρ. Ν. Μ. Σκουτερόπουλος), Μ.Ι.Ε.Τ., Αθήνα.

604.	Winnicott D.W., (1971), *The Maturational Processes and the Facilitating Theory, Therapy and the Self*, New York; Basic Books.

605.   Wittgenstein Ludwig, (1958), *A Memoir*, (Oxford: Oxford University Press).

606.   Wittgenstein Ludwig, (1953), *Philosophical Investigations*, Oxford: Blackwell.

607.   Wolverton W. I., (1963), The Psalmist's Belief in God's Presence, *CJT*, IX.

608.   Wright George T., (1962), *The Poet in the Poem*, University of California Press.

609.   Wykstra Stephen J., (1984), The Human obstacle to evidential arguments from suffering: on avoiding the evils of ''appearance'', *International Journal for Philosophy of Religion*, 16, XLVI), *Biblica* 42 (1961).

610.   Yahweh and the God of Christian Theology, (1998), published in On the Way to the Postmodern: Old Testament Essays 1967 – 1998, vol. 2, Sheffield Academic Press.

611.   Zenger Erich, (1994), *A God of Vengeance? Understanding the Psalms of Divine Wrath*, (transl. L. M. Maloney; Louisville, KY: Westminster John Knox).

612.   Zimmerli W., (1971), *Man and His Hope in the Old Testament* (London).

613.   Zimmerli W., (1999), Grundriss der alttestamentlichen Theologie, *Theologische Wissenschaft*

3,1. Kohlhammer, Stuttgart, 7. Auflage.

614. Ακινάτη Θωμά, (1947), *Summa Theologiae*, Benziger Bros edition, transl. by Fathers of the English Dominican Province.

615. Βέικος Θ., 1965, *Οι προσωκρατικοί*, εκδ. ΟΕΔΒ, Αθήνα.

616. Μπρατσιώτης Ν. Π., (1968), *Η υπό των Ο΄ απόδοσις του όρου nephes δια του ψυχή*, Αθήνα.

617. Μπρατσιώτης Ν. Π., (1992), *Εισαγωγή εις την Παλαιάν Διαθήκην*, Αθήναι.

618. *Ο κύκλος της Ζωής*, (1998), Εβραϊκή Κοινότητα Βόλου, Βόλος.

619. Πανταζάκος Παναγ. Ν., (2006), *Η φυσική θεολογία και το Φυσικό Δίκαιο στη Φιλοσοφία των Σοφιστών του $5^{ου}$ αιώνα*, εκδ. Ελληνικά Γράμματα, Αθήνα.

620. Παπαρνάκη Αθανασίου Γ., (2006), *Η επίκληση του ονόματος του Θεού στην Παλαιά Διαθήκη*, Εκδόσεις Π. Πουρναρά, Θεσσαλονίκη.

621. Τρεμπέλας Π.Ν., (1995), *Η Παλαιά Διαθήκη μετά συντόμου ερμηνείας,*τόμ. Ι, Ψαλμοί, Αδελφότητας Θεολόγων «ο Σωτήρ».

622. Τρεμπέλας Π.Ν., (1980), *Υπόμνημα εις τον Ιώβ, Έκδοση Β΄*, Αδελφότητα Θεολόγων «ο Σωτήρ».